A GRANDE FALÁCIA

Mariana Mazzucato e Rosie Collington

A GRANDE FALÁCIA

Como a indústria da consultoria enfraquece as empresas, infantiliza governos e distorce a economia

TRADUÇÃO
Laura Teixeira Motta

Copyright © 2023 by Mariana Mazzucato e Rosemary H. Collington

Todos os direitos reservados.

A Portfolio-Penguin é uma divisão da Editora Schwarcz s.a.

PORTFOLIO and the pictorial representation of the javelin thrower are trademarks of Penguin Group (USA) Inc. and are used under license.
PENGUIN is a trademark of Penguin Books Limited and is used under license.

Grafia atualizada segundo o Acordo Ortográfico da Língua Portuguesa de 1990, que entrou em vigor no Brasil em 2009.

TÍTULO ORIGINAL The Big Con — How the Consulting Industry Weakens our Businesses, Infantilizes our Governments and Warps our Economies
CAPA Thiago Lacaz
PREPARAÇÃO Marina Góes
ÍNDICE REMISSIVO Julio Haddad
REVISÃO Clara Diament e Julian F. Guimarães

Dados Internacionais de Catalogação na Publicação (CIP)
(Câmara Brasileira do Livro, SP, Brasil)

Mazzucato, Mariana
A grande falácia : Como a indústria da consultoria enfraquece as empresas, infantiliza governos e distorce a economia / Mariana Mazzucato e Rosie Collington ; tradução Laura Teixeira Motta. — 1ª ed. — São Paulo : Portfolio-Penguin, 2024.

Título original: The Big Con : How the Consulting Industry Weakens our Businesses, Infantilizes our Governments and Warps our Economies
Bibliografia.
ISBN 978-65-5424-026-0

1. Consultores de negócios 2. Consultoria I. Collington, Rosie. II. Título.

23-184722
CDD-650.13

Índice para catálogo sistemático:
1. Consultoria : Negócios : Administração 650.13

Cibele Maria Dias – Bibliotecária – CRB-8/9427

Todos os direitos desta edição reservados à
EDITORA SCHWARCZ S.A.
Rua Bandeira Paulista, 702, cj. 32
04532-002 — São Paulo — SP
Telefone: (11) 3707-3500
www.portfolio-penguin.com.br
atendimentoaoleitor@portfoliopenguin.com.br

A todos que repudiam o esvaziamento de suas organizações e aos nossos amigos e colegas do Institute for Innovation and Public Purpose, da University College London.

SUMÁRIO

Agradecimentos   11

1. **Introdução: Big Con — A grande falácia**   15
   Em cada sala   16
   Aproveitando as tendências do capitalismo   19
   Quem não faz desaprende   21

2. **O que é a indústria da consultoria?**   27
   Taxonomia   33
   Conheça as consultorias   37
   A magnitude da consultoria   38
   Entrando na sala   41
   Onipresença em xeque   43

3. **De onde veio a consultoria: Uma breve história**   47
   Quando os consultores aconselhavam   50
   Da engenharia à matriz   53
   Os números da consultoria   55
   Moldando o capitalismo no pós-guerra   58

Oportunidades do neoliberalismo 62
Privatização e o crescimento das gigantes da consultoria 64
Consultores sem fronteiras 69
Transições lucrativas 72
Domando um Golias? 75

4. **A vez da terceirização: Governar por consultoria e a Terceira Via 81**
Magnitude e abrangência dos contratos 84
"Reinventando" o governo 87
Quem contrata os contratantes? 90
Terceirização na era digital 95
Consultoria na crise financeira 100
Terceirização para austeridade 104
Auditando as empresas de terceirização 108

5. **A grande jogada: Consultologia e rendas econômicas 115**
Por que requisitar consultores? 117
Extraindo rendas 121
Os melhores e mais inteligentes 123
Talentos pelo ralo 127
Acervos de casos e mestres do PowerPoint 131
Instituições semiacadêmicas e fast fashions 136
Selo de aprovação 140

6. **Escapar dos riscos, colher as recompensas: O modelo de negócio 143**
Risco da consultoria 146
A arte da responsabilidade limitada 149
Valor para o acionista em empresas abertas 151
Mudanças nos riscos no pós-aquisições 155

7. **A infantilização das organizações: Danos para o aprendizado em governos e empresas 159**
Custos extorsivos de fracassos prováveis 163
Como as organizações aprendem? 167

Aprender com consultores?   169
  Além dos orçamentos: As consequências para
  o aprendizado futuro   170
  Presa dos criadores de belos folhetos de apresentação   173
  "Fisiologismo" e incapacidade   176
  Enxugando empresas   179
  Apoteose: Apostando em gestão, esvaziando a ciência   183

8. **Conflito de interesses: Consultorias e democracia   189**
  Privatizando a falência e evitando a culpa   192
  Servindo a dois senhores?   196
  Vira-casacas   199
  Ocultar capital, minimizar impostos   203
  Tolhendo o desenvolvimento   206
  Negociando contra os trabalhadores   208
  A morte da democracia no governo sombra   212

9. **Consultoria climática: Uma ameaça existencial?   217**
  O ponto crítico   220
  O despertar da consultoria climática   222
  Uma breve história da gestão climática (dirigida
  pelo mercado)   225
  Manipulando modelos   230
  Interesses conflitantes: Gerindo a democracia
  sob a fumaça   234
  Resistência a prestar contas: O caso ESG   236
  Garantindo o futuro: Comprometimento com a ação   240

10. **Conclusão: Um governo que rema para poder pilotar   243**
  Inovando a partir de dentro   244
  Um governo que rema para poder pilotar   258

  Notas   261
  Referências   305
  Índice remissivo   327

AGRADECIMENTOS

ESTE LIVRO QUE VOCÊ TEM EM MÃOS começou com uma série de questões: por que tantos governos terceirizam atividades essenciais para empresas de consultoria? Por que o mercado de serviços de consultoria cresceu tanto nestas últimas décadas — e globalmente? O que fazem os consultores e que papel tem a indústria da consultoria na economia como um todo? Por que tantas pessoas bem-intencionadas e inteligentes escolhem trabalhar em consultorias assim que recebem seu diploma da universidade? E o que isso pode nos dizer sobre o capitalismo contemporâneo?

Quisemos desvendar o que acontece com o cérebro de uma organização quando ela não aprende fazendo porque tem alguém fazendo para ela. Para explorar essas questões, conversamos com líderes de governos, funcionários públicos, executivos de empresas, empregados de ambos os lados dos contratos de consultoria e colegas e amigos que compartilharam conosco suas histórias. Com eles aprendemos não só a respeito dos desafios atuais, mas também sobre possíveis alternativas. Acima de tudo eles nos mostraram que mesmo nos departamentos governamentais mais esvaziados e nas forças de trabalho mais depreciadas ainda resistem visões de um futuro melhor — com organizações mais capazes, governança mais responsiva e economias mais inclusivas, sustentáveis e inovadoras. Esperamos que este livro seja mais do que o ponto de partida para uma conversa sobre os problemas de gestão dos governos e empresas da atualidade e que também forneça algumas ferramentas e inspiração para que no futuro eles se norteiem pelo propósito público.

Mariana fundou o Institute for Innovation and Public Purpose (IIPP) na University College London cinco anos atrás, com a ambição de fortalecer o alcance e a capacidade do setor público. Rosie ingressou no IIPP em 2020 como doutoranda orientada por Mariana. A parceria desenvolvida pelas autoras neste livro foi muito prazerosa. O processo conjugou a experiência de Mariana escrevendo sobre teoria e prática de um setor público mais ambicioso, empreendedor e orientado por missões, norteado pelo valor e pelo propósito públicos, com os estudos prévios de Rosie sobre o que acontece quando infraestruturas e habilidades essenciais são terceirizadas.

Não poderíamos ter imaginado um lar intelectual melhor para realizar nosso estudo e chegar à compreensão da indústria da consultoria. Nossos colegas que trabalham nas diversas áreas da economia e políticas públicas e parceiros do IIPP em governos, empresas e comunidades têm sido uma fonte constante de inspiração, reflexão e questionamento. Somos imensamente gratas pelos seminários de pesquisa, palestras públicas, workshops e conversas com alunos e funcionários — pelo Zoom ou na cozinha do Instituto — que ajudaram a dar forma a este livro. Todos no IIPP, desde os nossos maravilhosos alunos e colegas de docência até os funcionários que trabalham no prédio e as equipes que atuam na formulação de políticas, parcerias e comunicações, ajudam a fazer do Instituto um lugar para confrontar os maiores desafios enfrentados hoje pelas nossas sociedades.

Como todos os livros, este se beneficiou do conhecimento coletivo e do apoio de muitas pessoas.

Os consultores atuais e anteriores e os profissionais que os contratam, os quais entrevistamos e com quem conversamos enquanto pesquisávamos para este livro, foram guias excelentes em nossa jornada pelo complicado mundo da consultoria. Somos gratas por sua receptividade, seus insights e sua honestidade. Gratidão especial aos jovens consultores que falaram sobre suas experiências de recrutamento, treinamento e primeiros anos de carreira na indústria da consultoria. Concordamos em não mencionar seus nomes aqui.

Outros responderam a perguntas específicas que tínhamos sobre consultoria e seu papel nos ramos da economia global em que se especializaram. Entre eles estão Damon Silvers, especialista em sindicatos e professor visitante do iipp; professor Léonce Ndikumana; Els Toreele, especialista em políticas de saúde; David White, da International Association of Machinists and Aerospace Workers; dr. Antonio Weiss, historiador e consultor do setor público; Simon Gallow, Andreas Smith Jørgensen e Nora Lambrecht. Agradecemos também aos que nos alertaram para casos específicos em seus países de origem. São eles os mestrandos em administração pública do iipp Hafiz Noer, Dan Yore e Abhilaasha Kaul, além de Hanna Söderling.

Várias pessoas leram capítulos e versões prévias do livro. Agradecemos a Zia Khan da Rockefeller Foundation, a Sonny Bardhan da Omidyar Foundation, ao estudioso de relações industriais dr. Matt Colle, ao professor Rainer Kattel, a Michael Amery, Adrienne Buller, dr. Rasmus Corlin Christensen, Toke Dahler, Fausto Gernone, Simon Gallow e Katie Kedward. Quaisquer erros obviamente são nossos.

Somos gratas à nossa agente, Sarah Chalfant, e também a Jessica Bullock e Rebecca Nagel da Wylie Agency, por acreditarem neste projeto desde o início. Stuart Proffitt e Will Heyward, das editoras Penguin dos dois lados do Atlântico, são os melhores editores que um autor pode desejar: criativos e críticos, sagazes e capazes de transformar nosso ocasional jargão acadêmico em algo que as pessoas possam ler com prazer. Trabalhar com eles e outros profissionais da Penguin — Alice Skinner, Rebecca Lee, Natalie Coleman, Tamsin Shelton, Sarah Hutson e Juli Kiyan — foi um prazer. Dominique Garcia, Alex Homans, Adam Albrecht, Luca Kuehn von Burgsdorff e Sarah Doyle deram o apoio essencial da diretoria do iipp, assegurando que nosso fluxo de trabalho continuasse a progredir na terra, na água e no ar! Agradecemos seu esmero e paciência.

Finalmente, nossa gratidão à família e aos amigos. Pesquisar e escrever costumam ser trabalhos solitários e demorados. Para nós duas, momentos de alegria com pessoas queridas são o sangue vital que pulsa da ponta dos dedos para as teclas do notebook, especialmente quando escrevemos tarde da noite e muito longe de casa. Mariana agradece a seus filhos Leon, Micol, Luce e Sofia — e aos amigos deles —, que nunca cessam de afirmar a necessidade de todos nós combatermos com mais afinco as iniquidades tão visíveis em todo o planeta e na porta de casa. Rosie agradece a seus pais pelo apoio incansável, em especial nas semanas em que compartilharam sua casa com ela e sua legião de cadernos de notas. Também é grata a Toke Dahler, cujo amor e palavras cruzadas no sofá fizeram a experiência de escrever um primeiro livro ser ainda mais gloriosa e muito menos intimidante do que poderia ter sido em outras circunstâncias.

A lista das pessoas a quem queremos agradecer é longa, mas poderia ser muito mais. Tivemos o privilégio de trabalhar com líderes do setor privado e da sociedade civil que reconhecem a necessidade de uma parceria genuína entre organizações, o que requer não apenas capacidade e ambição, mas também um tipo diferente de contrato social em cujo cerne reside o mutualismo. Este livro também se beneficiou imensamente de nossas interações com funcionários públicos de várias partes do mundo através de nossos estudos e trabalho no IIPP, pessoas que, a despeito do que parece ser um ataque constante à sua capacidade, continuam a direcionar a vida ao bem comum. A eles dedicamos este livro.

1
Introdução: Big Con — A grande falácia

VENCER OS GRANDES DESAFIOS DO NOSSO TEMPO — desde a pandemia até a crise climática — requer ambição e destreza. Todos os tipos de organização nas economias do mundo têm de ser guiados por experiência, conhecimento técnico e profissionais de gestão de projetos. Com tais competências, as empresas, governos e organizações da sociedade civil podem então trabalhar em conjunto para atender nossas necessidades sociais, econômicas e ambientais coletivas.

A questão é que isso não descreve o mundo em que vivemos. Muitos governos param de investir em capacidade e competências próprias e, por temerem o fracasso, não correm riscos. Muitas empresas esquivam-se de assumir a responsabilidade por mudanças e se concentram em obter lucros no curto prazo por meio de estratégias fáceis e improdutivas, como, por exemplo, recomprar as próprias quotas para elevar os preços das ações ou deixar de dar uma remuneração justa aos empregados. Neste último meio século, a má gestão em empresas e no Estado privilegiou o curto prazo em detrimento dos investimentos necessários ao progresso. Essas tendências esgotaram o conhecimento, as habilidades e a visão das organizações.

E há um grupo de agentes que tira proveito dessa forma de capitalismo e do enfraquecimento subjacente das competências, faturando quantias colossais no processo: a indústria da consultoria.

Empresas de consultoria como McKinsey, Boston Consulting Group (BCG) e Bain & Company, frequentemente mencionadas como as "Big Three", as três grandes empresas de estratégia, e PricewaterhouseCoopers (PwC), Deloitte, KPMG e Ernst & Young (EY), as "Big Four", as quatro grandes empresas de contabilidade, são contratadas por governos, empresas e outras organizações para executarem vários tipos de tarefa em seu nome. Quando são contratadas por empresas, as incumbências que recebem às vezes são relacionadas à estratégia corporativa, às vezes à gestão e execução de um determinado projeto e às vezes a uma capacidade específica como TI ou planejamento financeiro. É comum que governos contratem consultorias para ajudar no desempenho de funções essenciais, como, por exemplo, elaborar estratégias de adaptação ao clima, implementar programas de vacinação e prestar serviços na área de bem-estar social.

Hoje, o tamanho da indústria de consultoria e de contratos que ela recebe é espantoso. Seu crescimento não dá sinais de arrefecer. Em 2021 as estimativas do mercado global de serviços de consultoria variaram entre quase 700 bilhões de dólares e mais de 900 bilhões de dólares[1] — embora esses números não reflitam todo o panorama das atividades das empresas de consultoria.

Em cada sala

A onipresença de consultores no ramo da economia é assombrosa. Por exemplo, durante os dois primeiros anos da pandemia de covid-19 (2020-1), governos gastaram quantias sem precedentes na contratação das grandes consultorias. Em julho de 2020, a McKinsey já havia assegurado mais de 100 milhões de dólares do governo federal dos Estados Unidos para empreendimentos relacionados à pandemia.[2] No Reino Unido, a Deloitte recebeu no mínimo 279,5 milhões de libras do governo central em 2021.[3] Uma estimativa indica que no Reino Unido mais

INTRODUÇÃO

de 2,5 bilhões de libras em contratos de consultoria foram firmados por órgãos públicos em 2021.[4] Na Itália, a McKinsey foi contratada para ajudar a alocar os 191,5 bilhões de euros correspondentes à parcela do país no fundo da União Europeia para a recuperação da pandemia.[5] Consultores também estiveram presentes à mesa das grandes decisões durante muitas das comoções econômicas globais da década passada, desde a crise da dívida da zona do euro até a recuperação de Porto Rico depois do furacão Maria. Durante esse período, as Big Three e as Big Four também foram contratadas para ajudar a projetar cidades inteligentes, formular estratégias nacionais de emissão líquida zero de carbono, propor reformas no ensino, assessorar exércitos, administrar a construção de hospitais, redigir códigos de ética médica, elaborar legislação fiscal, supervisionar a privatização de empresas estatais, administrar fusões entre farmacêuticas e governar a infraestrutura digital de inúmeras organizações. Os contratos de consultoria abrangem cadeias de valor e setores em vários países e continentes, afetando todos os níveis da sociedade.

Alguma dessas coisas tem importância? Devemos nos preocupar? Afinal de contas, os consultores não estão simplesmente ajudando a tornar seus clientes mais eficientes, fazendo o que eles não são capazes de fazer? Este livro mostra por que o crescimento nos contratos de consultoria, o modelo de negócios das grandes consultorias, os conflitos fundamentais de interesse e a falta de transparência têm uma importância tremenda. A indústria da consultoria hoje não é apenas um ramo auxiliar; suas recomendações e ações não são puramente técnicas e neutras, facilitando um funcionamento mais eficaz da sociedade e reduzindo os "custos de transação" para os clientes. Ela viabiliza a concretização de uma visão particular da economia que cria disfunções em governos e empresas no mundo todo.

No final do século XIX, na Era de Ouro dos Estados Unidos, os *confidence tricks* — ou *"cons"* — eram golpes que usavam ofertas de informação privilegiada, tecnologia impressionante e artimanhas linguísticas para roubar e extrair riqueza de modo ilícito. O que chamamos de

Big Con* não é uma atividade criminosa. É, na verdade, referência a um estratagema que se vale da confiança, usado pela indústria da consultoria quando firma contratos com governos esvaziados e temerosos e empresas preocupadas em maximizar valor para seus stakeholders. Esses contratos possibilitam que a indústria da consultoria obtenha rendas muito superiores ao verdadeiro valor que ela entrega — uma forma de "rendas econômicas", ou "renda auferida acima da recompensa correspondente à contribuição de determinado fator de produção na criação de valor".[6] Essas rendas não necessariamente derivam da propriedade de conhecimentos escassos valiosos, mas sim da capacidade de criar uma impressão de valor. As práticas de consultoria e os imensos recursos e redes de grandes empresas desse ramo ajudam a incutir confiança no valor do serviço prestado e na classe dos consultores.

Embora a profissão de consultor seja antiga, o Big Con cresceu anos 1980 e 1990, na esteira de reformas instituídas tanto pela direita "neoliberal" como pelos progressistas da "terceira via" — em ambos os lados do espectro político. Cada vez mais as empresas eram administradas tendo em vista os interesses de curto prazo de seus acionistas. Setores públicos foram transformados segundo o credo da Nova Gestão Pública (NGP) — programas de políticas públicas que procuravam fazer os governos funcionarem mais como empresas e que diminuíram a fé nas habilidades dos funcionários públicos. Essas tendências também deixaram os profissionais de empresas e organizações governamentais inseguros, necessitando justificar o tempo todo suas decisões a outros — os executivos de empresas a seus acionistas e os funcionários públicos à população e aos meios de comunicação, que, cada vez mais céticos, os culpavam por quaisquer falhas ou erros.

---

* O título original do livro, em inglês, permite compreender o trocadilho *con* (falcatrua)/ *consulting* (consultoria). Para a edição em português, embora tenhamos optado por *A grande falácia*, mantivemos a expressão "The Big Con" ao longo do livro. A escolha ocorreu porque "Big Con" rima com "Big Four", como são conhecidas, inclusive no Brasil, as quatro maiores consultorias do mundo. (N. E.)

INTRODUÇÃO

Aproveitando as tendências do capitalismo

O Big Con obviamente não é responsável por todos os males do capitalismo moderno, mas prospera graças ao que nele é disfuncional — finanças especulativas, setor empresarial focado no curto prazo e setor público avesso a riscos. Ele tira proveito da ambição genuína que certos públicos, políticos e líderes empresariais têm de enfrentar desafios que incluem a crise climática, a pandemia e a desigualdade crescente, eventos percebidos como oportunidade de assessorar organizações que precisam se adaptar. Há uma relação arraigada entre a indústria da consultoria e as atuais formas herdadas de gestão nas empresas e no governo que a retroalimenta. A relação prospera graças ao poder estrutural único das grandes empresas de consultoria, exercido por meio de grandes contratos, a redes por todos os setores da economia e à reputação histórica das consultorias de serem intermediárias objetivas de expertise.

Na verdade, há um lugar para as consultorias na nossa economia. A assessoria e a capacidade das consultorias são produtivas quando vêm dos bastidores, fornecidas por agentes capazes, dotados de conhecimento genuíno e que gera valor. O problema não é o ato de fornecer consultoria nem as intenções dos consultores, que frequentemente esperam efetuar mudança através de seus papéis, e sim o crescimento constante dessa indústria, que faz com que seu lugar passe dos bastidores para o centro do palco. Ela se alimenta das fraquezas em nossas economias e esvazia seus clientes nesse processo em vez de ajudá-los, o que, posteriormente, só gera mais oportunidades para a acumulação de renda. É como um psicoterapeuta que não tem interesse em que seus pacientes se tornem independentes e adquiram uma forte saúde mental, então usa os problemas deles para criar dependência e um fluxo de remuneração cada vez mais gordo.

Desde que começamos a pesquisar para este livro em 2019, escândalos envolvendo consultorias têm sido revelados com frequência crescente por jornalistas investigativos e inquéritos governamentais. É difícil passar uma semana sem pipocar uma notícia de mais um caso de corrupção, conflito de interesses ou acidente evitável envolvendo alguma consultoria global. Mas os fiascos que viram manchete são apenas a ponta do iceberg. Com frequência, casos de falha ou abuso flagrante por uma grande consultoria manifestam problemas mais amplos, sistêmicos — embora quase nunca sejam vistos dessa perspectiva. Os numerosos contratos que as consultorias detêm, sua alegação de expertise, seus incentivos financeiros e a influência concedida às grandes empresas desse ramo sobre áreas importantes do governo e da iniciativa privada não são analisados como sintomas de problemas estruturais mais abrangentes e profundos nos modos como organizamos nosso sistema capitalista.

E a realidade é que, quase sempre, a maioria dos eleitores e empregados não sabe quando há consultores à mesa, quanto eles recebem, quais são seus outros clientes, a magnitude de seus interesses, em geral conflitantes, nem que papéis foram contratados para desempenhar. Não sabem se a consultoria executou bem ou mal a tarefa para a qual foi chamada — e, quando algo sai errado, quem é o responsável. A natureza dos contratos, a responsabilidade limitada e os modelos de negócios das grandes consultorias significam que, na maioria das vezes, são os empregados de seus clientes e os cidadãos que acabam assumindo os riscos das falhas cometidas pela consultoria. A disparidade entre as recompensas recebidas (grandes) e os verdadeiros riscos que essas empresas correm (pequenos) aumenta ainda mais as rendas auferidas.

A história da consultoria moderna, no fim das contas, é a história do capitalismo moderno: cada tendência foi aproveitada pelo Big Con. No governo, as grandes consultorias promoveram tendências em privatização, reforma administrativa, financiamento privado, terceirização de serviços públicos, digitalização e austeridade — e lucraram com elas. Em empresas, ajudaram a consolidar novos modelos e formas de governança corporativa — por exemplo, a disseminação da contabilidade de custos, a proliferação de corporações multidivisionais na Europa nas décadas após a Segunda Guerra Mundial e a ascensão da maximização de valor para os acionistas em todo o planeta nos anos 1980. Essas políticas não foram concebidas por empresas de consultoria, mas foram consultores que ajudaram a difundi-las e moldá-las, e por fim as usaram para obter ganhos. Agora que o mundo está acordando para os males do capitalismo moderno e a necessidade de mais "propósito" por trás da governança corporativa, a indústria da consultoria promete reverter os problemas que ajudou a criar: a atual explosão de contratos para assessorar a "governança ambiental, social e corporativa" (ESG, na sigla em inglês) é o exemplo mais recente.

Talvez a área de maior impacto do Big Con seja nos esforços contra o colapso climático. A indústria da consultoria ajudou a consolidar formas de produção movidas pela maximização dos lucros no curto prazo que intensificaram as emissões de carbono. Agora, diante da preocupação crescente com a crise climática, o Big Con aproveita uma nova onda, obstruindo as transformações em grande escala que são necessárias em todos os setores das nossas economias intensivas em carbono. Fornece a governos e empresas *frameworks* que oferecem um véu de comprometimento sem que uma ação seja exigida, incluindo criar e promover ferramentas de ESG que Tariq Fancy, ex-executivo da BlackRock, que se tornou um *whistleblower* [denunciante], chamou de "uma distração perigosa". A indústria da consultoria é um grupo de muitos agentes que moldou uma resposta do mercado à crise climática e lucrou com isso, mas são as futuras gerações e as pessoas que hoje vivem nas regiões mais expostas à crise climática que arcarão com os riscos dessa resposta falha.

Em outras palavras, as consequências do Big Con para nossa capacidade coletiva de vencer os imensos desafios do presente são gritantes e mais urgentes do que nunca.

Quem não faz desaprende

Para responder às mudanças nas exigências de cunho político, social e — cada vez mais — ambiental, as organizações públicas e privadas precisam ser capazes de adaptar-se a fim de gerir sistemas complexos e fornecer bens e serviços que as pessoas desejam e dos quais necessitam. As atividades desempenhadas em uma organização são a base para as competências que ela precisará desenvolver no futuro. Na economia, as organizações não são entidades estáticas, mas em constante desenvolvimento. As competências das organizações não existem ao acaso, elas evoluem ao longo do tempo. São dinâmicas.[7]

Quanto mais os governos e as empresas terceirizam, menos sabem como fazer, e com isso as organizações tornam-se esvaziadas, paradas no tempo e incapazes de se desenvolver. Com consultores envolvidos em cada etapa, sobra pouco a "aprender fazendo". Clientes de consultorias tornam-se "infantilizados" — na palavra do ministro conservador britânico Theodore Agnew, referindo-se em 2020 aos efeitos da terceirização sobre os funcionários públicos.[8] Um departamento do governo que terceiriza os serviços que é responsável por fornecer pode ser capaz de reduzir custos no curto prazo, mas acabará tendo despesas maiores uma vez que perderá conhecimentos sobre como prestar esses serviços. Perderá também a capacidade de se adaptar ao conjunto de competências dentro de seu departamento de modo a atender as necessidades mutáveis dos cidadãos. Mas é óbvio que o aprendizado também depende de interação e envolvimento com outras organizações. Os sistemas estatais "fechados", de planejamento central, não têm como aprender desse modo.[9] Mas as organizações que dependem de terceiros para cumprir seus compromissos também não.

Embora consultores possam ajudar seus clientes a atingir objetivos, a afirmação de que a indústria da consultoria agrega valor à economia e à sociedade intermediando conhecimentos e reduzindo custos é exagerada. No setor público, os custos incorridos não raro são maiores do que se o governo tivesse investido na capacidade de realizar ele mesmo o trabalho e aprendido ao longo do caminho a melhorar seus processos. Com demasiada frequência se evita a expertise de quadros internos e se dá preferência a contratar uma consultoria global. Às vezes isso se dá porque a empresa de consultoria oferece seus serviços pro bono ou cobra muito abaixo dos preços de mercado. A oferta é tentadora para funcionários públicos em departamentos avessos ao risco e carentes de recursos após anos de cortes orçamentários. Cobrando pouco ou nada no contrato inicial — *lowballing* ["jogando baixo"], como essa prática é conhecida no jargão do mercado —, a consultoria pode não apenas moldar decisões importantes como também obter conhecimentos importantes sobre o cliente e conseguir a vantagem do primeiro movimento em contratos futuros.

Surpreende sobretudo que muitas vezes empresas de consultoria sejam contratadas até quando o governo tem uma clara vantagem em competência interna. Na Austrália, por exemplo, a CSIRO (sigla de Organização de Pesquisa Científica e Industrial da Commonwealth) conta com um quadro altamente especializado na área da climatologia. Mesmo assim, em 2021 foi negada a seus cientistas a verba para formularem a estratégia nacional de emissão líquida zero de carbono porque o governo preferiu contratar a McKinsey.[10]

Muitas vezes a indústria da consultoria confere legitimidade a decisões controversas. Quando o gestor sênior de uma empresa quer convencer o conselho diretor a respeito de alguma coisa, ou quando um ministro de governo deseja persuadir outros sobre sua visão ou obstruir alguma ação importante, um relatório favorável à sua posição emitido por uma das Big Three ou Big Four pode ser de grande valia em detrimento de outros objetivos — ou mesmo de acordos trabalhistas.

E as grandes consultorias que estão intimamente envolvidas em importantes tomadas de decisão políticas e corporativas em geral têm flagrantes conflitos de interesse. É raro um cliente ter acesso a informações sobre outros clientes de uma consultoria, inclusive quando ela "serve a dois senhores". Por exemplo, na questão climática, grandes consultorias trabalham simultaneamente para governos cujas populações gostariam de ver uma redução nas emissões *e* para as empresas de combustível fóssil que mais contribuem para a crise do clima.

Por tempo demais a indústria da consultoria tem minado o progresso e a democracia, ao escapar à vigilância. Este livro não apenas faz uma análise crítica como também propõe soluções concretas para o atual impasse. Examinamos a história dessa indústria, contextualizamos seu crescimento em meio às transformações mais abrangentes do capitalismo e esmiuçamos as justificativas para seu uso generalizado por gestores governamentais, líderes empresariais e a área acadêmica. Mostramos que até casos que viraram manchete não são anomalias, e sim sintomas de disfunções mais amplas em nossas economias. Tomamos por base estudos que nós e outros autores publicamos previamente em relatórios sobre políticas econômicas e periódicos especializados, relatórios produzidos por consultorias, relatórios históricos de políticas econômicas e documentação de contratos, além de investigações conduzidas por jornalistas que há muitas décadas têm acompanhado de perto as atividades desse setor. Também nos valemos de relatos em primeira mão de consultores e profissionais que trabalharam com eles em empresas e governos. Concordamos em manter o anonimato de todas as informações potencialmente identificadoras dos entrevistados e citados no livro, como nome, cargo e função. Nossas próprias experiências trabalhando com governos que usaram amplamente os serviços de grandes e pequenas empresas de consultoria também foram importantes fontes de reflexão.

Nossa análise da indústria da consultoria mostra um quadro sombrio da situação atual. A magnitude de contratos que ela detém — nos papéis de assessoria, legitimação de decisões controversas e terceirização — enfraquece nossas empresas, infantiliza nossos governos e distorce nossas economias. O uso cumulativo de grandes consultorias, que operam com modelos de negócio extrativistas, tolhe a inovação e o desenvolvimento de expertise, solapa o papel democrático da responsabilidade e obscurece as consequências de ações políticas e empresariais. No fim das contas, todos nós pagamos o preço com a carência de investimento e aprendizado internos: fundos públicos e outros recursos são desperdiçados, decisões em governos e nas empresas são tomadas com impunidade e pouca transparência, e nossas sociedades democráticas perdem seu dinamismo. O Big Con põe todos em perigo.

Examinar a indústria da consultoria desse modo também nos dá uma perspectiva para repensar como construir economias adaptadas a um propósito. As missões globais do futuro, necessárias para vencer grandes desafios como a crise climática, requerem inteligência coletiva nas mais diversas organizações e comunidades que compõem nossas economias.[11]

É possível construir uma economia mais forte, mas só se investirmos em conhecimento e capacidade muito necessários nas empresas e nos governos, se trouxermos de volta o propósito público ao setor público e se livrarmos o sistema do obscurecimento e da intermediação dispendiosa da indústria da consultoria. Nesse relacionamento, organizações e indivíduos com conhecimento e capacidades genuínos podem ser uma fonte valiosa de assessoria; no entanto, devem aconselhar e fornecer "consultoria" sempre dos bastidores, de um modo transparente e que entregue conhecimento e expertise reais — não podemos permitir que dirijam o espetáculo do centro do palco. Em última análise, essa expertise tem de tornar mais fortes, e não mais fracos, os que estão sendo assessorados.

Lutar contra um vício começa com a admissão da gravidade do problema. Só então poderemos reduzir a dependência e pilotar o barco para a frente.

2
O que é a indústria da consultoria?

NO COMEÇO DE FEVEREIRO DE 2021, a legisladora francesa Véronique Louwagie obteve documentos que causariam uma comoção em seu país. A covid-19 atingia a França já por um ano, e o país lutava para conter a mais recente onda de casos. O lançamento do programa de vacinação nacional fora um desastre: só 5 mil pessoas tinham sido vacinadas até o começo de janeiro, em comparação com 316 mil na Alemanha e 139 mil na Espanha, que haviam iniciado seus programas mais ou menos na mesma época.[1] A notícia da lentidão na aplicação das vacinas foi manchete no mundo todo. Para um país que há tanto tempo se orgulhava de seu sistema de saúde pública e de sua burocracia do serviço público, os números eram vexatórios. Veículos da mídia não demoraram a descobrir que a McKinsey estava à frente da implementação do programa de vacinação.

Louwagie era membro do conservador Partido Republicano e admitiu que de modo geral não se incomodava com o uso de consultorias de gestão no governo. Contudo, em seu papel como relatora orçamentária, responsável por justificar os gastos do Ministério da Saúde, a notícia de que a McKinsey estava envolvida no que muitos consideravam um tremendo fracasso do governo disparou um sinal de alerta. Louwagie quis saber: quantos contratos de consultoria de gestão para a resposta à covid-19 o governo francês tinha firmado? O que exatamente essas empresas vinham fazendo? O que ela descobriu com seu questionamento ao Ministério da Saúde foi assustador para muitas autoridades e cidadãos franceses — mas o pior ainda estava por vir.

Entre março de 2020 e fevereiro de 2021 o Ministério da Saúde firmara 28 contratos com seis empresas de consultoria para tarefas relacionadas à crise da covid-19. Os contratos totalizavam 11 milhões de euros, dos quais 4 milhões de euros foram para a McKinsey.[2] As consultorias não estavam meramente sendo usadas como fontes externas de conhecimento especializado: elas haviam se tornado centrais de processamento de tomada de decisão e de gerenciamento do programa de vacinação. A McKinsey estava encarregada de definir as rotas de distribuição das vacinas da Pfizer e da Moderna e de coordenar uma "força-tarefa de vacinação formada por funcionários de numerosas agências, com algumas cadeias de decisão que envolviam até cinquenta autoridades".[3] Uma das reuniões diárias pelo Zoom, das quais participavam altas autoridades do Ministério da Saúde, era presidida por um consultor da McKinsey. A empresa francesa de consultoria Citwell fora contratada para apoiar a logística das vacinas e dos equipamentos de proteção pessoal. A Accenture fora recrutada para fornecer serviços de TI relacionados à campanha de vacinação.[4]

Considerando o grau de envolvimento de empresas de consultoria na implementação e logística do programa francês de vacinação, talvez não surpreenda esse atraso do país em levar as vacinas até o braço de seus cidadãos. Essas empresas não têm décadas de experiência em programas de vacinação de uma população inteira. Como observou um pesquisador do Centro Nacional de Pesquisa Científica da França ao *New York Times*, as empresas de consultoria tendiam a importar modelos operacionais usados em outros ramos, e eles não necessariamente funcionavam de maneira eficaz na saúde pública. "Posteriormente, o governo não volta e avalia se as consultorias realmente trabalharam bem ou não", comentou o pesquisador. "É cedo demais para dizermos se a McKinsey e outras estão agregando valor a esta campanha, mas acho que nunca saberemos."[5]

O uso de consultorias pelo governo francês aumentaria ainda mais à medida que a pandemia arrefecia. Em março de 2022 um relatório publicado por um Senado dominado por conservadores revelou que, sozinhos, os ministros do governo central haviam gastado quase 900 milhões de euros em honorários de consultoria de gestão em 2021 — uma quantia mais que duas vezes maior do que a que fora gasta em 2018.[6] Essa notícia veio apenas algumas semanas antes da eleição presidencial, e os opositores do presidente em exercício alardearam as revelações como o "*Scandale McKinsey*".[7] Certamente a McKinsey não era a única empresa em exame — e a sondagem também se estendeu depois da pandemia. Entre os casos destacados no relatório estava um contrato com o BCG e com a EY no valor de 558 900 euros para organizar uma convenção para autoridades do setor público que nunca chegou a acontecer.[8]

Quando jornalistas da revista on-line *POLITICO* perguntaram a um funcionário público de alto escalão sobre o amplo uso de consultorias durante a pandemia, ele respondeu que fora necessário porque o setor público carecia das habilidades necessárias: os servidores estavam com burnout e fadiga.[9] Durante uma crise é quase inevitável que governos precisem recrutar efetivo extra para dar conta da resposta que o público espera. Alguns países, como a Alemanha, mesmo assim foram capazes de realocar pessoal de partes do setor público nas quais as atividades estavam interrompidas. Mas na França, como em outros países, a terceirização de importantes funções administrativas e operacionais na máquina pública do Estado e em outras partes não foi meramente uma anomalia induzida pela crise. A pandemia de covid-19 pode ter sido um evento sem precedentes, mas a dependência do governo francês com relação à indústria da consultoria não era. Empresas de consultoria "começaram a ter um papel na reforma administrativa, primeiro em governos locais depois da descentralização de 1982 e depois no Estado central em 1987, ao mesmo tempo que a indústria da consultoria se tornava mais forte graças a iniciativas estatais destinadas a estimular seu desenvolvimento".[10] E por mais que os oponentes políticos de Emmanuel Macron tenham procurado usar esse problema contra ele durante a eleição presidencial, a verdade é que o uso de consultorias transcendia as linhas partidárias. Durante seu mandato de 2007 a 2012, o governo de centro-direita do presidente Nicolas Sarkozy gastara centenas de milhões de euros em contratos com empresas de consultoria, para todos os efeitos a fim de aumentar a eficiência do Estado. Seu sucessor, François Hollande, do Partido Socialista, pouco fez para reverter a tendência. As revelações sobre como o governo Macron dependeu de empresas de consultoria durante a pandemia foram, para muitos, simplesmente uma confirmação de que o papel dessas empresas agora se estendia muito além de apenas fornecer conhecimento especializado para o governo. Um político chegou a afirmar que o recente emprego de consultorias norte-americanas havia solapado a soberania francesa.[11]

A tendência a terceirizar a capacidade operacional e administrativa durante a pandemia não foi exclusiva da França. Nos Estados Unidos, a abrangência dos contratos foi equivalente. Em março de 2022 líderes do Department of Veteran Affairs, um departamento que em geral gasta meses em licitações, em um processo de licitação que durou menos de 24 horas assinou um contrato de 12 milhões de dólares diretamente com a McKinsey por um ano de consultoria sobre "todos os aspectos" das operações de seu sistema de assistência médica durante a pandemia. Dentro de poucas semanas, a firma já havia sido contratada para "ajudar a obter insumos médicos" para o Departament of Health and Human Services, a fim de "prestar serviço em uma força-tarefa de desenvolvimento estratégico para que fornecedores do setor de defesa, muitos deles clientes da McKinsey, produzam insumos médicos durante a pandemia", e firmado uma profusão de contratos individuais com estados norte-americanos, entre eles Illinois, Tennessee, Califórnia e Virgínia. Em Nova York, a "equipe do governador Andrew Cuomo contratou a McKinsey para projetar a capacidade hospitalar e os insumos médicos, com base em modelos epidemiológicos já existentes".[12]

Do outro lado do Atlântico, no Reino Unido, dezenas de milhões de libras também estavam sendo gastas com empresas de consultoria.[13] Enquanto a economia como um todo encolheu e milhões de pessoas perderam o emprego, a indústria da consultoria no Reino Unido cresceu 2,5% em 2020, em grande parte graças a contratos com o governo.[14] Em sua atualização de janeiro de 2022 a federação do setor, Management Consultancies Association (MCA), indicou que o crescimento chegara a 16% ao longo de 2021 e que seus membros previam ainda mais avanço em 2022.[15] Os contratos que a Deloitte recebeu do setor público no Reino Unido durante o primeiro ano da pandemia abrangeram desde os serviços de consultoria mais tradicionais até tarefas operacionais e administrativas centrais. A empresa foi contratada não só para "prestar consultoria urgente sobre a covid-19", como também para "fornecer projetos de solução digital, construção e operação ao vivo de uma plataforma digital".[16] Obteve também contratos para a "identificação e aquisição de equipamento de proteção pessoal"[17] — uma tarefa que o National Health Service [NHS, Serviço de Saúde Nacional] executa desde sua criação. A empresa também foi contratada pela Health Research Authority — órgão público responsável por assegurar que as pesquisas do NHS na área de saúde sejam examinadas e aprovadas de uma perspectiva ética — para "rever seu modelo de análise ética de pesquisas tomando por base as lições aprendidas com as análises dos estudos sobre a covid-19".[18]

O papel da Deloitte como parte do sistema de Testagem e Rastreamento do governo do Reino Unido chamou a atenção do público e do governo depois da revelação de que essa consultoria estava ganhando 1 milhão de libras por dia com seus contratos. Segundo o Comitê de Contas Públicas do Parlamento britânico, um grupo pluripartidário de parlamentares responsáveis por examinar os gastos do governo, a Testagem e Rastreamento não haviam "atingido seu principal objetivo de ajudar a interromper as cadeias de transmissão da doença e permitir que as pessoas retomassem um modo de vida mais próximo do normal".[19] Uma investigação feita pela comissão concluiu que o programa tinha sido "excessivamente dependente de contratos caros e trabalhadores temporários [...] a partir de abril de 2021, consultores representaram quase metade dos trabalhadores essenciais da Testagem e Rastreamento do NHS". A comissão informou que a Testagem e Rastreamento não tinham "um controle firme sobre os gastos gerais de seus consultores", mas ainda assim sugeriu que "é provável que isso custe aos contribuintes centenas de milhões de libras".[20] Um ex-diretor da Testagem e Rastreamento, quando perguntado por que o uso do programa continuava tão intenso mais de um ano depois de a pandemia ter chegado ao Reino Unido, declarou à comissão que "as habilidades [que o NHS] estava tentando recrutar nas áreas de dados, serviços digitais e operacionais e implementação de projetos estavam em falta no serviço público", sugerindo que o relacionamento do governo com a indústria da consultoria e a magnitude e abrangência de seus contratos de terceirização eram problemas sistêmicos.

Uma pessoa que trabalhou em projetos de resposta à pandemia durante o primeiro ano revelou suas percepções do que as operações cotidianas envolviam. No início ficou claro que o governo havia contratado um número sem precedentes de consultores, alguns dos quais tinham sido trazidos via subcontratações com outras empresas de consultoria. Essa magnitude — "o número enorme de pessoas admitidas em razão da nebulosidade daquela guerra, os consultores itinerantes" — tornou-se um estorvo operacional:

> A impressão que eu tinha era de que a organização contava com tantas novas equipes ao mesmo tempo que sempre havia alguém novo querendo falar comigo sobre alguma novidade que estava para acontecer. Mas frequentemente eles nem sabiam o que estavam pedindo... Parecia que cada projeto tinha uma multidão de profissionais itinerantes da Deloitte. E é espantoso para mim que o enorme volume daquelas pessoas criava uma situação de e-mails zumbis chegando o tempo todo com perguntas elementares que tínhamos de responder, o que tirava nossa atenção do trabalho de verdade.[21]

Os consultores juniores que foram trazidos raramente tinham expertise na área em questão. Em geral os nomes de seus cargos nos contratos em que trabalhavam eram "product owner" ou "product manager", mas, "em contraste com uma equipe digital eficiente" — onde esses cargos costumam ser encontrados —, "os consultores com esses títulos não tinham realmente tarefas específicas". Quando lhe foi perguntado se achava que os consultores haviam acrescentado algum valor, a pessoa entrevistada ressaltou que "nem todo mundo com quem trabalhei era incompetente — eu me lembro de uma pessoa da Deloitte encarregada de um projeto que era competente e boa".

A magnitude e a abrangência dos contratos da indústria de consultoria durante a pandemia refletem bem o quanto muitas organizações se apoiam em consultores. Na época em que a pandemia da covid-19 eclodiu, terceirizar já se tornara a práxis em muitos governos — e a indústria da consultoria estava imbricada em todos os aspectos.

Taxonomia

Em âmbito global, a indústria da consultoria é dominada por grandes empresas multinacionais, a maioria com sede nos Estados Unidos ou norte da Europa. Entre elas estão as Big Four e as Big Three. Ela inclui também empresas que oferecem principalmente serviços de gestão em áreas específicas como TI — por exemplo, CGI Group e IBM, ou empresas de serviços públicos terceirizados como Serco e Sodexo.

Várias empresas de grande porte e que atuam majoritariamente em outros setores contam com uma subdivisão de consultoria que gera uma parcela pequena das receitas totais. Essas também podem ser uma fonte importante de influência ou facultar o acesso a stakeholders e a informações que são de grande valia para a principal linha de ação da companhia. Por exemplo, recentemente firmas de engenharia e construção como Arup e AECOM tornaram-se fontes cada vez mais significativas de assessoria em gestão de adaptação ao clima.[22] A Financial Markets Advisory (FMA), a subdivisão de consultoria da BlackRock, maior gestora de ativos do mundo, "trabalha discretamente para numerosas instituições públicas, entre elas o Tesouro do Reino Unido e o Banco Central Europeu".[23] Em 2021 a BlackRock controlava 10 trilhões dólares de ativos em nível global. Durante a pandemia de covid-19, o Federal Reserve contratou a FMA para administrar os três veículos que o órgão criara para comprar dívidas corporativas em mercados financeiros. Essas empresas também se beneficiaram das reformas mais abrangentes em governança política e empresarial desde os anos 1980 (que incentivaram a terceirização por organizações do setor público e administradores de empresas), ainda que fornecer esses serviços não seja sua principal linha de atuação. Enquanto as Big Three empregam, cada uma, dezenas de milhares de pessoas, a FMA emprega 250.[24]

No mundo todo também há dezenas de milhares de pequenas e médias empresas, às vezes chamadas de "consultorias butique", além de organizações sem fins lucrativos que fornecem serviços de consultoria por todo o globo. Em muitos países, nestas últimas décadas, o número e as receitas das consultorias menores e especializadas aumentaram significativamente, acompanhando o crescimento mais amplo desse mercado. As áreas em que essas empresas menores costumam trabalhar também seguiram tendências mais abrangentes. Na esteira do governo trabalhista de Tony Blair, por exemplo, "muitas pessoas que haviam trabalhado para consultorias no setor público criaram suas próprias consultorias, facilitando assim o aumento da oferta de consultores".[25] Os nomes de pequenas consultorias só serão bem conhecidos por um leitor que trabalha em determinada área ou em dada região; elas tendem a operar no âmbito regional e a fornecer serviços para um nicho de mercado ou uma função especializada. Incluem empresas que se dizem especialistas em gerir processos de digitalização, desenvolver estratégias de sustentabilidade ou aumentar a eficiência de serviços do setor público. Também incluem consultorias que fornecem contratos para organizações específicas, como a Comissão Europeia ou o National Health Service [NHS, Serviço Nacional de Saúde] do Reino Unido.

Figura 1. Tipos de consultoria de gestão
O que é a indústria da consultoria?

Área de atuação	Origens	Principal estrutura de gestão	Exemplos
Estratégia	Anos 1900-30 Gestão científica e contabilidade de custos (linhas de gestão em voga no período)	Sociedade	1. McKinsey 2. BCG 3. Bain & Company

O QUE É A INDÚSTRIA DA CONSULTORIA?

Área de atuação	Origens	Principal estrutura de gestão	Exemplos
Contabilidade	Anos 1960-70 Auditoria de redes de clientes e objetividade percebida	Sociedade, empresa privada	1. EY 2. Deloitte 3. PwC 4. KPMG
TI	Anos 1980-90 Informatização e necessidade de conectividade com o crescimento da firma	Sociedade de capital aberto	1. Capgemini 2. Cognizant 3. Cisco 4. IBM 5. Oracle 6. CGI Group
Terceirização	Anos 1990-2000 Aumento de tamanho e escopo de contratos com o setor público	Sociedade de capital aberto	1. Serco 2. Sodexo 3. Atos 4. ISS
Butique	Anos 2000-10 Crescimento de oportunidades em consultoria de gestão	Empresa privada, ONG	1. Putnam Associates 2. Vivid Economics

Neste livro focamos a economia política das grandes consultorias multinacionais e suas relações com governos, empresas e outras organizações. Essas consultorias fornecem um conjunto diversificado de serviços, desde assessoria e gestão estratégica até implementação e terceirização de projetos. Embora existam importantes diferenças entre elas, e também em relação ao grau em que se concentram nos diferentes tipos de consultoria, todas estão relacionadas a partir da dinâmica que levou ao crescimento (em magnitude e abrangência) dos contratos de consultoria, e são unidas em sua necessidade de continuação e expansão desses contratos. Analisamos especificamente o papel de consultorias menores e especializadas em determinado momento. Na Figura 1, listamos um resumo dos principais "tipos" de consultoria por área de atuação. Adiante examinaremos suas origens e gestão em mais detalhes.

A maioria dessas empresas divide os serviços de consultoria de gestão prestados em categorias, com base na área do projeto, no ramo de atividade ou — no caso das consultorias de TI — na tecnologia envolvida. A Capgemini presta serviços nas áreas empresariais de "finanças e contabilidade", "supply chain", "recursos humanos", "atendimento ao cliente" e "automação inteligente".[26] A McKinsey atua em "funções" variadas, incluindo "fusões e aquisições", "operações", "organização", "gestão estratégica e corporativa" e "transformação".[27] Os grupos de empresas de consultoria que outros rotulam como "geração da terceirização" e "consultorias de terceirização" concentram-se em administrar grandes contratos em várias áreas do setor público.[28] A Serco, por exemplo, divide seus serviços segundo os "importantes setores" de "mercado", "defesa", "assistência médica", "justiça", "imigração", "transporte" e "serviços à população".[29] Em muitos aspectos, os vários rótulos que as consultorias ou até mesmo os acadêmicos empregam para referir-se ao que elas fazem obscurecem o que de fato é a indústria da consultoria — o que une essas diversas empresas. Para existir, todas as consultorias mencionadas acima dependem de que outras organizações continuem a terceirizar sua gestão, expertise e capacidade.

Muitos indivíduos, empresas e outras organizações fornecem assessoria especializada ou serviços que não incluímos em nossa definição de indústria da consultoria, uma vez que não dispõem dos recursos necessários para obter renda por meio do Big Con. A maioria também não é estruturalmente dependente desses contratos, embora possa cobrar por seus serviços; seu crescimento e existência não dependem de que outras organizações os contratem para prestar serviços de consultoria. Exemplos dessa categoria são especialistas em saúde pública que forneceram dados sobre a estrutura das respostas de governos à pandemia, docentes aposentados que participam de conselhos de ensino e acadêmicos de universidades que compartilham com organizações do setor público ou privado ou do terceiro setor ideias extraídas de suas pesquisas. Há também empresas que só fornecem bens, conhecidas como "vendedoras". A maioria das empresas de contabilidade também não faz parte da indústria da consultoria porque não presta serviços de consultoria. Nada disso, porém, se aplica às Big Four, empresas de contabilidade que têm 40% de suas receitas advindas de contratos de consultoria de gestão — mais do que recebem por serviços de auditoria e segurança.

Conheça as consultorias

Grandes consultorias operam de acordo com hierarquias rigorosas, e nelas trabalham diversos tipos de consultor, de acordo com a área de atuação. Em muitas firmas, notavelmente nas Big Three e nas Big Four, os caminhos de ascensão são muito bem delineados. Nos escalões inferiores os cargos são ocupados por profissionais recrutados assim que se formam, às vezes depois de um estágio ou um programa de treinamento durante as férias de verão. Nós os chamaremos de analistas, embora, dependendo da empresa, o nome do cargo também possa ser "associado" ou "consultor". Em um projeto clássico, um analista é responsável por fazer pesquisa ou produzir "entregáveis", por exemplo, *slide decks*, seguindo as orientações de um membro mais sênior da equipe. Costuma ser exigido do analista que complete um treinamento geral em gestão de projetos e stakeholders, mas não que tenha "conhecimento setorial". No escalão seguinte estão empregados que geralmente concluíram o programa de treinamento da consultoria para recém-formados ou que têm MBA. Nós os chamaremos de consultores seniores, embora sejam conhecidos também como "consultores", "líderes de projeto" ou "associados", dependendo da empresa. Eles compartilham algumas responsabilidades com os analistas, mas podem ter mais destaque em tarefas de contato com clientes, como entrevistar executivos ou apresentar atualizações, por exemplo. Um ex-consultor das Big Four referiu-se aos consultores seniores como os "realizadores" da equipe de um projeto.

Acima deles estão os gerentes, que costumam ser os responsáveis por coordenar a equipe de consultores nas tarefas práticas e por lidar com os clientes, mas que também podem ser considerados especialistas em determinada área de gestão ou indústria. Segundo nossas entrevistas, são apenas esses gerentes e as pessoas no nível seguinte — os *partners* ou principais — que necessariamente devem ter e utilizar conhecimento setorial ou expertise técnica, muitas vezes como resultado de longas carreiras em determinado ramo. Os partners ou principais são aqueles consultores que conseguiram ascender na hierarquia graças a uma longa carreira na empresa ou que foram recrutados de alguma indústria específica. Contudo, quase sempre as organizações contratantes só são capazes de ter um grau limitado de contato direto com um partner ou principal, pois eles costumam supervisionar vários projetos ao mesmo tempo e raras vezes as assessoram em tempo integral.

No topo da hierarquia de uma consultoria de gestão estão os diretores, geralmente pessoas com longas carreiras em consultoria e os grandes responsáveis por negociar vendas e administrar as relações com os stakeholders. Consultorias butique costumam adotar hierarquias organizacionais e títulos similares, mas, dependendo da especialização da firma, habilidades ou conhecimentos específicos podem ser tão importantes nos níveis inferiores quanto entre os gerentes seniores. As consultorias de terceirização também tendem a ser hierárquicas, embora as responsabilidades de empregados na gestão e na entrega de contratos variem de forma significativa. Dependendo da natureza do contrato, essas organizações também costumam empregar um pessoal que presta serviços na linha de frente, os chamados "blue collars", diretamente na empresa contratante, embora muitos sejam subcontratados de outras firmas.

A magnitude da consultoria

É impossível calcular com precisão o valor do mercado global de serviços de consultoria. Poucas organizações do setor público e empresas multinacionais são obrigadas pelo governo ou pelos acionistas a documentar seus gastos nesse sentido. Muitas das maiores consultorias também têm estruturas empresariais que as isentam da necessidade de revelar a magnitude de suas receitas e lucros e até em que partes do mundo estão ganhando dinheiro. As Big Four e as Big Three operam todas como sociedades de responsabilidade limitada ou outras formas de companhia limitada, portanto "beneficiam-se de níveis de opacidade negados a muitos de seus clientes corporativos multinacionais".[30] É muito mais fácil descobrir o lucro anual das empresas petrolíferas ou das gigantes do Vale do Silício, porque são negociadas no mercado — vendem ações em bolsas de valores — e a lei exige que divulguem essas informações para que tanto investidores atuais e potenciais quanto os reguladores do mercado financeiro tenham acesso a elas. Apesar disso, todas as estimativas do valor da indústria da consultoria em âmbito global sugerem que esse mercado teve uma alta estratosférica em anos recentes. Em 1999, as receitas globais estimadas para a consultoria de gestão ficaram entre 100 bilhões de dólares e 110 bilhões de dólares.[31] Em 2010 um estudo estimou o tamanho do mercado em cerca de 350 bilhões de dólares.[32] Estimativas em 2021 variaram de quase 700 bilhões de dólares a 900 bilhões de dólares.[33]

As maiores consultorias multinacionais são de fato enormes. Em 2021 a Deloitte era a terceira maior empresa privada nos Estados Unidos, seguida de perto pela PwC na quarta posição e pela EY na sexta.[34] A McKinsey e o BCG ficaram entre as cinquenta maiores, à frente de firmas de biotecnologia, gigantes do ramo dos seguros e titãs do entretenimento. A Accenture, que em 2019 auferiu receitas de serviços de consultoria no valor de 17,3 bilhões de dólares, foi a quadragésima maior empresa do mundo em 2021 em capitalização de mercado, à frente de colossos como Royal Dutch Shell, Boeing e Eli Lilly.[35] Outras consultorias de TI negociadas em bolsa entre as cem maiores empresas de capital aberto incluem a indiana Tata Consultancy Services, cuja receita de serviços de consultoria chegou a 14,9 bilhões de dólares em 2019.[36]

Essas empresas prestam serviços em várias partes do mundo, têm escritórios na maioria dos países e empregam centenas de milhares de pessoas. As Big Four têm escritórios em mais de 130 países e no total empregam aproximadamente 400 mil pessoas.[37] A McKinsey opera em mais de 130 cidades de cerca de 65 países. Mas, apesar desse alcance, a maioria esmagadora de suas receitas deriva de poucos países. Um estudo indica que 96% das receitas de consultoria provêm da América do Norte e da Europa, e que no mundo todo 70% dos pagamentos a consultorias são gerados em apenas cinco países: Estados Unidos, Canadá, Reino Unido, França e Alemanha.[38] Há muitas razões para essa divergência entre regiões do mundo, além do simples fato de que os pagamentos a consultorias de gestão em países em desenvolvimento tendem a ser muito inferiores ao que, nos mercados de consultoria do Ocidente, se costuma pagar.[39] Para começar, existe um precedente histórico muito mais antigo no uso dessa fonte externa de assessoria ou mão de obra em algumas regiões do que em outras; as maiores empresas multinacionais do presente surgiram na América do Norte e se expandiram primeiro para a Europa.[40] Alguns países, como o Japão, concentraram-se historicamente em desenvolver expertise investindo em mão de obra nacional já existente ou aproveitando ideias de outras organizações externas como universidades ou sindicatos.[41] Outros países em diferentes períodos também introduziram regras que limitam a capacidade das consultorias de gestão ocidentais de acessar clientes da indústria nacional. Em 2014, por exemplo, o governo chinês ordenou que suas empresas estatais cortassem quaisquer vínculos com empresas de consultorias sediadas nos Estados Unidos.[42] A resistência nacional a empresas de consultoria internacionais também limitou seu crescimento em determinados períodos, como ocorreu na Coreia do Sul no começo dos anos 2000.[43]

Seja como for, isolados, os dados financeiros não dizem tudo. Há muita coisa que esses números não revelam sobre a abrangência da atividade da indústria da consultoria — e sua influência — na economia global. Isso se aplica particularmente a países em desenvolvimento, que em décadas recentes tiveram um crescimento maior do que mercados do Ocidente, apesar de serem responsáveis só por uma pequena parcela das receitas totais de consultoria no mundo todo.[44] Em muitos países em desenvolvimento a demanda por consultorias de gestão multinacionais nem sempre foi encabeçada por governos e empresas nacionais, mas sim por organizações intergovernamentais como o Fundo Monetário Internacional (FMI) e o Banco Mundial, que preconizam que governos endividados contratem consultores para formular e implementar as reformas econômicas de mercado que precondicionam a cessão de empréstimos. Ocorrências nesse sentido não são consideradas nas estatísticas nacionais sobre consultoria de gestão.

Mesmo no âmbito de um dado país ou região, nem sempre a distribuição das receitas de contratos reflete a extensão do trabalho da indústria da consultoria. Raramente dados quantitativos revelam a natureza de um contrato de consultoria, e a terceirização de serviços e a obtenção de bens nem sempre aparecem com uma separação nítida nas estatísticas.⁴⁵ Apesar disso, dados das receitas das seis maiores consultorias de terceirização extraídos de contratos com o governo do Reino Unido indicam que o gasto com seus serviços chegou à casa dos bilhões de libras. Atualmente quarenta empresas constam na lista de fornecedores estratégicos do Cabinet Office do Reino Unido — as empresas privadas consideradas mais significativas nas contratações governamentais — e atuam em várias áreas da economia, entre as quais telecomunicação, defesa, TI e consultoria de gestão. Atos, Capita, G4s, ISS, Serco e Sodexo são alguns exemplos. Desde 2015 essas seis empresas coletivamente receberam contratos no valor de mais de 20 bilhões de libras.⁴⁶ Em termos globais, o valor conjunto de suas vendas em 2020 superou os 68 bilhões de dólares, segundo dados financeiros divulgados publicamente pelas empresas.

Entrando na sala

Nos lucrativos mercados da América do Norte e Europa, quando a demanda diminui por retração da economia ou por reformas em políticas públicas, as empresas de consultoria adotam estratégias para permanecer relevantes, na esperança de assegurar contratos lucrativos no futuro. Entre 2010 e 2015, por exemplo, o governo de coalizão no Reino Unido introduziu medidas para reverter o amplo uso de consultorias de gestão pelo governo anterior. No entanto, várias consultorias multinacionais continuaram a prestar serviços a departamentos do governo central pro bono ou a preços significativamente reduzidos.⁴⁷ Falando para o *Guardian* em 2011, o chefe da área de setor público da KPMG declarou sem rodeios a estratégia de sua empresa:

> Não temos condições de [trabalhar pro bono] indefinidamente, mas, no curto prazo, sim. Esperamos estar em uma posição favorável quando o governo decidir que está disposto a pagar... Empresas como a nossa estão sempre de olho nos programas realmente grandes. Quem pode entrar no programa ainda na etapa da estimativa de implementação é porque espera permanecer nele.⁴⁸

Nesse caso, as baixas receitas não refletem a abrangência do trabalho da indústria da consultoria. Portanto, para entender o papel que essas empresas desempenham hoje em economias de todos os continentes precisamos examinar não só seus dados financeiros, mas também o que consta em seus contratos, o que elas realmente fazem e como se desenvolvem suas relações comerciais. O grande alcance da indústria da consultoria em departamentos do governo, empresas e ONGS não se limita a economias da América do Norte e Europa Ocidental. Do Sudoeste da Ásia até a África Ocidental, há empresas de consultoria contratadas não apenas como assessoras; elas *são* a gestão e executam funções essenciais; as propostas que apresentam são tidas pelos tomadores de decisão como a palavra final.

Na Índia, por exemplo, o volume anual de negócios em firmas de consultoria aumentou em média 10,8% anualmente nos cinco anos até 2018, com as receitas desse ramo totalizando 64 bilhões de dólares naquele ano.[49] Ali, a demanda é encabeçada pelo setor privado, mas cada dia mais áreas do governo também recorrem a consultorias para executar funções do Estado. A Tata Consultancy Services tem sido claramente beneficiária dessa demanda crescente. Desde 2008, a empresa foi responsável por criar o sistema de passaportes da Índia e operar centros de coleta de dados biométricos, verificação de documentos e emissão de passaportes. Enquanto isso, na comissão de planejamento central, as alocações orçamentárias para serviços profissionais quase quintuplicaram entre 2016-7 e no ano seguinte, e subsequentemente cresceram 30% em 2018-9.[50]

Os políticos costumam justificar o amplo uso da indústria da consultoria por governos em países de rendas baixa e média alegando que a burocracia do setor público é incapaz de corresponder às ambições das autoridades recém-eleitas para formulação de políticas. Em países que foram forçados a pagar dívidas crescentes ao longo de muitos anos, por exemplo, ou onde a guerra ou a corrupção esgotaram ou minaram fontes de receitas governamentais, a mão de obra interna pode ser muito fraca. Mas deixar a gestão e a implementação nas mãos de empresas poderosas e não transparentes em uma escala tão grande não costuma ajudar o eleitorado e as empresas a atingirem seus objetivos — na verdade, isso pode ser prejudicial no longo prazo, tolhendo o desenvolvimento e impedindo a prestação de contas.

A McKinsey participou de várias iniciativas econômicas no Quênia. O site jornalístico sem fins lucrativos *Rest of World*, que informa sobre desenvolvimento da tecnologia global, investigou recentemente o papel desempenhado pela referida empresa no dispendioso fracasso do projeto da "cidade inteligente" de Konza City, a 64 quilômetros ao sul da capital do país, Nairóbi.[51] Konza City era a menina dos olhos da *Vision 2030 Strategy*, a estratégia que a McKinsey formulou em nome do governo queniano em 2008. Com promessas de crescimento econômico, geração de empregos e inovação tecnológica, a *Vision 2030 Strategy* do Quênia parecia oferecer um arcabouço para atrair investimentos de empresas multinacionais de tecnologia. Mas em 2021, treze anos depois de iniciada a construção, Konza City continuava deserta e sem investidores — tal e qual os projetos *Vision* anteriores da McKinsey em Andhra Pradesh e Mumbai, na Índia, e também na Malásia.[52]

Um "envolvimento" analogamente amplo na política econômica de um país é observado na Indonésia. Em 2020 o governo indonésio contratou a McKinsey e o BCG para traçar as diretrizes de remodelação das 114 empresas estatais do país, com uma receita combinada de 172 bilhões de dólares. Embora o valor desse contrato permaneça oculto, sua abrangência não tem precedentes no país. Não se trata de um punhado de assessores especializados compartilhando suas ideias com ministros e funcionários públicos: o contrato tornou as duas gigantes multinacionais da consultoria responsáveis por criar o "mapa rodoviário" da reestruturação.[53]

Onipresença em xeque

Muitos cidadãos, políticos e plataformas de mídia começam a questionar governos sobre sua dependência desse tipo de serviço e o pressuposto de que contratos com grandes empresas multinacionais de consultoria agregariam valor à economia. Em maio de 2021 o BCG, que fechara um contrato com o governo australiano no valor de 1,32 milhão de dólares australianos para analisar a viabilidade futura do serviço postal do país, foi citado em uma sindicância do Senado australiano que investigava essa questão. Gerentes do alto escalão do Australia Post haviam repetidamente expressado preocupação com o trabalho da consultoria. Durante a sindicância, diretores administrativos do BCG foram incapazes de explicar qual era a nova análise que tinham apresentado, e a presidente do inquérito declarou enfaticamente: "É difícil saber o que [o dinheiro] realmente forneceu".[54] No Reino Unido, em meio a críticas mais abrangentes aos gastos do governo com consultorias de gestão durante a pandemia de covid-19, a Comissão Parlamentar de Contas Públicas pressionou o governo a investigar o gasto de 2 milhões de libras em consultorias de gestão para avaliar solicitações de verbas emergenciais por entidades beneficentes.[55] Jornais da África do Sul investigaram a McKinsey, a KPMG e a Deloitte depois que contratos com essas consultorias foram associados a suposta corrupção em estatais sob a presidência de Jacob Zuma. A McKinsey fez um acordo com o governo sul-africano para devolver 67,3 milhões de dólares por trabalho feito na Eskom, o monopólio estatal de energia, juntamente com uma empresa ligada aos irmãos Gupta, acusados de usar sua relação estreita com o ex-presidente para conseguir importantes contratos com o governo.[56] Um relatório de janeiro de 2022, parte de um inquérito governamental sobre a "captura do Estado", indicou a conveniência de mover uma ação judicial pela concessão de contratos à Bain & Co., acusada de possibilitar que Zuma enfraquecesse a autoridade fiscal. Em resposta, a consultoria disse que o relatório "deturpa" seu papel, embora também concordasse em devolver o que recebera pelo contrato em questão.[57] Em agosto daquele ano, o governo do Reino Unido decretou um embargo de três anos à Bain & Co. em contratos com o setor público devido a "graves malfeitorias profissionais" na África do Sul, decisão contestada judicialmente pela consultoria no mês seguinte.[58] Embora em muitos aspectos as afirmações contra as consultorias na África do Sul sejam um caso isolado, elas ensejaram um amplo debate público sobre o papel das consultorias em empresas e governos.

Por mais que os inquéritos oficiais e as reportagens investigativas sejam importantes para a conscientização acerca dos problemas causados com tanta frequência pelas consultorias, eles raramente questionam se a crise é um indício de contradições mais profundas no capitalismo contemporâneo e no papel da indústria da consultoria. Em vez disso, tendem a apontar a má gestão dos executivos da consultoria, os processos de aquisição malfeitos nos departamentos de governo e a prática de corrupção por parte de indivíduos dos dois lados do contrato. Desse modo, as soluções que propõem recomendam substituir os altos executivos da consultoria X (talvez por um grupo de pessoas mais representativo), alterar as estruturas de aquisição ou aumentar a transparência. A questão é que as origens da indústria da consultoria e os males que ela traz são estruturais, estão entranhados no cerne do capitalismo e da política — e têm, portanto, de ser enfrentados com uma resposta muito mais ambiciosa que a oferecida até agora pelos governos e pelas comissões.

3
De onde veio a consultoria: Uma breve história

EM JULHO DE 1971 o engenheiro e político chileno Fernando Flores trabalhava na Corporación de Fomento de la Producción, uma organização pública chilena responsável por fomentar o desenvolvimento econômico no país. Após a eleição do novo governo presidido por Salvador Allende no ano anterior, Flores viu-se diante de uma tarefa difícil: administrar os setores recém-nacionalizados da economia chilena. Em seu país, os líderes de partidos nunca tinham sido capazes de cumprir seus objetivos de política econômica, que incluíam o crescimento da economia e a redistribuição da renda; e, apesar da ambição, o setor público chileno não tinha as competências necessárias para concretizar o programa com o qual o governo se elegera. Ao mesmo tempo, não receava recorrer à expertise do setor privado.

E foi assim que o consultor de gestão britânico Stafford Beer passou a assessorar o governo recém-eleito — uma parceria que acabou criando um dos mais inovadores sistemas informacionais da época: o Projeto Cybersyn, também conhecido como Projeto Synco. Beer, ex-executivo de siderúrgica com um estilo de vida luxuoso,[1] não era socialista, mas enxergou na colaboração com o governo socialista de Allende uma oportunidade de pôr em prática suas ideias revolucionárias e suas pesquisas em gestão. O governo queria criar um sistema informatizado que ajudasse na tomada de decisões econômicas usando dados em tempo real para prever diferentes cenários. No cerne do projeto estava um centro de operações no qual políticos podiam ver simulações projetadas da economia chilena sob diversas condições, e com isso ter subsídios para tomar decisões políticas. De início, o projeto também se destinava a oferecer aos trabalhadores um canal de participação democrática nessas decisões. Não é exagero dizer que o Cybersyn era uma iniciativa ambiciosa. Na época, o poder de computação total do país não alcançava o de um iPhone.

Apesar disso, com a orientação de Stafford Beer, o Projeto Cybersyn conseguiu certo avanço na direção de seus objetivos tecnológicos, mas a agitação política subverteu quaisquer esperanças de uma estratégia industrial de longo prazo, culminando dois anos mais tarde com o golpe militar violento do general Augusto Pinochet.[2] Embora efêmero, esse relacionamento funcionou para todos os envolvidos: o Estado chileno conseguiu aprender novas técnicas para cumprir seu programa democrático e Stafford Beer conseguiu desenvolver sua teoria da "cibernética gerencial". O projeto foi tão gratificante para Beer que ele acabou deixando o Reino Unido e estabelecendo-se no Chile, onde passou a trabalhar em tempo integral para o governo.

O golpe de Pinochet impediu que o país continuasse a desenvolver os conhecimentos adquiridos com a parceria com Stafford Beer e o Projeto Cybersyn. Mas no mundo todo temos abundantes exemplos históricos de parcerias com consultorias que ajudaram a gerar conhecimento e competências em prol de objetivos democráticos. Consultorias passaram a ter um papel valioso quando governos da Europa e América do Norte se empenharam para criar programas do Estado de bem-estar social após a Segunda Guerra Mundial; entre outras coisas, as consultorias orientaram, por exemplo, sobre "usos mais eficientes de empresas de serviços públicos e práticas de higiene em hospitais para o Ministério da Saúde" no recém-criado serviço nacional de saúde do Reino Unido, o NHS.[3]

Durante boa parte do século XX, governos e empresas recorreram a consultorias como fonte de conhecimento quando não dispunham das competências necessárias. Embora também houvesse o risco de influência política indevida em seu trabalho, a magnitude e a abrangência dos contratos de consultoria eram muito menores do que em nossos dias. Isso começou a mudar em fins dos anos 1970, quando novos interesses econômicos reconfiguraram muitas sociedades após a eleição de políticos como Margaret Thatcher no Reino Unido e Ronald Reagan nos Estados Unidos, que não consideravam o governo capaz de criar valor. Eles impulsionaram os mercados a fornecer serviços públicos e introduziram políticas que transformaram as estruturas corporativas. E então houve de fato uma mudança de paradigma, transformando as empresas de consultoria em participantes essenciais na política, nos negócios e na execução de importantes funções na economia.

Nos anos 1990, por exemplo, as mudanças que consultores de gestão orientaram no NHS foram "em grande parte impelidas pelo empenho de trustes hospitalares e autoridades de saúde em encontrar modos de sobreviver em um cenário de déficit financeiro constante". Um estudo acadêmico constatou que, "como as divisões regionais do NHS não mais forneciam [aos trustes hospitalares e às autoridades de saúde] a expertise de planejamento necessária, foi preciso então que recorressem a consultores de gestão privados".[4] Consultores foram contratados para prestar serviços administrativos porque a administração interna tinha sido reduzida em consequência de medidas de "downsizing" [enxugamento], e não como fonte de informação ou expertise, como antes ocorria com mais frequência.

Em outro exemplo, após o Health and Social Care Act [Lei de Saúde e Bem-estar Social] de 2012 ser aprovado e transformado em lei, o NHS foi obrigado a contratar consultores de gestão para ajudar a administrar alguns serviços de saúde. A lei determinou que as autoridades locais responsáveis pela contratação desses serviços, os Clinical Commissioning Groups (CCGS), seriam chefiadas por médicos locais — chamados no Reino Unido de *general practitioners* ou GPS — com a justificativa de que os GPS locais trabalhavam diretamente com populações de pacientes e, portanto, podiam representar os interesses daquelas pessoas. Essa mudança foi questionada desde o início pela sociedade civil e associações profissionais, sob a alegação de que, apesar de seu contato próximo com pacientes, os GPS não tinham necessariamente tempo nem conhecimento necessários para negociar contratos adequados com prestadores de serviços e por isso provavelmente recorreriam à assessoria de consultores de gestão privados, o que arruinaria as pretensões democráticas da reforma.[5] Por sua vez, o Royal College of General Practitioners argumentou que "os CCGS seriam capazes de terceirizar a maioria de suas funções a prestadores privados".[6] Hoje já se sabe que milhões de libras foram gastos pelos CCGS em serviços de consultoria de gestão por empresas que incluem McKinsey, PwC e Deloitte desde a implementação da lei.[7] Ironicamente, o secretário de Saúde que supervisionou a introdução da lei, Andrew Lansley — um político conservador —, havia criticado o governo Blair apenas alguns anos antes, em 2006, por "recorrer a consultores de gestão em um esforço desesperado para compensar seus fracassos administrativos".[8]

O que explica a transformação do papel das consultorias no NHS dos anos 1950 até a virada do milênio? Em que medida essa mudança reflete uma transformação mais ampla na indústria da consultoria — e na governança? A indústria da consultoria foi apenas um agente passivo nos desdobramentos mais abrangentes do capitalismo ou teve um papel ativo nos rumos que ele tomou?

Quando os consultores aconselhavam

Governantes — reis e rainhas, sumos sacerdotes e líderes espirituais — sempre tiveram conselheiros, mas o estabelecimento de grandes mercados para a consultoria é um evento específico da industrialização nas sociedades ocidentais. Historiadores em geral sugerem que é possível situar o surgimento da consultoria moderna em um de três períodos: durante a segunda metade do século XIX, com a ascensão dos "engenheiros consultores" na Europa e nos Estados Unidos; durante a popularidade da "administração científica" e as ideias de Frederick Taylor duas décadas mais tarde; e durante a evolução de métodos de "contabilidade de custo", que ensejou a criação da McKinsey nos anos 1920.[9] Cada um desses momentos é essencial para compreendermos, respectivamente, o surgimento, a consolidação e a expansão da consultoria como ela existe hoje.

O relato do historiador Christopher D. McKenna sobre "a mais nova profissão do mundo" começa nos anos 1870 com a Segunda Revolução Industrial. Naquela época, empresas como a General Electric e a Standard Oil começaram a contratar alguns engenheiros em caráter temporário em vez de como empregados totalmente integrados à empresa. A medida se deu como uma tentativa de "controlar o ritmo da inovação em suas indústrias baseadas na ciência".[10] Esses primeiros consultores engenheiros eram verdadeiros especialistas em sua área — muitos eram formados em engenharia por universidades prestigiosas e possuíam conhecimento científico de ponta. Em dado momento, alguns dos engenheiros contratados nesses moldes decidiram formalizar seu trabalho e estabelecer o que se tornaria conhecido como firmas de consultoria em engenharia. Entre eles estava Arthur D. Little, um químico que trabalhava no Massachusetts Institute of Technology (MIT) e fundou sua firma epônima em 1909 depois de trabalhar com vários contratos em Boston. A empresa existe até hoje, com o mesmo nome, e seu site apresenta a firma de Little como "a primeira consultoria de gestão no mundo".[11]

Entretanto, em outras novas indústrias também estavam ocorrendo mudanças que moldariam as práticas de consultoria no começo do século xx. Em 1911, Frederick Taylor publicou seu ensaio "The Principles of Scientific Management" [Princípios de administração científica]. As ideias expostas nessa obra foram desenvolvidas ao longo de suas décadas como funcionário de empresas manufatureiras.[12] Taylor fora encarregado de máquinas em várias fábricas antes de entrar para as fileiras dos consultores de engenharia. Seu trabalho no chão de fábrica foi o que mais inspirou seu pensamento — não que ele desse prioridade aos interesses dos operários. Na verdade, a American Federation of Labor, o maior grupo de sindicatos do país, era contra a gestão científica, alegando que "[ela] vê o operário como mero instrumento de produção e o reduz a uma ligação semiautomatizada com a máquina ou ferramenta".[13]

Da perspectiva de Taylor, porém, a administração científica possibilitava o "desenvolvimento de uma verdadeira ciência" da administração. Ele argumentava que era preciso encontrar o "melhor método" de fabricação substituindo-se o velho método da "regra prática", pelo qual operários individuais eram livres para adotar aquele que julgavam ser o melhor modo de executar uma determinada tarefa com base em sua própria experiência, o que para Taylor era menos eficiente.[14] Ele procurou mostrar que, embora houvesse muitos modos de se completar uma tarefa, "dentre os vários métodos e implementos usados em cada elemento de cada ramo de atividade sempre existe um método e um implemento que é mais rápido e melhor do que qualquer um dos demais".[15] Passado mais de um século, em 2022 muitas pessoas conhecem uma das principais ideias que Taylor apresentou em seu "Princípios de Administração Científica": o modo mais eficiente de administrar um chão de fábrica pode ser descoberto dividindo um processo em tarefas individuais e cronometrando quanto demora para completá-las, encontrando assim o meio mais eficiente de produzir mercadorias. Os três outros princípios também se relacionam ao aumento da eficiência. O segundo princípio de Taylor diz que o trabalhador mais eficiente para uma tarefa também deve ser selecionado "cientificamente" pelos gerentes que devem observar todos os empregados e escolher aquele que tem as características mais adequadas para a tarefa específica. A pessoa selecionada será então treinada para executar a tarefa, "enquanto no passado ela escolheria seu próprio trabalho e treinaria a si mesma o melhor que pudesse".[16] Já o terceiro princípio diz que os gerentes devem supervisionar os trabalhadores para assegurar que as tarefas sejam executadas do modo "científico". E por fim preconiza que deve existir uma divisão entre gerentes e operários, que Taylor designa como "iguais": os gerentes devem ser responsáveis por planejar e supervisionar o trabalho, e os operários devem executá-lo, mas ambos precisam cooperar, o que requer dos gerentes que assumam "uma parcela muito maior da responsabilidade pelos resultados do que em geral assumem aqueles que ocupam essa posição".[17]

O taylorismo e o movimento mais abrangente da "administração científica" tornaram-se muito influentes em indústrias manufatureiras dos Estados Unidos e da Europa nas primeiras décadas do século xx, em grande medida porque geraram uma torrente de empresas de consultoria de gestão e de consultores independentes que os promoveram pelo mundo. Encontraram aceitação até na União Soviética, que geralmente era tão avessa a ideias americanas. Depois de rejeitar inicialmente o taylorismo como um "sistema 'científico' de suar... para espremer do trabalhador três vezes mais esforço durante o expediente",[18] nos anos 1920 Lênin e Trótski já haviam adotado o sistema e contratado o consultor Walter Polakov, residente nos Estados Unidos, para assessorar no desenvolvimento das indústrias soviéticas e no primeiro Plano Quinquenal, trabalhando em Moscou, Tula e Kovrov.[19]

Em muitos aspectos o taylorismo foi um produto dos avanços tecnológicos que também haviam possibilitado a rápida industrialização nos Estados Unidos. O desejo de acelerar o trabalho manual nas fábricas e aumentar a produção para elevar os lucros foi facilitado pela introdução de novas máquinas, mas Taylor e os consultores que pregavam suas ideias também transformaram a concepção popular do que faz uma "boa" empresa e, em última análise, de como se cria valor na produção.

O taylorismo tratava os trabalhadores menos como empregados humanos e mais como "recursos" da fábrica. Foi a primeira teoria adotada em massa por consultores. Porém, mais do que isso, foi um caso pioneiro de reestruturação "top-down" de empresas com base em uma ideia de consultoria de gestão, e representou um momento decisivo do desenvolvimento industrial.

Da engenharia à matriz

Por todo o século xx consultores continuariam a desenvolver e comercializar muitas ideias e ferramentas, quase sempre em colaboração com faculdades de administração de empresas. Entre os exemplos mais conhecidos dessas inovações está a Matriz de Crescimento e Participação, mais conhecida como Matriz BCG, divulgada pelo BCG em 1970 — segundo a empresa, em certo período esse recurso foi usado por metade das companhias da *Fortune 500 Empresas* (a lista anual da revista *Fortune* com as quinhentas maiores empresas medidas segundo suas receitas).[20]

A matriz é uma tabela dividida em quatro quadrantes representando diferentes graus de lucratividade (ver Figura 2 adiante). O quadrante "cash cow" [vaca leiteira] é destinado a áreas de negócio de baixo crescimento, mas alta participação no mercado — a empresa deve "ordenhá-las" para obter receitas que possam ser reinvestidas em outras áreas. O quadrante "dog" [cachorro] é para as áreas de negócio das quais a empresa deve se livrar porque não são lucrativas ou trazem risco. O quadrante "star" [estrela] representa as áreas de alto crescimento e alta participação no mercado, portanto nas quais a empresa deve investir, visto que têm bom potencial para o futuro. Por fim, o quadrante "question mark" [ponto de interrogação] é reservado às partes da empresa cujo futuro é bastante incerto.

A Matriz BCG foi formulada nos Estados Unidos em um contexto de pressões financeiras crescentes para as empresas. Em condições de crise e limitações, a matriz "alastrou-se como um incêndio" nos anos 1970. Apenas dois anos depois de seu lançamento, estava em uso por mais de cem das principais empresas dos Estados Unidos, e por décadas seria ensinada em faculdades de administração do mundo todo. Ainda assim, muitos acadêmicos da área de administração de empresas permaneciam céticos. Uma das críticas à Matriz BCG e às tendências no planejamento de carteira de investimentos que ela ensejou dizia que ela não era abrangente e desconsiderava fatores importantes na estratégia corporativa como, por exemplo, a relação entre participação no mercado e fluxo de caixa.[21]

De qualquer modo, as ideias e métodos de consultorias não foram o principal fator que levou ao crescimento generalizado dos contratos de consultoria de gestão nos Estados Unidos nos anos 1930. A causa foi a consequência inesperada da legislação introduzida na esteira da Grande Depressão de 1929.[22] A Lei Glass-Steagall de 1933 foi criada antes de tudo para limitar o poder dos bancos, forçando-os a separar a atividade comercial do ramo dos investimentos. Antes disso, os bancos comerciais podiam fazer as "investigações financeiras" que tempos depois seriam da alçada dos consultores de gestão; assim que a lei foi promulgada, os bancos ficaram proibidos de fornecer esses serviços de consultoria. Introduzido nesse mesmo ano, o Securities Act determi-

Figura 2. Tipos de consultoria de gestão

	PARTICIPAÇÃO NO MERCADO	
	Alta	Baixa
Alto (CRESCIMENTO)	Estrela	Ponto de interrogação
Baixo	Vaca leiteira	Cachorro

FONTE: BCG, 2021.

nava que o financiamento de empresas por bancos fosse precedido de "investigação da firma solicitante por uma firma de consultores competentes". As grandes empresas de contabilidade, que, assim como os bancos, antes faziam "investigações financeiras", também ficaram obrigadas pela Securities and Exchange Commission (SEC) a "reestruturar suas práticas profissionais de auditoria empresarial" em virtude de preocupações com conflitos de interesse. Na época, os contratos de auditoria eram muito mais lucrativos para essas empresas do que a consultoria em si. Isso criou um alvo para as firmas de consultoria de gestão, que passaram a ser as únicas firmas ainda legalmente autorizadas a fornecer assessoria administrativa a empresas. Assim, "a consultoria de gestão não cresceu por um processo gradual de evolução linear, ela emergiu de um desequilíbrio competitivo criado por uma mudança regulatória no começo dos anos 1930".[23]

Os números da consultoria

Uma dessas empresas foi a McKinsey & Company. James O. McKinsey era professor de contabilidade da Universidade de Chicago na época em que fundou sua firma em 1926. Ele foi um dos pioneiros da criação e proposição do método da "contabilidade de custos", cujo objetivo era fornecer orientação aos administradores com base em avaliações dos custos variáveis e fixos da empresa. A contabilidade de custos evoluiu e teve amplos desdobramentos na teoria microeconômica neoclássica, que transformaria fundamentalmente o modo de atuação do Estado, das empresas e dos mercados financeiros. Hoje esses métodos de análise são padrão no setor privado, mas naquela época eram revolucionários — amados por alguns e detestados por muitos outros, incluindo a categoria dos contadores quase como um todo.

McKinsey beneficiou-se com a Grande Depressão oferecendo assessoria financeira a empresas em dificuldades. Nos anos 1930, um de seus clientes era a rede de lojas de departamentos Marshall Field & Company. Fundada em meados do século xx, a empresa havia prosperado nos ebulientes anos 1920, mas passou a ter problemas logo depois de abrir seu capital em 1930. A empresa "perdera 12 milhões de dólares nos cinco anos anteriores e estava na iminência de ter de quitar um empréstimo".[24] Chicago, onde estava sua maior loja, também era uma das cidades mais sindicalizadas dos Estados Unidos desde fins do século xix, e já fazia tempo que a Marshall Field & Company vinha sendo alvo de ativismo trabalhista — ao qual costumava responder brutalmente, demitindo empregados até por andarem em companhia de um membro do sindicato.[25] As propostas de McKinsey à empresa ofereciam um meio não só para lidar com as dificuldades financeiras como também para conter de uma vez por todas as alternativas dos trabalhadores organizados. McKinsey aconselhou a Marshall Field: "Especialize-se: desfaça-se de suas atividades atacadistas, venda suas dezoito tecelagens, concentre-se totalmente no varejo e corte, corte, corte".[26] Por fim, mais de 1200 empregados foram dispensados — e a James O. McKinsey foi oferecido o cargo de presidente e diretor executivo da Marshall Field. Ele aceitou. A recomendação dada pela McKinsey & Company à Marshall Field ilustra os fins políticos que frequentemente se aplicavam à indústria da consultoria, mesmo no século xx. Ao recomendar cortes de pessoal dessa magnitude durante uma época de oposição e empobrecimento da classe trabalhadora, a McKinsey forneceu aos executivos da Marshall Field um agente para todos os efeitos externo e imparcial para levar a culpa pela decisão.

Nas décadas seguintes a McKinsey & Company continuou a crescer, mesmo depois da morte prematura de seu fundador em 1937, por pneumonia.[27] Nesse período, o crescimento de muitas consultorias de gestão norte-americanas foi em boa medida impulsionado pela disponibilidade de contratos no ramo da defesa, que estavam em expansão enquanto o país se preparava para um conflito e depois adentrava na interminável Guerra Fria com a União Soviética durante grande parte do século. Departamentos do governo que enfrentavam restrições orçamentárias e demandas tecnológicas recorriam a consultorias. Por exemplo, a consultoria Booz Allen, que tinha sido fundada em 1914 e depois se tornaria uma das maiores contratadas pelas Forças Armadas dos Estados Unidos no século XXI, foi chamada para dar assessoria na reestruturação de toda a organização da Marinha americana.[28] Grandes consultorias também foram contratadas para assessorar na conversão de empresas para a produção de guerra — e depois para reconvertê-las quando a guerra terminou.[29] Aliás, a Segunda Guerra Mundial trouxe não só um maior uso de serviços de consultoria como também o emprego direto de consultores em posições militares: consultores tornaram-se uma fonte de mão de obra militar. Um partner da Booz Allen, Richard Paget, por exemplo, foi "nomeado chefe do Departamento de Engenharia Administrativa da Marinha, e Mark Cresap (também consultor da Booz Allen) foi nomeado para um cargo similar no Exército".[30]

O papel da McKinsey nos primeiros anos da National Aeronautics and Space Administration (NASA) durante a Guerra Fria exemplifica como os serviços de assessoria prestados por consultorias podiam ser empregados em disputas políticas internas. Em 1958 a NASA foi criada com um orçamento sem precedentes: 300 bilhões de dólares. Seus diretores reconheceram que seria necessário trabalhar com contratados técnicos; era preciso obter novas tecnologias, e construir competências necessariamente exigiria aprender com outros agentes.

No entanto, havia desacordos quanto ao papel que as consultorias de gestão deveriam desempenhar no desenvolvimento da NASA. O primeiro diretor da agência, Keith Glennan, era inclinado a envolver consultores de gestão no desenvolvimento e nas operações da NASA,[31] e certa vez descreveu a si mesmo em uma entrevista como "uma pessoa que recorre bastante a aconselhamentos externos".[32] Um dos primeiros contratos que Glennan supervisionou tratava da avaliação da estrutura organizacional que o alto escalão de administradores havia implementado na NASA. Glennan disse querer "que alguém viesse nos estudar e analisasse o que pensávamos que iríamos fazer, ou o que o pessoal pensava que iríamos fazer, o pessoal mais graduado... e sugerisse mudanças se necessário na estrutura proposta pela National Advisory Committee for Aeronautics (NACA) [Comissão Consultiva Nacional da Aeronáutica]".[33] O contrato foi parar nas mãos da McKinsey e a empresa continuaria a fornecer consultoria essencial durante o mandato de Glennan. A McKinsey se tornaria uma justificativa externa — e alegadamente desinteressada — para a ambição desse diretor de aumentar o uso de terceirizados em vez de internalizar as competências técnicas da NASA, visto que ele queria "evitar adição excessiva à folha de pagamento federal".[34] A McKinsey mais do que satisfez os desejos de Glennan, recomendando: "a sociedade [norte-americana] da livre-iniciativa determina que se dê à indústria o papel mais abrangente possível".[35] A linha defendida por Glennan e McKinsey, no entanto, seria contestada com a publicação de um relatório do diretor de orçamento David Bell em 1962, um ano depois de Glennan ter pedido demissão da NASA. Embora em grande medida a agência continuasse recorrendo a fornecedores externos para construir seus sistemas, o Relatório Bell, como se tornou conhecido, afirmava categoricamente que a gestão e o controle dos programas tinham de permanecer a cargo de pessoal da agência, e que era de máxima importância manter competências internas para administrar contratos.[36]

Moldando o capitalismo no pós-guerra

Após a Segunda Guerra Mundial, consultorias de gestão continuaram a assessorar o governo federal norte-americano e foram contratadas para prestar serviços nas áreas do bem-estar social e da administração, visando ajudar a cumprir objetivos de um programa ambicioso. Em 1947 o presidente William Henry Hoover criou uma comissão para integrar estruturas das várias agências e aumentar a eficácia da administração; consultorias de gestão foram contratadas para "chefiar quinze de seus 34 estudos de políticas econômicas".[37] Um acadêmico afirmou que o aumento do uso de consultorias pelo Estado e governos locais era consequência da adoção crescente de práticas, lógicas e estruturas empresariais no setor público durante esse período, e descreveu como a indústria da consultoria teve um papel ativo na promoção dessas técnicas para órgãos do governo ao passo que também se beneficiava com essas mudanças. Entre os projetos para os quais se contratavam consultorias estavam iniciativas de estratégia para cidades inteiras como, por exemplo, o programa Cidades Modelo em Nova York, e tarefas de reestruturação local, como o contrato com a Booz Allen para reorganizar o orçamento educacional de Pasadena, na Califórnia.[38] Consultorias também eram contratadas para assessorar no planejamento de sistemas de saúde à medida que novas formas de organização eram adotadas.[39]

Empresas de consultoria influenciaram igualmente o desenvolvimento de economias europeias durante esse período. O papel de consultorias de gestão norte-americanas foi parte de uma difusão mais ampla de ideias e modelos de gestão dos Estados Unidos, e "o Plano Marshall, em especial, facilitou a expansão de firmas de consultoria ianques para a Europa".[40] Iniciado em 1948, o Plano Marshall foi um programa de recuperação econômica liderado pelos Estados Unidos para fornecer ajuda a países europeus após a devastação da Segunda Guerra Mundial.

Nas décadas do pós-guerra, ao passo que o valor dos contratos de consultoria aumentava, dois outros tipos de empresa de consultoria que viriam a dominar o mercado no século XXI começaram a ganhar terreno. Embora permanecessem restritas aos tipos de serviço que podiam oferecer nos Estados Unidos, algumas firmas de contabilidade — com destaque para a Arthur Andersen — começaram a celebrar contratos para assessorar na gestão de sistemas de informação nos anos 1950. Essas empresas estavam expandindo tremendamente o alcance geográfico de suas atividades na área da contabilidade, acompanhando o crescimento de seus principais clientes, uma tendência que prosseguiria nas décadas finais do século XX. A expansão foi possibilitada, em grande medida, pela aquisição e fusão de firmas de contabilidade em vários países. No Canadá, por exemplo, a filial da KPMG "foi formada pela fusão de 'mais de 115 empresas de várias localidades do Canadá'".[41] Ondas de fusões e aquisições de empresas de contabilidade continuariam por todo o século xx, e em 1996 "93% das receitas recebidas pelas dezoito maiores do ramo de contabilidade nos Estados Unidos naquele ano foram para as Big Six"[42] — Price Waterhouse, Peat Marwick McLintock, Coopers & Lybrand, EY, Deloitte Touche Tohmatsu e Arthur Andersen — e elas auditaram 494 das quinhentas empresas da lista da *Fortune*.[43] Como muitos outros setores em fins do século xx, a contabilidade tornara-se acentuadamente concentrada.

Reconhecidas por seu trabalho meticuloso e seu rigor quantitativo, talvez não seja de surpreender que as empresas de contabilidade tenham se tornado fontes muito procuradas de assessoria quando departamentos governamentais e empresas adotaram sistemas de TI.

Desde a introdução de computadores em órgãos públicos — já nos anos 1950 tanto no Reino Unido como nos Estados Unidos — os governos vinham mantendo grande parte da infraestrutura de TI a cargo de funcionários internos. O setor público, aliás, foi a fonte de muitas inovações importantes em informatização no século xx, em parte graças a avanços na área militar, mas também em decorrência de reformas para burocratizar o serviço público civil e aumentar a eficiência dos processos de comunicação.[44] Além disso, os governos também procuravam com frequência tecnologias desenvolvidas no setor privado, especialmente as que se mostravam eficientes nesse âmbito. Nesses casos, muito antes das tecnologias de computação digital, os órgãos públicos recorriam a empresas de tecnologia para implementar novos sistemas e ensinar seu pessoal a usá-los.*

---

* Eis um fato menos conhecido sobre a IBM. Em virtude de contratos firmados com o governo da Alemanha nazista, a empresa forneceu uma tecnologia que foi usada no Holocausto. O alcance do envolvimento da IBM com o Terceiro Reich, no entanto, é contestado. Por exemplo: "Não está totalmente claro se executivos da IBM em Nova York sabiam para que, em última análise, suas máquinas estavam sendo usadas". Ainda assim, segundo o *Guardian*, a IBM "não negou o papel auxiliar de suas subsidiárias na administração do Holocausto pelos nazistas" (O. Burkeman, "IBM 'Dealt Directly with Holocaust Organizers'". *Guardian*, 29 mar. 2002), e não há dúvidas

Historiadores investigaram por que o Estado britânico, em particular, foi perdendo competências internas em TI durante o século XX. Mar Hicks, por exemplo, afirma que a perda de "competência do Estado na área informacional" ocorreu quando trabalhos em computação no serviço público civil passaram a ser dominados por funcionários do sexo masculino nos anos 1960 e 1970.[45] Antes disso, eram as mulheres quem faziam o grosso das tarefas em computação. Antonio Weiss mostra que a crescente disparidade de habilidades entre o Estado e os consultores da Arthur Andersen foi o que levou à terceirização da infraestrutura e expertise em TI pelo serviço público civil no Reino Unido.[46] Dados de gênero sobre a composição da indústria da consultoria durante o século XX sugerem uma terceira hipótese, que sintetiza os dois argumentos acima: homens foram a maioria esmagadora nos quadros da indústria da consultoria naquelas décadas,[47] portanto a "masculinização" da TI no Estado e em outras partes provavelmente ocorreu em paralelo ao crescimento das consultorias de informatização no Estado. Ainda assim, a perda de competências que a crescente dependência de consultores engendrou deu-se em um processo gradual até as décadas finais do século, quando a eleição de governos neoliberais no Reino Unido e nos Estados Unidos levou a uma transformação sem precedentes da economia global e o relacionamento entre os Estados e o setor privado foi radicalmente reconfigurado.

O êxito das consultorias de TI nos Estados Unidos também foi impulsionado por regras introduzidas em 1956. A partir desse ano ficou proibido que empresas prestadoras de serviços de informatização assessorassem clientes no uso de seus sistemas, em virtude de preocupações antitruste. O Departamento de Justiça proibiu a IBM de oferecer assessoria para a instalação e uso de computadores.[48] Ao longo do século XX, a

---

de que a máquina criada por Herman Hollerith, que tabulava dados em cartões perfurados, foi usada para localizar pessoas e trens e coordenar logísticas durante o Holocausto (E. Black, *IBM and the Holocaust: The Strategic Alliance Between Nazi Germany and America's Most Powerful Corporation*. Washington, D.C.: Dialog Press, 2012).

auditoria tornou-se gradualmente uma atividade com margem de lucro pequena para as grandes consultorias de contabilidade, e durante as décadas de 1970 e 1980 seus esforços foram ficando cada vez mais concentrados em obter contratos para esses serviços de consultoria em TI, muito mais lucrativos. Algumas consultorias de contabilidade segmentaram legalmente suas divisões de contabilidade e consultoria, embora as divisões nunca fossem totalmente separadas porque a auditoria continuou a ser subsidiada pela consultoria. A Arthur Andersen, por exemplo, criou a divisão Andersen Consulting em 1989, que depois seria rebatizada como Accenture.[49] No Reino Unido não havia regras que impedissem empresas de TI de fornecer consultoria, o que explica em parte por que, na segunda metade do século XX, as maiores empresas da área, como Capgemini Sogeti, International Computers Limited (ICL) e Computer Sciences Corporation (CSC) eram sediadas no Reino Unido ou estavam bem estabelecidas por lá.[50]

Oportunidades do neoliberalismo

Os anos 1980 foram o período de maior transformação na natureza da consultoria. Nessa década o tamanho dessa indústria e os papéis que ela desempenhava no governo e em empresas seriam para sempre alterados pela introdução do "neoliberalismo" — um conjunto de ideias econômicas que incluía liberalização do mercado, privatização de empresas estatais e reformas na administração do setor público. Cada uma dessas reformas criaria oportunidades sem paralelos para as consultorias de gestão, uma vez que o setor privado passou a ser visto por muitos no poder como mais eficaz e *eficiente* do que o governo.

As eleições de Margaret Thatcher no Reino Unido em 1979 e de Ronald Reagan no ano seguinte nos Estados Unidos foram precedidas por uma década de tumulto na economia global, a começar pela desintegração de instituições que haviam ajudado a manter a estabilidade monetária desde os anos 1940. Como as despesas com a atividade militar no Vietnã impunham cada vez mais pressão fiscal sobre o orçamento federal, em 1971 o presidente norte-americano Richard Nixon tomou a decisão unilateral de pôr fim à conversibilidade do dólar americano em ouro. A medida acarretou a desvalorização imediata do dólar e contribuiu para uma desaceleração no crescimento econômico, uma alta estratosférica no desemprego e um aumento nos preços de commodities — um fenômeno conhecido como "estagflação", que caracterizou as economias de muitos países por toda a década de 1970. Os efeitos desse colapso das instituições financeiras globais no pós-guerra foram exacerbados pela crise do petróleo de 1973, que levou os Estados Unidos a uma recessão e afastou do país o capital de investidores em potencial. Do outro lado do Atlântico, a instabilidade econômica também afetava a população do Reino Unido e culminaria no chamado "Inverno do Descontentamento" em 1978-9, com grandes greves organizadas por sindicatos e fortes críticas nos meios de comunicação ao Partido Trabalhista então no poder — ele próprio assolado por batalhas internas que dificultavam a tomada de decisões econômicas.

Foi nesse contexto que os primeiros governos neoliberais eleitos chegaram ao poder. Nas décadas pós-guerra, grande parte das estratégias econômicas nos Estados Unidos e Reino Unido havia seguido uma linha de pensamento econômico batizada com o nome do economista e político britânico John Maynard Keynes. O keynesianismo era uma forma de capitalismo que defendia o uso de políticas monetárias e fiscais anticíclicas para manter a estabilidade econômica, o aumento do investimento em infraestrutura pública e também dos gastos com serviços do Estado de bem-estar social, como assistência médica e educação. Assim que eleitos, o Partido Conservador no Reino Unido e o Partido Republicano nos Estados Unidos não perderam tempo em declarar que essa linha econômica estava no cerne das dificuldades enfrentadas por suas populações, e logo propuseram um programa econômico neoliberal que também estava sendo testado durante a ditadura militar chilena do general Pinochet.[51]

Desenvolvido por um grupo de economistas acadêmicos da Universidade de Chicago, o neoliberalismo pode ser compreendido como uma teoria que vê o mercado como o único criador de valor na sociedade. O papel do Estado nesse paradigma é reduzido a assegurar as "condições" certas para que o mercado funcione adequadamente, por exemplo, fazendo cumprir leis antitruste a fim de manter a competição entre as empresas. As políticas neoliberais costumam ser entendidas como medidas que enxugam o Estado para permitir que os agentes do mercado cresçam por meio de maior competição.[52] Termos similares foram usados pelo Partido Conservador em seu manifesto de 1979 para descrever sua proposta de política econômica. Mas, embora em alguns países o orçamento público tenha sofrido cortes substanciais após a introdução do programa neoliberal, particularmente no Sul Global (países em desenvolvimento na África, América Latina, Caribe e partes da Ásia), é mais correto conceber o liberalismo como uma reconfiguração das instituições do Estado e um redirecionamento do gasto estatal a fim de transferir a agentes do mercado uma maior responsabilidade pela produção de bens e serviços. De fato, no longo prazo as políticas neoliberais não levaram a uma diminuição significativa do gesto público nem a maior competição entre as principais indústrias. Sob Thatcher, o gasto total da administração de governo cresceu 7,7% em termos reais entre 1970 e 1990.[53] O gasto federal também aumentou nos Estados Unidos na era Reagan — em média 9% a cada ano. Embora isso tenha decorrido significativamente do aumento de 35% no gasto com defesa, programas públicos como o Medicare também foram expandidos. Regras restringindo fusões entre duas firmas do mesmo ramo foram afrouxadas, e a "onda de aquisições" resultante também foi facilitada por mudanças liberalizantes na regulação fiscal, o que tornou mais fácil para as empresas obter certos tipos de financiamento.[54] O processo de tornar-se cada vez mais dependente de ações e dívida para a entrega de operações (o que aumenta a margem de lucro dos investidores) é conhecido como "financeirização".

Privatização e o crescimento das gigantes da consultoria

Para a indústria da consultoria, o neoliberalismo trouxe novas possibilidades de expansão na área empresarial e nos governos. No setor privado, o surgimento de empresas gigantescas como nunca antes —

resultado de fusões, aquisições e mais facilidade de acesso ao crédito — levou as consultorias de gestão a desenvolver subdivisões especializadas em estratégia multinacional. Como essas consultorias tinham filiais em várias partes do mundo, muitos líderes políticos aceitaram sem questionar os argumentos de que elas possuíam alguma expertise local. As consultorias também eram frequentemente procuradas em busca de ideias e análises durante processos de fusão e aquisição. À medida que o risco de responsabilização aumentava para o conselho diretor das empresas, devido ao tamanho imenso das firmas e seu uso de formas mais arriscadas de financiamento, os diretores passaram a recorrer cada vez mais a consultores de gestão em busca de ajuda — e de alguém para culpar caso as coisas dessem errado. Desde meados dos anos 1980 nos Estados Unidos, consultorias e outras empresas de assessoria vez por outra eram acionadas junto com o cliente por acionistas que se opunham à diretoria da empresa, uma prática que só terminou com a introdução do Private Securities Reform Act de 1995, uma lei que aboliu a responsabilização conjunta e independente de empresas de assessoria. As grandes consultorias "foram percebendo que vendiam legitimidade e não simplesmente transferiam conhecimento".[55] A financeirização de muitas empresas durante essa década também gerou ainda mais pressão dos acionistas em busca de aumento de produtividade, intensificando a demanda por novas ideias e técnicas para elevar as margens de lucro, como a indústria da consultoria prometera.[56]

Enquanto isso, os gastos com consultoria no setor público explodiram, assinalando o começo de uma relação que perdura e prospera até hoje. Dados do Reino Unido ilustram o grau desse crescimento, que encontraria paralelos também em outros governos desde o Canadá até a Austrália nos anos 1990 e 2000. Na época da eleição geral de 1979 no Reino Unido, o governo gastava em torno de 6 milhões de libras por ano com serviços de consultoria; quando Margaret Thatcher deixou o cargo de primeira-ministra onze anos mais tarde, esse valor era mais de quarenta vezes maior: 246 milhões de libras.[57] Na França o mercado de consultoria de gestão não parou de crescer e saiu de 1 bilhão para 7 bilhões de francos na década de 1982 a 1992.[58] No Canadá o gasto anual com "outros serviços profissionais" nas várias áreas do governo teve um aumento contínuo de 239 milhões de dólares canadenses entre 1981-2 para 1,55 bilhão de dólares canadenses em 2000-1.[59] Descrevendo como o "gerencialismo" de meados dos anos 1980 trouxe flexibilidade para os gestores na alocação de "custos operacionais" entre "pessoal próprio e aquisição de serviços externos", uma revista acadêmica destaca que na Austrália foram gastos em média 142 635 milhões de dólares australianos por departamentos do governo entre 1987 e 1999.[60]

O crescente papel das consultorias no governo tem relação com seu crescimento no setor privado.[61] Embora no setor público atuassem de formas imensamente variadas, as consultorias de gestão foram essenciais para duas reformas importantes: a privatização de empresas estatais e a introdução de novas regras de concorrência para o setor público. Essas mudanças levaram a maior terceirização de serviços públicos e criaram novas fontes de receita para as empresas de consultoria. Pelo lado dos governos, as consultorias assessoraram na transferência de empresas para a iniciativa privada. Em 1992, por exemplo, a McKinsey foi chamada para auxiliar a British Transport Commission em sua "estratégia de privatização" do sistema ferroviário.[62] Consultores da Coopers & Lybrand, KPMG e Deloitte Haskins & Sells foram contratados para assessorar inúmeras questões relacionadas à privatização de ferrovias.[63] No governo Reagan, consultores privados foram contratados para avaliar e ajudar a determinar se um bem ou serviço deveria ser privatizado ou terceirizado, de acordo com o rótulo de ser ou não avaliado como uma "função inerentemente governamental".[64] Por exemplo, o Departamento de Administração e Gestão de Recursos da Environmental Protection Agency (EPA) firmou um contrato no valor de 9 milhões de dólares para um amplo conjunto de tarefas relacionadas a gestão, entre elas o estabelecimento de um *framework* e de critérios de avaliação para determinar quando as atividades comerciais da agência deveriam ser terceirizadas. Um relatório de 1991 feito pelo General Accounting Office dos Estados Unidos suscitou preocupações em relação ao uso de consultorias em departamentos federais. O principal ponto era o conflito de interesses causado pela contratação de consultorias para estabelecer os critérios de terceirização: "O envolvimento de uma empresa terceirizada na determinação de quais atividades podem ser executadas mediante terceirização põe a terceirizada contratada na posição de, no futuro, possivelmente tornar-se associada a algumas das atividades que identificou como apropriadas para terceirização". Os autores do relatório também salientaram que o caso da EPA podia não condizer com as regras de terceirização vigentes no governo da época, pois a empresa terceirizada também parecera "assumir a liderança na configuração de importantes diretrizes da agência". Quando questionados, altos funcionários da EPA admitiram que "talvez esse trabalho devesse ter sido feito por pessoal da casa, mas a agência não dispunha de funcionários com expertise suficiente". Reconheceram também que não havia "capacidade interna suficiente para dirigir, supervisionar e monitorar diretamente esse contrato".[65]

As companhias que se empenharam em adquirir estatais também recorreram às consultorias em processos de licitação, valendo-se do conhecimento que essas empresas haviam adquirido a respeito da máquina pública graças a contratos com o setor. Em seguida, as companhias que foram bem-sucedidas em suas aquisições buscaram consultorias de gestão para administrar as empresas recém-adquiridas, que em geral tinham estruturas organizacionais complexas, eram sujeitas a regulações específicas e com frequência operavam como monopólios naturais. Essa dinâmica seguiu um padrão similar nos novos mercados de contratação de serviços públicos. O presidente Ronald Reagan adotou o Competition in Contracting Act [Lei da concorrência na contratação] em 1984, que determinava que órgãos do governo federal dos Estados Unidos providenciassem "concorrência plena e aberta mediante o uso de procedimentos competitivos". O equivalente no Reino Unido foi o Compulsory Competitive Tendering [Licitação compulsória], uma lei que criou um mercado externo para serviços públicos.

Considerando o potencial de lucratividade que a privatização de estatais e terceirização de serviços públicos significava para as consultorias de gestão, talvez não seja de surpreender que elas recomendassem com frequência essas políticas aos governos para os quais trabalhavam. Mais uma vez observamos que a indústria da consultoria foi moldada por mudanças promovidas pelos governos, mas também ela própria moldou ativamente essas mudanças. Nas décadas pós-guerra, as burocracias do setor público da Europa e América do Norte eram orientadas por um modelo de governo que ligava hierarquicamente os funcionários públicos de um departamento ao ministro com autoridade política para aquela área de políticas. A administração pública era regida por procedimentos rigorosos, com o objetivo de assegurar que as ações dos funcionários públicos estivessem o mais alinhadas possível com as instruções das autoridades eleitas. A partir dos anos 1980, políticos neoliberais começaram a defender a introdução de um pacote de reformas no setor público conhecido como Nova Gestão Pública. Embora na época de seu lançamento o NPM fosse um termo controverso, hoje é aceito como símbolo de um programa que visava tornar as práticas do setor público mais "sistemáticas". Sob o NPM, o trabalho dos servidores passou a ser pautado por medidas de avaliação de desempenho baseadas na relação custo-benefício, na eficiência e na satisfação dos consumidores (cidadãos), critérios inspirados na linha de ação do setor privado. As políticas do NPM incluíam a introdução de remuneração por mérito para servidores públicos; a aplicação de métricas financeiras usadas no setor privado como, por exemplo, contabilidade de custos e demonstrativos de perdas e ganhos; medidas para descentralizar a burocracia e dar mais autonomia aos gestores públicos; e a mudança de perspectiva que transformava os cidadãos em "clientes" cuja "satisfação" com os serviços públicos podia ser medida como um indicador de eficácia.[66]

Governos contrataram consultores de gestão para implementar essas reformas administrativas julgando que eles detinham expertise nessas práticas empresariais. Porém, de modo mais geral, em seus contratos com governos as consultorias também atuaram como "difusoras" e promotoras do NPM, em especial no Reino Unido.[67]

Em 1991 os acadêmicos Christopher Hood e Michael Jackson cunharam o termo "consultocracia" para designar o que reconheciam como a influência crescente dos consultores de gestão na administração pública. A consultocracia, segundo eles, era "um movimento autointeressado, destinado a promover a carreira de um grupo de elite de Novos Gerencialistas" (gestores seniores e consultores) e um "veículo para a vantagem individual".[68] No entanto, as consultorias não estavam sendo cada vez mais procuradas apenas como fonte de assessoria ou legitimação de reformas controversas. Em muitos países o escopo de seu papel evoluiu, assim como as despesas da administração pública com elas.[69] Por exemplo, um estudo do Reino Unido publicado em 2001 constatou que o uso de consultores "enquanto recurso extra para atuarem como substitutos da equipe interna" era algo visto como cada vez mais importante em comparação com seu uso "para atuar em um problema específico/introduzir uma nova técnica".[70] Em outras palavras, cada vez mais se contratavam consultores como gestores terceirizados — como atestam também os exemplos dos departamentos regionais do NHS no Reino Unido e da EPA nos Estados Unidos.

Na última década do século XX, o termo "consultocracia" já era limitado demais. O uso de consultorias no setor privado crescia e departamentos da administração pública no Reino Unido, Estados Unidos e muitos outros países eram cada vez mais influenciados pelas recomendações de consultorias. Com esses contratos, transferia-se um poder significativo do Estado para as mãos da indústria da consultoria, assegurando que ela continuaria a atuar não meramente como um intermediário passivo, mas como agente ativo em mudanças mais amplas na economia e no governo, moldando reformas de modo a beneficiar-se delas. A partir dos anos 1980, esse sistema econômico — e a influência das consultorias sobre ele — deixou de limitar-se às fronteiras da Europa e América do Norte. As consultorias passaram a ser a "infantaria" das organizações de governança internacional capitaneadas por esses países desenvolvidos em suas tentativas de exportar reformas neoliberais para o resto do mundo.[71]

Consultores sem fronteiras

As comoções econômicas dos anos 1970 no Norte Global (os países mais ricos da Europa, América do Norte, Australásia e partes da Ásia) reverberariam em ondas ao longo das décadas seguintes nas economias do Sul Global. Combinados a problemas locais decorrentes das lutas pela independência de forças coloniais, esses eventos culminaram em uma série de crises de dívida pública que até hoje perseguem a economia de países de baixa renda. Nas décadas de 1960 e 1970, sobretudo após a crise do petróleo de 1973, muitos países em desenvolvimento que procuravam aprimorar suas indústrias haviam tomado empréstimos junto a credores sediados no Norte Global como, por exemplo, o Banco Mundial e bancos com sede em Nova York. Na América Latina, a dívida ativa total de todas as fontes aumentou de aproximadamente 29 bilhões de dólares em 1970 para cerca de 159 bilhões de dólares em 1978, e mais ou menos 80% desse débito fora contraído por governos nacionais, órgãos públicos ou empresas privadas com garantias do governo.[72] Os credores ficaram mais do que felizes em emprestar quantias tão vultosas, acreditando (incorretamente) que o investimento em infraestrutura seguiria impulsionando o crescimento dos países devedores. Porém, quando as taxas de juros dispararam nos Estados Unidos mais para o fim da década, os países em desenvolvimento (entre eles México, Filipinas, Nigéria, Marrocos e Costa do Marfim) tiveram cada vez mais dificuldade para pagar suas dívidas. No começo da década de 1980, algumas dívidas nacionais cresceram tanto que ficou claro que muitos daqueles governos não seriam capazes de continuar arcando com suas obrigações, levando à "inadimplência da dívida soberana". Na tentativa de recuperar suas economias, esses países foram forçados a contrair novos empréstimos junto ao Banco Mundial e ao Fundo Monetário Internacional.

No final da década de 1970, o Banco Mundial e o FMI, antes adeptos da ideia de que os governos assumissem a liderança no desenvolvimento de sua capacidade industrial, passaram a defender políticas neoliberais. Para conceder empréstimos a países em desenvolvimento às voltas com a crise econômica, eles exigiam que os governos se comprometessem com reformas de privatização de estatais e liberalizassem o comércio e as finanças. Essas medidas eram conhecidas como "Programas de Ajuste Estrutural" (PAE). Diretamente envolvidas com empresas e governos, as consultorias ajudaram a implementar essas reformas em todo o mundo. A Nigéria, por exemplo, foi forçada a contrair um empréstimo junto ao Banco Mundial no valor de 452 milhões de dólares em 1987, sob a condição de implementar um PAE que incluísse "esforços para limitar gastos governamentais, enxugar o setor público, melhorar a gestão de ativos públicos, melhorar as alocações nos setores de infraestrutura e em áreas sociais e depender mais de forças de mercado".[73] Como parte dessas medidas, o governo decretou a formação de uma Comissão Técnica de Privatização e Comercialização para supervisionar a privatização de cem empresas estatais, que passaram a ter quadros compostos de "profissionais motivados e bem remunerados do setor privado... incluindo bancos comerciais, bancos de investimentos a bancos emissores, firmas de contabilidade e direito e consultorias gerais de gestão". Segundo escreveu na época um "especialista em privatização" do Banco Mundial que havia trabalhado como consultor de gestão, uma lição da experiência de privatização da Nigéria mostrou "a necessidade de fazer pleno uso de consultores especializados":

> Há no mundo uma massa crescente de experiência em privatização. Quando existe expertise disponível no próprio país, que ela seja usada, mas os governos não devem hesitar em recorrer a expertise de outros países que tiveram êxito em implementar programas de privatização. Doadores internacionais normalmente se dispõem a ajudar a financiar esse tipo de assistência.[74]

Às vezes o uso de consultores externos era até mesmo uma condição para a concessão de empréstimos a países em desenvolvimento. As condições do empréstimo do Banco Mundial à Guiné-Bissau, por exemplo, incluíam um artigo com os dizeres: "Com o objetivo de dar assistência ao BNG [Banco Nacional da Guiné-Bissau] no cumprimento de sua responsabilidade, o Prestatário, agindo por intermédio do BNG, deverá: (i) empregar uma equipe de consultores e especialistas em gestão de projeto; e (ii) designar quantidade adequada de profissionais locais qualificados e funcionários de apoio do BNG para trabalharem com essa equipe no cumprimento da responsabilidade".[75]

O México foi o primeiro país a tornar-se inadimplente durante a crise da dívida dos anos 1980. A reestruturação de sua economia condicionada aos empréstimos recebidos do FMI continuou por toda a década de 1980 e nos anos 1990 sob a gestão dos presidentes Miguel de la Madrid e Carlos Salinas, eles próprios também proponentes do liberalismo. A privatização de estatais e bancos públicos no México envolveu numerosas empresas de consultoria estrangeiras, além de bancos privados sediados na Europa e América do Norte. A McKinsey e a Booz Allen prepararam os prospectos de venda em mais da metade das dezoito privatizações de bancos, e a Price Waterhouse também contribuiu com sua expertise. A Mercer, hoje conhecida como uma empresa de gestão de ativos, na época era principalmente uma consultoria de gestão, e foi contratada para assessorar na reestruturação da Ferrocarriles Nacionales de México, a estatal ferroviária mexicana.[76] As políticas neoliberais podem ter sido formuladas por acadêmicos, Estados e instituições financeiras do Norte Global, mas foram as empresas de consultoria que ajudaram a implementá-las no Sul Global e asseguraram que a transformação neoliberal do capitalismo fosse um processo global.

Transições lucrativas

Em Hong Kong, em 1974, consultores de gestão já haviam sido contratados pelo governo colonial britânico para "modernizar" a administração, até que a McKinsey foi escolhida para encabeçar a reestruturação da máquina pública, e consultores continuaram a ser chamados para assessorar no programa de reformas dos anos 1990.[77] Em Angola, a Arthur D. Little foi contratada para auxiliar na administração da estatal petrolífera assim que Angola se tornou independente de Portugal.[78] Após a queda do Muro de Berlim em 1989, a indústria da consultoria também se beneficiou dos tumultos políticos que inspirariam a célebre tese do acadêmico Francis Fukuyama de que a humanidade chegara ao "fim da história" com a hegemonia do liberalismo ocidental.[79] A dissolução da União Soviética foi vista como um novo mercado por grandes consultorias multinacionais como EY, McKinsey, Bain, PwC e BCG, que logo se estabeleceram na Europa Central e Oriental. Novos concorrentes nacionais também despontaram na maioria dos países surgidos após a dissolução da União Soviética. A transição do regime comunista para o capitalismo deu ímpeto à onda de privatizações em grande escala, e a venda ou fusão de muitas empresas nacionais a grandes entidades estrangeiras criou oportunidades abundantes para as consultorias.[80] No âmbito da administração pública, foi preciso resolver novos problemas de recursos humanos, tecnologia e operação: "Bain, BCG, Berger, Kearney, McKinsey e outras prontificaram-se a ajudar e assessorar". Países como Bulgária, Hungria e Eslovênia instituíram associações nacionais de consultoria de gestão.[81]

Mas a experiência com a indústria da consultoria que mais de perto acompanhou as mudanças tectônicas na economia política global da época talvez tenha sido a da China. A ascensão de empresas ocidentais de consultoria em território chinês remonta às reformas liberalizantes implementadas em 1978 pelo governo de Deng Xiaoping. Antes da entrada de consultorias ocidentais no país, as empresas privadas obtinham assessoria principalmente de acadêmicos de universidades e institutos de pesquisa, quase sempre sem remunerá-los.[82] Mas quando multinacionais norte-americanas e europeias passaram a atuar cada vez mais na China, as consultorias que elas usavam em seus países de origem seguiram o exemplo e estabeleceram escritórios nas grandes cidades onde as filiais dessas multinacionais estavam instaladas. As primeiras a chegar foram BCG, Bain & Company, McKinsey, A. T. Kearney e Booz Allen Hamilton. As estratégias empregadas na China na época por essas ocidentais foram análogas às usadas em mercados emergentes de outras regiões. Os serviços eram prestados pro bono ou a preços muito inferiores aos do mercado global. Embora isso significasse que as margens de lucro permaneceriam baixas no começo, as empresas previam que esses custos iniciais lhes renderiam uma fatia daquele mercado em expansão quando a contratação de assessoria corporativa se tornasse uma prática comum e as normas de produção capitalista globais se difundissem no país. De fato, nas décadas seguintes, quando o investimento estrangeiro direto aumentou de maneira significativa e empresas estatais chinesas tornaram-se globais, as oportunidades para consultorias ocidentais foram abundantes. Só que nem sempre essas consultorias eram bem vistas. Um exemplo é o contrato de 2001 da McKinsey com a empresa chinesa Start Computer Group.[83] A McKinsey fora contratada para reestruturar o cliente em 1998, mas logo em 2001 os investidores começaram uma análise atenta da empresa, visto que ela declarara prejuízos durante dois anos seguidos. Em uma entrevista transmitida pela televisão em todo o país em abril daquele ano, executivos da Start Computer Group associaram de modo explícito seus prejuízos com a assessoria fornecida pelos consultores da McKinsey. Em consequência, a mídia chinesa atribuiu o fracasso percebido da McKinsey à sua "ignorância do contexto e cultura empresarial da China".[84]

Assim como a onda de fusões dos anos 1980 impelira consultorias a criar novos serviços especializados em gestão de multinacionais, as ambições das estatais chinesas — combinadas a pressões de cima por práticas de gestão inovadoras — também beneficiaram o crescimento da indústria da consultoria na China. A Andersen Consulting chegou a "colaborar com o governo central chinês na organização de um programa de treinamento para executivos de três semanas, pessoas como secretários do Partido ligados a estatais destacadas". Em 2007, mais de 70% das receitas de consultoria na China provieram de empresas chinesas locais.[85] No final da década de 1990 o governo intensificou suas reformas liberalizantes, pois o Partido Comunista procurou impulsionar o crescimento do setor privado, numa tentativa de ganhar mais poder na economia global. Mais uma vez, a pronta disponibilidade dos serviços externos de assessoria reforçou mudanças mais amplas na estrutura da economia.

Um estudo etnográfico recente constatou que uma consultoria multinacional instalada na China teve

> um papel vital na transformação [de estatais chinesas] em alvos de investimento viáveis [...] configurando os objetivos, os processos e as operações de estatais chinesas, [a consultoria] ajuda a criar uma narrativa de que elas são entidades profissionalizadas, modernizadas e com "boa gestão".[86]

O caso da China atesta as diferenças em como, quando e em que grau as consultorias passaram a ser aceitas em diversos países. Divergências nacionais no uso de consultorias foram vastamente documentadas,[87] e está claro que diferenças entre economias, a concepção do papel do Estado, cultura e ideologia, relações industriais e educação em determinado país afetam tanto a demanda quanto a oferta de consultorias de gestão.[88] Os serviços de consultoria são mais usados em economias de mercado liberais, como o Reino Unido, do que em economias de mercado coordenadas, como a Alemanha.[89] Em alguns países, consultorias estrangeiras não despertaram o interesse de mercados de clientes locais e só conseguiram um alcance limitado, e mesmo assim graças a clientes multinacionais que têm filiais nesses países. Na Coreia do Sul, por exemplo, "consultorias de gestão ocidentais conseguiram apenas uma prevalência efêmera na esteira da crise econômica de 1997 na Ásia, e depois disso a 'melhor prática' ocidental" perdeu um pouco o atrativo.[90] Hoje em dia, embora algumas empresas ocidentais tenham base no país, sua capacidade de reter clientes está longe de ser garantida. Em dezembro de 2020 a Oliver Wyman anunciou que tinha fechado sua filial em Seul depois de quase duas décadas, em decorrência de anos de declínio em suas receitas e projetos. Essa perda de negócios deveu-se, em parte, à tendência crescente na Coreia do Sul a recrutar consultores internos nos principais mercados, incluindo o setor de serviços financeiros.[91]

Ainda assim, no final do milênio, quando mudanças econômicas originadas no mundo anglo-americano expandiam-se além de suas fronteiras, poucos países em todo o mundo deixavam de registrar algum tipo de uso de consultorias. Mas, embora o alcance dessa indústria tenha aumentado muitíssimo, com muitas novas firmas estabelecendo-se até em países antes sob o guarda-chuva da União Soviética, o mercado continuou dominado por um punhado de gigantes sediadas na América do Norte e Europa. Só mesmo depois do escândalo da gigante do setor energético Enron em 2001, que levou à maior falência da história dos Estados Unidos, os governos desses países reconheceram o quanto a indústria da consultoria tornara-se estruturalmente importante — e que, nas mãos de interesses poderosos, essa influência também poderia ter consequências graves para suas próprias economias.

Domando um Golias?

No final do século XX, a assessoria de consultorias tornara-se uma fonte gigantesca de receitas para muitos tipos de empresas horizontalmente integradas. O setor onde se via isso de forma mais evidente era o das grandes empresas de contabilidade, que a cada dia dependiam mais de receitas de contratos não relacionados com auditoria do que de sua pretensa atividade "principal". As maiores empresas de contabilidade "começaram a considerar-se antes de tudo assessoras empresariais de alto nível em vez de firmas de contabilidade voltadas para a auditoria". Entre 1982 e 1990, a parcela da auditoria nas receitas das Big Six caiu de 62% para quase 50%.[92] Embora essas empresas continuassem a prestar serviços de auditoria, a atividade tinha margem de lucro pequena e em geral era oferecida a clientes apenas "tendo em vista os benefícios derivados que uma auditoria pode produzir", isto é:

> Uma auditoria permitia que uma firma de contabilidade entrasse na empresa do cliente e descobrisse como operavam os vários sistemas de negócios daquela empresa. Se a firma de contabilidade tangencialmente detectasse aspectos dos sistemas do cliente que pudessem ser melhorados, então ali estava uma oportunidade de vender serviços de consultoria para resolver os problemas dele.[93]

Na virada do milênio, a auditoria havia declinado ainda mais e gerava agora menos de um terço das receitas das Big Six.[94] Em grande medida esse cenário era resultado do aumento estratosférico da receita advinda dos serviços de consultoria prestados. De 1996 a 1998, por exemplo, as receitas de consultoria de gestão da EY cresceram mais de 30%, enquanto as de serviços de auditoria aumentaram apenas 10%.[95] E a consultoria permaneceria essencial para as margens de lucro dessas empresas até que o colapso da Enron golpeasse duramente a área da contabilidade nos Estados Unidos.

As empresas vendiam seus muitos serviços empregando várias estratégias de "venda cruzada", valendo-se de suas conexões existentes e suas pretensões de conhecimento organizacional. Barbara Ley Toffler, ex-consultora da Arthur Andersen, descreveu assim o processo de venda cruzada: "Em geral, o auditor, o guardião da relação sacrossanta, marcava uma reunião com o cliente e então chamava o maior número possível de consultores para virem vender seu peixe".[96] As consultorias de contabilidade tinham se tornado uma espécie de balcão único, fornecendo serviços essenciais a várias áreas de operação e governança. Infelizmente, os riscos sistêmicos dessa dinâmica só seriam reconhecidos tarde demais.

Na época em que seus executivos cometeram fraude contábil, a Enron era uma das maiores empresas de energia do mundo e um importante fornecedor de gás natural nos Estados Unidos. A empresa crescera rápido nos anos 1990, mas boa parte desse crescimento resultava do alto preço de suas ações, o que, por sua vez, só era possível graças a uma combinação de manobras contábeis legais e demonstrativos financeiros fraudulentos ilegais. A desregulamentação que o governo de Ronald Reagan implementara no mercado de energia nos Estados Unidos possibilitava que a Enron fizesse transferências extracontábeis de parte de seu passivo, e com isso os investidores não puderam inteirar-se da magnitude nem da natureza de todas as dívidas da companhia. Além disso, ela foi muito além do permitido pela regulação leniente, transferindo alguns prejuízos para sociedades fantasmas sediadas no exterior, o que permitia evitar o pagamento de tributos: uma investigação do *New York Times* constatou que a Enron não pagou imposto de renda nos Estados Unidos em quatro anos, dentro do período de 1996 a 2001, e que usou quase novecentas subsidiárias sediadas em paraísos fiscais para ocultar a verdadeira natureza de seus lucros, prejuízos e dívidas.[97] Em dado momento, acionistas, jornalistas e analistas de Wall Street começaram a perceber que havia algo errado ali. Tanto que o novo CEO pediu demissão depois de apenas seis meses no cargo — mas não sem antes embolsar 33 milhões de dólares com ações da companhia. O preço das ações da Enron despencou, e nenhuma outra companhia aceitou um acordo de fusão. Logo não havia escolha senão declarar falência, o que instantaneamente provocou a perda de milhares de empregos e falta de energia elétrica por semanas em todo o país.

Os executivos da empresa por fim se declararam ou foram declarados culpados de acusações que incluíam fraude, lavagem de dinheiro e operações com informação privilegiada. Mas esses executivos não agiram sozinhos; o caminho para eles foi aberto pela auditora da companhia, a Arthur Andersen, que deixou de alertar os órgãos pertinentes sobre os trambiques financeiros que aconteciam lá dentro. Para rematar, logo após o colapso da Enron a própria Arthur Andersen tornou-se alvo de uma investigação criminal. Isso fez seus contadores passarem noites e noites destruindo documentos e deletando e-mails que pudessem provar sua participação na auditoria da Enron — uma cena que seria transmitida à exaustão pela mídia nacional nos dias e semanas seguintes. Embora a condenação por "obstrução da justiça" fosse mais tarde revogada pela Suprema Corte, o dano à reputação da Arthur Andersen foi tamanho que a divisão de contabilidade foi fechada. Apesar disso, o braço de consultoria da companhia seguiria no mercado e se tornaria uma das maiores firmas de consultoria do mundo, operando sob um novo nome: Accenture.

O colapso da Enron e o envolvimento da Arthur Andersen foram amplamente retratados como obra de uns poucos criminosos e de mais alguns inescrupulosos. Mas análises subsequentes sugerem que o caso tinha origens muito mais estruturais. Após a falência da Enron, autoridades tomariam conhecimento do "inerente conflito de interesses entre os 27 milhões de dólares em receitas de consultoria de gestão e os 25 milhões de dólares que a Andersen recebeu da Enron por seu trabalho de auditoria".[98] Como muitas outras empresas, a Arthur Andersen viera, na prática, usando seus serviços de auditoria como um produto "loss leader", isto é, oferecido a preços não lucrativos a fim de atrair contratos de consultoria de gestão. A auditoria tornara-se estruturalmente importante para as receitas futuras da outra metade do negócio da Arthur Andersen. Durante esse período, clientes de auditoria também haviam começado não só a fazer cotações de preços de auditoria, mas a praticar a *opinion shopping* [compra de opiniões], que consiste em descobrir como uma firma interpreta padrões contábeis e apresentar os demonstrativos financeiros do modo preferido pela direção da empresa.[99] Essas duas práticas do setor — a venda cruzada por auditores e a *opinion shopping* pelos clientes — criaram incentivos para que os auditores sempre fizessem avaliações favoráveis aos executivos de sua cliente — com a Enron não foi diferente.

Em 1990, o jornal *The Economist*, em meio a um exame mais amplo da atividade contábil no Reino Unido, havia predito os riscos dessa dinâmica em ascensão:

Todos os problemas das empresas de consultoria contábil têm uma origem comum: elas não são mais vistas como imparciais... Como agências de publicidade e bancos de investimentos, deixaram-se apanhar pela moda do conglomerado de serviços dos anos 1980. Com fusões atrás de fusões, as oito grandes firmas tornaram-se as seis grandes, no afã de trazer para um único teto todo um conjunto de serviços, como assessoria tributária, consultoria de gestão, finanças corporativas e, sim, insolvência. Isso as deixou lamentavelmente dependentes de receitas de atividades não conformes à consultoria; também as encorajou a baixar o preço da auditoria vislumbrando fechar contratos de outros tipos. Quando a auditoria torna-se uma "loss-leader", não surpreende que seja malfeita ou enviesada.[100]

O conflito de interesses produzido pela dinâmica estrutural do setor levou à inclusão de regras na Lei Sarbanes-Oxley de 2002, explicitamente destinadas a impedir que empresas de contabilidade nos Estados Unidos prestassem serviços de consultoria de gestão a empresas que estivessem auditando.[101] A legislação foi formulada em resposta ao caso Enron e a outros escândalos financeiros com padrões semelhantes de auditoria, como da gigante de telecomunicações WorldCom. Em meados de 2002, o colapso da empresa ilustrou outro exemplo de atividades criminosas entre executivos sendo varridas para baixo do tapete por conflito de interesses da auditora, novamente a Arthur Andersen. A razão entre as receitas dos serviços de consultoria e auditoria prestados pela Arthur Andersen para a WorldCom tinha sido de três para um — maior ainda que na Enron. Em um discurso proferido em janeiro de 2003, Cynthia A. Glassman, representante da SEC dos Estados Unidos, explicou que a lei "foi aprovada em julho em resposta a fraudes financeiras na Enron, WorldCom e outras corporações e à percepção de que muitos dos 'guardiões' responsáveis por impedir fraudes tinham falhado em sua tarefa". Glassman ainda ressaltou que nos anos 1990 "mudanças nas condições dos negócios haviam pressionado auditorias a diversificar os serviços que oferecem a empresas públicas", o que, por sua vez, "pressionou auditores a concordar com o que fosse preciso para atender as expectativas de Wall Street".[102]

Apesar dos riscos contra os quais foram criadas, as disposições legais da Sarbanes-Oxley não foram adotadas em outros países. Legisladores do Reino Unido cogitaram decretar uma legislação equivalente, mas acabaram abandonando o plano. E mesmo nos Estados Unidos as disposições dessa lei eram limitadas. Embora os legisladores tivessem identificado na época os conflitos de interesses inerentes nos serviços prestados por grandes empresas de contabilidade, não havia nada na lei que impedisse uma empresa de contabilidade de prestar serviços de consultoria a firmas que não estivessem sendo auditadas por ela, mas que fossem do mesmo setor ou tivessem investidores em comum com ela.[103]

Consultorias grandes também valiam-se de ofertas *lowball* em licitações para conseguir contratos de consultoria. Desse modo, alguns desses contratos — em especial para novos clientes ou em mercados emergentes — também tinham se tornado *loss leaders*, incentivando o fornecimento de recomendações que, embora satisfatórias para o contratante no curto prazo, poderiam não ser do interesse dele mesmo e da sociedade como um todo no longo prazo. Onde serviços de consultoria têm uma função legitimadora, evitando a intervenção reguladora, essa tendência incentiva também a criação de ferramentas que possibilitem ao cliente atingir objetivos financeiros ou políticos ao melhor preço possível.

Da difusão dos modelos de negócios e ideias norte-americanos durante a Guerra Fria até as políticas de ajuste estrutural do Banco Mundial nos anos 1980, as consultorias de gestão tiraram proveito de transformações fundamentais em economias do mundo todo, sempre auxiliadas pelas reformas de governo introduzidas com o neoliberalismo. Mas, apesar do duro golpe na reputação da Arthur Andersen, a indústria da consultoria continuaria crescendo e moldando o cenário econômico mundial.

4
A vez da terceirização: Governar por consultoria e a Terceira Via

TERÇA-FEIRA, 1º DE OUTUBRO DE 2013 deveria ter sido um dia memorável na história dos Estados Unidos. Após décadas de campanha, o governo federal finalmente sancionara a legislação que asseguraria aos cidadãos o acesso básico a assistência médica. O Affordable Care Act, aprovado três anos antes e apelidado de "Obamacare", incluía três disposições básicas: expansão da elegibilidade do programa público de seguro-saúde, o Medicaid; a determinação de que todos os cidadãos tivessem algum tipo de seguro-saúde; e a reforma de sistemas de atendimento para tornar a assistência médica financeiramente acessível, inclusive para pessoas com doenças preexistentes. Em resumo, o Obamacare era uma missão ousada, com o objetivo de levar assistência médica a mais pessoas necessitadas no país.

A reforma na área da saúde estivera no cerne da campanha eleitoral de Barack Obama em 2008, e nos anos após sua vitória houve debates e negociações intensos sobre o que essa reforma deveria promover. Dezenas de empresas terceirizadas foram contratadas para prestar serviços em partes essenciais do Obamacare. Entre elas estava o HealthCare.gov, o site por meio do qual os cidadãos poderiam adquirir seguro-saúde privado subsidiado. Na página, haveria uma seção com oferta de inúmeros planos de saúde e o formulário de inscrição para o Medicaid. O HealthCare.gov era uma peça fundamental da reforma de Obama. Antes do lançamento do site em 1º de outubro de 2013, ao fim de cada reunião com a equipe na Casa Branca o presidente dizia: "Quero lembrar a todos que isso só vai funcionar se a tecnologia funcionar".[1]

Fazia um calor incomum naquela terça-feira de outubro quando o site entrou no ar. Com alguns cliques, residentes dos Estados Unidos que antes não tinham condições de pagar por um seguro-saúde logo poderiam mudar sua situação. Matt Warren, falando para a *CBS News*, disse que não via a hora. Com mulher e dois filhos, o seguro da família Warren custava quase 5 mil dólares por ano — e o próprio Matt não estava incluído na apólice já que seu colesterol alto e câncer de pele aumentariam muito o valor. Quando ele tentou acessar a plataforma, porém, deparou com uma mensagem de erro que o mandou esperar. E ele esperou. E esperou. Até que desistiu.[2]

Matt não foi o único a se decepcionar. Às sete da manhã as tentativas malsucedidas de acessar o HealthCare.gov contavam-se aos milhões. O site havia travado. Em pouco tempo seria revelado que apenas seis pessoas tinham conseguido se inscrever no seguro-saúde naquele primeiro dia.[3] Horas depois do lançamento do site, os republicanos clamavam pela revogação de todo o Affordable Care Act. A notícia do fiasco dominou as manchetes. Duas semanas e meia mais tarde, a Casa Branca chegou a pensar em fechar o site por tempo indeterminado.[4]

Aquela deveria ser a reforma mais memorável do primeiro mandato de Obama, pela qual o seu governo seria lembrado nos livros de história. Então por que deu tão errado?

A maior parte das críticas ao fracasso do HealthCare.gov salientou alguma forma de incompetência percebida no governo. Gwanhoo Lee e Justin Brumer, escrevendo para o IBM Center for the Business of Government — um *think tank* privado criado pela consultoria PwC em 1998 e adquirido depois pela IBM —, enumeraram uma série de falhas gritantes dos Centers for Medicare and Medical Services [CMS, Centros de Medicamentos e Serviços Médicos], a agência federal responsável pelo HealthCare.gov. Entre elas erros de avaliação de alcance e de planejamento, falta de uma liderança clara pelo alto escalão de administradores federais e um cronograma apertadíssimo, inviável para os desenvolvedores.[5] Outros ressaltaram as inadequações no processo de prestação de serviço, segundo eles "extremamente trabalhoso e burocrático", e que "as unidades operacionais em cada agência responsável por administrar contratos e implementar reformas estão distantes demais do canal de atendimento".[6] Em essência, a suposição era de que o HealthCare.gov teria sido bem-sucedido se o governo tivesse sido mais inteligente — funcionários públicos ineptos e uma burocracia obstrutiva tinham sido os elos fracos que causaram o colapso do projeto.

Acontece que por trás do setor público havia uma matriz de agentes da iniciativa privada, incluindo algumas companhias muito grandes. O desenvolvimento da plataforma não era uma questão de juntar alguns especialistas e programadores para orientar ou ajudar em uma reforma de políticas. Terceirizar partes essenciais do projeto tornou-se *a* estratégia para realizar o que representava a mais ambiciosa reforma do sistema de saúde no governo Obama. Vendedores e prestadores de serviço de tecnologia foram contratados para fazer quase tudo relacionado ao desenvolvimento do site, do software e dos sistemas integradores. Entre eles estavam a gigante da tecnologia militar Lockheed Martin e empresas especializadas no fornecimento de tecnologias digitais para o governo federal, como a Aquilent — mais tarde adquirida pela Lockheed Martin —, além de uma série de firmas menores de TI e software. No total foram contratadas mais de 55 empresas para trabalhar no projeto.

Como se tornou comum em muitos governos, contratos gigantescos também foram firmados para planejamento e coordenação não somente do projeto, mas inclusive dos processos de contratação de outras empresas fornecedoras de vários bens e serviços. A empresa de tecnologia militar e consultoria de TI Booz Allen Hamilton foi contratada por mais de 25 milhões de dólares para "fornecer assessoria técnica e operacional" na montagem do banco de dados da plataforma de planos de saúde oferecidos pelo HealthCare.gov e para "auxiliar os corretores a desenvolver e propagar as competências essenciais do mercado de planos de saúde e os relatórios de rastreabilidade". A HP Enterprise Services — uma consultoria de TI que na época era uma subsidiária da Hewlett-Packard — recebeu um contrato abrangente que incluía "todos os aspectos necessários ao planejamento, implementação, transição, operação e manutenção das aplicações do CMS e todo o hardware e software relacionados no ambiente do Virtual Data Center". Estima-se que o valor desse contrato tenha sido de 208 milhões de dólares na época em que foi firmado, julho de 2013. A Deloitte recebeu um contrato para ajudar a administrar o processo de avaliação do desempenho do HealthCare.gov, e até mesmo desenvolver a métrica usada para medir o êxito. Várias consultorias menores também receberam grandes contratos para serviços essenciais ao projeto: uma consultoria de políticas de saúde foi contratada para "realizar pesquisas qualitativas e quantitativas apropriadas" acerca das experiências dos cidadãos no HealthCare.gov e delas derivar ideias para ajudar no desenvolvimento do site; uma pequena consultoria de design foi contratada para "adquirir serviços de consultoria de marketing on-line" para o HealthCare.gov.[7]

Nas tarefas de planejar, encontrar vendedores e habilidades especializadas (isto é, contratação), implementar e integrar diferentes partes do projeto, avaliar e usar ideias derivadas dessa avaliação no norteamento de decisões futuras, vemos que as consultorias externas estiveram no cerne do HealthCare.gov.

Magnitude e abrangência dos contratos

Uma análise oficial publicada em 2014 revelou que os custos para o funcionamento do HealthCare.gov haviam disparado e chegavam a 1,7 bilhão de dólares — um valor múltiplas vezes acima do orçamento original. A magnitude e a abrangência das tarefas terceirizadas a empresas são exemplificadas nos contratos com o CGI Group, que se descreve como "uma das maiores empresas de consultoria em TI e negócios do mundo".[8] Em 2010, época em que recebeu o primeiro contrato para o HealthCare.gov, mais de um terço das receitas da empresa provinha de contratos com governos e de serviços de saúde globalmente. Essa empresa canadense dependia de firmar contratos similares aos concedidos por departamentos federais como o CMS, e que eram oferecidos por intermédio da plataforma HealthCare.gov. O valor do trabalho do

CGI Group para o governo federal norte-americano aumentara de 10,3% da receita total para 13,7% após a aquisição de outra terceirizada que também prestava serviços ao governo e também graças a maior êxito em lances de licitações para vários departamentos.[9] No dia em que o HealthCare.gov deveria ser inaugurado, o CGI Group tinha uma capitalização de mercado de 8,9 bilhões de dólares, com receitas anuais em torno de 4,8 bilhões de dólares.[10] Um de seus fundadores, Serge Godin, era multibilionário. O CGI Group não era apenas uma empresa especializada em TI onde trabalhavam programadores apaixonados por tecnologia — era um agente econômico poderoso.

No total foram alocados mais de 200 milhões de dólares para a empresa canadense. O custo dos cinco contratos do CGI Group para o HealthCare.gov ficou 28 milhões de dólares acima do previsto inicialmente.[11] Ao todo, a empresa foi responsável por administrar a construção técnica da plataforma que oferecia os planos de saúde e também os processos de contratação de outras terceirizadas e fornecedores. Os administradores, técnicos e subcontratados do CGI Group foram considerados essenciais para o êxito da reforma.

Em 2016 uma investigação feita pelo Office of Inspector General* identificou muitas falhas do CGI Group em várias partes dos contratos do HealthCare.gov. Em várias ocasiões a empresa deixou de comunicar problemas com o trabalho que estava entregando e os riscos de lançamento do projeto. A empresa não "aumentou adequadamente sua equipe e sua expertise quando foram feitas mudanças, e o progresso do projeto começou a deteriorar".[12] Também havia muitos problemas técnicos por toda parte. Uma investigação independente determinou em fevereiro de 2013 que existia "um alto número de defeitos de codificação" no trabalho do CGI Group.[13] Funcionários do CMS descobriram que os desenvolvedores da empresa "não seguiram algumas das melhores práticas para efetuar mudanças no último estágio da codificação,

---

* Nos Estados Unidos, Office of Inspector General é um termo genérico para a divisão de supervisão de uma agência federal ou estadual destinada a prevenir operações ineficientes ou ilegais dentro de sua agência controladora. (N. E.)

acarretando conflitos de código entre os sistemas". No final, todos esses problemas contribuíram de forma crucial para o fiasco do lançamento do HealthCare.gov. Apesar dessas falhas, o Office of Inspector General atribuiu ao CMS a responsabilidade fundamental pela calamidade ocorrida em 1º de outubro de 2013, por falta de liderança e supervisão. As recomendações da organização para "evitar futuros problemas" dirigiram-se à administração do órgão federal e sua "estrutura e cultura organizacionais".[14]

Supor que o HealthCare.gov teria sido um sucesso se os altos administradores do CMS houvessem apontado "o 'dono do negócio'"[15] ou melhorado a comunicação dentro da própria equipe é um argumento que desconsidera os problemas sistêmicos de um governo que depende de terceirizar funções essenciais e partes de sua administração para consultorias. Mesmo com os melhores gestores públicos do mundo e uma cultura organizacional que "promovia a aceitação de más notícias" e o "aprendizado contínuo" — também recomendados no relatório do Office of Inspector General —,[16] o tamanho e a complexidade dos contratos de consultoria exacerbaram o risco para toda a iniciativa de assistência médica — e também para o governo. Acreditar que até mesmo essas pequenas modificações organizacionais seriam possíveis após décadas de terceirização em departamentos do governo era confundir desejo com realidade.

Em muitos aspectos as falhas do CGI Group eram inevitáveis nesse modelo. Seu maior contrato para o mercado de planos de saúde era estruturado segundo o sistema conhecido como "cost-plus-fixed-fees" [custo acrescido de honorários fixos], ou seja, a empresa podia cobrar por mão de obra e despesas com materiais extras caso esses gastos surgissem. Esse tipo de contrato é comum em licitações grandes e complexas porque transfere os custos do contrato da terceirizada para o governo, e, com isso, incentiva as empresas a entrar na licitação: elas podem receber as recompensas sem assumir os riscos.[17] Por outro lado, também "dá à terceirizada menos incentivo para controlar os custos e fornecer produtos de alta qualidade"[18] — uma vez que ela pode cobrar do cliente quaisquer gastos adicionais. Foi exatamente isso que o CGI Group fez. Em até quatro meses após o dia do lançamento do site, o

CMS pagou ao CGI Group pelas despesas relacionadas ao trabalho extra de correção dos defeitos da plataforma, defeitos esses que eram resultado de suas próprias falhas.[19] Esses problemas não poderiam ter sido resolvidos simplesmente se o contrato tivesse sido reestruturado de outra forma logo no início; o modelo do custo acrescido a honorários fixos foi usado porque o CMS teria tido dificuldade para atrair empresas para a concorrência se não corresse ele próprio os riscos de um fracasso. Mas, ao assumir esses riscos e usar o contrato com a cláusula do custo mais honorários fixos, o CMS abriu a possibilidade para que o CGI Group, deliberadamente ou por negligência, extraísse dessa negociação um valor financeiro muito acima do que seus esforços geraram ou do que o contrato original estipulava.

O caso do HealthCare.gov representa uma tendência mais ampla em muitos governos e empresas: contratar consultorias não só para assessorar administradores públicos ou prestar serviços especializados bem definidos, mas para *governar*. Na Anglosfera, onde emergiu esse modo de governo por terceirização, surgiram empresas de consultoria novas, especializadas em gestão de contratos, como Serco e Sodexo, que faturam alto graças a governos. O crescimento paralelo nos gastos públicos com firmas de consultoria mais estabelecidas não pode ser separado desse desdobramento.

"Reinventando" o governo

Em janeiro de 1993, quando Bill Clinton iniciou seu mandato na presidência dos Estados Unidos, o Partido Republicano tinha estado no poder por doze anos. As reformas radicais para reconfigurar o governo adotadas no período Reagan haviam continuado sob o predecessor de Clinton, George H. W. Bush. Por toda a extensão de seus mandatos, a burocracia governamental levara uma surra — não só no que diz respeito às verbas, mas também na esfera pública. Junto com Margaret Thatcher na Grã-Bretanha e Brian Mulroney no Canadá, Reagan e Bush pai tinham "descoberto que havia muito capital político a ser obtido criticando ostensivamente o setor público".[20] Quando Clinton foi eleito, pesquisas de opinião mostravam que a confiança no setor público havia despencado e que o sentimento de desilusão entre os funcionários públicos era o maior de todos os tempos. Após a retórica e as práticas extremas antigoverno dos anos 1980, a campanha de Clinton levava a crer que nunca houve um momento melhor para os democratas articularem uma linha de ação alternativa e se distinguirem do partido responsável.

A linha endossada por Clinton durante sua campanha e depois adotada por seu governo inspirou-se muito em um livro publicado durante o período que antecedeu a eleição em 1992. *Reinventing Government: How the Entrepreneurial Spirit is Transforming the Public Sector* [Reinventando o governo: Como o empreendedorismo está transformando o setor público] foi escrito por dois consultores independentes, David Osborne e Ted Gaebler, e suas propostas logo formariam a base de abrangentes reformas no governo federal por intermédio da National Performance Review — NPR [Avaliação do desempenho nacional], que Osborne também passou a chefiar. O livro procura recuperar o papel do governo na sociedade e na economia, refutando as visões disseminadas pelos presidentes neoliberais sobre os males inerentes da gestão do Estado. Porém o mais importante é que o programa de Clinton também divergia drasticamente de visões anteriores de Estado propostas pelos democratas, nas quais o governo era o veículo para implementar "um novo contrato de serviços a clientes com o povo norte-americano", refletindo a retórica da Nova Gestão Pública do governo anterior.[21] Segundo essa visão, a função do governo era assegurar a disponibilidade dos serviços que os cidadãos desejavam — mas não necessariamente fornecer esses serviços ele próprio por meio do setor público. Em vez disso, a NPR visualizava um governo que "pilote mais e reme menos".[22] Além de preconizar ainda mais desregulamentação da administração interna — ou remover "a burocracia", nas palavras do relatório da NPR — e descentralizar funções, o programa *Reinventing Government* propunha "criar dinâmica de mercado" e "usar mecanismos de mercado para resolver problemas", dando exemplos de "como burocracias públicas podem competir com empresas privadas e ganhar licitações para prestar um serviço específico"[23] como, por exemplo, a coleta de lixo.

Prometia que a tendência dos governos neoliberais de "contratar serviços competitivamente [...] não seria revertida" e afirmava que, "criando competição entre organizações públicas, terceirizando serviços para organizações privadas, ouvindo nossos clientes e adotando incentivos de mercado quando apropriado, podemos transformar a qualidade dos serviços prestados ao povo deste país".[24] Em outras palavras, embora essa linha de ação fosse seguida por políticos progressistas, seus pressupostos fundamentais sobre o papel apropriado do governo na criação de bens e serviços tinham muito em comum com os dos políticos neoliberais anteriormente no poder.

Essa nova visão do governo como responsável por atender necessidades da população sem necessariamente prestar ele mesmo os serviços "reforçou a crença de que era possível encontrar um caminho do meio entre o mercado e o Estado"[25] — ou "além da retórica esquerda e direita", como logo diria outra figura importante nesse nascente paradigma de governança.[26] Anthony Giddens era um professor da London School of Economics que se tornou assessor de Bill Clinton e Tony Blair em 1997, depois que este último foi eleito com uma vitória esmagadora. Como Clinton, Blair dava grande ênfase aos planos do Partido Trabalhista para reformar o setor público. As ideias defendidas por Giddens tornaram-se conhecidas como a "Terceira Via" porque supostamente ofereciam um caminho do meio entre o que Giddens via como o socialismo de Estado da "Velha Esquerda" e as reformas de mercado da "Nova Direita", aos quais faltavam noções de justiça social. O termo "Terceira Via" já fora usado para designar políticas similares adotadas pelos governos de Bob Hawke e Paul Keating na Austrália, e logo estaria associado aos programas de reformas de Bill Clinton e Tony Blair.

A indústria da consultoria teve um papel importante na formação e depois na propagação da Terceira Via nas burocracias da Anglosfera e a seguir em outros governos em todo o globo. Como era uma perspectiva de governo que destacava a importância de agentes do mercado, por exemplo, consultorias, o entusiasmo com que as próprias consultorias promoveram a Terceira Via não é de surpreender. Depois de ter sido endossado pelo governo Clinton, *Reinventing Government* tornou-se de vários modos um elemento essencial nessa evolução. Consultorias de gestão logo cooptaram a linguagem e as ideias contidas no livro, usando-as em material de propaganda para a crescente clientela do setor público conquistada durante os anos 1980. A KPMG anunciou seu "sucesso em Reinventar o Governo", e a Price Waterhouse estabeleceu "Equipes de Reinvenção", chegando até a desenvolver sua própria "metodologia de Reinvenção".[27] Enquanto isso, a Coopers & Lybrand, que uma fusão mais tarde integraria à Price Waterhouse, promovia *Reinventing Government* no Reino Unido como "a mais influente bíblia do novo governo na administração pública".[28] Os autores do livro, Osborne e Gaebler, também criaram a Reinventing Government Network, um grupo formado por cem consultorias de gestão com divisões nos Estados Unidos, Canadá, Austrália, Reino Unido e Holanda. Ser membro dessa rede oferecia "uma ferramenta de marketing útil para empresas de consultoria que querem ser vistas como a vanguarda da gestão 'empreendedora' do setor público".[29]

Além de propagar o evangelho de *Reinventing Government*, as consultorias também tiveram imensa influência sobre a configuração das políticas econômicas de políticos da Terceira Via em atuação no governo. A Arthur Andersen, por exemplo, foi contratada pelo Partido Trabalhista do Reino Unido para formular futuras políticas econômicas e fiscais enquanto o partido ainda estava na oposição, antes de ser eleito. Patricia Hewitt, que viria a chefiar a Secretaria de Economia do Tesouro em 1998, também tinha sido diretora da Andersen Research, parte da divisão de consultoria da Arthur Andersen.[30] Mas talvez o maior impacto sobre os planos de reforma da Terceira Via tenha sido causado pelo papel da indústria da consultoria no estabelecimento de novos modelos de terceirização.

Quem contrata os contratantes?

Durante as presidências republicanas nos Estados Unidos e o governo de Thatcher e seu sucessor do Partido Conservador, John Major, a terceirização de serviços públicos crescera consideravelmente, mas os contratos em geral eram assinados para serviços individuais.[31] Por exemplo, um hospital regional terceirizando seus serviços de limpeza. Mas sob governos da Terceira Via foram criados novos modelos de terceirização e introduzidas novas formas de "parcerias público-privadas" (PPP) que requeriam contratos muito maiores e quase sempre muito mais longos.

Isso incluía a Private Finance Initiative (PFI), outras formas de parceria público-privada e contratos para serviços agregados, como "contratação conjunta", ou "estratégica", e "contratação principal". A PFI é "um método de *procurement* [aprovisionamento] de bens e serviços pelo qual o setor privado financia, constrói e opera infraestrutura e faz a gestão a longo prazo de serviços e instalações obedecendo a disposições contratuais de longo prazo".[32] O sistema PFI-IE foi criado inicialmente para contratos de infraestrutura pelos quais uma empresa ou consórcio (grupo de empresas) assumia o financiamento do projeto. A empresa ou consórcio então alugava o prédio ou a infraestrutura para o governo, que fazia pagamentos referentes ao custo de capital do projeto por toda a duração do contrato de PFI-IE. No Reino Unido o sistema PFI foi introduzido por John Major. O Partido Trabalhista se opôs e qualificou o sistema como "inaceitável", "um jeito de introduzir sorrateiramente a privatização".[33] Porém, assim que assumiu o poder, o partido tornou-se um defensor ferrenho dessa forma de terceirização. Uma importante explicação para a popularidade da PFI sob o governo Blair foi que, embora "futuros pagamentos unitários representem um ônus para o setor público, esse ônus geralmente é registrado fora do balanço patrimonial, portanto não entra nos cálculos da dívida pública".[34] Apesar de muitos riscos de fracasso ainda permanecerem para o setor público, a PFI era um modo de reduzir as despesas correntes do governo e, assim, impedir o crescimento da dívida líquida ou de empréstimos líquidos do setor público, transferindo para o setor privado a responsabilidade pelo financiamento.[35] Parecia a linha de ação ideal para políticos que procuravam implementar as ideias de *Reinventing Government* e provar que era possível "fazer mais com menos"[36] valendo-se de "mecanismos de mercado para resolver problemas".[37] Uma análise subsequente publicada pelo Tesouro do Reino Unido em 2015 demonstrou que os custos do serviço da dívida acumulados graças à PFI eram na época duas vezes superiores ao valor do empréstimo contraído pelo governo.[38]

No mandato Blair, a indústria da consultoria influenciou o crescimento dos contratos de PFI. Assim que o primeiro-ministro assumiu o cargo, o governo nomeou funcionários da Andersen Consulting como assessores políticos, estabelecendo com eles uma força-tarefa para estudar modos de aumentar o uso da PFI.[39] Esse grupo tornou-se então o Partnerships UK, uma companhia cujos proprietários eram em sua maioria investidores privados. Embora tecnicamente fosse um órgão público, quem trabalhava lá eram sobretudo consultores de gestão, contadores e especialistas em *procurement*, e inclusive muitos de seus funcionários oriundos do setor público tinham estreita ligação com a indústria da consultoria. Entre eles estava, por exemplo, o chefe de políticas de Financiamento pela Iniciativa Privada (FIP) no Tesouro, Richard Abadie, ex-partner da PwC especialista em PFI, que poucos anos depois voltou para a consultoria.[40] Notavelmente, a Partnerships UK também foi incumbida de promover a PFI no exterior, e afirmou ter "fornecido um apoio 'de alto nível' para a concepção e a estrutura de programas de PPP em desenvolvimento por outros governos [...] como, por exemplo, República Tcheca, México e África do Sul". A indústria da consultoria, e em especial as grandes empresas de contabilidade, também prestou assessoria a empresas do setor privado que participaram de licitações por contratos de PFI. A PwC "obteve, de longe, a maior fatia do mercado de assessoria em PFI tanto no que diz respeito ao número como ao tamanho dos projetos".[41] Contratos de PFI foram amplamente usados na construção de novos hospitais do NHS; os quinze primeiros desse tipo geraram 45 milhões de libras em honorários para seus assessores, correspondendo a 4% do valor de capital dos negócios.[42]

Na esfera dos serviços públicos, a "contratação estratégica" ou "conjunta" e a "contratação principal" foram criadas como modelos de terceirização que agregavam vários serviços em um só contrato. Na contratação estratégica, empresas individuais que prestavam um portfólio de serviços eram contratadas para fornecer todos eles. Por exemplo, no começo dos anos 2000 a câmara do condado de Somerset, no sudoeste da Inglaterra, contratou a IBM para providenciar a execução de um conjunto de funções administrativas do setor de receitas e benefícios, estabelecer centrais de atendimento e prestar serviços essenciais como

Figura 3. Projetos de PFI no Reino Unido, 1990-2016

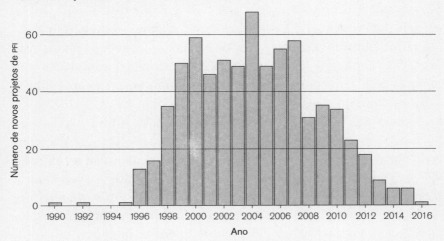

FONTE: HM Treasury, "Private Finance Initiative and Private Finance 2 Projects: 2017 Summary Data", 2018. Por ano de apuração de resultado financeiro. Projetos vencidos ou encerrados não foram incluídos nos dados.

RH e gestão de folha de pagamento.[43] Na contratação conjunta, vários departamentos do setor público contratam uma empresa privada — ou ocasionalmente uma organização do terceiro setor — para prestar o mesmo serviço para todos eles. Por exemplo, a Health and Social Care Partnership [Parceria de Saúde e Assistência Social] da região da Grande Manchester, instituída em 2016, reuniu organizações locais do NHS e câmaras de dez municípios a fim de contratarem serviços que beneficiariam a população da região. Esperava-se que isso reduzisse custos impedindo retrabalho e falta de entrosamento das equipes.[44]

Na contratação principal, um órgão público, ou às vezes um grupo de órgãos públicos, contrata uma empresa individual (a contratada principal) para tornar-se o ponto de contato e gerir a (sub)contratação de um conjunto de serviços e funções em uma área específica. A contratada principal não necessariamente presta os serviços: ela apenas faz a gestão dos contratos. Um dos primeiros exemplos desse sistema são as reformas feitas pela cidade de Nova York em seus programas de assistência pública no final da década de 1990. A Human Resource Administration [HRA, Administração de Recursos Humanos] era responsável pela provisão da maioria dos benefícios de apoio à renda, dos serviços de busca de empregos e dos estágios e programas de experiência de trabalho. Até 1999 "esses serviços eram prestados por meio de vários contratos com 'dezenas' de organizações sem fins lucrativos locais. No começo dos anos 2000, todos eles foram consolidados pela HRA em dezessete 'contratos principais' multimilionários concedidos a treze organizações com e sem fins lucrativos".[45]

Todas essas formas de contratação agregada levaram à proliferação de transações enormes no setor público. Políticos da Terceira Via achavam que esse modelo de contratação ajudava a racionalizar a aquisição de bens e serviços e a reduzir os custos administrativos associados à gestão de terceirizadas, além de diminuir o custo direto de fornecer serviços, já que eram usadas competências do setor privado. Como ocorreu com o sistema PFI, o crescimento desse tipo de contrato em muitos países foi em grande parte impulsionado por recomendações da indústria da consultoria — quase sempre envolvida diretamente na formulação das políticas. Outra força-tarefa estabelecida no governo Blair, por exemplo, foi a Delivery Unit [Unidade de entrega], que atuava em parceria com departamentos do governo e com o Gabinete do Primeiro-Ministro para "avaliar a entrega dos serviços e gerenciar o desempenho em áreas essenciais da prestação de serviços".[46] Lançada em 2001, durante o segundo mandato de Blair, a unidade era chefiada por um ex-assessor do primeiro-ministro, Michael Barber, que depois se tornaria partner da McKinsey. Ali trabalhavam consultores de empresas como McKinsey e Accenture, ao lado de funcionários públicos, "promovendo conscientemente uma parceria entre agentes estatais e não estatais na gestão de serviços públicos".[47]

Esses grandes contratos também trouxeram de forma decisiva uma nova fonte de renda em potencial para a indústria da consultoria. Em muitos casos as consultorias também eram contratadas principais. A "privatização da gestão de contratos" através da disseminação de "contratos complexos maiores e de mais longo prazo" levou ao "maior uso de consultores de gestão para análises e *procurement*".[48] Através do sistema PFI, as consultorias conseguiam "recomendar a governos que fossem em frente e financiassem a infraestrutura pública por meio de esquemas que também as beneficiariam".[49] De modo mais geral, a agregação não era apenas "atrativa para as maiores empresas de consultoria porque aumentava o valor dos contratos", mas também porque a abrangência do contrato nem sempre era completamente definida logo de início, o que permitia que mais tarde os "contratos incluíssem serviços adicionais que não estariam sujeitos a processos separados de licitação".[50] E isso se viu de forma muito relevante no processo de digitalização do setor público.

Terceirização na era digital

A PFI e a prática da contratação principal estiveram no cerne das reformas de TI conhecidas como "e-governo" ou "governo digital" que foram implementadas em todo o Norte Global durante os anos 2000.[51] Na época os computadores pessoais já eram menos caros e mais fáceis de usar. Funcionários de empresas privadas já usavam PCs em larga escala. A invenção da internet também trouxe a possibilidade de comunicação mais rápida e eficiente entre os departamentos da administração pública; não era mais preciso dar instruções por memorandos ou cartas. Começava o predomínio do e-mail. Informações ou dados sobre processos e cidadãos podiam ser acessados pelos gestores públicos em um clique.

Foi nesse processo de mudança tecnológica que muitos governos adotaram reformas para implantar os chamados e-governos e trazer a "era digital" para o setor público. Esperava-se não só que a digitalização permitisse uma maior eficiência no setor público, mas também que fosse possível atender mais rapidamente as necessidades dos cidadãos. Após a publicação do primeiro relatório National Performance Review [Análise de Performance Nacional], o vice-presidente Al Gore implementou uma iniciativa chamada "Access America" [Acessar Estados Unidos] por meio do que era então a National Partnership for Reinventing Government [Parceria Nacional para Reinventar o Governo], e prometeu que os cidadãos teriam acesso eletrônico ao governo até a virada do milênio.[52]

Desde o princípio, as reformas necessárias para o e-governo exigiram a mudança dos antigos sistemas de TI, muito centralizados e mantidos por funcionários internos, para sistemas de TI fornecidos por empresas privadas contratadas. Hoje é difícil acreditar que um dia os próprios governos administravam e mantinham sua infraestrutura de TI, mas era assim no século XX em muitos países, incluindo os já mencionados da Anglosfera. A expansão da terceirização de TI em governos federais a partir de meados dos anos 1990 marcou uma aceleração de tendências mais antigas; entre 1982 e 1993 a parcela de gastos com TI no total das despesas com serviços comerciais já havia aumentado de 39% para 49% nos Estados Unidos.[53] Em todo o Norte Global, outros governos logo implementaram programas similares de reformas de TI, embora o grau de terceirização variasse de modo significativo entre os países, acompanhando em grande medida a escala das reformas da Nova Gestão Pública.[54] Na Holanda, Japão e países escandinavos, por exemplo, o Estado conservou um alto grau de competências internas até relativamente tarde. A Dinamarca manteve sua própria empresa central de gestão e desenvolvimento de TI, a Datacentralen, até sua privatização em 1996.[55]

Muitos fatores levaram a essa mudança. A tendência mais geral à terceirização entre governos da Terceira Via foi importante porque transferiu a responsabilidade pela infraestrutura e gestão de TI para a iniciativa privada. Governos também tinham dificuldade para recrutar e manter os especialistas em TI necessários para produzir internamente essa transição para o digital. Além de os salários pagos pelo governo não serem competitivos com os que eram oferecidos no próspero setor privado de TI,[56] àquela altura a retórica da incompetência do setor público tornara os empregos no governo menos atrativos do que os disponíveis no setor privado. Proliferavam narrativas sobre a supremacia do setor privado no processo de inovação digital, em parte devido ao rápido crescimento das startups de tecnologia na Califórnia financiadas por capital de risco, como Apple e Google, e à indústria da TI como um todo.[57] Essas empresas, muitas delas chefiadas por personalidades inteligentes e hábeis no trato com a mídia, contribuíram para a ideia de que a inovação e a tecnologia digital eram expertises do setor privado. O potencial de lucratividade que contratos com o governo representavam para essas empresas de hardware e software impulsionou esforços ferozes de lobbying junto a políticos e gestores públicos. Em uma história alternativa em que o setor público tivesse sido igualmente reconhecido, celebrado e remunerado por suas contribuições para a inovação tecnológica, muito provavelmente o governo teria continuado a ser a carreira mais atrativa para especialistas em TI.

A digitalização da administração e dos serviços do governo era um mercado imensamente lucrativo para a indústria da consultoria. Desde os primórdios da World Wide Web, empresas de consultoria posicionaram-se como os sábios da era digital, oferecendo assessoria a governos nas áreas de *procurement* e manutenção de TI. A partir da década de 1990, empresas que haviam começado como desenvolvedoras na área de informática, como a IBM, concentraram esforços em consultoria de TI e conseguiram grandes contratos com o governo para assessoria digital.[58] No decênio anterior a 2002, a receita total da IBM cresceu 26%, passando de 64,5 bilhões de dólares para 81,2 bilhões de dólares, mas durante esse mesmo período a receita de serviços da companhia aumentou 492%, de 7,4 bilhões de dólares para 36,4 bilhões de dólares.[59] Em 2006, cerca de dois terços dos gastos com consultorias no setor público do Reino Unido, segundo estimativas, foram com consultores de sistemas de TI, e as maiores contratadas foram IBM, LogicaCMG, Accenture, PA Consulting e Capgemini.[60] A Accenture "aumentou seu quadro de funcionários em aproximadamente 20% em 2004".[61]

Assim como fizera em outros setores da administração pública, a indústria da consultoria incentivava os governos a terceirizar a digitalização. Contratos desse tipo tornaram-se alvos de contratação principal, com a infraestrutura de TI frequentemente dependendo da PFI em países como Reino Unido e Austrália. A indústria da consultoria tornara-se um grande beneficiário desse esquema. Por exemplo, a Accenture e a PwC foram as contratadas principais em vários dos contratos de TI do governo do Reino Unido durante o mandato de Blair, incluindo projetos para áreas governamentais nas quais o sigilo é importante, como o Departamento de Benefícios e o Ministério da Defesa.[62] Nos Estados Unidos, a magnitude e o alcance dos contratos com órgãos do governo civil aumentaram após os trágicos acontecimentos dos ataques terroristas do Onze de Setembro, com desdobramentos paralelos nas agências de defesa. A Guerra ao Terror criou ampla oportunidade para a expansão de serviços de consultoria em TI no Estado, criando-se uma burocracia de segurança digital a partir das mais avançadas tecnologias disponíveis no Vale do Silício.

Em 2013 o *whistleblower* Edward Snowden vazou informações da National Security Agency [NSA, Agência de Segurança Nacional], revelando que o governo dos Estados Unidos coletava uma montanha de dados sigilosos. Os relatórios iniciais sobre os documentos vazados por Snowden sugerem que a NSA extraíra registros telefônicos de milhões de clientes de uma das maiores operadoras de telecomunicações dos Estados Unidos, a Verizon.[63] O *Washington Post* afirmou que a NSA e sua equivalente no Reino Unido, o Government Communications Headquarters (GCHQ), também estavam "acessando diretamente os servidores centrais de nove importantes empresas de internet dos Estados Unidos, extraindo conversas em áudio e vídeo, fotografias, e-mails, documentos e logs de conexão que permitem rastrear alvos estrangeiros".[64]

As revelações de Snowden também deixaram visível o grau de contratação de consultorias de TI que sustentavam operações militares e de segurança secretas, indicando que "no século XXI, mais do que nunca, agências de inteligência do governo colaboram com o setor privado para neutralizar várias ameaças à segurança".[65] Na época de suas revelações, Snowden trabalhava para a NSA por intermédio de um contrato firmado com a Booz Allen Hamilton, que até hoje continua na lista das maiores contratadas pelo setor militar. Em 2013, 99% das receitas da empresa vieram de serviços relacionados a 5700 contratos grandes e de pequenos serviços específicos com o governo. Dessas receitas, 39% corresponderam a contratos com o Exército e agências de inteligência. E 91% das receitas provieram de contratos nos quais a empresa atuou como contratada principal.[66]

Embora na virada do milênio empresas como Amazon e Google estivessem distantes do governo, em questão de vinte anos elas se tornariam essenciais para a infraestrutura digital dos setores públicos no mundo todo. Apesar de a magnitude e a abrangência do envolvimento das big tech na infraestrutura de TI dos governos sejam sem precedentes, é preciso vê-lo como derivado de contratações de TI anteriores, durante os anos 1990 e 2000. A digitalização pregressa do setor público criou um mercado de bens e serviços governamentais que o Vale do Silício mais tarde capturaria ao monopolizar a infraestrutura digital em toda a economia. A questão é que esse processo também criou dependências tecnológicas, uma vez que as competências do setor público não acompanharam os avanços do setor privado. Ou seja, a consolidação do setor privado como fornecedor de TI para o governo foi normalizada.

Na virada do milênio despontou um novo grupo de empresas que se diziam especializadas em gestão de contratos agregados do setor público. O público em geral imagina empresas como Serco, Atos e Sodexo como prestadoras de serviços, porém é mais exato descrevê-las como gestoras de contratos: elas são consultorias de terceirização. Apesar de hoje se apresentarem como "empresas de serviços públicos", já houve um tempo em que os relatórios anuais dessas empresas e a cobertura da mídia usavam o termo "empresas de terceirização". O primeiro desses termos sugere que a empresa existe para fornecer serviços públicos, e conjura imagens benignas de um departamento de saúde pública, ou talvez de um serviço público regional de coleta de lixo. Já o segundo termo toca no âmago da razão de existir dessas empresas: o inverso da prestação de serviços pelo poder público, que é a *terceirização* de serviços. Sua alegada especialização consiste em promover licitações para grandes contratos do setor público, e depois ajudar a administrar o cumprimento destes por meio de subcontratações e prestação de serviços com pessoal próprio.

Durante os anos 2000 essas empresas tornaram-se clientes de consultorias mais estabelecidas, recorrendo a elas em busca de expertise para vencer licitações e gerir investimentos em infraestrutura, algo que as consultorias eram capazes de fornecer graças ao conhecimento adquirido através de seus próprios contratos com o setor público. A PwC, por exemplo, atuou como "a principal assessora em finanças e estruturação para a Serco [...] na administração de sua carteira de ativos em PPP".[67] Mas só depois da crise financeira de 2008 é que as oportunidades para conseguir esses contratos agregados lucrativos — e prestar os serviços correspondentes — redefiniriam a indústria da consultoria.

Consultoria na crise financeira

O colapso do banco de investimentos Lehman Brothers em setembro de 2008 marcou o fim de uma década de abundância na Europa e América do Norte. Governos haviam acumulado déficit por meio de vultosos orçamentos públicos que em muitos países ajudaram a encher os bolsos de terceirizadas.

Vale ressaltar que as empresas de consultoria não foram, de modo algum, as perpetradoras da crise. Nos Estados Unidos, o crédito estava mais acessível a mais pessoas do que estivera por muitos anos. O comportamento excessivamente arriscado dos bancos em seus empréstimos imobiliários foi, em última análise, o catalisador que derrubou o sistema bancário. Arrebatados por uma ilusão de crescimento aparentemente infinito, banqueiros ofereceram hipotecas a pessoas que teriam grande dificuldade para quitar suas dívidas. Eram conhecidas como hipotecas "subprime". Quando essas hipotecas de alto risco foram transformadas em instrumentos financeiros complexos e depois negociadas em mercados pouco regulados, uma gigantesca bolha imobiliária surgiu e sua inevitável explosão acabou destruindo a vida e os meios de sustento de muitas pessoas.

Poucos previram a chegada da crise financeira. Mas havia um grupo de empresas cujo trabalho era identificar práticas danosas no setor financeiro. Usando seus chapéus de auditoras, as Big Four da contabilidade "validaram balanços patrimoniais de trilhões de dólares, sancionaram aumentos de dividendos de ações de bancos que quebraram meses mais tarde, pressupuseram despreocupadamente que os mercados funcionariam sem percalços e estabeleceram regras controversas que inflaram bolhas e amplificaram prejuízos".[68] Essas empresas aprovaram números apresentados por bancos em dificuldades, como Northern Rock, Landsbanki, Carlyle Capital Corporation, Glitnir, Alliance & Leicester, RBS, Bear Stearns, HBOS, Kaupthing, Bradford & Bingley e até Lehman Brothers. Além de prestarem serviços de auditoria, as empresas de consultoria atuaram como assessoras em bancos nos anos anteriores à crise, embora o escândalo da Enron e a recessão das pontocom ocorrida pouco antes tenham dado indícios de que as financeiras estavam recorrendo menos às consultorias. Desconhecemos os números exatos dos gastos dos bancos com consultoria, mas estima-se que em países que são grandes hubs financeiros os serviços dessa ordem representem mais de 30% dos honorários de consultoria.[69] Do mesmo modo, pouco se sabe sobre a natureza das recomendações dadas pelas consultorias aos bancos no período que antecedeu a crise financeira — embora, se tivessem oferecido conselhos que pudessem ter evitado a crise, seria surpreendente que não divulgassem o feito.

As manchetes na mídia — e as investigações oficiais subsequentes — concentraram-se no comportamento irresponsável dos traders nas semanas e meses anteriores ao colapso e também apontavam o dedo para os políticos que haviam permitido tamanha inconsequência. Logo ficou claro que nenhum governo havia se planejado para amenizar os efeitos de uma crise financeira grave como a de 2008. Na tentativa de impedir que suas economias ruíssem em um efeito dominó financeiro, governos da Europa e América do Norte apressaram-se a comprar a dívida agora imprestável que seus bancos haviam acumulado. Nos Estados Unidos, a gestora BlackRock, uma empresa de gestão de ativos, foi contratada pelo Federal Reserve (Fed) para administrar os três veículos que o Fed havia criado para manter ativos da arruinada empresa de seguros AIG (American International Group) e do banco de investimentos Bear Stearns. Esse momento marca o nascimento da divisão de consultoria da BlackRock, a Financial Markets Advisory. A Grande Recessão que sobreveio à crise financeira e a intervenção sem precedentes dos Estados nas instituições financeiras transformariam não apenas o modo como os governos operavam, mas também a vida do cidadão comum. Milhões de pessoas no mundo todo perderam o emprego e foram forçadas a deixar suas casas. O pânico rapidamente se transformou em raiva. Controlada a crise, eleitores de muitos países elegeram políticos que prometiam mudanças, que culpavam o gasto excessivo das gestões anteriores pela comoção generalizada e que prometiam conter o orçamento — ou "fechar a torneira das despesas públicas", na analogia então comum. Entre esses políticos estavam Silvio Berlusconi na Itália, Valdis Dombrovskis na Letônia e a coalizão dos liberais democratas e conservadores no Reino Unido. As pessoas queriam que a vida voltasse ao que havia sido, mas foi dito a elas que isso exigiria reduções nos gastos do governo no curto prazo. O consenso em muitos países era de que a recuperação requeria "austeridade".

Imediatamente após a recessão, consultorias de estratégia, contabilidade e TI bem estabelecidas observaram queda nas receitas de divisões dos setores público e privado. Ainda assim, em algumas partes do mundo, o tumulto financeiro criou novas oportunidades para trabalhar junto a governos e instituições financeiras na recuperação econômica. A Europa representava um mercado particularmente promissor, com os países e bancos da zona do euro às voltas com montanhas de dívida cada vez maiores. A "Troica" — composta pela Comissão Europeia (CE), Banco Central Europeu (BCE) e FMI — contratou consultores externos e gestoras, entre elas a BlackRock, para determinar o valor dos empréstimos que os países e os bancos endividados precisavam contrair para impedir a insolvência.[70] A consultoria de estratégia e gestão Oliver Wyman, sediada nos Estados Unidos, estava envolvida em burocracias públicas de várias partes da Europa, incluindo a Espanha, onde foi contratada para fazer análises ou "testes de estresse" no que restava do sistema bancário do país. A Espanha, um dos países mais afetados na crise da dívida europeia, gastou dezenas de milhões de euros em contratos com a indústria da consultoria durante o processo de recuperação. A Deloitte, por exemplo, atuara como auditora para o Bankia, um grande banco espanhol que quebrara durante a crise, mas parece que isso não garantiu sua exclusão dos livros do governo espanhol: estima-se que a empresa tenha recebido posteriormente 1,8 milhão de euros em contratos do governo por prestação de auditoria.[71]

No setor público, a Deloitte aconselhou governos a "usar a recessão como catalisadora" da reforma.[72] O BCG lamentou que "muitos conceitos de estratégia foram importados da esfera empresarial para o governo, mas poucos criaram raízes".[73] A McKinsey estimulou o governo sueco a "melhorar o crescimento no setor de serviços locais com uma segunda onda de desregulamentação e reformas reguladoras".[74] Enquanto isso, a Grécia foi incentivada a "eliminar departamentos públicos redundantes e melhorar a eficiência da administração, ao mesmo tempo que o setor privado constrói organizações maiores e mais voltadas ao público, que utilizem melhor os recursos, o capital de investimento e a tecnologia".[75] Em suma, governos de toda a Europa foram aconselhados a "melhorar a produtividade do setor público [...] criando condições competitivas na provisão de serviços onde for possível (incluindo o uso criterioso de terceirização)".[76] O padrão era claro: as grandes consultorias haviam enxergado na crise financeira de 2008 uma oportunidade de enxugamento do setor público e de crescimento do setor privado. Seu aconselhamento não era nem um pouco neutro.

A retórica dos líderes políticos que herdaram a recessão global, no entanto, sugeria que essas ambições não se concretizariam facilmente. A gastança dos políticos com consultoria de gestão nos anos 2000 foi criticada por partidos de oposição e novos governos em importantes mercados nacionais depois do crash. Em 2009, o presidente recém-eleito Barack Obama desancou o gasto do governo Bush com terceirizadas, mais que o dobro desde 2001. Em 2011 Obama também se comprometeu a reduzir em 15% o gasto federal com serviços de consultoria. Na Austrália, após sua eleição em 2007, o primeiro-ministro Kevin Rudd, do Partido Trabalhista, também havia prometido cortes drásticos no uso de consultorias externas, uma prática que aumentara demais sob seu predecessor, John Howard, liberal conservador. Em um discurso em 2008, o futuro primeiro-ministro britânico, o conservador David Cameron, recriminou a dependência da indústria da consultoria durante o período New Labour e lastimou que "neste último decênio, em nome da modernização, racionalização e eficiência, vivemos sob um regime de governo por consultorias de gestão e planos de ação explicados em PowerPoint".[77] Alguns meses depois, comentando sobre as reformas de Blair no NHS durante um discurso na Conferência do Partido Conservador, Cameron declarou que os trabalhistas haviam "estraçalhado a alma da nossa mais estimada instituição nacional e substituído por metas, diretrizes, consultorias de gestão e computadores".[78] Uma vez no poder, a coalizão de governo eleita em 2010 com Cameron à frente prometeu conter os gastos com consultorias.

Terceirização para austeridade

Mas esse discurso de ordem não foi acompanhado por ações radicais.

Obama realmente cumpriu seu objetivo de cortar gastos com serviços de consultoria antes do prazo estipulado, mas durante seu mandato as despesas com a indústria da consultoria continuaram astronômicas. Em 2009 — o mesmo ano em que o presidente se comprometeu a reduzir as despesas com terceirizadas — Obama nomeou uma diretora da McKinsey & Company, Nancy Killefer, para um cargo recém-criado, no qual ela trabalharia com economistas para "aumentar eficiências e eliminar o desperdício no gasto governamental". Killefer nunca chegou ao Tesouro, pois problemas com seus impostos forçaram-na a renunciar ao cargo.[79] Enquanto isso, na Austrália, um ano depois da crise financeira, os jornais noticiavam que o nível de gastos do governo Rudd com consultorias de gestão, entre elas BCG, McKinsey, KPMG e Allen Consulting Group, equivalia ao do auge do governo anterior, 480 milhões de dólares australianos.[80]

Embora o gasto de departamentos do governo federal em contratos com consultorias estabelecidas de estratégia, contabilidade e TI realmente tenha diminuído durante o governo de coalizão no Reino Unido, a verdadeira magnitude da influência das consultorias durante o período foi considerável. Para manter conexões no governo, essas empresas voltaram à estratégia que haviam usado por muito tempo para capturar mercados emergentes: trabalhar de graça ou cobrar muito abaixo do habitual. Em 2011, por exemplo, a KPMG revelou que prestou 10% de seus serviços ao setor público sem cobrar nada, e até se ofereceu a fazer por uma libra contratos que valiam milhões.[81]

Em seu programa de austeridade, o governo de coalizão introduziu reformas administrativas mais abrangentes que afetaram o nível dos gastos públicos com grandes consultorias. Durante esse período, administrações regionais e divisões do NHS receberam maiores responsabilidades ao mesmo tempo que seus orçamentos foram reduzidos. Nessas partes do governo, o gasto com consultorias de gestão aumentou drasticamente enquanto cortes em despesas pressionaram a capacidade de administração e gestão, forçando gestores a buscar no setor privado apoio para soluções de curto prazo.[82]

Medidas de austeridade mais abrangentes adotadas no Reino Unido e em muitos outros países europeus pressionaram não só a capacidade administrativa, mas também os serviços de bem-estar social prestados pelo Estado. Nas esferas federal e regional, gestores foram incentivados e não raro forçados a terceirizar serviços cruciais e funções essenciais para empresas que prometiam economias de custo no curto prazo. O gasto com a terceirização de serviços penitenciários, de saúde, centros de encaminhamento profissional, educacionais e de descarte de resíduos aumentou para 88 bilhões de libras em 2014 — o dobro do que fora quando o governo de coalizão assumiu o poder.[83] As maiores beneficiárias foram as consultorias de terceirização que haviam assegurado uma parcela crescente do mercado administrando contratos agregados durante o governo Blair. As empresas que dominam esse segmento específico da indústria da consultoria nasceram de uma miscelânea de empresas que atuam em áreas como construção civil, gestão de instalações e serviços financeiros. Uma empresa específica, a Capita, que hoje administra contratos para governos de várias partes do mundo, começou sua trajetória como consultoria de gestão.[84]

Na década que se seguiu à crise financeira, a magnitude e a abrangência dos contratos de terceirização de serviços públicos em todo o mundo foram sem precedentes. As empresas de consultoria se tornaram responsáveis por tarefas essenciais como manutenção da limpeza em hospitais, entrega de merenda escolar e segurança em eventos públicos. Mas também foram incumbidas de administrar as partes mais sombrias do governo — centros de detenção para refugiados em busca de asilo, penitenciárias, cortes de pagamentos de benefícios do Estado de bem-estar social, controles de fronteiras — áreas sujeitas a muito mais críticas pela opinião pública e à contestação por parte dos afetados no que diz respeito a qual deve ser o papel apropriado do Estado.

Muitos no Reino Unido — e em outros países onde essas empresas têm uma presença considerável — já ouviram falar delas não porque sejam consideradas tesouros nacionais, como muitas indústrias do passado eram, mas em razão do modo como elas executam o que lhes foi encomendado em seus contratos multimilionários, ou em virtude de suas batalhas judiciais. A G4s foi execrada quando surgiu a informação de que, poucas semanas antes do início dos Jogos Olímpicos de Londres, em 2012, a empresa não havia treinado pessoal suficiente para fazer a segurança dos eventos, o que requereu a mobilização de forças militares britânicas.[85] Veio a público que a empresa francesa Atos, conhecida por administrar testes de "aptidão para o trabalho" em nome do Departamento de Trabalho e Pensões do governo do Reino Unido, havia cortado erroneamente o pagamento de benefícios de pessoas incapacitadas.[86] A empresa Broadspectrum (antes chamada Transfield Services), sediada na Nova Zelândia, tornou-se, ao lado da Serco e da G4s, responsável por administrar os centros de detenção em ilhas australianas, considerados ilegais pelas Nações Unidas.[87]

Talvez a empresa mais conhecida nos maiores mercados de terceirização por seu histórico nos anos 2010 seja a britânica Serco. Originalmente, a empresa era uma divisão da Radio Corporation of America que prestava serviços para redes de cinema. No final da década de 1980, seus diretores direcionaram a estratégia corporativa para o incipiente mercado de terceirização de serviços públicos. Ao longo da década seguinte, a Serco estabeleceu-se nos setores públicos do Reino Unido, da Austrália e da América do Norte, com contratos nas mais diversas áreas, como transportes, penitenciárias, assistência médica, destinação de resíduos, ensino e defesa. O papel da Serco nas administrações públicas nunca saiu do radar da mídia, sindicatos e outros grupos de interesse, que questionavam como uma empresa podia possuir as competências necessárias para prestar serviços em um conjunto tão vasto de áreas especializadas. Logo a empresa estaria nas manchetes. Em 2013 e 2014, a Serco:

- teve contratos cancelados por deixar de esterilizar adequadamente equipamentos médicos, acarretando atrasos no número dos procedimentos cirúrgicos que poderiam ser realizados em um dos maiores hospitais da Austrália, e depois foi multada em 1 milhão de dólares australianos por mau desempenho em áreas como limpeza, TI e logística;[88]

- foi criticada por funcionários da área de direitos humanos do país pelas condições imundas de seu centro de detenção de migrantes na ilha Christmas e pelas taxas de automutilação no local;[89]
- foi investigada pelo Ministério da Justiça do Reino Unido por cobrança excessiva em um contrato para rastreamento eletrônico de ex-detentos. A empresa concordou então em reembolsar 68,5 milhões de libras. Posteriormente o Serious Fraud Office [Departamento de Fraudes Graves] abriu inquérito para investigar separadamente acusações que incluíam cobranças pela instalação de rastreadores em pessoas mortas, presas ou fora do país, e a empresa foi multada em 23 milhões de libras como parte de um acordo;[90]*
- foi levada a encerrar seu contrato para providenciar médicos que trabalhassem em horas extras no condado inglês da Cornualha pouco depois de não fornecer médicos em número suficiente;[91]
- e até se envolveu na calamidade do HealthCare.gov depois de receber um contrato no valor de 1,3 bilhão de dólares para coordenar procedimentos de inscrição em papel na implementação do Obamacare.

A devassa não significou o fim da Serco. Embora a empresa tenha emitido alertas de queda de lucros em 2013 e 2014,[92] ainda assim conseguiu permanecer solvente. Não está claro como foi capaz de sobreviver à tempestade, mas, em 2013, uma investigação conduzida pelo *Guardian* constatou que a Serco possuía 23 subsidiárias em paraísos fiscais.[93] Os Paradise Papers — um conjunto de documentos confidenciais relacionados a investimentos no exterior que vazou alguns anos depois — sugeriram a possibilidade de que a Serco quisera recorrer ainda mais agressivamente a brechas na lei para escapar do fisco, mas deparara com a consternação daqueles que poderiam viabilizar esses planos. Pelo menos uma firma de advocacia offshore preocupou-se com

---

* Dois ex-executivos da empresa que haviam sido acusados de fraude contra o Ministério da Justiça entre 2011 e 2013 tiveram depois retiradas essas acusações no rastreamento eletrônico (BBC, 2021). (N. A.)

os riscos de trabalhar com a Serco, segundo o *Guardian*. A Appleby, que fornece assessoria especializada em paraísos fiscais como Bermuda, Ilhas Virgens Britânicas, ilhas Cayman e Maurício, demonstrou ressalvas em relação ao "histórico de problemas, falhas, erros fatais e cobranças excessivas" da Serco e a considerou "de alto risco".[94]

Apesar disso, a Serco continuou recebendo novos contratos de outras nações na década de 2010. Em grande parte isso se deu porque as medidas de austeridade perduraram por todo o período, mas havia outras razões. Com frequência as competências necessárias para gerenciar a prestação de um serviço internamente perdiam-se com a terceirização, e assim os custos de retomar a execução desse serviço por pessoal interno eram enormes. Os órgãos públicos não tinham alternativa a não ser manter as consultorias.

Auditando as empresas de terceirização

Com o passar da década, as promessas pós-crise de cortar gastos com consultoria foram esquecidas pelos governos, e as consultorias reconsolidaram sua influência. No Reino Unido, o gasto com consultorias de gestão no NHS triplicou entre 2016 e 2019.[95] Além de muitas vezes as consultorias serem nomeadas contratantes principais em contratos de serviços agregados — criando assim incentivos para que recomendassem a terceirização para o setor privado —, muitas empresas de terceirização também tornaram-se um grupo de clientes muito importante para as consultorias estabelecidas. Isso se aplicou em especial às que tinham uma divisão de auditoria, mas também era válido para consultorias não contábeis. Quando as ações da Serco despencaram em 2014, por exemplo, noticiou-se que a McKinsey e a EY tinham sido contratadas para analisar os setecentos contratos da empresa.[96] Os conflitos de interesse inerentes a esse esquema só viriam à luz após outro fracasso empresarial, desta vez no Reino Unido, cujas vítimas mais atingidas eram, mais uma vez, pessoas comuns.

Na época de seu colapso em janeiro de 2018, a Carillion era uma das maiores empresas de terceirização do mundo, responsável por administrar uma gama de serviços públicos como educação, transporte, energia e assistência médica. Não por coincidência, era de origem britânica, como muitas outras gigantes do setor. A Carillion beneficiara-se do aumento, em magnitude e abrangência, da grande onda de contratos de terceirização no Reino Unido nos anos 2000. Empregava diretamente 43 mil pessoas em vários países, mas havia uma folha de pagamento muito maior por meio de subcontratação. Quando ruiu, cerca de 90% das operações que a Carillion havia sido contratada para entregar eram feitas por empresas subcontratadas. Entre o pessoal que executava os serviços encomendados à Carillion estavam funcionários de limpeza, empregados de bufê, da construção civil, escriturários. Muitos não tinham emprego fixo. De modo geral, a terceirização de serviços públicos tem sido associada à "deterioração nos termos e condições do emprego, particularmente no Reino Unido", onde a negociação coletiva no setor privado foi enfraquecida.[97] Quando saiu a notícia da liquidação da Carillion, milhares de pessoas ficaram sabendo que seus salários deixariam de ser pagos a partir daquele instante.[98] Entre elas estavam 1200 aprendizes, dos quais cerca de um terço continuaria sem trabalho em abril de 2018, depois de perderem o acesso ao treinamento que lhes daria a qualificação.[99] Evidentemente, as pessoas que trabalhavam nas linhas de frente da Carillion não tiveram culpa pela queda da empresa.

Os imensos riscos inerentes ao modelo de negócio da companhia e as decisões de seus diretores foram fatais para a derrocada.[100] Gestores da Carillion deram inúmeros lances em projetos de baixa margem de lucro. Ou seja, mesmo que os lucros pudessem ser vultosos — o contrato da empresa para construir o Royal Liverpool University Hospital, por exemplo, foi de 335 milhões de libras —, não eram significativos diante dos custos do projeto. Além disso, frequentemente a empresa obteve contratos dando lances muito inferiores aos preços de mercado. Ao que parece, os gestores passaram a recorrer cada vez mais a essa prática em meio às dificuldades dos anos finais da empresa, pensando em garantir uma renda futura alavancável para cobrir obrigações de pagamento mais prementes, entre elas os dividendos aos acionistas — algo que o *Financial Times* chamou de "uma espécie de efeito Ponzi lícito".[101]

A capacidade da Carillion de contrair empréstimos nesses moldes foi ajudada pela natureza de longo prazo dos contratos públicos que a empresa continuou firmando no mundo todo, tornando-se uma das 25 terceirizadas mais importantes no Reino Unido. O professor de contabilidade Adam Leaver relatou como grandes contratos permitiram à Carillion, na prática, puxar "renda do futuro" registrando lucros baseados em previsões e estimativas: "Em outras palavras, o lucro anual era imputado como uma proporção do lucro futuro imaginado de cada contrato". Parte do valor estimado da companhia — um conceito contábil conhecido como "goodwill", que viabiliza o acesso da empresa à tomada de empréstimos e não prejudica suas perspectivas de obter contratos — também se baseava nesse potencial de lucros futuros:

> A Carillion [...] contraiu empréstimos [...] caucionados por ativos cujo valor dependia do acerto da predição de fluxos de caixa e taxas de desconto futuros — e pagou dividendos que foram financeiramente possíveis graças a cálculos de lucro baseados em uma porcentagem do valor total esperado dos contratos. A Carillion, na prática, foi "alavancada no futuro".[102]

Essa estrutura financeira extremamente arriscada quase não deixava margem para eventuais problemas no cumprimento dos contratos. Crucial ressaltar que o modelo de derivação de lucros a partir de contratos de serviços agregados torna o surgimento de problemas inevitável: muita coisa dependia do êxito de empresas subcontratadas sobre as quais a Carillion tinha pouco controle. Quando despesas imprevistas e problemas de mão de obra surgiram em um punhado de projetos de construção, não havia reservas para mediar a situação. Os cofres estavam mais do que vazios. Na época de sua liquidação, a Carillion tinha um estarrecedor endividamento de 2 bilhões de libras e um déficit superior a 800 milhões de libras em seu fundo de pensão, o que colocava em risco o sustento futuro de milhares de empregados.

Ex-diretores da empresa negaram improbidade administrativa, e em 2002 também contestaram uma ação judicial pelo Insolvency Service [Departamento de Insolvência], órgão do governo que visava proibi-los de dirigir outras empresas no Reino Unido.[103] Nos anos subsequentes ao colapso da Carillion, a investigação das empresas envolvidas concentrou-se em grande medida nas possíveis falhas na auditoria externa da companhia. O Financial Reporting Council [FRC, Conselho de Relatórios Financeiros], departamento que fiscaliza as consultorias contábeis do Reino Unido, iniciou uma investigação da KPMG e a submeteu a um tribunal disciplinar, alegando que a companhia "forneceu informações falsas ou enganosas ligadas às suas inspeções de qualidade rotineiras nas auditorias da Carillion para o ano financeiro encerrado em dezembro de 2016".[104] Em julho de 2022 o FRC anunciou que a KPMG tinha sido multada em 14,4 milhões de libras pelas auditorias da Carillion e de outra empresa, a Regenersis. Quatro auditores também foram multados e excluídos como membros do Institute of Chartered Accountants in England and Wales [Conselho de Contadores da Inglaterra e do País de Gales] por sete a dez anos.[105]

A KPMG tinha sido acusada de "falhar" em seu dever como auditora da Carillion.[106] Em fevereiro de 2022, o Insolvency Service, atuando como liquidante da Carillion, processou a KPMG em 1,3 bilhão de libras, argumentando que sua auditoria "desconsiderou os 'sinais de alerta' de que os relatórios contábeis da empresa de terceirização eram espúrios e que o grupo já estava insolvente mais de dois anos antes de quebrar". O partner responsável pela auditoria, afirmou-se na ação judicial, teria "desrespeitado as fronteiras apropriadas da relação auditor-cliente".[107] Em um pronunciamento para o *Financial Times,* a KPMG declarou: "Acreditamos que essa alegação não tem mérito e defenderemos solidamente nossa posição. A responsabilidade pela quebra da Carillion recai apenas sobre a diretoria e a administração da companhia, que determinaram a estratégia e dirigiram os negócios".[108]

Uma análise posterior ao colapso constatou que cada uma das Big Four também havia recebido contratos da Carillion para serviços de consultoria e financeiros. A PwC fornecera assessoria desde 2012 para o fundo de pensão da companhia, que terminou endividado por imprudência. A Deloitte havia feito a auditoria interna da companhia. A EY recebera 10,8 milhões de libras para "assessorar a diretoria sobre opções para salvar a empresa" já em julho de 2017. Além de sua auditoria para a Carillion, a KPMG prestara serviços de assessoria que incluíam exames de modelos financeiros da PFI e relatórios de conversões de dívida em capital de risco. As quatro empresas também haviam firmado contratos de milhões de libras do governo britânico por serviços relacionados a contratos do governo com a Carillion. Em cada faceta da terceirização — demanda do governo, fornecimento ao mercado e auditoria da terceirizada — as Big Four estiveram presentes.

O resultado foi uma pressão generalizada para que as Big Four separassem as práticas de auditoria de suas outras operações, de modo a reduzir o risco de conflitos de interesses. O FRC estipulou um prazo até junho de 2024 para decidir se o Reino Unido deve adotar uma legislação nas linhas do Sarbanes-Oxley Act.[109] Em maio de 2022 noticiou-se que a EY estava cogitando desmembrar suas atividades de auditoria em uma empresa separada. Seu presidente e principal executivo global afirmou que a medida elevaria em até 10 bilhões de dólares os honorários cobrados a empresas de tecnologia norte-americanas, para as quais a EY atualmente não pode prestar serviços de consultoria ao mesmo tempo que audita.[110] Na época a EY também estava sendo investigada pelo FRC pelas auditorias da falida empresa de viagens Thomas Cook e de duas outras que quebraram em meio a acusações de fraude. Em 2021 a EY fora multada em 2,2 milhões de libras por não averiguar de forma adequada as alegações da transportadora Stagecoach durante uma auditoria em 2017.[111] Em entrevista para o *Financial Times* em julho de 2022, o presidente global da PwC declarou que não seguiria a linha adotada pela EY e que continuar prestando serviços de auditoria e assessoria oferecia uma "vantagem competitiva" à PwC.[112] O total das multas impostas a empresas de consultoria contábil no Reino Unido bateu o recorde em 2021: 46,5 milhões de libras.[113]

A introdução de leis que obrigassem as empresas a separar auditoria e consultoria no Reino Unido reduziria o potencial de interesses conflitantes nessas áreas. No entanto, o caso da Carillion indica que há conflitos mais profundos na indústria da consultoria. As empresas também competem entre si por contratos principais de terceirização de gestão e serviços públicos. Nos anos posteriores ao colapso da Carillion, a KPMG foi alvo de investigação por problemas com a auditoria de outras empresas grandes — entre elas a fabricante de automóveis

Rolls-Royce e a empresa de logística Eddie Stobart. Em meio a uma sondagem pública cada vez maior, em dezembro de 2021 a consultoria comprometeu-se a parar temporariamente de competir por contratos no setor público, aguardando os resultados de uma investigação encabeçada pelo Cabinet Office. Porém, apenas quatro meses mais tarde, o *Financial Times* revelou que a empresa continuara ganhando licitações do governo (totalizando 10 milhões de libras) em vários departamentos governamentais e desempenhando "trabalho vital no NSH da Inglaterra"; até o momento em que escrevemos não são conhecidos os detalhes exatos desse processo.[114]

Os conflitos de interesse que derivam da atuação das consultorias não só como assessoras e auditoras de empresas terceirizadas pelo governo, mas também como terceirizadas elas próprias para executar funções governamentais, têm recebido muito menos atenção do que deveriam e sugerem que elas têm interesse na continuidade da terceirização de serviços públicos na magnitude e abrangência atuais. O crescimento das consultorias de contabilidade também depende, ao menos em parte, da continuidade dessa forma de governança.

Para compreendermos por que a indústria da consultoria é tão vasta, precisamos entender mais a fundo a relação cliente-consultor e as práticas da consultoria. Como as contratantes avaliam o valor desses serviços? Como veremos no próximo capítulo, o crescimento da indústria da consultoria ao longo do século XX talvez não tenha muita relação com a melhoria de outras organizações.

5
A grande jogada: Consultologia e rendas econômicas

NOS PRIMEIROS QUINZE ANOS em que trabalhou para grandes empresas do setor industrial na Grã-Bretanha, David raramente encontrou consultores de gestão.[1] Ele ingressara no setor de telecomunicações nos anos 1990, após decidir que podia satisfazer sua paixão por vinil como um hobby e não atrás da caixa registradora da loja de discos onde trabalhava. David nos contou que no começo, quando os gerentes executivos identificavam incompatibilidades nos processos de produção de diferentes áreas da empresa, ou quando queriam aperfeiçoar o modo de fazer alguma coisa, reuniam funcionários técnicos do chão de fábrica e pessoal do departamento de engenharia e aproveitavam as ideias de todos para implementar melhorias baseadas em experiência. Nessas situações, quando postas na balança, em geral as economias de curto prazo perdiam para modos mais eficientes de atingir os objetivos de longo prazo da empresa — e, em última análise, para tecnologias melhores. O rápido crescimento da Toyota e os métodos japoneses de participação dos empregados que tinham sido parte do êxito da empresa já eram influentes em muitas indústrias ocidentais. Segundo David, esses métodos não só ensejavam uma melhora significativa como também davam a cada funcionário a oportunidade de deixar sua marca na empresa. Era um modo inclusivo de melhorar o desempenho.

Com o tempo, David foi subindo na hierarquia e notou que algo estava mudando. As pequenas melhoras feitas regularmente pelo pessoal do chão de fábrica já não bastavam para os líderes que, de olho no preço das ações, queriam o melhor aperfeiçoamento possível no mais curto dos prazos. Embora os CEOs ainda se entusiasmassem com melhorias e competências internas derivadas de ideias dos funcionários, estava claro que impelir o crescimento por meio de aquisições e fomentar os lucros através de cortes de custos eram os novos deuses. Agora os diretores executivos, ou com mais frequência os gerentes seniores a quem eles delegavam a responsabilidade dos objetivos estratégicos, contratavam equipes de consultores de gestão para fazerem análises e proporem aperfeiçoamentos.

O que David vivenciou reflete tendências mais abrangentes nos anos 2000, quando se indicou que números cada vez maiores de gestores do mundo corporativo estavam lidando com consultores.[2] Segundo ele, "às vezes faziam isso para que a administração tivesse a quem culpar se as metas não fossem atingidas". Porém, com frequência a decisão de contratar uma consultoria partia da ideia de que a capacidade desses profissionais externos de compreenderem a empresa era superior a qualquer coisa que existisse internamente. Esperava-se que as propostas de suas análises e sugestões levassem a inovações nos processos e por fim gerassem melhorias nas tecnologias que davam "vantagem competitiva" à empresa — termo que era a palavra de ordem de Michael Porter, professor de administração e guru da governança corporativa, que promoveu essa expressão nos anos 1980.

Entretanto, só ocasionalmente essa aspiração se concretizava. Quase sempre não era possível provar que as propostas dos consultores "adicionavam valor" — e às vezes elas nem sequer eram implementadas. De quando em quando suas propostas mostravam-se falhas antes mesmo de serem postas em prática. Em uma dessas ocasiões, quando David trabalhava para uma fabricante de aeronaves, um gerente sênior quis fazer uma análise dos processos usados nas fábricas da empresa em território europeu. Em vez de reunir os gerentes dessas instalações para trocarem ideias e experiências, o gerente sênior abriu uma licitação para que uma consultoria de gestão fizesse uma análise organizacional. A empresa que ganhou o contrato, uma das Big Four, teve êxito porque em seu lance prometeu também que sua análise seria capaz de identificar oportunidades imediatas de cortes nos custos operacionais. Pressionado pelos acionistas e por seus próprios gerentes de linha para elevar as margens, o gerente sênior achou a proposta irresistível.

Semanas depois, a equipe de consultores apresentou sua análise e propostas aos altos executivos da fabricante de aeronaves. Os consultores examinaram dados internos e organogramas e então propuseram uma estrutura organizacional nova para as fábricas da companhia, baseada na análise dos dados de uma das instalações da Alemanha. Ao que parece, em nenhum momento dessa investigação os consultores de gestão de fato trocaram informações com quem trabalhava na fábrica da Alemanha. Se tivessem feito isso, teria ficado óbvio que o organograma organizacional a que eles tiveram acesso não só estava ultrapassado como também deixava de incluir camadas inteiras de empregados. Infelizmente, essas falhas nos métodos e no conhecimento prático dos consultores não se evidenciaram de imediato para os administradores da empresa em que David trabalhava e a nova estrutura organizacional começou a ser implementada. Só quando a reforma foi criticada por funcionários relativamente subalternos, que enfim tiveram a chance de mencionar suas próprias experiências, é que a proposta acabou sendo descartada. É possível que sua adoção tivesse acarretado prejuízos imensos e muitas redundâncias operacionais sem sentido.

Por que requisitar consultores?

Historicamente, a teoria dominante para explicar a existência de consultorias em economias capitalistas diz que essas empresas servem a um propósito "funcional": possibilitar que outras organizações aumentem lucros ou atinjam outros objetivos.[3] Desse modo, consultores seriam especialistas cujo papel é transferir conhecimento entre organizações, usar determinados *frameworks* de gestão para ajudar os clientes a atingir seus objetivos e fornecer mão de obra qualificada adicional. Em outras palavras, consultores são "especialistas, extras e facilitadores"[4] que criam valor alavancando expertise e intermediando conhecimento técnico e gerencial.[5] Em termos econômicos, o corolário seria que as consultorias existem porque criam "economias de escala" em tipos de conhecimentos gerenciais, setoriais ou técnicos — o que alguns chamam de "economias de conhecimento". A indústria da consultoria — a "oferta" — é a resposta a uma "demanda" de outros agentes econômicos, que escolhem contratar esses serviços para melhorar processos e aumentar a eficiência, e com isso reduzir seus próprios "custos de transação".[6] Essa teoria sugere que hoje a magnitude e a abrangência da indústria da consultoria são consequências do valor real que ela cria na economia. Em outras palavras, o crescimento extraordinário desse mercado desde os anos 1980 seria uma resposta natural aos benefícios que as consultorias têm trazido para seus clientes dos setores público e privado e do terceiro setor. O valor adicional que elas ajudam a criar é igual ao valor que elas extraem.

Mas o caso de David atesta que nem sempre as consultorias possibilitam aos clientes alcançar seus objetivos, e que elas nem sempre são capazes de usar de modo produtivo o conhecimento que possuem. O exemplo de David é bem claro: os consultores não eram especialistas na área para a qual seu trabalho foi contratado e não forneceram técnicas de gestão que permitissem ao cliente descobrir ele próprio as soluções para seu caso. Ou seja, elas não "reduziram custos de transação" e não criaram valor, nem em termos financeiros nem em outros aspectos.

A quantificação do valor criado para uma organização não costuma ser muito bem definida, e outros fatores influem na percepção que o cliente tem da contribuição de uma consultoria. Já faz tempo que muitos nas áreas empresarial, acadêmica e jornalística afirmam que "é muito difícil aquilatar o verdadeiro valor desses serviços, portanto contratar uma consultoria diz respeito principalmente a criar uma impressão de valor".[7] Refutando a teoria funcional da consultoria, essa linha de pensamento diz que os consultores, na verdade, são "gestores de impressões" que "fornecem imagens, impressões e atos retóricos"[8] por meio de "análises, apresentações e teorias"[9] para convencer clientes e potenciais clientes de sua habilidade em criar valor. Consequentemente, a contribuição produtiva desses agentes para a economia e a sociedade é muito mais modesta do que sugere o valor de mercado da indústria da consultoria.

Essas críticas insinuam que a enorme proporção da indústria da consultoria reflete o êxito de táticas retóricas empregadas pelos consultores. Esses profissionais inspiram confiança em clientes mais ou menos como faziam os *confidence men* da Era de Ouro do capitalismo. Além de ensejar o surgimento dos primeiros "consultores de engenharia", a Era de Ouro nos Estados Unidos também foi marcada por grandes desigualdades, pois, embora inovações tecnológicas tenham tornado os processos de produção mais eficientes, em grande medida os salários dos trabalhadores permaneceram muito baixos. Em 1987, "as 4 mil famílias mais ricas dos Estados Unidos (que compunham menos de 1% da população) possuíam praticamente um volume de riqueza igual ao dos outros 11,6 milhões de famílias juntas".[10] Para investidores e industriais, foi possível acumular riqueza em níveis sem precedentes na história. Se no passado os mais altos pilares do sucesso financeiro eram reservados apenas para a aristocracia e outros que haviam herdado terras e grandes quantias, os negócios e as finanças passaram a ser cada vez mais representados pelos self-made men. Os novos-ricos, como se tornaram conhecidos na América do Norte e Europa nos séculos XIX e XX, gostavam de ostentar e não tinham escrúpulos de exibir seu status por meio de roupas de luxo e acessórios vistosos — o que o sociólogo Thorsten Veblen chamou de "consumo conspícuo".

Com essa nova classe de elites vieram também novas formas de criminalidade que visavam àquela riqueza e seus excessos. As técnicas de trapaceiros que lesavam os novos-ricos exploravam o sentimento de confiança que existia entre as pessoas abastadas. Essa foi a era de ouro dos golpes, o período que nos deu figuras ardilosas como David Lamar — o "Lobo de Wall Street" original —, que com suas falcatruas lesou nova-iorquinos endinheirados em milhões de dólares. Entre suas vítimas estavam o filho do magnata dos negócios John Rockefeller pai, que fizera fortuna investindo em poços de petróleo na Pensilvânia e com isso se tornaria o primeiro bilionário da história dos Estados Unidos. Valendo-se de seus contatos no mundo dos ricos, David Lamar cultivou uma relação com o secretário de Rockefeller, George Rogers, e fingiu ter informações que prometiam uma fortuna no mercado de capitais: um conhecido trader estava comprando ações da US Leather a um valor altíssimo. Ávido por cair nas graças da família Rockefeller, Rogers contou esse detalhe para John Rockefeller Jr. — exatamente o que Lamar queria — e o filho do bilionário então adquiriu 1 milhão de dólares em ações iguais. (Hoje, essas ações valeriam 17 milhões de dólares.) Na verdade, o célebre trader nunca investira naquela ação, mas Lamar conseguiu liquidar as que ele próprio possuía tão rápido quanto Rockefeller as comprou, fazendo com que o incauto perdesse tudo.

Uma figura menos infame, mas tão predatória quanto, que naquela época se tornou alvo de muita intriga na mídia, foi a do austro-húngaro Victor Lustig, célebre por seu golpe da Caixa Romena. Esse logro aproveitava-se do fascínio generalizado e da paradoxal ignorância da elite sobre as novas tecnologias que surgiam no período. Lustig apresentava às vítimas uma caixa de mogno e dizia que, na verdade, aquilo era uma máquina capaz de criar cópias perfeitas de qualquer cédula que o usuário quisesse duplicar. A caixa possuía duas aberturas — uma por onde o usuário inseria suas cédulas, e a outra por onde apareceriam as duplicatas. O golpista informava que o processo levava seis horas. Além das várias alavancas e polias destinadas a conferir-lhe uma aparência mecânica, a caixa também tinha um compartimento secreto que Lustig enchera de notas verdadeiras de todas as denominações. Para testar a veracidade da engenhoca, Lustig pedia às vítimas que inserissem qualquer cédula na caixa junto com um pedaço de papel em branco. Seis horas mais tarde, quando a caixa regurgitava uma cédula aparentemente duplicada, para o assombro da vítima, Lustig ia com a pessoa até um banco, onde a nota era sempre autenticada. A nova cédula, claro, era nada mais do que uma das muitas que Lustig escondera dentro da caixa. Porém, quando a vítima se dava conta disso, muitas e muitas horas mais tarde, depois de ter comprado dele a caixa por milhares de dólares, Lustig já estava longe.

Lamar e Lustig eram mestres do sangue-frio, mas quem inspirou o aparecimento do termo *confidence trick*, depois abreviado para *con*, foi uma figura anterior da era vitoriana. William Thompson também agia em Nova York e, antes de ser preso em 1849, deu seu último golpe conhecido na William Street, uma rua transversal à Wall Street. Trajado como um membro da elite do período, Thompson escolhia alvos entre os novos-ricos da área e os abordava transbordando de simpatia, como se fossem velhos amigos. Depois de uma conversa informal e muito cortês, ele pedia emprestado o relógio do estranho até o dia seguinte, dizendo algo como "Você confia em mim o bastante para me emprestar seu relógio até amanhã?".[11] A vítima, sem dúvida meio confusa, mas apesar disso acreditando que se tratava de um conhecido, entregava o relógio. E Thompson desaparecia com ele. Os meios de comunicação populares de Nova York passaram a referir-se a Thompson como o "*confidence man*", já que seu golpe dependia de fazer a vítima acreditar que eram da mesma classe social.

Esses embusteiros por vezes faziam uso de informações privilegiadas, tecnologias impressionantes e grande habilidade linguística para inspirar confiança — expedientes similares àqueles com que os críticos da visão funcional da consultoria descrevem os métodos dos consultores.

Extraindo rendas

O crescimento da indústria da consultoria não é uma medida do valor de seus ativos de conhecimento e seus usos, mas também não é puramente um resultado de truques retóricos dos consultores, como sugerem algumas perspectivas críticas. Para começar, esse modo de ver os consultores não explica por que os clientes trabalham com eles. Gestores públicos e executivos de empresas não são idiotas. No entanto, é isso o que está implícito na ideia de que esses profissionais conseguem contratos em suma porque ludibriam seus clientes. Algumas interpretações críticas "exageraram uma ideia de assimetria de poder entre consultor e cliente e isso quase retirou do segundo o papel de um agente independente".[12] Qualquer descrição dos clientes como monoliticamente "vítimas passivas de estratégias retóricas" nega a história e desconsidera a pilha de evidências acadêmicas[13] — e também as experiências relatadas por muitos da iniciativa privada e do governo — que demonstram a existência, sim, de um ceticismo dos profissionais em relação à indústria da consultoria.

Além disso, muitas dessas opiniões não levam em conta como reformas na gestão de empresas e governos restringem as escolhas e o comportamento de seus funcionários. É muito comum que organizações governamentais e privadas enfrentem restrições de recursos, portanto o gestor contratante não tem escolha a não ser recrutar uma consultoria como fonte de capacidade (no curto prazo), seja como "especialista, extra ou facilitadora". A pressão sobre os funcionários também pode afetar a capacidade da organização de avaliar adequadamente as promessas de valor de uma consultoria. De modo mais geral, as circunstâncias tumultuadas da economia e a precariedade do emprego, até mesmo dos gestores, em muitos locais de trabalho aumentaram as "ansiedades gerenciais" — e esse sentimento atrai empresas que vendem todo tipo de "modas" gerenciais. Segundo os jornalistas da *Economist* John Micklethwait e Adrian Wooldridge: "Para esses homens e mulheres atormentados pela ansiedade, livros sobre gestão oferecem uma rara fonte de segurança".[14] Em um mundo em que os gestores sofrem uma pressão sem precedentes históricos para entregar margens de lucro cada vez maiores (no caso do setor privado) ou cada vez mais eficiência (no caso do governo), a sedução de um lance bem redigido, apresentado por uma equipe de consultores prestigiosos e que já trabalharam para uma organização parceira pode ser muito tentadora. A longa sombra das narrativas que retratam o setor público como incompetente e moroso e o setor privado como inovador e supremo — culminando com a famosa frase de Ronald Reagan de que "fora de sua função legítima, o governo não faz nada tão bem ou de modo tão econômico quanto o setor privado" — também tem sua culpa em elevar a ansiedade gerencial nas contratações do governo.[15]

E, talvez ainda mais importante, a perspectiva crítica desconsidera o poder estrutural da indústria e como isso influencia as percepções de clientes em potencial. A diferença entre o valor que uma consultoria gera e a riqueza que ela extrai pode ser vista como "rendas econômicas".[16] Essas rendas não necessariamente derivam da posse de ativos de conhecimento valiosos e escassos, mas sim da posse dos meios para criar uma impressão de valor. A escala da indústria da consultoria hoje traz para esse ramo imensos recursos e redes que ajudam a incutir confiança no valor desse serviço e na profissão de consultor. É essa habilidade de criar impressões de valor que permite às consultorias conseguir contratos lucrativos. Desse modo, o Big Con não se refere apenas a truques discursivos, mas também ao modo como as práticas dessa indústria — o que chamamos de "consultologia" — combinam-se com as estruturas mais abrangentes da nossa economia política para extrair rendas dos clientes, muitas vezes habilitando esses clientes a extraírem rendas eles próprios. Em última análise, esse processo consolida o interesse de empresas e governos pelo apoio desses agentes externos.

Os melhores e mais inteligentes

Escrevendo em 2005, Christopher D. McKenna relatou que, no final do século XX, alunos e alunas que se formavam com as notas mais altas da turma viam a carreira de consultor como o emprego mais almejado. "Por que será que quase um terço dos formados no topo de uma turma de MBA e um sexto de toda a elite dos alunos de graduação (de Oxford ou Yale) agora começam sua vida profissional como consultores de gestão?", ele se pergunta. "O que explica essa impressionante dominância da mais nova profissão do mundo?"[17] Durante os anos 1960 a McKinsey era famosa por recrutar os "Baker Scholars" de Harvard (alunos e alunas que se formavam entre os 5% melhores de seu programa de MBA).[18]

Alguns dados sugerem que a seletividade na elite dos novos recrutas pode estar mudando. Segundo um levantamento da Management Consultancies Association (MCA) do Reino Unido, a parcela de consultores que estudaram em alguma universidade do Russell Group — instituições de prestígio, tradicionais e intensamente dedicadas à pesquisa — diminuiu, entre 2011 e 2019, de 73% para 44%. A porcentagem dos que eram formados nas mais conceituadas universidades do país — Oxford e Cambridge — também caiu nesse período, passando de 13% para 3%. A MCA aventa que isso é "reflexo do número de iniciativas que as empresas membros da MCA estão tomando para aumentar a mobilidade social".[19]

Talvez haja outras razões para essas estatísticas. Um ex-consultor, que trabalhou para uma das Big Four e para uma grande consultoria de TI, acha que muitas vezes os clientes estavam mais interessados em ouvir que um consultor tinha experiência em lidar com problemas similares ao que estavam enfrentando do que em saber qual era sua alma mater. O crescimento da indústria também está aumentando a demanda por novos recrutas, pois outros setores em ascensão, incluindo o de serviços financeiros e as big tech, também competem por candidatos similares. O *Financial Times* informou em agosto de 2022 que nos Estados Unidos essas condições haviam impelido McKinsey, Bain & Co e BCG a "elevar os salários anuais básicos para formandos de MBA de 175 mil dólares para a faixa de 190 mil dólares a 192 mil dólares".

À medida que as maiores empresas e a indústria em geral crescem, talvez simplesmente não seja mais possível recrutar apenas nas universidades de elite. E conforme as empresas adentram novos mercados de clientes, um fundo mais diversificado de recrutas também aumenta a probabilidade de encontrar consultores que, ao menos em teoria, atendam às expectativas do cliente. De fato, a MCA está cada vez mais recebendo empresas de terceirização entre seus membros; a maior parte de sua renda deriva de contratos para o governo, e elas não dependem de contratos com instituições financeiras e empresas da iniciativa privada. Aliás, as diferenças entre os tipos de organização com quem as Big Four, as Big Three e as consultorias de terceirização respectivamente mais têm contratos talvez revelem razões mais profundas para que, historicamente, as primeiras adotassem a estratégia de recrutamento nas principais universidades do mundo. É inegável que muitos dos profissionais que trabalham para consultorias de gestão foram bem-sucedidos na academia. Mas só intelecto não garante fechamento de contratos; além do comportamento individual dos consultores, as credenciais de uma universidade de elite podem inspirar confiança em uma equipe. A decisão final sobre qual consultoria receberá o contrato muitas vezes depende, nas etapas finais, de como a equipe de consultores se apresenta. Com certeza nenhum mal pode haver se um lance incluir no elenco de candidatos que um deles é formado em PPE (Política, Filosofia e Economia) pela Oxford além de ter sete anos de trabalho na empresa, ou que outro tenha ph.D em Berkeley e, de quebra, que os dois membros mais juniores detenham MBA em engenharia de dados e estejam ansiosos para valorizar seus currículos no mundo real dos negócios. Por todo o século XX o desejo de projetar competência usando titulações esteve no cerne das práticas de recrutamento mais seletivas da indústria da consultoria, e o pressuposto era que isso criava uma impressão de legitimidade da profissão.[20]

Ainda que talvez esse não seja um objetivo explícito das estratégias de recrutamento das consultorias, empregar profissionais formados em universidades de elite também pode ajudar de outro modo o crescimento das relações empresariais. Como tem sido vastamente documentado desde 1956, com a publicação do clássico da sociologia *A elite do poder*, de C. Wright Mills, pessoas em posições de poder tendem a ter conhecidos em posições de poder. Os formados nas principais universidades têm maior probabilidade de ter redes de contatos em entidades que pagam por consultores. Na universidade ou antes, por exemplo, em colégios particulares, estudaram com indivíduos que têm maior probabilidade de estar agora ocupando cargos de alto escalão na sociedade. Um relatório de 2019 feito pelo Sutton Trust e pela Social Mobility Commission no Reino Unido revelou que dois quintos das pessoas que trabalham nas posições de maior poder nas esferas política, empresarial e das comunicações estudaram em colégios particulares na infância — o que, no Reino Unido, costuma ser um trampolim para uma universidade de elite.[21] Na população como um todo, apenas 7% estudaram em instituições particulares. Mais de um quarto dos 350 presidentes de empresas listadas no FTSE 100, índice da Bolsa de Valores de Londres, estudaram em Oxford ou Cambridge. Nessas universidades também se formaram 12% dos CEOs de empresas de tecnologia, 56% dos secretários permanentes do serviço público civil (o mais elevado cargo burocrático não eleito do Reino Unido) e 40% dos presidentes de órgãos públicos. Na população como um todo, menos de uma em cada cem pessoas estuda nessas universidades. Em outras palavras: pessoas educadas nas principais universidades trabalham para as organizações que compõem a clientela da indústria da consultoria. Quando um consultor consegue fazer contato com um ex-colega de turma e dar uma palavrinha sobre um contrato que está em licitação, ou apenas reconhece em um lance o nome de alguém de seus círculos sociais, isso pode facilitar bastante o processo de obter o contrato.

Outros também já expuseram argumentos similares sobre o modelo "up-or-out" [subir ou sair] de ascensão de carreira vigente em muitas empresas de consultoria, no qual "ou a pessoa progride e é promovida ou se espera que deixe a empresa".[22] Os estudiosos de gestão Andrew Sturdy e Christopher Wright descrevem como isso cria uma "diáspora de consultores":

> O modelo de promoção "up-or-out" nas grandes empresas de consultoria contribuiu para um processo de difusão de profissionais no qual ex-consultores são semeados em organizações clientes. Isso cria redes poderosas de "alumni", que por sua vez constituem uma fonte pronta de negócios futuros para empresas de consultoria [e geram] o potencial para que ex-consultores atuem por conta própria como promotores de conhecimento gerencial e mudança organizacional.[23]

Um ex-consultor referiu-se a essa estrutura de promoção como "sobrevivência dos mais aptos", já que muitos jovens consultores almejam posições mais elevadas na hierarquia da consultoria ou levar referências positivas quando saem da empresa. Além de ser uma ferramenta eficaz para disciplinar pessoas que ambicionam uma carreira longa — jovens consultores cumprem uma jornada de trabalho muito extensa a fim de serem bem-vistos —, o modelo "up-or-out" assegura que sempre haja contatos a serem procurados nas várias organizações e empresas, no setor público e fora dele. Em algumas consultorias, o "up-or-out" significa que existe uma desproporção imensa entre o número de consultores juniores e o número de partners ou executivos seniores. Mas isso é parte da estrutura.

Poucos dentre os que trabalharam anteriormente como consultores de gestão terão dificuldade para encontrar emprego depois de deixarem a consultoria, em especial se tiverem trabalhado para uma empresa bem conhecida. Em 2013 mais de setenta CEOs passados e presentes de empresas da lista *Fortune 500 Empresas* foram ex-empregados da

McKinsey.[24] As centenas de ex-consultores de gestão que hoje trabalham nas mais poderosas empresas e departamentos do setor público tornam-se os contatos que os sobreviventes nas consultorias procuram quando chega a hora de renovar um contrato. De fato, várias consultorias grandes hoje reconhecem o valor potencial de seus ex-empregados e buscam criar "redes de alumni" [ex-membros] para assegurar que esse network nunca se rompa — como fazem também muitas universidades. Acredita-se que o Alumni Center da McKinsey, por exemplo, "ajuda nossa rede global de alumni a permanecer em contato uns com os outros e com a empresa". O centro organiza regularmente eventos para ex-empregados. Um desses encontros, em 2021, incluiu uma conversa com Hubert Joly, ex-partner da McKinsey e depois CEO da Best Buy, que falou sobre seu livro de negócios; uma sessão de perguntas e respostas com quatro alumni que também tinham sido campeões olímpicos; e um evento sobre os "dezenove alumni fundadores de unicórnios" — startups avaliadas em mais de 1 bilhão de dólares que "podem já ter mudado sua vida". Os recrutadores são incentivados a postar anúncios de emprego para alumni, os quais também podem ser procurados por meio do programa "Find an alumn or firm member".[25]

Talentos pelo ralo

Personagens da grande mídia que representam a indústria da consultoria, como os da série de televisão *House of Lies*, tendem a ser retratados como implacáveis, insolentes e sociopatas borderline. Nós, o público, somos levados a acreditar que existe algo fundamentalmente diferente nessas pessoas que as torna calculistas e manipuladoras não só em seu trabalho diário, mas também em suas relações pessoais. Embora isso possa fornecer um material de entretenimento fascinante, o fato é que a maioria das pessoas que entram para a indústria da consultoria obviamente não é sociopata borderline que se aproveita do sofrimento alheio. Nenhum indivíduo torna-se consultor porque deseja ludibriar clientes para que entreguem dinheiro a seu empregador.

É importante refletir sobre as muitas boas razões para seguir uma carreira em consultoria. Para começar, embora os salários de consultores recém-formados raramente sejam tão altos quanto em algumas outras áreas do setor privado (como serviços financeiros ou direito, por exemplo), eles geralmente estão acima dos salários medianos e podem cobrir um aluguel residencial de forma confortável. Em posições mais elevadas, as remunerações tornam-se múltiplos da renda mediana, e em países como o Reino Unido alguns partners podem receber centenas de milhares de libras por ano.

Em segundo lugar, como também acontecia com os consultores com diploma universitário dos anos 1960 e 2000,[26] a consultoria promete uma diversidade interessante de experiências de trabalho (de colarinho-branco) — o que é particularmente atrativo para recém-formados em cursos acadêmicos não especializados e que não têm ideia da carreira que de fato desejam seguir. Muitos esperam que a variedade de ambientes de trabalho encontrada durante um programa de treinamento em consultoria de gestão não apenas seja intelectualmente estimulante como também os ajude a descobrir seu verdadeiro interesse e a desenvolver habilidades gerais. Em nenhum outro ramo é possível trabalhar em um projeto de pesquisa de uma ONG por seis semanas, depois em uma negociação de fusão em um banco por três meses, seguida por um projeto de TI no governo local por mais dois.

Além disso, trabalhar em consultoria promete aos candidatos algo que cada vez mais os jovens esperam de um trabalho: um sentido. Segundo um levantamento da PwC, "Os millenials querem trabalhar com propósito, querem contribuir para o mundo e sentir orgulho de seu empregador".[27] As páginas de recrutamento das grandes consultorias não economizam em promessas de trabalho significativo. Aparentemente seguindo seu próprio conselho, por exemplo, o portal de empregos da PwC para recém-formados ressalta "propósito e valores" no topo da página para candidatos em potencial: "Nossos valores definem nosso modo de fazer as coisas e o que devemos defender, hoje e no futuro", diz o site. "Nosso propósito é nossa razão de ser: construir confiança na sociedade e resolver problemas importantes".[28]

Há indícios de que muitos dos que foram trabalhar em consultorias talvez estejam deixando o ramo agora justamente porque "sentem que não acrescentam valor ao mundo e não têm um senso de crescimento pessoal, comunidade e propósito", diz um artigo recente no *Financial Times*.[29] Segundo essa matéria, um jovem consultor entrevistado para o artigo, Laurie, que se formara com distinção em uma universidade de elite e fora trabalhar para uma consultoria de porte médio em 2017, a princípio "se empolgou com a possibilidade de realizar uma mudança real, mas três anos mais tarde não se sente realizado e quer mudar de carreira". Em meio a pedidos de demissão em massa em várias áreas durante a pandemia global de covid-19, a consultoria de gestão, segundo um estudo publicado na *MIT Sloan Management Review*, teve a segunda maior taxa de evasão de empregados [*attrition rate*] dentre todos os setores, pois a empresa deixava de "promover a diversidade, a equidade e a inclusão; os empregados sentiam-se desrespeitados; e o comportamento antiético revelou-se o mais forte preditor da perda de empregados proporcionalmente ao tamanho da indústria".[30] O estudo incluiu empregados que deixaram a empresa por qualquer razão: pedido de demissão, aposentadoria ou exoneração.

Uma última razão importante para que tantos almejem uma carreira em consultoria de gestão — e para que continue a ser gigantesca a competição na seleção de recém-formados — é que, além das habilidades generalistas de gestão, muitas consultorias prometem inculcar conhecimentos especializados e proporcionar oportunidades para adquirir expertise em uma função ou setor específico. Os recém-formados nesses papéis são pessoas que desejam continuar aprendendo. De fato, todas as grandes consultorias reconhecem isso. O BCG anuncia seu programa para recém-formados como algo dirigido para o candidato que "Nunca para de aprender: você sempre foi aquele que busca o desafio extra, o crédito extra e as oportunidades extraordinárias".[31] A McKinsey diz a seus candidatos ao US MBA: "Investimos alto em apoio e treinamento — mais de 100 milhões de dólares por ano — para todos os membros da nossa empresa. Os programas abrangem desde nossa plataforma exclusiva de ensino à distância até sessões presenciais ou práticas para o nosso currículo formal de treinamento global".[32] A KPMG promete ser "um lugar onde os curiosos se encontram [...] De onde quer que você venha, junto a nós encontrará um ambiente intelectualmente estimulante".[33]

Programas de treinamento para recém-formados podem proporcionar a obtenção de habilidades gerais que serão úteis em ambientes de trabalho de colarinho-branco. Ex-consultores analisam que os cursos de "storytelling" com PowerPoint e análises de dados em Excel foram valiosos em trabalhos posteriores em outros setores. Eles aprenderam a gerenciar projetos usando ferramentas de planejamento e a manter relacionamentos com stakeholders. No entanto, adquirir proficiência nessas habilidades não é o mesmo que desenvolver a expertise que tantos desejam. Um ex-consultor declarou que:

> O que mais se ouve de todos os formados nesses programas é: "Não estou adquirindo conhecimento técnico suficiente". Não exagero ao enfatizar esse ponto. Muitos ingressam porque desejam construir "conhecimento técnico" — esse é o termo literal. Só que isso é muito secundário e basicamente inexistente nos dois primeiros anos em que se trabalha aqui. Acaba sendo uma tremenda decepção.[34]

Em muitos aspectos, o tipo de programa de treinamento que as consultorias oferecem é um curso intensivo nas habilidades gerais de uma carreira de colarinho-branco: "No fim das contas, é apenas 'conhecimento administrativo' no sentido mais amplo que os consultores possuem e transferem, o mesmo conhecimento básico que os clientes têm".[35] Uma pessoa cujo trabalho no setor público do Reino Unido envolveu muitas interações com grandes consultorias multinacionais contou, por exemplo, que, embora alguns consultores com quem trabalhou possuam habilidades gerenciais relativamente grandes, "os bons davam a impressão de ser pessoas que tinham algum nível de senso comum adquirido simplesmente trabalhando com outros projetos antes". Mas salientou que era raro que essa competência em gestão de projetos estivesse à altura da encontrada em empregados da entidade cliente: "Mesmo pensando apenas nos melhores com quem tive contato, posso afirmar com cem por cento de certeza que já trabalhei com funcionários públicos que seriam capazes de gerir um projeto tão bem quanto eles". Ainda assim, essas habilidades podem ser importantes para convencer um cliente sobre as competências que uma equipe de consultoria possui para criar valor.

Além de ajudarem a criar a impressão de que uma equipe de consultores sabe o que está fazendo, as habilidades da consultologia servem a outro propósito. Ao menos até que um consultor encontre espaço para refletir sobre o papel de sua indústria e o questione — o que é mais comum entre ex-consultores do que se supõe —, os vários cursos, workshops, seminários e conferências a que ganham acesso ajudam a inculcar um sentimento de que o que eles têm a oferecer é de fato valioso, apesar de não possuírem conhecimento ou expertise específicos do contexto. Afinal de contas, por que passariam por tanto treinamento se o que estão aprendendo não fosse útil para as organizações? Há evidências de que os consultores acreditam mesmo que suas habilidades são necessárias. O International Council of Management Consulting Institutes, uma entidade de classe global, fez um levantamento e constatou que 75% dos consultores "concordaram que os funcionários públicos não possuem a expertise necessária que os consultores têm" e "71% acreditavam prestar um serviço de melhor qualidade".[36] Programas de consultoria para recém-formados na universidade instilam confiança nas práticas da consultologia e no valor dessa indústria para a sociedade.[37]

Acervos de casos e mestres do PowerPoint

Os sistemas de "gestão de conhecimento" da própria indústria da consultoria são um bom enfoque para examinarmos como essas empresas afirmam criar valor. Na indústria da consultoria, as empresas possuem sistemas refinados para compilar e distribuir informações sobre contratos anteriores. O trabalho com um cliente prévio costuma ser registrado internamente e digitalizado para que outros consultores possam acessá-lo.[38] Esses registros costumam ser chamados de "casos", um conceito amplamente usado no mundo dos negócios e nas graduações de administração de empresas.

Em grandes consultorias como as Big Four, os repositórios de dados internos de "históricos de projeto" são muito grandes e costumam estar gravados em um software especial de gestão de clientes. O conteúdo ao qual os consultores têm acesso pode ser uma fonte valiosa de conhecimento para um cliente específico. Esses registros podem incluir, por exemplo, uma cópia da licitação e do lance dado pela consultoria, além de informações sobre como a equipe de consultores lidou com as necessidades do cliente e que impacto produziu. No entanto, as informações fornecidas podem ser superficiais; há limitações para o que pode ser relatado ao final de um contrato. A gama de casos sobre os quais o consultor pode ler ou simular durante cursos de treinamento não deve ser confundida com o tipo de percepção profunda e conhecimento "tácito" que os empregados de uma empresa, uma área ou um setor são capazes de construir no decorrer de uma longa carreira. Em outras palavras, históricos de projeto e outras fontes superficiais de aprendizado não necessariamente constituem economias de escala no conhecimento — embora isso seja o que dão a entender as consultorias e os proponentes da visão funcional do papel do consultor. Prevalece a ideia de que uma equipe de consultores formados há poucos anos em um curso de graduação pode oferecer recomendações profundamente inteligentes, em parte porque eles têm acesso ao registro de experiências de seus colegas.

No entanto, esses sistemas têm outras finalidades além de armazenar conhecimento visando à aquisição de novos contratos e novos clientes. Em lances para contratos e reuniões de vendas, pode ser muito útil ter informações sobre o trabalho executado com clientes anteriores. Ainda que para o público em geral possa ser difícil descobrir quem são os clientes de uma consultoria, em suas participações em licitações e material de marketing elas em geral compartilham exemplos favoráveis de como ajudaram outras organizações do mesmo setor ou de como enfrentaram desafios similares. Um consultor individual pode conhecer pouquíssimo sobre o relacionamento da sua empresa com uma organização ou seu setor no início, mas tem como acessar casos e usá-los para despertar o interesse de um cliente em potencial. Um exemplo de como essas informações são recicladas quando consultorias dão lances por novos contratos é visto na Figura 4 (baseada em um caso real).

Figura 4. Exemplo de como históricos de projeto são usados em material de marketing
Apoiamos o desenvolvimento de novas estratégias de gestão com clientes de vários setores

Biotech após IPO	Ministério da Saúde	Câmara do Condado de Fareshire
Conduta: • Apoio a uma empresa de biotecnologia para rever seu modelo de gestão após uma IPO malsucedida; • Avaliação do "as-is" através de grupos de enfoque internos; • Avaliação da melhor prática em gestão de biotecnologia através de pesquisa.	**Conduta:** • Reavaliação do framework de acesso da gestão de hospitais; • Mapeamento de stakeholders e parceiros de hospitais em cinco regiões; • Entrevistas com pessoal interno.	**Conduta:** • Apoio a servidores da Câmara para reestruturar departamentos após mudanças orçamentárias; • Desenvolvimento e implementação de nova estrutura organizacional.
Impacto: • Desenvolvimento de novo modelo de gestão; • Propostas de mudanças na atividade principal.	**Impacto:** • Adoção de novo framework; • Reanálise do desempenho de doze hospitais.	**Impacto:** • Câmara operando sob nova estrutura organizacional.

No entanto, esse acervo de casos pode tolher a habilidade de um consultor para fornecer soluções sob medida para o cliente, ou seja, a parte produtiva da consultoria. Consultores costumam viver sob grande pressão de prazos, em especial se sua consultoria tiver dado um lance baixo para conseguir o contrato, afirmando requerer menos horas para cumprir um contrato do que realmente seria necessário. Copiar e colar historietas de um punhado de casos é muito mais rápido do que fazer um estudo através de outros canais. Um ex-consultor de gestão sênior de uma das Big Four expressou bem essa dificuldade:

> Teoricamente, o valor de grandes consultorias está em poder acumular conhecimento, adquirir expertise setorial e criar uma visão sobre o que funciona melhor nas empresas de um modo geral. E então os consultores podem chegar em um determinado cliente e desenvolver sistemas sob medida para os problemas dele. Mas de fato apenas uma base de conhecimentos generalizada é usada e aplicada à maioria das empresas. Por exemplo,

na realidade, quando montamos uma apresentação para vender nossos serviços ou quando preparamos o relatório final, eu diria que 50% dos slides que usamos já tinham sido usados com outros clientes, prova de uma abordagem tremendamente superficial.[39]

É claro que outras organizações da iniciativa privada e do governo também reciclam material. E quando se contrata uma consultoria para trazer ideias gerais sobre outras empresas, poderia fazer sentido para quem está montando a apresentação copiar e colar informações que já tenham sido registradas se elas forem úteis para o cliente. Mas ninguém contrata uma consultoria meramente para que ela seja um repositório de conhecimento. Muitas vezes uma consultoria é trazida para assessorar e executar tarefas que lhe exigem *usar* determinadas habilidades e conhecimentos. Reciclar slides criados a partir de ideias superficiais e baseadas em casos que já devem ter sido reunidas por outro consultor não condiz com expertise.

E o enfoque do conhecimento baseado em casos pode contribuir ainda de outros modos para a superficialidade das ideias propostas por consultorias. Aliás, isso vale inclusive na fase de recrutamento em uma carreira de consultor. Nestes últimos anos, a "entrevista de caso" vem sendo considerada a ferramenta de recrutamento por excelência na indústria da consultoria, e muitos livros hoje disponíveis alegam oferecer respostas prontas e "segredos para a entrevista de caso" aos aspirantes à carreira. Faculdades de administração e grêmios de consultoria nas universidades produzem seus próprios "livros de caso" repletos de exemplos, a fim de que os estudantes possam se preparar para entrevistas de emprego futuras. Durante uma entrevista de caso, apresenta-se ao entrevistado um problema real ou fictício que um cliente real ou fictício encontrou e então pede-se que ele proponha uma solução. O candidato deve "resolver" o caso formulando um plano, a ser exposto oralmente. O êxito nesse tipo de exercício pode ser resumido como a habilidade de usar conhecimentos superficiais. E, sem dúvida, quem conduz a entrevista para esses cargos não está procurando destreza cognitiva nas respostas do candidato. Muitas vezes o que o entrevistador mais quer ver no candidato é autoconfiança e convicção nas soluções que propõe.

Como ensina um conhecido manual de entrevistas de caso escrito por um ex-consultor e entrevistador da McKinsey:

> Muitos clientes interpretam o nervosismo como falta de convicção em uma determinada recomendação, e é por isso que dar respostas perfeitas mas demonstrar nervosismo fará o candidato ser rejeitado. Por exemplo, se um consultor se mostrar nervoso ao recomendar que o cliente demita 2500 empregados, o cliente achará melhor não seguir o conselho. Mesmo se a recomendação for cem por cento correta, o cliente sentirá algum grau de hesitação, incerteza ou reserva no consultor baseado no *modo* com que a mensagem foi transmitida, e não no conteúdo da mensagem propriamente dito. Por essa razão, os entrevistadores das empresas de consultoria avaliam o nível de confiança que o candidato projeta enquanto resolve analiticamente um problema.[40]

Em outras palavras, mesmo que demitir 2500 empregados tenha potencial para prejudicar o cliente, o candidato a consultor ideal se comportará como se essa proposta fosse a mais forte. Obviamente é possível encontrar algum grau de blefe nas salas de recrutamento de muitos programas para recém-formados — poucos saem da universidade com expertise profissional legítima —, mas o modo como se conduz as entrevistas de caso incentiva ativamente essa postura. Raros são os setores onde essa confiança encenada em aconselhar sobre o que se acabou de aprender — desconsiderando o potencial de consequências desastrosas — seja tão valorizada no processo de seleção. A entrevista de caso elimina os que seriam incapazes de, ou talvez avessos a tentar convencer um cliente de que sabem do que estão falando mesmo que na realidade não saibam. Espera-se que o cliente não seja capaz de perceber isso e acredite que o consultor entende bem o problema.

Sobretudo em níveis mais seniores na indústria da consultoria, os indivíduos são recrutados ou promovidos porque têm o que é percebido como "conhecimento setorial". Por exemplo, eles podem ter uma longa carreira em um nicho de uma indústria ou, durante sua carreira de consultor, podem ter passado um tempo substancial trabalhando em projetos dessa área. Essas pessoas costumam ser vistas como especialistas. Embora anos de experiência e recomendações por outros líderes possam ser uma medida útil, ainda que falha, do "conhecimento setorial", na prática esse conhecimento é quase impossível de definir ou medir, pois é "constantemente negociado e construído por vários agentes: clientes, consultores, jornalistas de negócios e acadêmicos".[41] Isso significa que, mesmo quando um consultor possui a expertise subjetiva capaz de criar valor para uma empresa, ainda precisa depender em grande medida de outros métodos para convencer um cliente de que de fato acrescentará valor. Em especial porque o cliente também possui um conhecimento geral do seu setor.

As estruturas mais amplas da indústria também servem para inspirar nos clientes a confiança no valor de contratar consultores. Seus investimentos no que nominalmente são instituições de pesquisa podem ter um papel importante nesse objetivo.

Instituições semiacadêmicas e fast fashions

Redes de alumni não são a única ideia que a indústria da consultoria pegou emprestada da área acadêmica. Em sua luta para ganhar legitimidade diante do público no século xx, várias consultorias de gestão estabeleceram divisões que, vistas de fora, parecem ser instituições acadêmicas. Em fins dos anos 1990, companhias como a IBM haviam "enobrecido seus programas internos de treinamento com o título de 'universidade'".[42] A Universidade Deloitte foi inaugurada em 2011, e suas principais instalações têm sede em um imponente terreno similar a um campus universitário, situado 48 quilômetros a noroeste de Dallas. Seu site descreve a propriedade como "uma combinação de centro de aprendizado com retiro em estilo rural" que oferece "vários locais para aprender, comer, fazer networking e encontrar bem-estar". A Universidade Deloitte tem unidades também em Bruxelas, Hyderabad, Cidade do México, Cingapura e Toronto. Os "estudantes" participam de sessões interativas de dramatização, e fora das salas de aula se veem cercados de novas tecnologias, entre elas um "recepcionista holográfico", uma tela acionada por movimentos (*kinetic touch plane*), e "Pepper, o robô humanoide".⁴³ A Universidade Capgemini possui um "campus" instalado no centro de um parque arborizado de 52 hectares em Gouvieux, uma hora a norte de Paris, onde os funcionários podem participar de seminários sobre "temas do momento".⁴⁴

Entre outras instituições com nomes que remetem à vida acadêmica criadas no século XX há várias publicações como, por exemplo, o *McKinsey Quarterly*. Fundado em 1964, esse periódico, cujas matérias não passam por revisão de pares, levava ostensivamente um título parecido com o de publicações acadêmicas revisadas por pares. Em 2007 a Deloitte seguiu o exemplo e lançou a *Deloitte Review*, hoje *Deloitte Insights*. Muitas empresas também montam centros de pesquisa, chefiados por indivíduos que tiveram êxito na área acadêmica e com um quadro composto de doutores em economia e outras credenciais acadêmicas imponentes. O mais conhecido desse grupo é o McKinsey Global Institute (MGI), fundado em 1990 e descrito no site da McKinsey como "a divisão de pesquisas em negócios e economia da McKinsey" e "um *think tank* privado".⁴⁵ Até o presente, o MGI publicou relatórios que abrangem dezenas de países e indústrias. A maioria de seus partners tem doutorado em universidades prestigiosas, e seu material promocional ressalta o papel de seus "conselheiros acadêmicos" externos, entre os quais se incluem prêmios Nobel. A Deloitte também estabeleceu vários "centros" de pesquisa que produzem relatórios e ideias em diversas áreas da economia: o Deloitte Center for Health Solutions [Centro Deloitte para Soluções em Saúde], o Deloitte Center for Government Insights [Centro Deloitte de Insights para o Governo] e o Center for the Edge [Centro para a Vanguarda], que afirma "realizar pesquisas originais e desenvolver perspectivas substanciais sobre o novo crescimento corporativo", além de ajudar "executivos seniores a entender e lucrar com as oportunidades que surgem no campo mais avançado dos negócios e da tecnologia".⁴⁶

Várias consultorias também subsidiam o trabalho de acadêmicos, jornalistas e ONGs por intermédio de divisões de pesquisa. Em 1998 a PwC instituiu o Endowment for the Business of Government [Fundação para a Administração Pública] para conceder subvenções — que foi adquirido pela IBM em 2002 e rebatizado como IBM Center for the

Business of Government [Centro de Negócios da Administração Pública]. Atualmente esse centro não apenas subsidia pesquisas como também encomenda relatórios, publica livros e mantém um podcast de entrevistas com executivos do governo. Vários diretores de departamentos de defesa e até o dr. Anthony Fauci, o assessor do presidente dos Estados Unidos para a área da saúde, já participaram do programa. Curiosamente, o site do centro não usa a marca nem o logotipo da IBM. Exceto pelo nome, na verdade não há nada na página que ligue explicitamente o IBM Center for the Business of Government com a consultoria à qual ele pertence.

Além de publicações internas, muitos indivíduos que trabalham para consultorias de gestão publicaram livros que se tornaram best-sellers em categorias gerais de negócios e administração. Historicamente, muitas dessas obras descrevem para um público não técnico um *framework* desenvolvido internamente por uma consultoria. Só de consultores da McKinsey, por exemplo, foram publicados mais de cinquenta livros entre 1980 e 1996.[47] Um deles, *In Search of Excellence: Lessons from America's Best-Run Companies* [Em busca da excelência: Lições das empresas norte-americanas mais bem administradas], escrito pelos consultores Tom Peters e Robert H. Waterman Jr., vendeu mais de 5 milhões de exemplares. Aclamado como uma das "fontes mais influentes" de ideias no desenvolvimento da Nova Gestão Pública,[48] o livro resume um sistema apresentado pelos autores (que se dizem coinventores da técnica) como "Framework 7-S". Afirma oferecer às empresas e organizações do setor público um modelo baseado em evidências para compreender fatores que influenciam a capacidade de uma organização para mudar — os sete termos que, em inglês, começam com a letra S: "valores compartilhados", "estilo", "habilidades", "sistemas", "estrutura", "pessoal" e "estratégia". Muitos acadêmicos criticaram duramente o material por estreiteza de pensamento e falta de rigor.[49] Um estudo empírico publicado no influente *Journal of Management* comparou as empresas "excelentes" com mil empresas avaliadas pela *Forbes* como sendo de alto desempenho e concluiu que "as excelentes não são tão superiores quanto afirmam Peters e Waterman".[50] Até resenhas elogiosas ao livro admitiram que "os dados apresentados para desenvolver e sustentar as oito características não seriam, pela maioria dos critérios científicos, evidências aceitáveis de conhecimento válido".[51] Apesar disso, o livro foi de modo geral bem-recebido na área, seus autores foram aclamados como "gurus" da gestão empresarial e tiveram suas credenciais acadêmicas alardeadas nos meios de comunicação. Ambos têm MBA pela Universidade Stanford, e Peters também tem doutorado por essa universidade.

As consultorias escolhem adotar termos e linguagem comumente encontrados na área acadêmica para designar essas atividades e promover o que John Micklethwait e Adrian Wooldridge chamam de "uma imagem semiacadêmica".[52] Certamente algum conhecimento desenvolvido ali pode ser valioso para os clientes. Livros de administração escritos por consultores, assim como os incontáveis relatórios que as consultorias de gestão publicam anualmente por intermédio de suas divisões de pesquisa, podem ser fontes de informação interessantes e úteis. Relatórios sobre setores específicos podem trazer ideias gerais sobre tendências nos negócios e mudanças em determinadas práticas. Como a indústria da consultoria tem acesso a muitas empresas e as grandes consultorias, como a McKinsey, alegam gastar 100 milhões de dólares por ano em pesquisas,[53] seria espantoso se nenhum valor fosse criado por seu intermédio.

Muitos profissionais na iniciativa privada e no governo sem dúvida consultam relatórios produzidos pelo MGI ou outras divisões de pesquisa. Mas é por isso que as análises publicadas em relatórios de consultorias de gestão e as obras produzidas por *"thought leadership"* [líderes de pensamento] devem ser encaradas pelo que de fato são: poderosas ferramentas de marketing para promover determinada consultoria como pioneira na área X, e podem aumentar a demanda pelos serviços da tal consultoria justamente porque projetam confiança.

Por exemplo, ao desenvolverem a estratégia de uma empresa para integrar a inteligência artificial (IA) a processos de fabricação, os desenvolvedores podem consultar inúmeros relatórios de grandes consultorias, muitos dos quais acessados sem custos depois de buscas simples no Google por termos relacionados. Mais tarde, se a empresa optar por terceirizar seu desenvolvimento de estratégia IA, ou aspectos dela, esses funcionários provavelmente se lembrarão que a PwC, a Bain & Company ou a Accenture produziram relatórios interessantes nessa área — e isso deverá ser levado em consideração durante o processo de licitação. Mas os consultores que pesquisaram e redigiram o relatório provavelmente não serão os mesmos enviados a campo para executar o contrato.

A McKinsey obteve contratos em determinada área de políticas climáticas globais porque "cultivou uma reputação de 'líder de pensamento' por intermédio de sua revista *The McKinsey Quarterly*, e depois do McKinsey Global Institute, que disponibilizaram gratuitamente relatórios sobre várias questões afins".[54] Nessa mesma linha, organizações lobistas produzem relatórios semiacadêmicos e os distribuem para políticos, não necessariamente para exercer uma influência direta sobre uma lei ou política pública que esteja sendo formulada, mas para serem consideradas stakeholders importantes naquela área de políticas. Espera-se que mais tarde o político recorra àquele lobista caso surja a necessidade de assessoria. Os relatórios produzidos por consultorias não são diferentes.

Selo de aprovação

Mas é sempre o gestor responsável pelos contratos na organização cliente que precisa ser convencido do valor que uma consultoria promete criar? Bem, com frequência há outro agente envolvido. Às vezes esse gestor aproveita o Big Con "como um instrumento para atingir seus próprios objetivos, envolvendo consultores nos jogos micropolíticos"[55] de sua organização. Em outras palavras, consultorias são contratadas porque isso pode ajudar a legitimar decisões do gestor de contratos ou melhorar sua posição na organização. Como explicou um ex-consultor:

> Muitas vezes o alto escalão — as pessoas no topo da organização responsáveis pelas decisões — já se decidiu, mas precisa de um árbitro externo independente para validar sua posição ou defendê-la em seu nome. Com esse elemento, elas têm como dizer ao conselho diretor: "Vejam, a Deloitte

ou a McKinsey ou a EY disse que devemos fazer isso". É o selo de aprovação da consultoria. Vi isso em muitos dos meus projetos.[56]

Desse modo, invocar as grandes consultorias — e o poder estrutural da indústria da consultoria que elas fomentam — torna-se um meio para conseguir influência interna em uma organização. Consultores tornam-se "agentes de agentes, e a dominância desses profissionais vis--à-vis os membros da organização cliente [é] como uma extensão do... 'poder' hierárquico — ou político — do gestor".[57]

Essa dinâmica também pode acontecer nas relações de um cliente com agentes externos à organização. Desde o final da década de 1980, com a ascensão das formas de governança corporativa voltadas à maximização de valor para os acionistas, "as diretorias de empresas contrataram consultores para se defenderem de possíveis acusações de que altos funcionários da empresa deixaram de agir com o devido cuidado na supervisão da política da empresa... na prática, os consultores tornaram-se os forasteiros independentes que endossam decisões 'internas' já previamente tomadas pela diretoria.[58] Desse modo, as consultorias passaram a ser uma ferramenta para proteger os clientes de novos possíveis riscos. E ao mesmo tempo muitas também adotaram modelos de negócio visando assegurar a manutenção da capacidade de extrair essas crescentes rendas do Big Con sem igualmente correrem o risco de fracassar.

6
Escapar dos riscos, colher as recompensas: O modelo de negócio

No começo todos os partners disseram: "Isso vai ser péssimo para os nossos clientes", especialmente para os de serviços financeiros. Mas menos de seis meses depois do referendo, já estavam salivando diante das oportunidades de negócios.
Ex-consultor sênior de uma das Big Four sobre o Brexit.[1]

POUCAS VOTAÇÕES NA HISTÓRIA RECENTE dividiram um país como o Brexit no Reino Unido. Em 23 de junho de 2016, os cidadãos foram ao referendo com uma escolha binária a fazer: permanecer parte da União Europeia e de suas estruturas políticas ou retirar-se completamente do bloco. No fim, 51,9% da população votaram pela saída e 48,1%, pela permanência. Logo se viu que, apesar da retórica de uma "simples escolha entre estar dentro ou fora",[2] deixar a União Europeia não seria nem um pouco simples. Era um empreendimento sem precedentes e incerto. Em um mundo onde políticos queriam que o Reino Unido permanecesse parte do sistema de comércio global, continuasse fomentando colaborações científicas entre universidades e laboratórios da Europa e cooperasse com seus vizinhos geográficos nos desafios presentes e futuros entre fronteiras, como a crise climática e a pandemia de covid-19, muita coisa precisava ser resolvida.

Desde o início as grandes consultorias viram a complexidade do Brexit como mais uma oportunidade de expansão — uma nova onda para surfar. As empresas começaram a investir alto em divisões do Brexit. As Big Three e as Big Four apresentaram-se como especialistas capazes de assessorar departamentos governamentais e empresas em suas respostas à saída do bloco, prometendo reduzir a incerteza temida por muitos. A McKinsey publicou uma série de relatórios sobre questões que incluíam gestão de *supply chain*, recrutamento de talentos, exportações e serviços digitais no Reino Unido, e incentivou seus clientes em potencial a "enxergar o panorama completo".[3] O BCG seguiu o exemplo, com publicações relacionadas ao Brexit voltadas para os que mais gastavam com serviços de consultoria: as indústrias farmacêutica, aeroespacial e da defesa, além da de serviços financeiros.[4] A Deloitte criou um Global Brexit Hub, composto de "especialistas na questão do Brexit" trabalhando em várias partes do mundo, de Malta até o Brasil.[5] A PwC desenvolveu uma ferramenta chamada "Avaliação do Impacto Alfandegário e Comercial do Brexit" para produzir modelos das consequências do Brexit nas *cadeias de fornecimento* global e da União Europeia para as empresas.[6] A consultoria também criou uma plataforma digital dedicada onde os clientes podiam acessar alguns insights genéricos sobre o tema, além de uma série de podcast intitulada Beyond Brexit.[7]

Esses esforços deram frutos. Algumas empresas, como a Oliver Wyman e a Capita, inicialmente alertaram sobre queda nos lucros e crescimento das receitas após o Brexit, mas em geral o movimento de saída do bloco mostrou-se muito lucrativo para a indústria da consultoria. Em 2016 o mercado de consultoria no Reino Unido cresceu 7,5%, chegando a 7,3 bilhões de libras — um crescimento quatro vezes mais rápido que o da economia do Reino Unido. Segundo um levantamento de empresas que contratam consultorias, "24% responderam que estavam aumentando o uso desses serviços em resposta ao Brexit e 82% disseram que esperavam recorrer às chamadas 'Big Four'".[8] O *Financial Times* citou as palavras de um consultor sênior de gestão em março de 2017: "Esperamos que o impacto seja positivo para nós, supondo que o Brexit não saia totalmente dos trilhos".[9] No ano seguinte, as receitas da indústria da consultoria como um todo no Reino Unido novamente aumentaram a 7% e alcançaram a marca de 10,6 bilhões de libras, "porque empresas privadas e órgãos públicos buscaram ajuda para se planejarem para o Brexit".[10]

Os contratos que as consultorias conseguiram firmar com empresas eram muito abrangentes — como indicam os relatórios mencionados acima. Essas eram as áreas e indústrias onde as consultorias viam mais potencial para novos contratos. No setor público, as licitações relacionadas ao Brexit proliferaram. Entre 2017 e 2020, o gasto anual do governo com consultores disparou para 450 milhões de libras, e grande parte desse crescimento deveu-se ao Brexit. Entre os departamentos pródigos estava o Home Office [Ministério do Interior], que aumentou as despesas com consultoria em 788% durante esse período e teve numerosos contratos associados a questões de segurança, imigração e preparação das fronteiras com a saída da UE.[11] Em 2019 o governo anunciou outra rodada de contratos relacionados ao Brexit, totalizando quase 160 milhões de libras. Alguns deles eram especificamente voltados para o planejamento no caso de um cenário "No Deal", isto é, se o governo não conseguisse chegar a um acordo com a UE quanto aos termos da saída.

Segundo um relatório da agência governamental National Audit Office (NAO), o trabalho das consultorias foi usado não apenas para fornecimento de assessoria "especializada", mas também como uma fonte de mão de obra adicional, "quando o tempo disponível restringiu a capacidade dos departamentos de recrutar ou treinar funcionários públicos para executarem o trabalho".[12] Os exemplos de contrato incluídos no relatório do NAO sugerem que as consultorias foram essenciais na execução de serviços em uma vasta gama de áreas relacionadas ao Brexit. O Department for Environment, Food and Rural Affairs [DEFRA, Secretaria de Estado do Meio Ambiente, Alimentação e Assuntos Rurais] contratou o BCG em 2018 para "analisar o escopo, a priorização e as responsabilidades de seu Programa para Saída da UE". O Department of Health and Social Care [Departamento de Saúde e Assistência Social] contratou a Deloitte para "fornecer suporte à gestão de programas em sua tarefa de assegurar o suprimento de insumos médicos caso o Reino Unido saia da UE sem um acordo". A PwC foi recrutada pelo Ministério do Interior a partir de agosto de 2018 "para projetar e entregar comunicações sobre o acordo de saída da UE para os cidadãos da UE residentes no Reino Unido". As consultorias encontraram seu caminho para o coração do Brexit exercendo funções de análise, comunicação e gestão de projetos para as mais variadas áreas, incluindo agricultura, saúde e transporte. Mais exatamente, seis consultorias estiveram no cerne do desligamento dos governos do Reino Unido da União Europeia: Deloitte, PA Consulting, PwC, EY, Bain & Company e BCG receberam 96% do valor dos contratos.[13] Se a história for um bom indicador, os contratos assegurados pelas grandes consultorias provavelmente se refletirão em mais contratos no futuro; as relações legislativas, financeiras e comerciais do Reino Unido com a União Europeia continuarão a trazer desafios, e certamente os gestores do momento recorrerão às mesmas consultorias com quem trabalharam antes — e que agora podem alardear-se como prestadoras de "assessoria no processo de saída da UE".

E em todos esses contratos — tanto no setor público quanto no privado — as recompensas que as consultorias colheram de modo algum refletem os riscos de que suas recomendações pudessem ser falhas ou prejudicar de outros modos a economia. A maioria esmagadora desses riscos ficou para o setor público e as empresas — com os residentes do Reino Unido, em última análise, sujeitos a: consequências de uma derrocada total ou parcial na economia; erros de comunicação; novos acordos com a UE que solapassem o voto democrático majoritário; e a não receber das consultorias o que se esperava delas.

Risco da consultoria

As condições específicas das contratações de consultorias pelo setor público tendem a permanecer em sigilo, protegidas por cláusulas de confidencialidade. No entanto, desde o advento de contratos em grande escala em governos como o do Reino Unido, tem havido iniciativas para assegurar que a contratada do setor privado seja responsabilizada caso descumpra um contrato. Por exemplo, além de demonstrar que um contrato de PFI vale o que custa, desde os anos 1990 os departamentos de contratação também são incumbidos de garantir que o setor privado assuma algum risco.[14] No âmbito jurídico também há alguns exemplos claros de que os contratos devem assegurar que as consultorias assumam o risco do insucesso, por exemplo, se as qualificações para o trabalho tiverem sido declaradas de forma fraudulenta.[15] Porém, em contraste com a contabilidade, as práticas e contratos das consultorias não são regulados com rigor. Firmas de auditoria e auditores individuais podem sofrer sanções dos reguladores por não se mostrarem à altura dos critérios requeridos por uma auditoria, mas na consultoria isso não ocorre.

Alguns riscos são fáceis de identificar e de ser cobrados em contratos de consultoria. No caso da terceirização de serviços públicos, por exemplo, uma firma pode ser sujeita a penalidade se deixar de prestar um serviço no período determinado nas condições do contrato. Porém quase sempre é impossível identificar de antemão os riscos de uma terceirização. Em contratos de PFI para a construção civil que estipulam resultados claros, como a entrega de um hospital ou uma ponte, muitos riscos são desconhecidos; prova disso é o colapso da Carillion, que estava atrelada a muitos contratos desse tipo. Em seu papel de assessora em projetos de PFI, a KPMG certa vez declarou que "a descrição do grau de risco… é limitada pela imaginação das partes envolvidas".[16]

Mesmo quando a natureza dos riscos é prevista em contrato, quantificar os custos para o cliente, se os riscos se concretizarem, representa um desafio adicional. Um órgão do governo pode identificar o risco de uma contratada não providenciar os materiais para a construção de uma ala de hospital e assegurar que ela seja responsabilizada por isso no contrato. Mas talvez não consiga, de antemão, quantificar precisamente os custos financeiros dessa falha, o que significa que a contratada acabará não pagando os custos extras da obtenção dos materiais em outra parte. E quanto aos custos sociais e políticos dessa falha? Bem, os pacientes que necessitam das novas instalações podem ser prejudicados, e não ficarão contentes com atrasos nas obras e custos adicionais. Em licitações grandes e complexas, como em uma contratação principal e na PFI, em que os possíveis riscos têm custos elevadíssimos, é frequente o setor público acabar por assumi-los, já que esse é o único modo de incentivar consultorias a participar da licitação.[17] Vimos isso no exemplo do HealthCare.gov.

Em muitos contratos de consultoria essas questões tornam-se ainda mais complexas devido à natureza ambígua dos serviços contratados. Por exemplo, contratos de assessoria ou análise de projetos podem estipular resultados na forma de recomendações ou de um relatório, mas é comum que o cliente desconheça ou pouco saiba sobre os meios que a equipe de consultoria usará para prestar esses serviços — afinal de contas, o que está sendo oferecido são conhecimentos, métodos e dados. Portanto, o cliente não tem como saber qual a probabilidade de que o conjunto de dados que a consultoria está usando contenha falhas, ou se os consultores que trabalham de maneira direta no projeto possuem ou não a expertise prometida no momento da oferta. O cliente não tem acesso a essas informações. Isso difere de contratos para o fornecimento geral de bens específicos que já foram produzidos, como equipamento de escritório ou software.

Talvez o mais importante seja que, por mais difícil que costume ser avaliar o verdadeiro valor de uma consultoria, a natureza qualitativa e interativa das relações da consultoria com o cliente pode dificultar para este último atribuir corretamente as culpas quando algo sai errado. Muitas vezes consultores integram ou trabalham junto com equipes internas e recebem ordens de um administrador do escalão mais alto. Se uma estratégia formulada por uma consultoria não gerar maiores lucros como prometido, o administrador pode colocar a culpa na consultoria, mas esta pode igualmente apontar problemas nas instruções que recebeu, no comportamento de outros empregados ou em mudanças no mercado que estão fora de seu controle. Em consultoria, não existe uma autoridade suprema que possa julgar quem é o culpado.

Essa relação risco-recompensa assimétrica está no cerne do modelo de negócio da indústria da consultoria. As recompensas recebidas — as rendas — costumam exceder em muito os riscos financeiros de firmar o contrato ou os custos de criar uma impressão de valor. Em contraste com a Arthur Andersen de vinte anos atrás, hoje as grandes consultorias podem sobreviver a golpes em sua reputação depois de escândalos públicos com a ajuda de seus recursos vultosos, empregando equipes jurídicas e de relações públicas preparadíssimas para responder aos furos jornalísticos e inquéritos governamentais. Como em geral as consultorias não arcam com os custos dos riscos no contrato — e têm condições de suportar o risco à sua reputação —, existe um conflito entre a necessidade de agir antes de tudo segundo o interesse do cliente e a necessidade de assegurar a lucratividade e o crescimento dos contratos. A ausência de incentivo para ser cauteloso diante de riscos porque um indivíduo ou organização não será afetado pelas consequências é conhecida em economia como *moral hazard* [risco moral].[18] Em outras palavras, a consultoria vem a ser um veículo bastante promissor para a extração de renda não só porque o valor dos contratos costuma ser alto, mas também porque os riscos que elas assumem são baixos em relação às potenciais recompensas.

Diante da incerteza inerente, da falta de precedentes e do esgotamento do efetivo no setor público, o Brexit foi a tempestade perfeita para que empresas extraíssem recompensas extraordinárias enquanto os riscos do fracasso permaneceram com o setor público, as empresas e os cidadãos.

A arte da responsabilidade limitada

Na história do capitalismo, alguns modelos de negócio ajudam a assegurar que os responsáveis por aconselhar ou agir em nome de clientes sejam financeiramente responsáveis pelos custos de suas decisões. De fato, essa postura da governança corporativa antecede o mercado de capitais moderno em centenas de anos: teve origem na Florença renascentista com o surgimento de empresas estruturadas como *partnerships* [sociedades].[19] Em 2021, doze das cinquenta maiores empresas de consultoria do mundo por receita eram registradas sob a forma de *partnership*, entre elas as Big Three e as Big Four e outras empresas de grande porte como Grant Thornton, Kearney e Arthur D. Little. Em termos jurídicos, uma *partnership* é uma empresa estabelecida por no mínimo duas pessoas que concordam em administrar juntas a organização e partilhar os lucros e prejuízos dela advindos. Com exceção dos ramos de serviços profissionais, a forma de *partnership* na governança corporativa tornou-se muito incomum. Isso ocorre particularmente em setores que requerem (ou em algum momento requereram) capital significativo para investimento como, por exemplo, TI ou fabricação industrial, que usam a venda de ações como fonte de recursos financeiros. Todas as maiores consultorias de TI são empresas com ações transacionadas em bolsas de valores.

Quase todas as consultorias que conservaram alguma forma do modelo de *partnership* têm raízes na contabilidade ou no direito. Isso ocorre porque, historicamente, a regulamentação impedia que empresas de serviços profissionais fossem sociedades de capital aberto em virtude de possíveis conflitos de interesses para seus clientes. Essas empresas tinham que ser *partnerships*, pois nesse modelo os partners eram pessoalmente responsáveis por quaisquer prejuízos em que a empresa incorresse; os organismos reguladores viam nas sociedades por ações o risco de subordinar os interesses dos clientes aos interesses comerciais de outros não pertencentes à firma.[20] Os partners arcavam com o risco de fracasso da empresa — e de prejuízos dos investidores — resultante de más recomendações dadas ao cliente quando outros interesses dos partners eram priorizados. A remuneração dos partners era atrelada ao valor da empresa, e os aumentos salariais, associados ao crescimento, também eram considerados justificados, já que os partners assumiam pessoalmente o risco de falhar.

Nas últimas décadas, porém, as regras que governam essas categorias foram relaxadas em muitas jurisdições, e hoje é possível ter uma *partnership* que limite a responsabilidade dos partners, ou seja, seus bens pessoais não são afetados em caso de insolvência da empresa. Em contabilidade, os indivíduos podem ser multados por reguladores, mas juridicamente os partners não arcam mais com os riscos de fracasso da empresa. As divisões da PwC no Reino Unido e nos Estados Unidos, por exemplo, operam como *limited liability partnerships* [LLP, sociedades de responsabilidade limitada] e cada uma conta com centenas de partners e milhares de funcionários juniores que não têm a mesma participação na empresa. Algumas empresas que começaram como *partnerships* continuam a reproduzir a estrutura hierárquica própria desse tipo de organização, mas rigorosamente falando são empresas privadas que distribuíram ações a seus funcionários seniores.

Consultorias grandes e pequenas também podem ser subsidiárias pertencentes a companhias maiores, embora nessas circunstâncias é comum que ainda sejam conservados algum controle formal pelos funcionários seniores e remuneração baseada em desempenho. A Oliver Wyman, por exemplo, é uma subsidiária da gigante dos serviços profissionais Marsh McLennan. Trinta e três das cinquenta principais empresas globais por receita de consultoria em 2021 eram companhias privadas, e nove delas eram subsidiárias de conglomerados que incluíam outras consultorias de gestão e empresas de gestão de ativos.[21]

Das dezessete consultorias de capital aberto nesse grupo, os dois maiores fundos de gestão de ativos do mundo — BlackRock e Vanguard — possuem perto de 13% do total de ações, refletindo a ascensão do que um acadêmico chamou de "capitalismo de gestão de ativos".[22]

Valor para o acionista em empresas abertas

Em consultorias que são empresas abertas, a compensação dos executivos também está parcialmente atrelada ao crescimento do negócio. Isso se dá por meio de recompensas em ações e incentiva o comportamento de aumentar os prêmios mesmo enquanto o indivíduo e a empresa assumem risco limitado. A teoria que fundamenta a compensação dos executivos por meio de ações remonta aos anos 1980; para alguns teóricos da gestão, era mais provável que um gestor tomasse decisões que aumentassem o lucro da empresa se ele se beneficiasse desse crescimento ou, se tivesse um mau desempenho, se sofresse as consequências individualmente.[23] Essa é uma parte da "teoria da agência", que supõe que os seres humanos agem antes de tudo em interesse econômico próprio e que, para assegurar que suas ações priorizem os interesses mais gerais da empresa ou de seus proprietários, é preciso oferecer incentivos particulares. Naquele período, os acionistas externos tinham se tornado fundamentais para a estrutura financeira de muitas empresas, e a ideia de que maximizar valor para os acionistas era o motor mais eficaz para o crescimento da empresa ganhara destaque. Segundo o economista William Lazonick, essa ideia se baseia no pressuposto de que, "de todos os participantes da companhia, os acionistas são os únicos agentes econômicos que fazem contribuições produtivas *sem um retorno garantido*".[24] Em outras palavras, supõe que em uma empresa aberta são os acionistas que correm mais risco, já que investiram na companhia adquirindo ações, portanto têm mais direito às recompensas — o lucro, se e quando ocorrer.[25] Defensores da teoria da agência argumentavam que a relação entre os gestores da empresa e os acionistas era "fértil em conflito de interesses" porque "os rendimentos dos acionistas reduzem os recursos sob controle dos gestores, e com isso reduzem o poder dos gestores".[26] Para minimizar os riscos de agência (isto é, a discrepância entre os interesses dos acionistas e os dos gestores), os gestores devem receber parte de sua compensação sob a forma de ações.

Para os teóricos da agência, isso significava que o mais comum era os objetivos de lucro prevalecerem sobre demais interesses, como, por exemplo, as considerações morais de quem exerce cargos executivos. Em outras palavras, entende-se que o potencial de aumento das recompensas financeiras é capaz de moldar o comportamento dos empregados de modo que beneficiassem o resultado líquido da empresa. Contudo, a ideia de que maiores recompensas (isto é, compensação sob a forma de ações) justificavam-se porque esses agentes também assumiam maiores riscos baseava-se em uma visão muito estreita do conceito de risco. Em empresas e no governo, empregados "arcam com risco quando se empenham… tendo em vista participar de ganhos futuros" — sejam eles econômicos ou em capital social.[27] O esforço coletivo resultante do empenho individual dos funcionários está no cerne da criação de valor em qualquer organização.

Poderíamos dizer que muitos agentes e indivíduos envolvidos em contratos com consultorias de gestão arcam com riscos bem maiores do que as meras perdas de recompensa em valor de ações. Em contratos com o governo, os cidadãos arcam com o risco de uma empresa de consultoria não cumprir o que se comprometeu a entregar. Em empresas, os funcionários arcam com o risco de que as recomendações feitas por uma equipe de consultores resultem em reestruturação e demissões. Os que são empregados diretos ou subcontratados por consultorias de terceirização arcam com o maior risco interno de um fracasso oriundo de comportamentos de risco dos executivos — o contrato deles costuma ser sua única fonte de renda, e perdê-la poderia prejudicar sua capacidade de pagar a hipoteca ou o aluguel, por exemplo. Esses são apenas alguns exemplos, mas suficientes para demonstrar que os pressupostos da teoria da agência sobre quem arca com os maiores riscos não têm solidez.

O desempenho de algumas consultorias de terceirização durante a pandemia de covid-19 ressalta essas falhas. No terceiro trimestre de 2020, por exemplo, a Serco despontou como uma das empresas que mais haviam conseguido contratos com governos para respostas à pandemia. Um desses contratos, firmado com o Department of Health and Social Care do Reino Unido, teve seu valor estimado em 410 milhões de libras. Algumas das pessoas que trabalharam para a Serco nas tarefas relacionadas à covid-19 foram empregadas temporariamente em centrais de atendimento a salários bem baixos. Outras trabalharam em testagem, o que as pôs em contato próximo com pessoas potencialmente infectadas com o vírus. Esses trabalhadores arriscaram seu ganha-pão e sua saúde. Os cidadãos arcaram com o risco colossal de que a Serco não entregasse o serviço contratado a contento, o que na época era essencial para a resposta governamental de prevenção contra a pandemia. Em última análise, os cidadãos também arcaram com o risco financeiro do fracasso; os contratos com a Serco estavam sendo pagos com dinheiro público. Todos esses possíveis fracassos, em graus variados, acabaram acontecendo. No entanto, as recompensas para os acionistas da Serco não foram afetadas — na verdade, elas aumentaram. Em outubro de 2020, quando cidades grandes e pequenas da Europa e América do Norte preparavam-se para novas restrições de lockdown, as ações da Serco dispararam 18% depois que a empresa anunciou lucros tremendamente mais altos do que os previstos no começo do ano.

Como os proponentes da teoria da agência admitem, ser um diretor ou partner em uma empresa não apenas cria oportunidades para acumular riqueza — por meio de compensação em ações ou outro tipo de recompensa baseada no desempenho da empresa —, nesses cargos, concede-se aos indivíduos maior controle sobre as decisões estratégicas da empresa. O que nos leva de volta à questão de por que não devemos aceitar sem questionar a visão funcional de que as consultorias criam valor para os clientes. Em nenhuma outra área de negócios que não seja essa desconsideramos os perigos desse "risco moral" entre consultores individuais e seus clientes.

Imagine um produtor local de gêneros alimentícios frescos que deseja melhorar a infraestrutura de TI de suas operações. A infraestrutura de

TI é crucial para essa empresa — é como ela gerencia a logística de coleta e entrega, trabalhando com um cronograma apertado para impedir que a validade de seus produtos expire antes de chegar ao consumidor. Até então, seus executivos haviam empregado vários funcionários de tecnologia para desenvolver e gerenciar os sistemas usados por outros funcionários operacionais. Esses sistemas funcionavam bem, salvo pequenas falhas eventuais. Mas agora os diretores da empresa querem elevar o nível e começar a oferecer os produtos locais a um conjunto maior de consumidores por intermédio de uma plataforma digital. Assim, a estratégia de TI da empresa será aberta à licitação.

A consultoria que consegue o contrato — uma grande multinacional, célebre por seus serviços de TI — envia uma equipe de cinco pessoas chefiadas por um "executivo sênior". Como a infraestrutura de TI é um ponto-chave para as operações dessa empresa, a maior parte dos membros da equipe de consultoria acredita que o melhor para ela e seus clientes seria expandir o quadro interno de desenvolvedores de software e gerentes de TI e ocasionalmente recorrer a especialistas externos para necessidades pontuais. No entanto, esses consultores também sabem que a consultoria para a qual trabalham tem uma meta anual para aumentar suas receitas de serviços de TI.

Se eles conseguirem convencer o produtor de alimentos a terceirizar a TI para sua consultoria — ou seja, uma venda cruzada —, não só contribuirão para o aumento da compensação em ações que será concedida ao executivo sênior naquele ano como também os consultores juniores serão recompensados por suas habilidades, talvez até em forma de um bônus e, claro, em sua avaliação de fim do ano. Os executivos do produtor de alimentos não ficarão sabendo disso — afinal de contas, só contrataram a consultoria porque não se sentiam competentes para promover sozinhos uma evolução em seus serviços de TI. Nesse exemplo, todos se beneficiam da habilidade para extrair rendas maiores, mesmo que essa linha de ação não crie valor para a empresa e possa até ser mais arriscada do que optar por uma solução interna. O desejo de conseguir recompensas extras por meio de novos contratos suplanta a troca de recomendações honestas e expertise — exatamente o que nos dizem que é a razão de ser da indústria da consultoria.

Mudanças nos riscos no pós-aquisições

Muitos acham mais provável que consultorias menores ou "butiques" atuem tendo em vista o interesse do cliente e criem valor. Para as empresas butique, que conseguem muito menos contratos e não contam com os recursos de empresas grandes, convencer um cliente em potencial de sua habilidade de criar valor depende mais do êxito (percebido) de contratos anteriores e das verdadeiras competências dos consultores da firma. Muitas consultorias pequenas alardeiam a expertise de seus especialistas, como, por exemplo, a que foi estabelecida por indivíduos com décadas de experiência trabalhando em um nicho de uma indústria específica, de algum setor das políticas públicas ou de uma determinada localização geográfica.[28] Muitas também são fundadas por profissionais altamente especializados. Nesses casos, a expertise da pequena consultoria pode ser uma fonte valiosa de aprendizado para a organização que a contrate. De fato, muitas dessas empresas afirmam que o seu objetivo é ajudar outras organizações a aprender e assegurar que não precisem de ajuda na mesma área no futuro.

No entanto, contar cegamente com a existência dessa expertise pode ser um erro. "Consultor" não é uma profissão protegida, e não existe um credenciamento universal para os indivíduos que usam esse título. Isso significa que, a rigor, qualquer um pode abrir uma empresa e se intitular consultor, mesmo se tiver pouca ou nenhuma experiência de trabalho na área para a qual tenta vender recomendações. É virtualmente improvável que alguém sem experiência em uma área seja bem-sucedido — e alguém que minta ou exagere sobre sua formação profissional pode ser acusado de fraude. No caso de pequenas consultorias estabelecidas por indivíduos com longas carreiras em uma área específica, esses consultores podem a princípio ser uma fonte legítima de "conhecimento setorial", mas, à medida que as tecnologias, práticas e conhecimentos de uma área vão mudando, as competências da empresa podem não acompanhar o movimento. Competências são sempre específicas, em certa medida, e evoluem com o tempo. Toda expertise tem meia-vida. Desse modo, a proposição do valor de empresas formadas por pessoas com vasta experiência pode não manter sua validade no longo prazo.

Como acontece com as grandes empresas, as consultorias butique não precisam todas criar valor para que voltem a ser contratadas. Em última análise, os consultores só precisam garantir que o cliente tenha a percepção de que foi criado valor. Satisfazer clientes pode de fato requerer uma transmissão de expertise ou conhecimento, mas também pode envolver a capacidade de inspirar confiança no valor daquilo que foi criado. Independentemente do tamanho, todas as consultorias precisam conseguir contratos no futuro, seja de clientes atuais ou de outros no setor. Uma consultoria butique especializada em serviços operacionais para o NHS do Reino Unido depende de que organizações do sistema de saúde continuem a precisar dela como fonte de expertise ou efetivo extra. Uma consultoria que ofereça gestão de estratégia digital ou integração de sistemas requer que essas funções permaneçam terceirizadas. No fim das contas, a organização consultora — e por extensão os consultores — precisa dar a impressão de que seus serviços são necessários e valiosos. Esse imperativo existe tanto para empresas que visam ao lucro quanto para as organizações sem fins lucrativos. As ONGs não são capazes de ter lucro, mas ainda assim muitas delas podem contar com incentivos para se manter em atividade. Sem contratos não há salários.

Para pequenas empresas com recursos limitados, porém, o risco à reputação caso descumpram um contrato pode ser fatal, o que talvez incentive uma atividade que crie valor de fato. Por outro lado, há evidências de que cada vez mais as grandes consultorias vêm adquirindo empresas menores nos últimos anos, visando consolidar uma fatia de mercado em determinadas regiões geográficas ou em novas habilidades técnicas e setores emergentes. Várias empresas de consultoria que operavam em análise de dados, design e marketing digital e transformação cultural estavam entre as aquisições da McKinsey, do BCG e da Bain & Company entre 2013 e 2021. Exemplos dessas transações são a compra da agência de "design centrado no ser humano" AllofUs pelo BCG em 2019, a compra da empresa belga de análise de risco Risk Dynamics pela McKinsey em 2016 e a compra da consultoria butique escandinava de estratégia Qvartz pela Bain & Company em 2020.[29]

Depois de uma aquisição, os riscos — assim como as recompensas — que a empresa adquirida assumiu em contratos são partilhados com a empresa controladora. Essa é uma razão fundamental para que muitas empresas pequenas com competências genuínas em diferentes campos de inovação (como as de biotecnologia no desenvolvimento de fármacos ou as startups de tecnologia digital) concordem com a aquisição; elas transferem para um agente externo o fracasso e muitas vezes também ganham a possibilidade de multiplicar exponencialmente a produção de seu bem ou serviço.

Mas e se a empresa controladora — em nosso caso, uma grande consultoria — também for capaz de se esquivar dos riscos relacionados às recompensas recebidas? Quem arca com os riscos dos fracassos da indústria da consultoria? E quais são os custos desses fracassos para o desenvolvimento econômico, a democracia e o planeta?

7

7
A infantilização das organizações: Danos para o aprendizado em governos e empresas

A SUÉCIA FOI UM DOS PRIMEIROS PAÍSES do mundo a introduzir um sistema nacional de pensões. Em 1913, com 5,6 milhões de habitantes, sua população era pouco mais de metade da atual. A maioria daquelas pessoas nunca chegaria à idade de se aposentar, estipulada em 67 anos; a expectativa média de vida ao nascer era de 54,5 anos para os homens e de 57 para as mulheres.[1] Enquanto o país desenvolvia seu Estado de bem-estar social ao longo do século XX, o número de pessoas mais velhas que necessitavam de pensão e de assistência médica e social mais abrangentes permaneceu baixo. Em 1970 havia apenas 127 suecos com mais de cem anos. Em 2022, segundo algumas estimativas, cerca de metade dos nascidos em economias avançadas como a da Suécia pode esperar viver um século.[2] E até hoje, embora a Suécia não tenha mais uma idade formal para a aposentadoria, a maioria costuma parar de trabalhar aos 65 anos.

O fato de em muitas partes do mundo as pessoas estarem vivendo mais tempo do que em qualquer outro período da história atesta o espetacular progresso da medicina, dos sistemas de saúde, do ensino e dos serviços sociais durante o século XX. Só que isso também traz desafios para os modos de vida aos quais nos acostumamos — e para os modelos de Estado de bem-estar social dos quais continuamos a depender. Isso se aplica particularmente à Europa setentrional e à América do Norte, onde estruturas estatais e privadas de assistência a idosos são preferidas em detrimento das estruturas familiares tradicionais. Nessas sociedades, quanto mais pessoas chegam a uma idade avançada, mais recursos são necessários para sustentar a população, pois a demanda por pensões e assistência médica e social aumenta. No entanto, na maioria dos países os recursos para sustentar essas necessidades crescentes não mantiveram o ritmo, e o modelo de bem-estar social está sob pressão.[3]

Uma estatística muito usada para demonstrar o desafio representado pelo avanço da idade das populações é a Old-Age Dependency Ratio (OADR — chamada no Brasil de razão de dependência). Trata-se da relação entre o número de pessoas que são "economicamente ativas" e o número das que não são, e costuma ser calculada dividindo-se o número total de pessoas com menos de vinte anos somado ao de pessoas a partir de 65 anos pela soma da população que tem entre vinte e 64 anos. A medida está longe de ser perfeita, sobretudo porque supõe que todos no grupo etário maior estão empregados e pagando impostos, desconsidera as receitas tributárias derivadas por outros meios (como o imposto sobre a riqueza) e não leva em conta o papel da política monetária no gasto público. Ainda assim, pode nos dar uma indicação da magnitude da mudança demográfica em um país.

Na Suécia a razão de dependência tem crescido de forma constante desde o começo dos anos 2000, e algumas estimativas sugerem que, a julgar pelo ritmo de envelhecimento da população, essa razão aumentará para 0,92 até 2060. Em outras palavras, o número de pessoas em idade ativa será quase igual ao de pessoas que não trabalham. Soma-se a esse avanço etário da população sueca o declínio da taxa de fecundidade no país. Em 2030 prevê-se que o número de pessoas acima de 65 anos será maior que o de pessoas com menos de dezenove anos, uma razão sem precedentes.[4]

As mudanças demográficas que estão ocorrendo no mundo todo à medida que a população não apenas envelhece mas também se torna mais urbanizada exigem que repensemos radicalmente nossos modelos de prestação de assistência. É preciso assegurar que tenhamos sempre a capacidade de melhorar os sistemas de saúde por meio de tecnologias inovadoras e de definir quais são as formas mais eficazes de garantir o acesso a uma boa qualidade de vida para todos. Em alguns casos, isso requer uma remodelação integral de infraestruturas e processos.

Foi isso que fez a Assembleia do Condado de Estocolmo na Suécia em 2008, quando escolheu reformular por inteiro o maior hospital da região. Estipulando a missão de criar uma unidade explicitamente voltada "para atender futuros desafios em assistência médica", políticos de todo o espectro partidário concordaram em reconstruir a maior parte do Hospital Universitário de Karolinska, que fora fundado nos primórdios do moderno Estado de bem-estar social em 1940. O novo hospital, Nya Karolinska Solna (NKS), desenvolveria e implementaria tecnologias médicas inovadoras em uma instalação projetada para minimizar riscos de infecção, aproveitar os benefícios da luz e materiais naturais e fomentar a pesquisa interdisciplinar de seus vários departamentos. Obras de arte, vistas como essenciais para o bem-estar holístico e a recuperação dos pacientes, adornariam as paredes do hospital. Muito cônscios dos custos ambientais dos cuidados hospitalares, os membros da Assembleia do Condado de Estocolmo também queriam que o NKS fosse um dos hospitais mais sustentáveis do planeta, com a maior parte de sua energia proveniente de fontes renováveis.

Era uma visão de um arrojo fenomenal. No entanto, apesar do consenso em todas as linhas partidárias quanto à necessidade de atender radicalmente as futuras demandas por assistência médica, desde o início também houve contestações ácidas quanto ao modo de atingir esse objetivo.

Por toda a década de 2000 o setor público sueco passara por uma transformação generalizada, com descentralização crescente dos serviços de bem-estar social para autoridades locais e terceirização de serviços para prestadores externos. Mudanças legislativas passaram a permitir que as câmaras municipais e dos condados delegassem a administração de hospitais e clínicas a agentes privados.[5] Inspirados em governos da Terceira Via, em especial no Reino Unido e Austrália, os líderes da Assembleia do Condado de Estocolmo propuseram um modelo de parceria público-privada para construir e administrar o novo hospital. Encomendaram relatórios da Öhrlings PricewaterhouseCoopers (a divisão sueca da PwC) e da EY para explorar os possíveis desafios dessa linha de ação. Como era de esperar, ambas as consultorias concluíram que empresas privadas não só ofereceriam "a maior criação de valor possível, já que incentivam a inovação e otimização de investimentos e custos operacionais no decorrer do ciclo de vida", mas também "diminuíam o risco de custos operacionais, pois a maior parte desse risco é transferida para o parceiro privado".[6]

Vários estudos comparativos haviam alertado sobre os riscos de uma alta fenomenal nos custos adicionais caso se recorresse à PFI para um projeto tão complexo e ambicioso: essa seria uma das maiores PPP do mundo até então. Na Assembleia, muitos representantes opuseram-se aos planos, e há relatos de que o governo nacional, de centro-direita, chegou a tentar impedir que o projeto avançasse, temendo que um financiamento provado provocasse a alta dos custos no longo prazo.[7] As preocupações com a PFI também aumentavam em razão das experiências prévias do Reino Unido com obras em hospitais. Em 2005, por exemplo, um projeto carro-chefe de hospital financiado pela iniciativa privada na região oeste de Londres fora abandonado, e estudiosos concluíram que "era complicado demais para um sistema de saúde no qual... os responsáveis pela compra da assistência médica (ao lado de outras partes interessadas) tornaram-se irremediavelmente fragmentados".[8] Os custos também dispararam. Em 2008 concluíra-se que, com Financiamento pela Iniciativa Privada (FIP), os pagamentos anuais dos "trustes hospitalares" a seus parceiros do setor privado foram maiores do que os previstos e usaram 11% do orçamento. O custo adicional do financiamento privado em comparação com o público para os primeiros doze hospitais era próximo de 60 milhões de libras por ano, o que equivalia a 20% a 25% da renda do truste.[9]

Mas a decisão final era dos líderes da Assembleia do Condado de Estocolmo, que seguiram a recomendação das consultorias procuradas. Torbjörn Rosdahl, um político do Partido Moderado, o majoritário na Assembleia, declarou na época: "Sabemos até a última coroa quanto isso vai custar. Também não há surpresas para os contribuintes. Temos total controle, não há segredos".[10]

No início tinha havido alguma ambição de melhorar os modelos de pfi usados na construção de hospitais em outras partes do mundo. Os planejadores queriam assegurar que os futuros parceiros do nks na iniciativa privada pudessem integrar a inovação tecnológica no longo prazo. O contrato final que foi redigido, porém, seguia a pfi "padrão" usada em todo o nhs do Reino Unido. Em grande medida, a mudança de plano resultou do pouco entusiasmo demonstrado pelos potenciais parceiros do setor privado; muitas empresas suecas, em especial, consideraram altos demais os riscos financeiros do projeto. Na fase final do processo de licitação havia apenas um interessado: o Swedish Hospital Partners (shp), um consórcio do grupo de construção Skanska e do fundo de investimento britânico Innisfree. Em 2010, primeiro ano do contrato de trinta anos do projeto, a parceria parecia forte. O shp conseguiu um financiamento de 605 milhões de euros do European Investment Bank (eib), de 127 milhões de euros do Nordic Investment Bank e de vários bancos comerciais. Mas logo surgiram muitas questões em relação ao progresso e ao financiamento do projeto, revelando custos não apenas orçamentários, mas também nas competências do sistema de saúde.

Custos extorsivos de fracassos prováveis

Os custos finais, em si, foram muito superiores aos previstos por quaisquer integrantes do governo. Em 2015, um estudo conduzido por dois jornalistas suecos revelou que os gastos com a construção do hospital haviam disparado. Na época da inauguração, maio de 2018, estavam em 22,8 bilhões de coroas suecas — o dobro do que fora orçado originalmente. Em 2040, quando o contrato de pfi que foi a base do projeto terminar, prevê-se que o hospital terá custado ao orçamento público sueco nada menos que 61,4 bilhões de coroas suecas — mais de cinco vezes o orçamento original.[11] Só o custo dos pagamentos adiantados ao shp por "buscar e entregar inovação, qualidade e controle de custos de forma constante" foi de 30 milhões de euros por ano, apesar de não estar muito claro o que isso significava.[12]

Não demorou para que o nks ganhasse a reputação de "hospital mais caro do mundo".[13] À medida que a verdadeira magnitude dos custos continuava a vir a público, a mídia e os políticos passaram a exigir respostas. Em março de 2018, o novo ministro das Finanças sueco requereu uma investigação governamental dos relatórios de problemas financeiros e operacionais da PPP, e se tornou evidente que as linhas básicas do orçamento da construção não haviam sido seguidas, inclusive no que diz respeito a equipamentos e serviços fundamentais, como cabeamento de TI e equipamento hospitalar.[14]

Mas havia duas outras razões relacionadas — e agora bem conhecidas — para a disparada dos custos. Para começar, embora o consórcio responsável pelo projeto fosse formalmente composto de apenas duas empresas, muitas outras haviam sido contratadas e subcontratadas para executar vários aspectos do empreendimento. De fato, segundo uma estimativa, apenas 20% do custo total do contrato correspondeu a trabalhos feitos diretamente pelo SHP.

Além dos custos de construção e fornecimento, o gasto com a gestão do projeto também aumentara vertiginosamente, sendo a consultoria americana BCG a principal beneficiária. O BCG foi contratado para cuidar de elementos essenciais das operações e estratégia do hospital, incluindo a implementação de uma polêmica linha gerencial conhecida como "value-based healthcare" [saúde baseada em valor]. Essa estratégia fora desenvolvida a partir de uma colaboração entre o diretor administrativo sueco do BCG e o acadêmico norte-americano da área de gestão Michael Porter, cuja teoria da "competição baseada em valor" diz que os sistemas de saúde devem ser reembolsados com base nos resultados de saúde para os pacientes em relação aos custos de fornecimento da assistência médica. Essa linha de pensamento, baseada no modelo de assistência médica privada dos Estados Unidos, está fundamentada em uma compreensão restrita de valor na oferta de assistência médica, a relação custo-benefício,[15] e tem sido usada para justificar uma maior participação de fornecedores do setor privado em serviços de saúde. No NKS, a linha da saúde baseada em valor tem sido usada para estruturar o hospital segundo diferentes grupos de pacientes, e não segundo as especialidades médicas, o que requer que seus especialistas trabalhem em mais de um departamento.[16] O uso dessa abordagem no NKS é alvo de críticas generalizadas. Pesquisadores e jornalistas expressaram preocupação com a falta de evidências de sua eficácia e questionaram por que um empreendimento hospitalar tão vasto foi escolhido como um "projeto piloto".[17] A implementação desse plano foi qualificada no *British Medical Journal* (*BMJ*) como "caótica, suscitando duras críticas do quadro médico, colapso na área de TI, além de [criar] muitos problemas logísticos: escassez de leitos, falta de vestiários e salas de espera nas instalações e enfermarias mal projetadas".[18]

Apesar desses problemas, segundo a mídia o BCG cobrou do hospital 257 milhões de coroas suecas em seis anos.[19] Isso equivale a mais de 700 mil coroas suecas por mês (algo em torno de 64 mil dólares) para cada um dos nove consultores empregados — muito mais do que os gestores do setor público com cargo e titulação similares recebem na Suécia. Essas revelações controversas no segundo trimestre de 2018 levaram à renúncia de membros da diretoria do hospital, embora a consultoria não tenha sido acusada de quebra de contrato. Pouco depois, em setembro daquele ano, o diretor do hospital, Melvin Samson, também pediu demissão. Ainda que, segundo o *BMJ*, Samson tenha declarado na época que "chegou o momento de ir para outra, agora que o sistema que introduzi está a pleno vapor",[20] sua decisão veio depois da muito criticada escolha do hospital de contratar outra consultoria, a Nordic Interim AB, para a gestão de serviços entre 2015 e 2018. O valor total desses contratos foi de 133 milhões de coroas suecas (aproximadamente 120 milhões de dólares), e chegou a ser alvo de um inquérito pela Swedish Competition Authority [Autoridade de Concorrência da Suécia], depois da revelação de que houve dispensa de licitação.[21]

Aliás, consultorias participaram de vários aspectos do NKS. Entre elas está a consultoria escandinava Ramboll, que em seu site declara:

> A Ramboll participou do projeto [do NKS] desde o princípio, em estudos preliminares sobre a possibilidade de construir um novo hospital e depois na preparação de documentos de licitação e revisão da documentação recebida. A Ramboll foi contratada pelo Skanska Healthcare, responsável pelo projeto e construção do prédio do New Karolinska Solna, para fazer

o planejamento da construção das estruturas do prédio. A Ramboll teve a responsabilidade de projetar todo o prédio do hospital e o de pesquisas, além de oito salas de radioterapia — mais de 75% do total das instalações.[22]

Essa declaração sintetiza o quanto a parceria do NKS dependia de consultores privados para a execução do projeto. Mas essa linha de ação teve implicações financeiras colossais. Em 2019 o *BMJ* informou que algo em torno de 250 médicos e 350 enfermeiros do hospital haviam recebido o aviso de que poderiam perder o emprego em consequência de um déficit imprevisto de 1,6 bilhão de coroas suecas nas finanças do hospital naquele ano.[23] O custo inflado de terceirizar a construção do hospital e partes de sua gestão, medidas que a consultoria recomendou e das quais se beneficiou, em última análise pôs em risco os empregos do quadro médico que realmente criaria valor no hospital. Em 2018 a líder da oposição na Assembleia do Condado de Estocolmo, Aida Hadžialić, não mediu palavras ao criticar a administração do NKS: "Essa escolha expressou uma vontade política baseada na ideia de que a privatização sempre tem efeitos positivos e levou à construção de um dos prédios mais caros do planeta". Um grupo de acadêmicos escandinavos da área de administração também foi crítico, chamando a ambição de aproveitar a dinâmica da competição do setor privado de "racionalização mágica de um desejo". Salientaram também que, dependendo da indústria da consultoria no grau em que a Assembleia e o consórcio haviam dependido, "a experiência e a competência de pesquisadores e especialistas independentes não foram utilizadas".[24]

Essa segunda observação alude a uma consequência muito mais profunda de contratar consultorias do que apenas o custo dos fluxos de caixa no curto prazo. Em magnitude e abrangência, não só a terceirização para consultorias costuma custar muito mais caro do que as alternativas como também pode potencializar o desperdício de habilidades especializadas e expertise que já existam na organização e seu ecossistema — por exemplo, na cabeça dos pesquisadores médicos e enfermeiros no caso do NKS. Decisivamente, é uma linha de ação que também pode impedir que essas pessoas — e suas organizações — aprendam e aperfeiçoem suas habilidades.

Como as organizações aprendem?

O uso de consultores para desenvolver ou providenciar uma função essencial — em contraste com o aproveitamento das ideias de especialistas — pressupõe que é possível conjurar competências à vontade[25] e que o conhecimento pode ser comprado com facilidade, como se estivesse em oferta numa prateleira. Pressupõe que o aprendizado na organização contratadora não é um *processo* incremental e coletivo, e sim uma *transação*.

Essa mentalidade transacional não condiz com um vasto estudo sobre a importância da dinâmica interna da organização (contratadora) no aprendizado. Um estudo mostrou que o aprendizado dentro da organização se vale de conhecimentos (as aptidões, habilidades e competências coletivas de seus funcionários) e de recursos já existentes — cuja soma pode ser definida como a capacidade da organização.[26] O conhecimento construído pode ser "explícito" e facilmente mensurável — por exemplo, pode incluir estatísticas registradas em bancos de dados e informações inseridas em sistemas internos de gestão de conhecimento. Mas, com frequência, ele é "tácito" — configura o know-how que os empregados acumulam com o tempo, algo mais difícil de quantificar ou captar de modo concreto.[27] Isso vale, sobretudo, para a indústria de trabalho intensivo. No setor público, em grande parte graças à longa sombra das narrativas da NPM [Nova Administração Pública], que não valoriza as experiências derivadas de longas carreiras no funcionalismo público, esse conhecimento tácito em geral é desconsiderado como um importante recurso de aprendizado. O conhecimento acumulado total que existe em uma organização costuma ser designado como "memória institucional".

Segundo essas perspectivas, aprender envolve modificar, reorientar ou reestruturar conhecimentos e recursos existentes em função de novos desafios. Podemos dizer que as organizações capazes de evoluir são dotadas de "competências dinâmicas"[28] ou "competências de aprendizado".[29] Nesse modelo de desenvolvimento, outros agentes na sociedade também são importantes, e interações com outros indivíduos e organizações criadores de valor são fundamentais.

Em governos democráticos pressupõe-se que as organizações do setor público sejam capazes de adaptar-se em resposta a mudanças nas demandas políticas e necessidades sociais. O conhecimento e os recursos internos, portanto, não são apenas um meio para atingir os objetivos políticos do momento; também podem ser recursos básicos da construção de conhecimento e recursos para usos futuros. A pandemia de covid-19 atesta essa afirmação. Um relatório sobre políticas públicas do qual uma de nós foi coautora constatou que "as competências do setor público para administrar uma crise dessa magnitude dependem dos investimentos cumulativos que um Estado tenha feito em suas capacidades de governar e administrar".[30] Não havia uma receita pronta de preparação para a pandemia; mas um aprendizado prévio e a habilidade para reorientar as competências e recursos em resposta à covid-19 foram cruciais. O relatório menciona, por exemplo, que em Kerala, na Índia, a memória institucional da gestão bem-sucedida de duas grandes inundações e de um surto viral em 2018 tornaram-se o alicerce da resposta à pandemia. Usando essa experiência prévia, as autoridades da área de saúde conseguiram assegurar que "antes de seu primeiro caso registrado de covid-19, quinze distritos de saúde em Kerala já tivessem estabelecido salas de controle para monitorar a situação e coordenar respostas, e dois hospitais em cada distrito foram designados para tratar os pacientes infectados pelo vírus".[31] Apesar de operar com um orçamento relativamente restrito em comparação com países do Norte Global, e de ser um movimentado hub turístico e abrigar muitos dos trabalhadores especializados itinerantes do país, o governo de Kerala, em sua resposta precoce, conseguiu manter baixos os números de infecções e hospitalizações. Enquanto isso, em Ruanda, autoridades conseguiram redirecionar a infraestrutura de saúde desenvolvida para impedir que o ebola atravesse a fronteira da República Democrática do Congo e para combater o HIV.[32] No Vietnã, compensaram "os investimentos em capacidades de longo prazo sob a forma de infraestrutura e serviços de saúde pública (centros de operações de emergência e sistemas de vigilância) criados em resposta à epidemia de SARS [síndrome respiratória aguda grave]". O conhecimento reunido previamente permitiu ao governo adotar uma bem-sucedida linha de ação para "toda a sociedade". Entre outras iniciativas, isso incluiu alavancar as aquisições pelo governo e o financiamento de pesquisa e desenvolvimento (P&D) para "envolver a área acadêmica e o setor privado na produção de kits de testagem de baixo custo", além de "redirecionar temporariamente a produção de vestuário para a produção de máscaras".[33] Em cada um desses exemplos, ter confrontado desafios anteriores usando recursos e conhecimentos internos deixou os governos mais bem preparados para a crise. Os países mencionados no relatório também aproveitaram a expertise e a capacidade de outros agentes da sociedade em suas respostas à covid-19, desde fornecedores privados da área de saúde até organismos intergovernamentais, como a Organização Mundial da Saúde, além de inovações propostas pelos cidadãos, desenvolvidas por pessoas comuns.

Aprender com consultores?

A indústria da consultoria não tem a proporção atual apenas por ser uma intermediária eficaz de conhecimento. E mesmo quando consultores criam conhecimento, ele pode não ser bem compartilhado com os clientes. Uma análise dos usos de consultorias de gestão por governos europeus indicou que o conhecimento produzido por essas empresas quando recebem um contrato "em geral não é construído e mantido internamente nas organizações públicas; em grande medida ele fica retido pela empresa de consultoria".[34] Na prática, os contratos de consultoria estipulam o número e o formato de "entregáveis" que o cliente receberá, como relatórios sobre importantes conclusões analíticas, workshops de treinamento ou um plano estratégico. Mas o conhecimento que é construído no processo de desenvolvimento de entregáveis — por exemplo, transcrições de entrevistas e dados estatísticos — não é compartilhado. O conhecimento tácito que os consultores desenvolvem permanece com eles.

As organizações podem até ter o objetivo de absorver conhecimento das organizações contratadas, mas, como indicam estudos sobre "capacidade absortiva",[35] essa forma de aprendizado é inviável sem competências fundamentais de gestão e coordenação. O conceito de capacidade absortiva foi introduzido para designar "a capacidade de uma empresa de reconhecer o valor de novas informações externas, assimilá-las e aplicá-las a fins comerciais", que é o cerne dos processos de inovação.[36] Desde então esse conceito foi desenvolvido tendo em vista uma compreensão mais ampla dos processos de aprendizado no setor público ou privado.[37] Em um ou outro, organizações com capacidade absortiva possuem as competências de gestão e coordenação que, antes de tudo, lhes permitem reconhecer uma fonte valiosa de conhecimento externo e então assegurar sua "apropriação"[38] — que seja incorporado a processos de aprendizado mais abrangentes. Sem isso, perde-se a capacidade para construir a "memória institucional", e o conhecimento externo é logo esquecido.[39] A capacidade absortiva é uma dimensão importante das competências dinâmicas de uma organização, porém não substitui a capacidade gerencial e operacional mais ampla, necessária para que uma organização cresça e evolua. As empresas de consultoria de gestão, em especial, cuja existência depende da obtenção de contratos futuros, podem ser incentivadas a impedir que seus clientes aprendam e se tornem independentes a ponto de prescindir dos serviços da consultoria, tornados obsoletos.

Contratar consultorias também pode erodir de forma direta o conhecimento interno e a memória institucional:[40] quanto menos uma organização faz alguma coisa, menos ela sabe como fazê-la. É um processo autorrealizável. Mas o resultante esvaziamento de competências não só reduz a capacidade da organização de executar ela própria determinada tarefa no curto prazo como pode também ter efeitos cumulativos no longo prazo. Por exemplo, se o governo ruandês houvesse terceirizado para uma consultoria de gestão a sua estratégia de prevenção do ebola na fronteira com o Congo, não teria desenvolvido o conhecimento e os recursos que se tornaram fundamentais para sua resposta à covid-19.

Além dos orçamentos: As consequências para o aprendizado futuro

As consequências danosas da terceirização para o aprendizado costumam demorar muitos anos para aparecer. Somente a partir de 2020,

A INFANTILIZAÇÃO DAS ORGANIZAÇÕES

agentes formuladores de políticas e pesquisadores passaram a identificar os custos de transferir a consultores de gestão e outros agentes privados a responsabilidade pela TI do setor público — uma mudança que vem ocorrendo desde a década de 1990.

Muitos políticos veem as funções e os sistemas administrativos como áreas que nem sempre precisam ser geridas pelo governo e que até funcionam melhor nas mãos de empresas. Mas as áreas de TI e dados são cada vez mais valiosas, essenciais, sobretudo para as operações do dia a dia no governo, e privatizá-las tem implicações relevantíssimas. Todos os setores públicos dependem de dados para prestar serviços. Pense na coleta do lixo, por exemplo — outra área do governo que, tal e qual TI, costuma ser caracterizada como algo trivial. Sem dados sobre os endereços dos cidadãos, detalhes sobre a logística dos veículos coletores e a capacidade de comunicar os horários e datas da coleta aos cidadãos, o lixo se amontoaria nas ruas. Dados também estão no cerne das mudanças que ocorrem no setor público.[41] Os processos de coleta de lixo podem não ter mudado tanto nas últimas décadas, mas muitas outras funções públicas precisaram evoluir para acompanhar mudanças nas demandas políticas, assim como nas transformações demográficas e ambientais. Hoje a TI é ou deveria ser uma atividade essencial de toda administração pública.

A linha adotada pelo governo dinamarquês para a digitalização é um exemplo útil. Na Dinamarca, o e-governo, que teve "um papel quase oculto na visionária estratégia nacional da Sociedade Informacional no começo dos anos 1990 [...], tornou-se nos anos 2000 um campo de políticas públicas próprio".[42] Até fins do século XX, o setor privado teve um papel muito limitado na infraestrutura e gestão de TI, e a transferência dessas responsabilidades para o setor privado ocorreu relativamente rápido. O setor público dinamarquês foi um dos primeiros a adotar reformas do e-governo, por isso suas consequências apareceram mais cedo do que em outros países. A magnitude das reformas da digitalização implementadas nos últimos trinta anos também revela as consequências negativas desse cenário para a capacidade do setor público.

Entre 2002 e 2016, o governo dinamarquês — sob a liderança de diferentes correntes ideológicas — adotou várias estratégias de e-governo e digitalização que gradualmente transferiram mais da infraestrutura e gestão de TI do setor público para as mãos de empresas de consultoria e outros agentes privados.[43] Mas a privatização não foi o objetivo principal, e sim uma consequência. As estratégias de e-governo no começo dos anos 2000 mencionavam o desejo de aprimorar serviços e processos, o mesmo objetivo das linhas de pensamento mais abrangentes da Nova Administração Pública e da Terceira Via em todo o Estado de bem-estar social dinamarquês.[44] A eficiência continuou sendo um objetivo básico das reformas ao longo dos anos 2000, mas se antes era considerada um modo de "liberar recursos",[45] havia se tornado um modo de salvar o Estado de bem-estar social após a crise financeira.[46] Durante a década que se seguiu à crise financeira, o objetivo de aprimorar serviços e processos com a digitalização do setor público passou a ser acompanhado por um novo motivo: o crescimento do setor privado. Nesse período, a Dinamarca abriu mão de ativos e competências do setor público desenvolvidos graças a dispendiosos programas públicos de bem-estar social e regulação, entregando-os como recursos a serem explorados pelo setor privado na busca pelo crescimento econômico. Isso ocorreu na digitalização tanto da administração quanto da prestação de serviços.[47]

Em 2017 o governo dinamarquês teve de confrontar o fato de que a transferência da TI para consultorias externas e prestadores privados afetara adversamente sua capacidade de governar de acordo com mudanças políticas. Um relatório do governo ressaltou que:

> Várias autoridades estatais hoje são incapazes de construir a importante ponte entre TI e funções essenciais e de iniciar colaborações úteis e geradoras de valor com o mercado privado de TI [...] Várias autoridades são incapazes de gerir sistemas de TI com eficiência e responsabilidade e [...] não necessariamente têm controle sobre os projetos dessa área.[48]

Segundo um gestor público, alguns órgãos tornaram-se dependentes de contratados, pois "todo o conhecimento, know-how e documentação... estão na cabeça de uns poucos empregados terceirizados". Isso significa que, "em alguns casos, estávamos em uma situação na qual eram os sistemas de TI que determinavam quando as mudanças que os políticos queriam podiam ser implementadas, e não o contrário".[49] Um desses casos tem a ver com uma nova regra tributária da UE que a Dinamarca, como membro do bloco, precisava pôr em prática. O departamento de tributos teve dificuldade para implementar a reforma de um modo abrangente; ela requeria mudanças básicas na infraestrutura de TI, que tinha sido terceirizada.[50]

O setor público dinamarquês não sabia mais como manter suas competências em TI atualizadas, visto que a capacidade de fazer mudanças estava sob o controle de empresas privadas contratadas. Essa perda de conhecimento significa que os gestores do setor público costumam não ter escolha a não ser recorrer ao suporte de mais uma contratada externa. Até governos escandinavos, com sua elevada capacidade fiscal, encontram-se nessa situação. Portanto, o uso crescente da indústria da consultoria em todo o setor público é um problema fundamentalmente político, pois firmar contratos de grande magnitude e abrangência limita as opções de políticos que no futuro serão eleitos de forma democrática. Assinar um contrato com um prestador privado é algo que se pode fazer em poucos dias, mas reconstruir as competências que talvez se percam no processo nunca é tão rápido — ainda mais em campos tão técnicos quanto a TI. Um novo governo eleito por um período de cinco anos pode ter o tempo do mandato democrático para trazer serviços e outros contratos historicamente terceirizados de volta ao setor público, mas seria complicado, gradual e dispendioso atingir esse objetivo dentro do período disponível, sobretudo se o governo anterior tiver terceirizado em grande escala.

Presa dos criadores de belos folhetos de apresentação

A perda de conhecimento também pode prejudicar a capacidade do Estado para governar relações com o setor privado, seja por regulamentação, *procurement* ou outras formas de parceria.

Em toda a história do capitalismo, governos precisaram se manter a par dos avanços em mercados e empresas específicas. Uma força de trabalho pública capacitada precisa saber analisar mudanças, tanto para assegurar que as leis corporativas sejam cumpridas quanto para retificá-las ou aprimorá-las quando necessário. Interagir com os mercados, portanto, sempre foi uma medida de regulação importante pelo simples fato de que as empresas são uma fonte essencial de informações sobre tendências em setores e na economia. Mas com o crescimento da consultoria desde os anos 1980, muitas áreas fundamentais da regulação passaram a ser caracterizadas não por uma relação de aprendizado — na qual analistas do setor público estudam mercados em busca de ideias que os ajudem a tomar decisões apropriadas —, mas sim pela terceirização da função de formular essas regras para os próprios agentes de mercado que serão afetados por elas.

A decisão de terceirizar a regulação para consultorias e outros agentes corporativos pode ser um esforço político para limitar a influência do Estado sobre os mercados, mas não raro também é uma questão de capacidade. Talvez as entidades reguladoras não possuam mais a expertise necessária para formular regras apropriadas. Isso não se deve apenas ao esvaziamento gradual de competências causado pelas terceirizações (por exemplo, a dificuldade de atrair economistas talentosos para o setor público quando os salários não se comparam aos pagos em empresas privadas também é algo muitas vezes citado como um fator importante). Porém, quanto mais a responsabilidade por executar funções essenciais for privatizada, mais dificuldade o governo terá para assegurar que as habilidades reguladoras de seu quadro interno sejam atualizadas e se aperfeiçoem. Essa "lógica interna da privatização [...] prejudica seriamente tanto o poder limitador das regras públicas quanto a capacidade do Estado de exercer sua autoridade em âmbito jurídico".[51]

Essa perda incremental de conhecimento atualizado também afeta a capacidade das entidades públicas de negociar condições adequadas em novos contratos com consultorias e outros provedores. Mais uma vez, isso ocorre com frequência maior nas áreas administrativas que fazem uso intensivo de tecnologia de ponta, como monitoramento ambiental, finanças e serviços digitais. Isso se evidenciou no Reino Unido após os anos Blair/Brown, no período em que o novo governo de coalizão decidiu cortar gastos com consultorias. Em um caso, uma importante licitação de franquia ferroviária foi suspensa porque o departamento de transportes não possuía um quadro interno capacitado para gerenciar a competição pelo contrato. O departamento havia se acostumado a terceirizar a tarefa da licitação para consultores externos, e sua incapacidade de fazer isso durante a moratória foi paralisante: "Consultores tinham se tornado essenciais para o funcionamento do setor público".[52]

Mais recentemente, em 2018, o setor público dinamarquês enfrentou as consequências de ter perdido competências digitais quando uma parceria com a IBM foi desfeita. Dezoito meses antes, o órgão regional do governo responsável pelos serviços de saúde na capital, Copenhague, havia firmado um acordo de cinco anos com a consultoria de TI para desenvolver uma estratégia de inteligência artificial e integrar a tecnologia de IA Watson aos sistemas hospitalares da região. Por um ano a IBM se empenhou fervorosamente em encantar as mais altas autoridades e políticos da região até que o acordo fosse assinado e milhões de coroas dinamarquesas fossem entregues à companhia. Mas em 2018 o acordo foi cancelado, e todas as promessas de novas tecnologias para o Estado de bem-estar social afundaram junto.

Um ex-funcionário envolvido nas tratativas do contrato comentaria mais tarde que "houve muito exagero quanto ao que a Watson seria capaz de fazer. O caso faz pensar no conto 'A roupa nova do imperador'".[53] Se o governo regional houvesse mantido uma maior capacidade interna para a inovação digital, os gerentes de projeto talvez tivessem detectado falhas nas promessas da IBM com muito mais facilidade e antecedência, ou pelo menos teriam sido capazes de recorrer à expertise de outras pessoas da organização em busca de aconselhamento.[54] Mesmo em casos de *aquisições* em que "especificações funcionais abrangentes (por exemplo, de desempenho) formam a base para avaliar o cumprimento de requisitos, em contraste com o uso de especificações técnicas detalhadas", o setor público ainda precisa ter "uma compreensão profunda das limitações tecnológicas e do ambiente de aplicação da tecnologia ou produto".[55]

Durante a missão Apollo nos anos 1960 e começo dos anos 1970, o diretor de *procurement* da NASA, Ernest Brackett, reconheceu a importância das competências do setor público para contratar e estipular termos de referência favoráveis. Brackett alertou que se a agência parasse de investir nessas competências, por exemplo, cortando gastos com P&D, ela deixaria de compreender seu próprio ambiente, não saberia com quem colaborar ou seria incapaz de redigir os termos de referência para uma colaboração. Em suas palavras, a NASA viraria "presa dos criadores de belos folhetos de apresentação".[56] A ausência de competências e expertise digital internas no órgão regional do governo dinamarquês o tornou vulnerável ao Big Con.

"Fisiologismo" e incapacidade

A desqualificação de muitos governos para contratar com eficácia tornou-se bem clara nos primeiros meses da pandemia de covid-19. No Reino Unido, o grau em que fracassos de contratação resultaram de incapacidade ou revelaram um aumento da corrupção tem sido alvo de debates acalorados na mídia e tema de estudos acadêmicos.

Quando vieram à tona relatos de que contratos para equipamento de proteção individual (EPI) estavam sendo concedidos por "caminhos VIP", ministros foram acusados de "fisiologismo",[57] e o governo, de criar uma "favoritocracia".[58] Um relatório da Transparency International UK concluiu que um em cada cinco contratos para resposta à pandemia tinha "sinais de possível corrupção", entre eles 24 contratos de EPI no valor de 1,6 bilhão de libras e três contratos de testagem no valor de 536 milhões de libras.[59] Em janeiro de 2022 a Suprema Corte considerou ilegal o uso desses "caminhos VIP" pelo governo na concessão de contratos para duas empresas durante a pandemia.[60] Em maio de 2020, uma empresa de assistência médica que empregava o parlamentar Owen Paterson como consultor remunerado ganhou a licitação para produzir kits de testagem de covid-19 sem enfrentar competição.[61] Uma investigação pelo comissário de normas parlamentares constatou depois que Paterson havia transgredido "repetidamente" as regras sobre lobby remunerado e recomendou que ele fosse suspenso por trinta dias.[62] O relatório provocou um debate nacional, e o primeiro-ministro Boris Johnson ouviu clamores de todo o governo para proibir membros do Parlamento de exercerem funções externas remuneradas.[63] Mas os exemplos de possível "compadrio" não envolviam apenas contratos com empresas onde um parlamentar estava empregado. Em um caso informado em canais de notícias do mundo todo, descobriu-se que o secretário de Saúde Matt Hancock estivera envolvido na negociação de um contrato entre o senhorio do pub de seu bairro e o Department of Health and Social Care para a fabricação de tubos de ensaio. O contrato foi avaliado em 30 milhões de libras — mas a empresa do senhorio não tinha qualquer histórico de fabricação de equipamento médico.[64] O próspero negócio de pilantragem em contratos da covid-19 no Reino Unido ultrapassava fronteiras. Em um caso que foi parar nos tribunais de Miami, um designer de joias da Flórida, sem experiência em cadeias de suprimento de EPI, montou uma empresa para vender luvas e aventais hospitalares para o NHS. Recebeu dois contratos do governo totalizando mais de 28 milhões de libras, concedidos pelo Department of Health and Social Care.[65] O Good Law Project, uma ONG da área jurídica chefiada por advogados renomados, levou um número similar de casos aos tribunais na Inglaterra, entre eles o de um contrato de EPI no valor de 108 milhões de libras que foi concedido a uma pequena empresa de controle de pragas com patrimônio líquido de 18 mil libras.[66]

As cientistas políticas Linda Weiss e Elizabeth Thurbon afirmaram que o caso do Reino Unido demonstra não apenas incapacidade, mas também falhas na atuação política. Elas questionam a ideia de que as reformas de terceirização e privatização tornaram os estados "incapazes de impedir ou mitigar o surto viral". Através de uma análise comparativa de respostas dos governos britânico e australiano à pandemia — ambos implementaram abrangentes reformas de terceirização desde os anos 1980 —, as estudiosas demonstraram que a atuação de políticos foi crucial para "compensar" as deficiências institucionais. Essas diferenças nas escolhas políticas dos governos dos dois países explicam em grande parte por que a Austrália teve mais êxito do que o Reino Unido em conter a pandemia.[67]

A importância da atuação política é inquestionável. Porém, contrariamente ao pressuposto neoliberal de que funcionários públicos usam seus cargos visando sobretudo ao ganho pessoal — uma ideia que foi reforçada com a adoção de reformas inspiradas na Teoria da Escolha Pública dos anos 1980 —, governos não são inerentemente corruptos. Sempre há indivíduos que procuram usar cargos políticos para ganho pessoal — e outros cujas ambições a princípio bem-intencionadas são pervertidas quando eles chegam ao poder. Talvez certos partidos políticos atraiam uma parcela maior do que a média desse tipo de pessoa.

Mas a arquitetura mais abrangente do Estado, que extrapola seus políticos eleitos, precisa contar com freios e contrapesos para impedir que indivíduos ou grupos cobiçosos se apoderem da economia. Em uma democracia saudável, o setor público e suas estruturas administrativas são tanto o que permite aos políticos eleitos concretizarem as reivindicações de seus eleitores como o que impede que os "fisiologistas" subvertam a democracia em vantagem própria, impondo regras e obrigações consensuais. A capacidade do setor público para reprimir escolhas corruptas ou antidemocráticas de seus políticos também deve ser vista como uma dimensão da capacidade do Estado.

Desse modo, embora tenha havido muitos exemplos claros de ligações flagrantemente próximas e comportamento anticompetitivo na concessão de contratos durante a pandemia, é uma análise míope caracterizar esses processos apenas em termos de fisiologismo e corrupção. O golpe do fisiologismo durante a pandemia no Reino Unido não teria ocorrido sem o esvaziamento da capacidade interna de contratação. Em dias melhores, um ministro que procurasse favorecer um velho parceiro de negócios ou um amigo chegado depararia com administradores cujo trabalho era garantir que o *procurement* fosse um processo transparente e justo. Esses funcionários públicos teriam as competências e os recursos necessários para assegurar que o interesse público fosse defendido. A proporção dos contratos corruptos no Reino Unido e em outras partes durante a pandemia sugere que esse não é mais o caso.

A fragilidade do setor público também tem implicações para políticas que, embora de maneira menos direta, podem muito bem reconfigurar nossas sociedades. Em anos recentes, cientistas políticos e outros estudiosos têm demonstrado grande interesse na ascensão do que denominam "populismo" e sentimento antielite. A eleição de Donald Trump para a presidência dos Estados Unidos e o Brexit são quase sempre citados como manifestações dessas tendências políticas. Segundo essa visão, populações procuram mudar o statu quo que governa as instituições liberais e reafirmar a autoridade do povo — ou "retomar o controle", como dizia o lema da campanha oficial — Vote Leave ["Vote pela Saída"] — durante o referendo no Reino Unido. O pressuposto predominante nessas análises é de que os eleitores são enganados por políticos fascistas para votarem a favor de reformas políticas contrárias aos interesses da maioria do povo, tornando nossas sociedades mais nativistas, isolacionistas e autoritárias. É inegável que políticos de direita aproveitam — e, em vários graus, exacerbam — esses sentimentos de frustração com ferramentas de tomada de decisão política. Mas a perda gradual de expertise enraizada e responsável em muitas organizações governamentais também os prejudica. Em um mundo onde fanáticos usam o sentimento de alienação política do povo em proveito próprio, é preciso limitar a transferência de competências no setor público, incluindo a que se faz por terceirização a consultorias. Caso contrário, governos e órgãos públicos não só se tornarão mais dependentes de agentes de mercado — cujos interesses quase sempre conflitam com os do povo —como também atiçarão as chamas da desilusão política que se apodera de sociedades no mundo todo.

Enxugando empresas

Em organizações empresariais — assim como no setor público — o desenvolvimento coletivo e cumulativo de conhecimento e recursos está no cerne da capacidade de inovar produtos e responder a novas demandas dos clientes e da sociedade.[68]

Terceirizar "pode erodir o potencial da empresa para o aprendizado organizacional [existente] e o desenvolvimento de novas tecnologias".[69] Mas a promoção da indústria da consultoria também é importante para a compreensão das consequências para o aprendizado e o desenvolvimento de novas competências dentro das empresas. De fato, o marketing contínuo e a introdução de novos conceitos organizacionais enquanto as consultorias tiram proveito de um novo nicho de mercado podem perturbar o aprendizado da empresa, subvertendo estruturas existentes.[70] Soluções "comoditizadas" — um termo usado na indústria da consultoria para denotar *frameworks*, métricas e serviços ofertados — podem ser influentes ferramentas de branding e marketing; mas nas empresas que as adotam podem levar administradores a "borboletear de teoria em teoria",[71] sem se fixarem em uma estrutura ou estratégia por tempo suficiente para promover o desenvolvimento de suas competências antes que outra tome lugar. O ciclo de adoção e abandono de soluções presente na indústria da consultoria "pode reforçar uma persistente falta de acúmulo de conhecimento no sistema que deve justamente fornecer o conhecimento".[72] Alguns pesquisadores chegam mesmo a situar a "falta de memória" no cerne da consultoria de gestão; por meio do esquecimento, "a persistente introdução de novas ideias... permite que erros prévios se repitam e inibe o aprendizado nas organizações".[73]

Talvez o mais destacado grupo de abordagens associado à indústria da consultoria seja aquele que recomenda reestruturação, downsizing ou redução de camadas hierárquicas dentro de uma empresa. Como vimos em "O que é a indústria da consultoria?", há tempos as consultorias aconselham empresas a reduzir seus quadros, e elas podem ser contratadas justamente porque permitem ao gestor contratante culpá-las pela extinção de postos de trabalho — e por tolher a oposição da força de trabalho mais numerosa e dos sindicatos. As consultorias em geral permitem "confirmar e legitimar decisões de reestruturação que já haviam sido tomadas".[74]

O downsizing ou a redução de camadas hierárquicas em uma empresa — promovidos por decisões administrativas internas ou recomendados por uma consultoria — podem resultar em redundâncias generalizadas. Pesquisadores relatam, por exemplo, que a crise econômica de 1997 levou a um maior uso de consultorias de gestão e a essa forma de reestruturação corporativa, que elas recomendaram na Coreia do Sul, por exemplo. Em dezembro daquele ano o governo coreano anunciou que estava pedindo auxílio financeiro ao FMI. As condições do empréstimo incluíam não apenas mudanças na política macroeconômica e regulação financeira, mas também maior flexibilidade no mercado de trabalho e reestruturação dos maiores conglomerados do país, de modo a "remodelar a economia coreana à imagem do (idealizado) sistema anglo-americano".[75] Em resposta, várias consultorias de gestão publicaram relatórios que corroboravam as exigências do FMI. Em 1998, no auge da crise, o McKinsey Global Institute proclamou que "práticas ineficientes de gestão e trabalho, quadros superdimensionados, ausência de uma cultura de desempenho e combinações inadequadas de produtos e serviços" eram entraves fundamentais nas mais diversas indústrias.[76] Por recomendação de consultorias, muitas empresas enxugaram sua força de trabalho, apesar de frequentemente também enfrentarem resistência de sindicatos e de gestores, o que em alguns casos "resultou na atenuação das perdas de empregos previamente anunciadas".[77]

Um estudo mostrou que o downsizing pode "prejudicar gravemente a capacidade de aprendizado em organizações".[78] Usando dados de 4153 empresas instaladas na Austrália, por exemplo, essa análise encontrou uma forte ligação entre downsizing e perda de habilidades e conhecimentos essenciais para o aprendizado. As descobertas refutaram a hipótese de que o downsizing tende a estar associado a um aumento no perfil de habilidades e na base de conhecimentos de uma empresa, já que envolve uma reestruturação organizacional que facilita a aquisição de habilidades variadas e níveis maiores de profissionalização. Em outras palavras, as demissões em massa associadas ao downsizing prejudicaram a capacidade de aprendizado das empresas, mesmo quando novos empregados são contratados e novos objetivos estratégicos definidos como parte de um processo de reestruturação mais abrangente.[79]

Em empresas que dependem de pesquisa, a decisão de terceirizar funções essenciais pode ter consequências ainda mais graves para o aprendizado e a inovação. A questão é que, mesmo assim, essa forma de governança corporativa ainda é muito adotada em muitas empresas do gênero na América do Norte e Europa, e com frequência vem associada a reformas mais abrangentes destinadas a "maximizar a geração de valor para o acionista (GVA)". Embora o downsizing possa, sim, prejudicar o aprendizado, ao mesmo tempo ele é associado a um aumento nos rendimentos das ações no curto prazo, e por isso acionistas e executivos que recebem parte de sua compensação na forma de prêmios em ações são incentivados a fazer uso dele. Um estudo constatou que "[os CEOS] de empresas que anunciam enxugamento de quadro recebem 22,8% a mais do que outros CEOS em remuneração total no ano subsequente" — resultantes quase apenas de aumentos baseados em ações.[80]

Já faz tempo que muitas consultorias grandes recomendam formas de governança corporativa orientadas para os acionistas — e, talvez ainda mais importante, fornecem justificativas para tal aos gestores internos e aos acionistas que se aproveitam de uma onda de reestruturação. Já nos anos 2000 os economistas William Lazonick e Mary O'Sullivan, que identificaram a GVA como uma forma de governança corporativa em alta, observaram que "consultores de gestão promovem cada vez mais as virtudes dessa abordagem na Europa e Japão".[81] Na prática, o imperativo de maximizar valor para os acionistas solapa a inovação, especialmente em setores muito dedicados à pesquisa. O investimento nas competências necessárias é restringido para que cada vez mais dinheiro seja distribuído por meio de dividendos e recompras de ações.[82]

É na indústria farmacêutica que mais se evidenciam as consequências da GVA — e a influência da indústria da consultoria na consolidação desse enfoque.[83] O desenvolvimento de um novo medicamento é um processo altamente complexo e incerto, que requer investimento estratégico em uma força de trabalho qualificada e em equipamento técnico. Estudos demonstraram que em décadas recentes muitas farmacêuticas reduziram o investimento em P&D e aumentaram a distribuição a acionistas, assegurando maiores lucros não por meio da criação de valor com medicamentos inovadores, mas cortando gastos operacionais e inflando os preços de medicamentos já existentes, muitas vezes adquiridos em fusões.

Historicamente, a indústria farmacêutica representa um dos maiores mercados para as consultorias de gestão. Cada uma das maiores empresas de consultoria do mundo possui hoje uma divisão de farmácia e ciências da vida, dedicada a oferecer assessoria a grandes e pequenas empresas farmacêuticas em áreas como compliance regulatória, *supply chain*, fusões e aquisições e remuneração de executivos. Mas na última década o que atraiu a atenção mais indesejada foram as atividades de consultoria na área de governança corporativa e finanças. Um caso envolvendo a Valeant Pharmaceuticals — apelidada por um crítico de Enron das farmacêuticas[84] — se destaca pelo grau de atrevimento dos investidores e da influência da indústria da consultoria. O *Financial Times* chegou a publicar uma matéria com o título "McKinsey's Fingerprints are all over Valeant" [Impressões digitais da McKinsey estão por toda a Valeant] após o colapso da empresa em 2016.[85]

Apoteose: Apostando em gestão, esvaziando a ciência

A Valeant Pharmaceuticals começou como muitos outros pequenos fabricantes de medicamentos oriundos das décadas pós-guerra: conquistando um nicho de patentes e investindo alto em um punhado de áreas de pesquisa promissoras beneficiadas com financiamento e desenvolvimento consideráveis por parte do governo. Mas em fins dos anos 2000 a empresa enfrentava dificuldades para se manter solvente, por isso seu presidente fez o que na época se tornara a prática comum para ajudar farmacêuticas em apuros: contratou a McKinsey.[86] Mais especificamente, contratou J. Michael Pearson, um veterano da divisão de farmacêutica da McKinsey, que não demorou a cortar gastos em P&D, cujos retornos ele considerava baixos demais.

No campo dos medicamentos, os custos de pesquisa costumam ser altíssimos porque há muita incerteza, e poucos fármacos candidatos conseguem de fato chegar ao mercado. Desde os anos 1980, muitas farmacêuticas fizeram cortes drásticos em P&D interna. Ainda assim, em 2017 a indústria como um todo gastava 25% de suas receitas líquidas com esse fim.[87] Por recomendação de Pearson, o gasto da Valeant em P&D caiu para apenas 2% das vendas.[88] A nova estratégia corporativa de Pearson consistia em comprar empresas que já tivessem um produto no mercado e então aumentar o preço desse medicamento ao mesmo tempo que fazia cortes operacionais dentro dessas aquisições, às vezes demitindo mais de metade da força de trabalho no processo.[89] Investindo quase nada na atividade principal da Valeant, Pearson contentara os acionistas, e em 2008 foi contratado como CEO da farmacêutica.

Sob sua chefia, a Valeant tornou-se o que se conhece no ramo como uma "roll-up" — uma companhia que tenta crescer comprando outras empresas. A Valeant adquiriu mais de cem empresas em um período de poucos anos e se fundiu a outras em transações de "inversão" que lhe permitiram pagar pouquíssimo imposto.[90] Em muitos aspectos, a Valeant atuou como um fundo de hedge, porém com menos capital, e por isso precisou contrair empréstimos altos para manter crescentes as margens de lucro. A estratégia fez com que se endividasse, em especial nos últimos anos da gestão de Pearson.

Em público, os executivos justificaram sua estratégia de P&D dizendo que ela refletia uma tendência crescente no desenvolvimento de medicamentos. Afirmaram que "a maior parte da inovação vem de agentes externos à grande indústria" e que a "Big Pharma" estava "terceirizando a inovação ao comprar produtos em fase de conclusão desenvolvidos por empresas de biotecnologia, capital de investimento, startups, fundações, médicos e centros acadêmicos".[91] Embora seja verdade que desde os anos 1970 as empresas de biotecnologia passaram a ter um papel mais destacado na inovação em medicamentos, durante esse período a eficiência dos gastos em P&D também diminuiu; o número de novos medicamentos em relação ao valor total gasto em P&D despencou, sugerindo que essas tendências mais abrangentes da indústria talvez não fossem eficazes. No caso da Valeant, os medicamentos adquiridos já tinham sido desenvolvidos — segundo um professor universitário, o único estudo científico que a Valeant fez foi para testes pós-aprovação para a Food and Drug Administration (FDA) dos Estados Unidos.[92]

Pearson enfocava a companhia da perspectiva de suas margens de lucro e retornos para os acionistas — grupo do qual ele mesmo fazia parte —, e não como um veículo para o desenvolvimento de novos tratamentos. Disseram que um de seus lemas era "Não aposte na ciência, aposte em gestão".[93] Essa linha de ação se revelou bem-sucedida para apaziguar os investidores da companhia — em 2015 o valor de mercado do patrimônio líquido da companhia disparou para aproximadamente 90 bilhões de dólares[94] — mas deixou claríssimo que maximizar a geração de valor para acionistas não favorece a inovação em medicamentos.

Anos antes, a McKinsey tinha sido contratada para assessorar precificação antes de aquisições do portfólio da Valeant, inclusive para o medicamento Isuprel (isoprenalina), usado para tratar arritmias, e para o Nitropress (nitroprussiato de sódio), outro medicamento para o coração. Após as aquisições, a Valeant elevou o preço do Isuprel em 720%, e o do Nitropress em 310%.[95] Muitas outras consultorias beneficiaram-se do trabalho de integração pós-fusão, "intensivo em mão de obra e de alta lucratividade", resultante da linha de ação adotada por Pearson.[96]

A essa altura, alguns dissidentes na indústria da consultoria haviam expressado preocupação com o enfoque de curto prazo da GVA, mas Pearson estava seguindo uma linha de pensamento que a McKinsey recomendava já fazia tempo em seus contratos com a indústria farmacêutica. Uma nota informativa da McKinsey em 2011 alertara que o nível de P&D na Big Pharma poderia tornar-se insustentável aos olhos dos investidores, sugerindo que as companhias se livrassem de "infraestrutura de comercialização, fabricação e P&D", a fim de eliminar custos fixos, e adquirissem "melhores competências em planejamento financeiro, alocação de capital, comunicação, gestão de recursos externos e acesso ao mercado".[97] Em outras palavras, a McKinsey estava aconselhando as farmacêuticas a serem menos criadoras de medicamentos e mais intermediárias financeiras, levando à apoteose o mantra de maximizar a GVA.

Como haviam previsto alguns analistas da indústria, a escassez de competências internas de P&D e a manipulação de preços orientada em prol dos acionistas recomendada por Pearson logo chamaram a atenção de críticos. Em 2015, época em que o valor das ações da companhia começou a despencar, a Valeant tinha aumentado os preços de 65 medicamentos de uso controlado em uma média ponderada de 85% — em comparação com a média de 20% na indústria como um todo.[98] Segundo a *Vanity Fair*, um analista concluíra que "em quase todas as áreas, a maior parte de seu crescimento nos Estados Unidos veio de aumentos de preços" em vez de melhorias nos tratamentos.[99]

A extinção da companhia foi desencadeada em parte pela má reputação adquirida por outro diretor executivo de farmacêutica que estava levando a estratégia de Pearson ao seu extremo lógico. Martin

Shkreli era um ex-gestor de fundos de hedge que, em 2015, fundou a Turing Pharmaceuticals com o objetivo de adquirir medicamentos com a patente vencida, mas para os quais não existiam versões genéricas disponíveis, e então aumentar drasticamente o preço desses remédios. Em setembro do mesmo ano, o *New York Times* noticiou a decisão da Turing de elevar o preço de um medicamento antiparasitário que já estava no mercado há 62 anos: de 13,50 dólares para 750 dólares por comprimido. No mesmo artigo, mencionou que no mês anterior "dois membros do Congresso que investigam preços de medicamentos genéricos escreveram à Valeant Pharmaceuticals" depois que a empresa aumentou os preços do Isuprel e do Nitropress.[100] O deputado Elijah E. Cummings, o segundo na hierarquia do House Committee on Oversight and Accountability [Comitê de Supervisão e Responsabilidade], declarou que eles queriam "saber por que a Valeant aumentou tanto os preços desses dois medicamentos de importância vital quando a única coisa que mudou nesses medicamentos é a empresa proprietária".[101] E então a jogada da Valeant veio à luz, e a companhia teve de admitir para o público que estava sendo investigada pela Câmara e pelo Senado por suas estratégias de precificação. Os investidores começaram a ficar assustados.[102] No ano seguinte a SEC dos Estados Unidos também iniciaria uma investigação, o preço das ações despencaria 90%, Pearson pediria demissão e os investidores perderiam bilhões.

 A McKinsey e as demais consultorias envolvidas no caso Valeant não foram as únicas responsáveis pela direção tomada pela companhia. A Valeant e seu modelo de negócio existiram dentro de uma infraestrutura política e jurídica que facilitava a extração exorbitante de valor, parte do que a professora de direito Katharina Pistor chama de "o código do capital".[103] A estratégia da companhia de maximizar a GVA por meio da elevação estratosférica dos preços só foi possível porque os Estados Unidos não regulam preços de medicamentos. As recomendações da McKinsey para cortar de forma drástica os gastos com P&D não foram desprezadas pela cliente — muito pelo contrário —, pois permite que os acionistas tenham interesses de curto prazo e suguem os recursos da companhia sem jamais criar valor por meio de novos tratamentos. Mesmo assim a McKinsey lucrou com a direção extrativa da companhia, não sofreu sanções nem repercussões além de notícias desfavoráveis e, em última análise, não sofreu impactos negativos no crescimento geral da companhia. No fim das contas, quem pagou o preço da estratégia promovida e legitimada pela McKinsey foram os pacientes.

A influência da indústria da consultoria e o papel que ela desempenha são inseparáveis da economia política em sentido mais amplo e de ideias sobre geração de valor. A linha de ação adotada por ex-consultores da McKinsey sintetiza o que a contratação de consultorias ao longo de toda a economia oferece: o aprendizado — seja ele organizacional ou voltado para o desenvolvimento de medicamentos — pode ser comprado pronto em vez de desenvolvido ao longo do tempo por meio de recursos cumulativos e de investimento em conhecimento. Trata-se de uma tentativa de pegar atalhos. E esse processo revela que, na financeirização de muitas indústrias, as consultorias atuaram não como agentes passivos que meramente mediavam os interesses corporativos, financeiros e gerenciais, mas sim como agentes ativos na disseminação de ideias e práticas de extração de valor em um grau jamais visto na história.

8
Conflito de interesses: Consultorias e democracia

NO TERCEIRO TRIMESTRE DE 2017, quando o furacão Maria atingiu o Caribe, ninguém previu a devastação que ele causaria. Alguns dias depois de sua chegada, em 20 de setembro, o furacão saiu do território de Porto Rico deixando áreas inteiras arrasadas. Finalmente restaurado o fornecimento de energia elétrica na ilha, milhares de pessoas foram declaradas desaparecidas. O Maria foi classificado como um furacão de categoria 5, e o número oficial de suas vítimas fatais foi registrado como 2975, embora segundo outras estimativas possa ter chegado a 4645.[1] Entre as vítimas estavam crianças e adultos saudáveis, mas os mais gravemente afetados foram aqueles incapazes de deixar suas casas ou de ter acesso a assistência médica. Centenas de milhares de pessoas também ficariam desalojadas, e muitas fugiram para regiões continentais dos Estados Unidos. O trauma psicológico sofrido pelos jovens que perderam casa e familiares durante o furacão levou um pesquisador a chamá-los de "Geração Maria".[2]

A gravidade daquele evento climático não tinha precedentes em Porto Rico.[3] Porém, como demonstraram em anos recentes outros eventos "cada vez mais estranhos e imprevisíveis" associados à perturbação do clima, os danos e a tragédia de um desastre natural também dependem muito da infraestrutura geral da economia e das competências de agências governamentais. Em Porto Rico o desenvolvimento de instituições sociais e econômicas vinha sendo tolhido por muitas décadas antes da chegada do furacão. E nos últimos anos antes do desastre, a McKinsey fora um elo externo de legitimidade e recomendação para cortes em gastos governamentais, redução de serviços do Estado de bem-estar social e privatização de empresas públicas. Não é de surpreender que, tragicamente, os hospitais porto-riquenhos tenham atingido o ponto de colapso muito depressa quando o furacão avançou pela ilha.[4]

Porto Rico se tornou território dos Estados Unidos em 1917, após séculos de dominação colonial e guerra com o Império espanhol. Foi estabelecido um governo local baseado no modelo norte-americano. No entanto, nas décadas seguintes, o desenvolvimento econômico porto-riquenho quase nunca acompanhou o do restante dos Estados Unidos. Após a Segunda Guerra Mundial, o governo federal dos Estados Unidos implementou várias reformas no território em colaboração com representantes locais, com o objetivo de transformar Porto Rico de produtor agrícola em centro industrial. As políticas introduzidas no período, conhecidas como Operação Bootstrap, refletiam bem as reformas que vinham sendo implementadas em países de renda mais baixa em várias partes do mundo.

A esperada transformação de Porto Rico em um território norte-americano de alta renda nunca se materializou. E nos anos 1970, quando uma recessão global exacerbou os crescentes problemas econômicos do país, o governo recorreu a uma estratégia fiscal que por décadas exerceria uma influência danosa sobre a ilha. A mesma lei que tornara Porto Rico parte dos Estados Unidos também incluía a cláusula de que os títulos de dívida do território poderiam ser adquiridos por investidores dos outros cinquenta estados sem que eles precisassem pagar impostos sobre os juros. Isso acarretou uma tremenda alta na demanda pelos títulos — que o governo porto-riquenho continuou a emitir, particularmente em tempos difíceis. Nas últimas décadas do século xx, Porto Rico estava usando o dinheiro proveniente das vendas de títulos para equilibrar seu orçamento.

Por muitos anos, embora os custos do serviço da dívida aumentassem consideravelmente, um incentivo fiscal federal levou muitas empresas de tecnologia e serviços a transferir suas operações para a ilha. Mas em meados dos anos 2000 todas essas vantagens haviam expirado — junto com o interesse comercial em Porto Rico. Muitas empresas fugiram de volta para o continente, deixando os cidadãos com prédios de escritório vazios e uma base fiscal minguante. A população também se tornava mais idosa, o que aumentava proporcionalmente a necessidade de serviços do Estado de bem-estar social. Cada vez mais o governo se via forçado a contrair empréstimos para pagar pela assistência médica à população.

A situação chegou a um ponto crítico em 2014, quando três agências de classificação de risco rebaixaram os títulos do território para a categoria "junk" [lixo] — e com isso seu valor para os investidores despencou para quase zero. As agências de classificação de risco acreditavam que Porto Rico não tinha mais acesso ao dinheiro necessário para saldar sua dívida. Em outras palavras, a muleta econômica da ilha despedaçara-se sob o peso de sua história. Não demorou para que os governadores do território declarassem falência, deixando de pagar a dívida e efetivamente transferindo para o governo federal a responsabilidade pela reestruturação das obrigações futuras. Em 2016 o presidente Obama assinou a lei apelidada de PROMESA, sigla de Puerto Rico Oversight, Management, and Economic Stability Act [Lei de Supervisão, Gestão e Estabilidade Econômica de Porto Rico], que criava uma comissão de fiscalização para supervisionar o processo de falência. Fato importante, a comissão também foi incumbida de determinar um novo esquema fiscal para o território.

Desde o princípio, o modo como o Congresso lidou com a crise econômica de Porto Rico foi criticado por candidatos e acadêmicos como uma intrusão do governo federal. Ativistas e jornalistas locais, e depois também mais de uma dezena de membros do Congresso e do Senado, acusaram a comissão de supervisão de tratar Porto Rico como uma colônia.[5] Tentando aplacar esse tipo de crítica, o Congresso optou por assegurar que a maioria dos membros indicados para a comissão de supervisão tivesse ascendência porto-riquenha. Uma matéria da *New*

York Magazine informou que a própria comissão de supervisão decidira "não contratar muito pessoal, em parte porque, segundo várias fontes, queria evitar a impressão de estar estabelecendo um governo paralelo".[6] Então contrataram consultores.

Privatizando a falência e evitando a culpa

Depois de uma licitação competitiva, a McKinsey foi contratada como "Consultora Estratégica" da comissão de supervisão.[7] Seu teórico papel de assessoramento na prática deixou os consultores da McKinsey no comando de vários aspectos do processo de reestruturação econômica. Jornalistas na região descreveram a interação de porto-riquenhos e consultores da McKinsey como "uma operação de resgate aéreo realizada pela Harvard Business School":

> O consultor sênior em Porto Rico — atuando em período integral como o "líder de pensamento integrativo" — tinha 31 anos e diplomas de Harvard e da School of Advanced International Studies da Universidade Johns Hopkins. Um consultor que concluíra recentemente a graduação na Kennedy School of Government de Harvard estava "mergulhando profundamente" nos orçamentos para a educação e o turismo e examinando as projeções das pensões do departamento de polícia. Outro, formado em 2016 na Universidade Columbia, encabeçou a iniciativa de "otimização" e ajudou com os cálculos financeiros para, por exemplo, identificar uma data na qual o governo "acabaria sem recursos se adiasse as reduções" nos custos com pessoal. O analista encarregado da "análise da avaliação de danos" do furacão era da turma de 2017 de Yale.[8]

As recomendações da McKinsey para a recuperação de Porto Rico incluíam um elenco de medidas para privatizar empresas públicas, implementar "reformas baseadas em valor" em todo o sistema de assistência médica, cortar drasticamente bolsas de estudo e prazos de contrato de trabalho na Universidade de Porto Rico e fechar hospitais. A consultoria também fez recomendações à comissão de supervisão sobre "a proposta revogação de leis trabalhistas consideradas demasiadamente protetivas para os empregados".[9] Era um esquema de reforma econômica inspirado não na ameaça de um desastre climático iminente nem de uma pandemia global, e sim em noções de produtividade que desconsideravam as consequências em longo prazo de destruir as competências e a infraestrutura públicas das quais Porto Rico dependia. As reformas de austeridade propostas pela McKinsey foram malvistas na região e corroboraram o argumento de que, quase sempre, "consultores externos são usados como bodes expiatórios em certos projetos de reforma que tendem a ser impopulares".[10] Em outras palavras, a motivação não era privatizar o processo de tomada de decisão. Em vez disso, usar a McKinsey foi um meio de evitar que o eleitorado e os políticos locais que criticavam o funcionamento da comissão de supervisão a responsabilizassem por qualquer coisa. Consultorias podem ser usadas por gestores do mundo corporativo para dar legitimação externa em conflitos internos, mas também podem ser usadas por políticos como um modo de contornar a prestação de contas democrática.

Críticos do envolvimento da McKinsey em Porto Rico também identificaram um possível conflito de interesses financeiros. Em setembro de 2018, uma investigação conduzida pelo *New York Times* revelou que consultores da McKinsey, alguns dos quais haviam participado de reuniões para decidir quanto os credores de Porto Rico receberiam, estavam empenhados em lucrar com a própria dívida que ajudavam a reestruturar. Por intermédio de uma subsidiária — a McKinsey Investment Office Partners (MIO Partners), que gerencia aproximadamente 25 bilhões de dólares em ativos para empregados, alumni e pensionistas da McKinsey —, a McKinsey era proprietária de 20 milhões de dólares em títulos de dívida de Porto Rico. A propriedade dos títulos estava distribuída por várias contas e fundos geridos separadamente, ligados à MIO Partners, e todos haviam sido adquiridos por um valor baixo após o rebaixamento de seu potencial de investimento para os credores em 2014. Ao comprar títulos com um desconto tão grande quando o território estava atolado na crise econômica, a MIO Partners juntou-se a dezenas de outros intermediários que adquirem ativos no que é popularmente conhecido como "vulture funds" [fundos abutres]

— agentes financeiros que "predam" dívidas com problemas e depois usam métodos controversos para lucrar com isso. O *New York Times* constatou que, "se tudo correr como planejado, o fundo de hedge da McKinsey mais que duplicará sua fortuna",[11] e afirmou que o esquema "cria um possível conflito de interesses entre o cliente da McKinsey, que deseja economizar o máximo possível, e a própria McKinsey, que deseja lucrar o máximo possível com os títulos".[12]

Pelas regras que regem os processos de falência, um possível conflito de interesses como esse precisaria ser declarado nos tribunais e ao público. Mas por razões que não estão claras, as determinações a respeito da divulgação foram deixadas de fora do *framework* jurídico da PROMESA. A McKinsey afirma que seus consultores que trabalhavam na reestruturação da dívida de Porto Rico nada sabiam sobre os investimentos da empresa em títulos porto-riquenhos. Ainda que possa ser verdade que não existia nenhum canal de comunicação formal entre essas divisões da companhia, um *watchdog*, um observador, do Departamento de Justiça dos Estados Unidos declarou em 2019 que a MIO Partners não opera como um "*blind trust*".[13] Então, em novembro de 2021, a SEC dos Estados Unidos, que regula os mercados financeiros, multou a MIO Partners em 18 milhões de dólares, "afirmando que [a empresa] tinha controles inadequados para impedi-los de usar indevidamente informações privilegiadas, acessadas por intermédio de seu trabalho de consultoria".[14] Constatou-se que o fundo estava "investindo centenas de milhões de dólares em empresas que a McKinsey assessorava" e que alguns partners da McKinsey incumbidos de supervisionar os investimentos "também tiveram acesso a informação não pública relevante sobre os emissores como resultado de seu trabalho de consultoria na McKinsey".[15] Porto Rico estava entre esses clientes. A SEC dos Estados Unidos, especificamente, constatou que em janeiro e fevereiro de 2017, enquanto a McKinsey assessorava a reestruturação pela comissão de supervisão, partners ativos da consultoria que tinham acesso a informação não pública relevante estavam na comissão de investimentos da MIO Partners, supervisionando investimentos entre os quais estava a venda de títulos de Porto Rico no valor de 1 milhão de dólares. Até pelo menos junho de 2017 o fundo também investiu na dívida do território por intermédio de suas contas geridas em separado e de outros fundos. A SEC concluiu que, "considerando a natureza da atividade da MIO, incluindo a supervisão das decisões de investimento da MIO pela comissão designada, o risco de uso indevido de informações privilegiadas era real e significativo".[16] Por sua vez, a MIO Partners não admitiu nem negou essas constatações — embora tenha aceitado uma ordem judicial para encerrar aquela prática e também arcado com a multa —, declarando que as duas entidades são "operacionalmente separadas e seguem políticas rigorosas para limitar o compartilhamento de informações entre ambas".[17]

De qualquer modo, as promessas de funcionários agindo com discrição — e o fato de que a PROMESA não obrigava a McKinsey a divulgar seus investimentos — não aplacaram os temores dos cidadãos porto-riquenhos. Em Porto Rico, a comissão de supervisão tinha sido apelidada de "La junta".[18]

A McKinsey é a única consultoria que opera um fundo de investimento para seus partners e alumni; nenhuma das outras Big Four e Big Three gere um fundo similar. De qualquer modo, embora sejam mais chocantes e ganhem manchetes, esses possíveis conflitos de interesses diretos — nos quais uma consultoria tem a possibilidade de lucrar, através de investimentos, com escolhas feitas por seus clientes — são apenas a ponta do iceberg da parcialidade. Sob a superfície há várias tensões entre os interesses de consultorias, clientes corporativos e governos que são de natureza mais sistêmica. Elas suscitam questões importantes sobre os custos para a democracia de recorrer à indústria da consultoria para desempenhar funções essenciais no governo e na iniciativa privada. Conflitos de interesses — e o enfraquecimento direto de padrões democraticamente contestados — podem assumir formas variadas que, muitas vezes, são desconsideradas. Tom Peters, ex-executivo da McKinsey e coautor de *In Search of Excellence* [Vencendo a crise] alertou sobre os perigos de uma consultoria assessorar uma empresa na qual investe. Mas esse autor não declarou publicamente as demais razões pelas quais as recomendações de uma consultoria também podem ser parciais — por exemplo, em favor de seus outros clientes mais lucrativos ou de mercados de modo mais geral.

Servindo a dois senhores?

A McKinsey se tornou a consultoria mais procurada no mundo da reestruturação macroeconômica. Em 2021 foi noticiado que o Ministério da Economia e Finanças da Itália, no governo do novo primeiro-ministro Mario Draghi, havia contratado a McKinsey para ajudar a organizar a parte da Itália nos 730 bilhões de euros dos recursos do Recovery and Resilience Facility [Mecanismo de Recuperação e Resiliência]. Esses fundos foram lançados em fevereiro de 2021 com o objetivo de ajudar os estados-membros a "reparar o dano econômico e social imediato causado pela pandemia de covid-19".[19] A Itália seria um dos maiores beneficiários: conseguiria cerca de 191,5 bilhões de euros para investimentos em infraestrutura de transportes, digitalização, meio ambiente e "reformas estruturais para modernizar a burocracia".[20] Ficou a cargo do governo formular as políticas econômicas para essas áreas — embora elas precisassem ser aprovadas pela Comissão Europeia. Foi dado a Draghi um prazo até abril de 2021 para submeter à análise uma estratégia econômica em troca dos recursos.

Draghi tomara posse como primeiro-ministro em fevereiro de 2021. Como presidente do Banco Central Europeu de 2011 a 2019, ele supervisionara a implementação de rigorosas medidas de austeridade em países da zona do euro, incluindo Itália e Grécia, nos anos iniciais da crise da dívida soberana na Europa. Seu novo governo afirmou que era necessário terceirizar (para a McKinsey) o desenvolvimento do plano de recuperação, uma vez que ele discordava do trabalho feito nessa área durante o mandato de seu predecessor de esquerda, Giuseppe Conte.[21] Uma força-tarefa especial para a covid-19 criada no mandato de Conte também havia contratado consultores de gestão externos.

O contrato da McKinsey com o governo de Draghi foi ínfimo — apenas 25 mil euros — em relação à magnitude e abrangência do trabalho que a consultoria precisaria fazer. Esses custos iniciais talvez tenham sido tão baixos porque permitiam ao governo assinar o contrato com a McKinsey sem passar pelos processos normais de licitação, o que levaria muito tempo; o código de licitações da Itália determina que para contratos inferiores a 40 mil euros não é necessário publicar um anúncio de licitação.[22]

Da perspectiva da McKinsey, contratos assim podiam até não gerar muito dinheiro no início, mas assinar contratos pro bono ou a preços reduzidos "costuma trazer outros trabalhos lucrativos, seja com a instituição apoiada, seja com outra da área".[23] Nesse caso específico, os contratos também deram à McKinsey um acesso sem precedentes ao núcleo do governo.

Há sempre uma variedade de linhas de ação que um governo pode adotar durante uma crise, com diferentes implicações distributivas para o futuro de sua sociedade e economia. Governos enfrentaram a crise financeira de 2007-8 com muitas respostas diferentes, por exemplo, nacionalização de bancos, afrouxamento da política monetária, cortes em gastos do setor público e estratégias para fomentar o crescimento liderado por exportações. A combinação de políticas que um determinado governo adota em sua agenda econômica cria uma matriz específica de "vencedores" e "perdedores" — os que se beneficiam mais e os que não se beneficiam tanto, ou mesmo sofrem deterioração em suas condições de vida. Nos Estados Unidos, por exemplo, um estudo constatou que "o ônus da crise [financeira de 2008] incidiu desproporcionalmente sobre os trabalhadores e os segmentos mais pobres da sociedade, e o poder do movimento sindical foi ainda mais erodido, enquanto o capital de modo geral se recuperou rápido. E mais: alguns de seus segmentos conseguiram até lucrar com a situação".[24] As decisões de política econômica tomadas pelo governo dos Estados Unidos e o Federal Reserve tiveram o efeito de proteger a riqueza (capital) em detrimento do ganha-pão daqueles que auferem pouca ou nenhuma renda da posse de riqueza. Um conjunto diferente de políticas econômicas que priorizasse, por exemplo, a criação de emprego em vez de salvar os investidores de bancos falidos teria produzido efeitos distributivos bem diferentes.

No caso de Porto Rico, afirmou-se que partners da McKinsey contratados para assessorar o processo de recuperação econômica beneficiaram-se das recomendações e de informações obtidas por intermédio da MIO Partners. O cenário foi identificado como um possível conflito de interesses. Em toda relação de trabalho entre uma consultoria e um órgão de governo existe um conflito de interesses sistêmico. Porém, como a maioria das consultorias, incluindo a McKinsey, quer assegurar futuros contratos com clientes do setor privado — que continua a ser um mercado muito maior do que o dos contratos com governos —, desincentiva-se fazer recomendações que possam prejudicar clientes e indústrias, mesmo se essa for a linha de ação apropriada para atingir objetivos do governo ou para a sociedade como um todo. De fato, assegurar um lugar à mesa da tomada de decisões do governo também tende a ser visto como uma possível fonte de influência — e informação — por futuros clientes.

Por um lado, é irônico que, logo após sua nomeação, Draghi tenha feito um pronunciamento citando o primeiro primeiro-ministro da república italiana no pós-guerra, Alcide de Gasperi: "O trabalho de renovação fracassará... se não houver homens desinteressados dispostos a trabalhar duro e se sacrificar pelo bem comum".[25] Por outro lado, do mesmo modo que os gestores usam consultores para assegurar uma legitimidade externa, contratar a McKinsey ajudou a conseguir apoio para o plano de recuperação econômica de Draghi, tanto na Comissão Europeia quanto junto ao público e à mídia da Itália.

Organizações multilaterais também não são imunes ao envolvimento e à influência de consultorias. Um pesquisador entrevistou indivíduos que trabalhavam ao mesmo tempo como consultores e em agências globais de saúde pública, onde a indústria da consultoria tem desempenhado um papel cada vez mais destacado nas últimas décadas. As recomendações de consultorias nessas organizações influenciam, em última análise, como os governos colaboram entre si para enfrentar desafios comuns na área de saúde, e também influenciam quais estratégias são adotadas nos sistemas de saúde pública em países em desenvolvimento. Essas instituições cresceram a olhos vistos na esteira da crise da aids, quando aumentaram os financiamentos oriundos de governos no Norte Global e de filantropos do Vale do Silício, como Bill e Melinda Gates. De início, muitas instituições globais de saúde tiveram dificuldade para lidar com o afluxo de dinheiro e a pressão para ampliar o alcance de suas atividades a fim de enfrentar novas ameaças à saúde. Como tantas outras organizações públicas e privadas em meados dos anos 2000, essas instituições recorreram à ajuda de consultorias — com suas ofertas de trabalho pro bono. Não demorou para que consultorias se incrustassem nas organizações globais de saúde.[26]

Na opinião de uma das entrevistadas, escolher consultorias que visam ao lucro para assessorar em políticas de saúde automaticamente restringe os resultados possíveis para uma organização: "De cara já se assume que haverá uma solução baseada no mercado". Para exemplificar como isso pode acontecer na prática, ela observa que, por recomendação de uma consultoria, "o desafio de precificar medicamentos é enfrentado por meio de PPPs ou de acordos de mercado avançados, em vez de lidar com os problemas relacionados ao sistema de patentes, à precificação baseada em monopólio ou outras questões".[27] Assim como se constatou que a maximização da GVA molda o comportamento de gestão em uma empresa, a necessidade de tranquilizar as clientelas existentes e em potencial — neste caso, na indústria farmacêutica ávida por lucro — pode incentivar consultorias a oferecer a outros clientes um conjunto limitado de soluções orientadas para o mercado.

Vira-casacas

Quando consultorias "servem a dois senhores" — governos (ou organizações de gestão internacional) e mercados —, além do potencial de influenciar politicamente há também o risco de que elas se valham de conhecimentos e informações governamentais de modo a beneficiar empresas clientes e contornem a legislação.

Casos assim só costumam vir à luz tempos depois do ocorrido, graças a investigações jornalísticas ou inquéritos governamentais especiais. No Reino Unido, o papel aparentemente duplo das Big Four no desenvolvimento e posterior venda de ideias sobre novas regras tributárias tornou-se alvo de um inquérito pelo Public Accounts Committee [Comitê de Contas Públicas] em 2013. A comissão descobriu que Deloitte, EY, KPMG e PwC haviam assessorado funcionários do Tesouro com "informações técnicas e experiência comercial". Em uma área complexa e contestada da lei tributária — a de preço de transferência — havia "o quádruplo de funcionários trabalhando para as quatro empresas do que para o HMRC

[Departamento de Receita e Alfândega Real]". O preço de transferência é "uma técnica usada por companhias multinacionais para transferir lucros do país onde operam para paraísos fiscais, e envolve vendas pela multinacional a si mesma de bens e serviços a um preço artificialmente alto".[28] Se as consultorias quisessem moldar as regras de acordo com um objetivo específico, certamente estavam em boa posição para tal.[29]

No entanto, o Public Accounts Committee estava menos preocupado com a capacidade das Big Four de influenciar regras tributárias ao participar da redação das leis do que com "o modo como as quatro empresas parecem usar seu conhecimento privilegiado da legislação para vender aos clientes recomendações sobre como usá-las para pagar menos imposto". Seu relatório final citou o exemplo da KPMG, cuja equipe participara do desenvolvimento de regras para "sociedades estrangeiras controladas" e a "caixa de patentes" no Tesouro. Os mesmos empregados haviam então voltado para a KPMG e produzido folhetos de marketing para clientes corporativos em potencial, ressaltando o papel que tinham desempenhado na formulação das leis.[30] Em resposta a essas constatações, a presidente da comissão, a deputada trabalhista Margaret Hodge, declarou que as ações das Big Four "equivalem a uma trapaça" e disse que representavam "um conflito de interesses ridículo" e "uma síndrome de vira-casacas". Como ex-consultora da Price Waterhouse, Hodge estava em posição melhor do que a maioria para fazer essa análise.

Consultorias não precisam assessorar indivíduos ou sequer conseguir contratos com governos para obter conhecimentos sobre políticas governamentais e mudanças legislativas que podem depois oferecer a outros clientes. Em alguns países, é possível empregar um político que trabalhe diretamente para elas — durante o exercício de seu mandato. Esse também pode ser um caminho importante para influenciar futuras decisões de contratos.

Em muitos órgãos governamentais, como a Câmara dos Comuns na Grã-Bretanha, o Parlamento Europeu e o Bundestag alemão, não existem regras que impeçam parlamentares de trabalhar também para consultorias e outras empresas — e muitos deles fazem isso.[31] Existem casos famosos de alegado conflito de interesses quando políticos em exercício de mandato trabalharam para uma consultoria. Em 2014, por exemplo, o deputado conservador do Reino Unido Stephen Dorrell foi acusado de conflito de interesses por continuar trabalhando como consultor para a KPMG seis meses antes da eleição geral — enquanto a empresa preparava um lance na licitação de um contrato de 1 bilhão de libras com o NHS. Seu partido estava no governo junto com os liberais democratas. Uma década antes, a KPMG estivera enredada em outro caso impressionante no Reino Unido. A empresa estava envolvida em contratos do governo no valor de mais de 12 bilhões de libras quando se soube que o Partido Trabalhista, então governando, vinha aceitando serviços de contabilidade pro bono da KPMG. Para piorar, o diretor financeiro do partido continuava recebendo salário da empresa. Essa notícia veio à tona pouco depois de a liderança trabalhista se recusar a reanalisar o uso da PFI pelo governo, "apesar de uma votação esmagadora na convenção do partido em favor da investigação de acordos que, segundo críticos, geravam pouco valor para os contribuintes, mas rendiam quantias colossais para empresas privadas".[32]

Não é inevitável que políticos sejam capturados por interesses privados — alguns governos têm regras rigorosas para impedir isso, e muitos políticos não aceitam remuneração de empresas do setor privado que possam criar um conflito de interesses. Políticos que prestam serviço para consultorias alegam serem capazes de impedir que seu trabalho como consultores afete suas decisões políticas e vice-versa. Mas os dados são inequívocos: é enorme a probabilidade de que prestar serviço remunerado para uma empresa que se beneficie de informações sobre políticas governamentais afete as escolhas de um político. Por exemplo, uma pesquisa recente na Câmara dos Comuns constatou um aumento de 60% no número de perguntas feitas por escrito por parlamentares conservadores que exercem alguma função no setor privado. O autor concluiu:

> Em geral, parlamentares que exercem cargos elevados em empresas e ao mesmo tempo trabalham em ramos nos quais informações sobre políticas governamentais são importantes fazem mais perguntas, indagam sobre detalhes de planos e projetos de departamentos estatais, por exemplo, e fazem

essas perguntas para ministérios que são maiores e têm maiores conexões financeiras com o setor privado. Esse padrão — em termos de quem pergunta, a quem perguntam e sobre o que perguntam — é mais recorrente em parlamentares que trabalham para o setor privado buscando (consciente ou inconscientemente) obter informações úteis para sua ocupação no setor privado e, por extensão, para as empresas a que prestam serviço.[33]

Senão por que as consultorias se empenhariam tanto em recrutar políticos para esses trabalhos? De fato, evidências de vários países indicam que, quando é permitido, "as conexões políticas de uma empresa são associadas a melhorias nas operações (por exemplo, retornos sobre participação acionária e investimentos) e a melhor desempenho no mercado de capitais".[34] Esse fenômeno também é presente quando ex-consultores vão trabalhar em outras áreas da economia. Muitas consultorias acreditam que profissionais recontratados podem ser uma fonte de influência em seu novo campo de atividade — daí as redes de "alumni" formadas, não por ex-estudantes, mas por ex-empregados que depois se tornam clientes em potencial. Desse modo, a indústria da consultoria pode manter redes de conhecidos em todo o governo, no setor privado e em ONGS, e recorrer a essas pessoas quando um contrato vai para licitação. Além dessas redes formais, as ideias econômicas e de gestão às quais as pessoas se habituam durante seu trabalho como consultores podem continuar influenciando seu pensamento após deixarem o ramo.[35] Há muitos exemplos de normas e práticas da consultoria que se difundem para outros setores da economia por intermédio de ex-consultores: o CEO da Valeant Pharma, J. Michael Pearson, por exemplo, afirmou que a estratégia da empresa sob sua gestão consistia "basicamente na educação que recebi da McKinsey".[36]

Claro que as experiências de trabalho de uma pessoa influenciam seu comportamento em uma ocupação futura. Na indústria da consultoria, como em muitas outras empresas de prestação de serviços qualificados, as empresas costumam investir muito dinheiro e esforços para inculcar em seus empregados um senso de crença no valor da organização e na identidade de "consultor".[37] De fato, embora muitos consultores e ex-consultores sejam céticos quanto ao papel e às práticas de sua indústria, vários estudos sugerem que eles consideram seu trabalho tremendamente positivo ou acham que, quando um projeto fracassa, a culpa é do cliente.[38] Um estudo constatou que consultores de gestão no setor público dos Estados Unidos acreditam que suas ideias são mais inovadoras do que, por exemplo, as de seus congêneres funcionários públicos.[39] Aliás, o ceticismo que esses profissionais encontram em narrativas de clientes e da sociedade como um todo só reforça seu senso de identidade e valor.[40] Associada a isso, a natureza intensiva e acelerada do trabalho em consultoria, com sessenta horas semanais entremeadas por drinques com colegas e retiros em hotéis para finalizar projetos, pode trazer uma sensação de isolamento aos indivíduos,[41] mas, paradoxalmente, ajuda a criar um senso de comprometimento e propósito — e até de identidade coletiva — entre muitos consultores, o que não é comum a todos os tipos de trabalho.[42] Talvez porque tantos deles sejam recrutados logo no começo de suas carreiras, as normas e práticas da indústria tenham maior probabilidade de ser formativas e moldar sua postura profissional pelos anos vindouros.

Esse tipo de influência também é mais difícil de quantificar ou qualificar do que conflitos de interesses flagrantes — casos como o dos investimentos da McKinsey em Porto Rico e o da possível comercialização de informações para contornar o sistema fiscal que se vislumbra no trabalho da KPMG para o Tesouro do Reino Unido. Porém, ainda assim revela o poder econômico considerável, e quase sempre obscuro, da indústria da consultoria.

Ocultar capital, minimizar impostos

O exemplo da KPMG, que aparentemente usou seu conhecimento sobre legislação fiscal para auxiliar clientes do setor privado a evitar tributação — ou, como a empresa anuncia eufemisticamente em seu folheto de propaganda, a "preparar alocações de despesas defensíveis" —,[43] indica que o trabalho de consultorias também pode solapar as regras democráticas impostas às empresas. A indústria da consultoria influencia tendências na governança corporativa, e consultores obtêm novos contratos prometendo que seus métodos permitirão a acionistas e executivos maximizarem seus lucros. O modo como a indústria da consultoria influencia na governança corporativa pode conflitar com políticas econômicas nacionais, padrões regulatórios ou normas de negócios. Os mercados não simplesmente "existem"; em democracias, eles são moldados por regras criadas através de contestação política e pressão popular para a proteção social.[44] Instituições democráticas — sistemas eleitorais, sindicatos, campanhas organizadas — há tempos restringem o grau em que a economia pende em favor de ganhos privados. No entanto, durante toda a história do capitalismo, agentes de mercado procuraram encontrar modos de subverter os padrões em sua busca por lucros.

Em economias contemporâneas avançadas, a tributação costuma ser vista não só como uma fonte de receita para o governo, mas também como um modo de redistribuir valor pela sociedade. Em alguns países, como os escandinavos, a tributação é concebida segundo o princípio da igualdade: aqueles que têm mais, por qualquer razão, devem partilhar sua riqueza.

Embora algumas grandes empresas reconheçam a importância social de pagar impostos, muitas outras veem a tributação como um ônus que limita os lucros; desse modo, elas procuram minimizar a quantia que pagam usando o que é conhecido no mundo dos negócios como "estratégia tributária". Esse termo, expresso na linguagem da ciência da gestão, na prática se refere a atividades que permitem a uma empresa pagar menos impostos do que seria o esperado, por meios que podem ser lícitos ou ilícitos. De modo confuso, a terminologia jurídica correta quando o meio é lícito é "elisão fiscal", e quando ilícito, "evasão fiscal". Empresas e firmas de advocacia e de contabilidade flagradas cometendo ou auxiliando a evasão fiscal são sujeitas a penalidades rigorosas.

Contudo, existem muitos modos de minimizar gastos com impostos que são tecnicamente legais — embora ainda assim não sejam condizentes com os princípios que fundamentam as regras tributárias. Em geral, as linhas da legalidade na elisão fiscal não são nítidas, e nem sequer os regulamentadores e as equipes de compliance internas podem dizer com certeza se um crime foi ou não cometido. Os paraísos fiscais são jurisdições que cobram impostos com alíquotas baixas e que costumam oferecer outros benefícios fiscais como, por exemplo, mecanismos de crédito ou deduções. Esses locais são usados por empresas para reduzir seu passivo fiscal de modos que são tanto ilegais como tecnicamente legais. A criação de "sociedades fantasmas" registradas nesses territórios é um método ilegal; funciona assim: a companhia multinacional estabelece em um paraíso fiscal uma subsidiária que tem pouca ou nenhuma atividade produtiva, e transfere para lá os lucros de uma jurisdição onde a alíquota fiscal é mais alta.

Existem vários modos legalmente válidos para as empresas usarem paraísos fiscais. Como reconhece a própria Deloitte em um comunicado sobre "Paraísos fiscais e planejamento legítimo [...], um dos fins preferidos por multinacionais quando usam paraísos fiscais é a proteção e exploração da propriedade intelectual".[45] Nesses casos, companhias dedicadas a P&D, incluindo muitas empresas de tecnologia digital, mantêm sua propriedade intelectual total ou parcialmente em subsidiárias registradas em paraísos fiscais. Para essas empresas, o licenciamento e a venda de propriedade intelectual são uma fonte de lucro importante, e mantendo-os em paraísos fiscais a matriz consegue reduzir suas despesas com impostos, já que as taxas de licenciamento ou as vendas no exterior estão sujeitas apenas à tributação local. Segundo estimativa da Tax Justice Network, entre 21 trilhões de dólares e 32 trilhões de dólares são mantidos em paraísos fiscais, e 427 bilhões de dólares em impostos são perdidos por ano para essas jurisdições.[46]

Entretanto, as consultorias têm um papel ainda mais direto na facilitação da "minimização de impostos corporativos", inclusive em paraísos fiscais.[47] Na década passada, uma série de investigações feitas pelo International Consortium of Investigative Journalists [Consórcio Internacional de Jornalistas Investigativos], que inclui o Panama Papers e o LuxLeaks, revelou o número gigantesco de empresas, trustes e fundações associadas a paraísos fiscais. Em 2017, dois acadêmicos esmiuçaram ainda mais essas revelações e descobriram que as Big Four têm filiais em 43 das 53 "jurisdições sigilosas" reconhecidas, com mais empregados em Luxemburgo, Ilhas Cayman e Bermudas em proporção à população total do que em qualquer outro país.[48] Embora esses estudiosos não tenham conseguido descobrir o valor total das receitas que essas empresas auferiram por intermédio desse trabalho, identificaram que mais de 80 mil pessoas estavam a serviço das quatro companhias nas diversas jurisdições sigilosas onde foi possível discernir o número de empregados. Como salientaram os autores, se os trilhões de dólares que, segundo estimativas, são mantidos em paraísos fiscais "só são possíveis porque os aparentes depositários dessas quantias podem contar com os serviços locais em tributação e auditoria das Big Four [...] então podemos dizer que [elas] estão no cerne do mundo dos paraísos fiscais". Em outras palavras, pode-se dizer que elas estão envolvidas em práticas que não só são antiéticas para empresas regidas por regras democráticas como também restringem o acesso dessas democracias aos recursos (tributação) que alicerçam a capacidade de serviços, administração, regulação e inovação do setor público.

Tolhendo o desenvolvimento

Em seu livro *On the Trail of Capital Flight from Africa* [No encalço da fuga de capitais da África], os economistas Léonce Ndikumana e James K. Boyce desvendam o papel que empresas de consultoria de gestão globais têm na fuga de capitais da África, frequentemente resultante da tentativa de minimizar os pagamentos de impostos locais. Baseados em dados de Angola, África do Sul e Costa do Marfim, os autores descrevem como as chamadas "redes transnacionais de pilhagem" são "auxiliadas e favorecidas por agentes facilitadores", entre os quais instituições financeiras, auditores e empresas de contabilidade, além de advogados contratados. Observam que "esses facilitadores também são partes essenciais das redes transnacionais de pilhagem, ao lado dos funcionários das empresas e dos governos a quem servem, e partilham proporcionalmente o butim".[49] Nos três países que estudaram, as estimativas são de que foram perdidos 487 bilhões de dólares por evasão de capitais nas últimas quatro décadas — um processo em que foi crucial o papel das consultorias e de outros agentes multinacionais como facilitadores e legitimadores das ações de seus clientes.

Angola foi um dos países onde a coalescência de políticos corruptos, setores públicos incapacitados e consultorias teve as consequências mais terríveis para o desenvolvimento econômico. País rico em petróleo situado no sudeste da África, Angola faz fronteira com o oceano Atlântico a oeste e com Namíbia, Zâmbia e República Democrática do Congo. Entre 2002 e 2004, após uma brutal guerra civil, o país exportou mais de meio trilhão de dólares em petróleo — uma quantia que, como observou o jornalista financeiro Nicholas Shaxson em sua análise no livro, poderia ter transformado a vida da população do país com investimentos em infraestrutura e serviços públicos. Em vez disso, grande parte desse dinheiro foi para os bolsos de políticos e da elite empresarial via intermediários e paraísos fiscais.[50] Hoje Angola continua a ser um dos países com maior desigualdade no planeta, com pobreza generalizada e alfabetização relativamente baixa.

A fuga de capitais foi desastrosa para Angola. Erodiu a base tributária que sustenta os serviços públicos e a burocracia estatal, e exacerbou ainda mais os riscos de corrupção, pois o potencial de contenção dos funcionários públicos é prejudicado. Consultores de gestão de grandes empresas globais têm servido a dois senhores em Angola, habilitando a fuga de capital e beneficiando-se da incapacidade do setor público e da cultura de terceirização que disso resultam para conseguir contratos de assessoria e gestão, fortalecendo assim os interesses de políticos corruptos. Os consultores não compeliram a fuga de capitais, mas surfaram nas ondas que ela criou.

Esse processo tornou-se particularmente flagrante nos anos finais da ditadura de José Eduardo dos Santos, com dezenas de milhões de dólares afluindo para empresas fantasmas de pessoas ligadas ao regime.[51] Durante toda a sua ditadura, a estatal de petróleo e gás Sonangol foi usada como um veículo essencial para extração de riqueza do país. Em maio de 2016, Dos Santos nomeou sua filha Isabel presidente do conselho diretor da companhia, em uma manobra que foi amplamente criticada como uma tentativa desesperada de maximizar receitas e transferir recursos públicos para a rede da família. Isabel assumiu o cargo e não esperou para contratar uma série de empresas de consultoria global, entre elas BCG McKinsey e PwC, para "reestruturar a Sonangol".[52]

Uma investigação conduzida pelo *New York Times* revelou depois que não só a Sonangol também havia contratado uma companhia maltesa, pertencente a Isabel, como "gestora de projetos" para o plano de reestruturação, como também que as empresas de consultoria global tinham aceitado ser pagas pela empresa de Isabel em vez de pelo governo angolano, permitindo assim obscurecer o valor transferido para uma empresa fantasma ligada a Dos Santos.[53]

A contratação disseminada de consultorias pelo Estado angolano como meio de legitimar a corrupção da elite pode ter "minado em vez de aumentado a capacidade técnica de Angola". Consultores de gestão também foram contratados como "extras" em dispendiosas licitações para obter resultado rápido em tarefas genuínas: "O lado angolano desses esquemas não costuma se mostrar interessado em 'aprendizado técnico concreto' nem em transferência de conhecimento [...] Os estrangeiros, por sua vez, não têm a menor pressa de se tornar dispensáveis".[54]

Negociando contra os trabalhadores

Além das leis que restringem o modo como operam, em muitos países as empresas também estão sujeitas a leis para assegurar que os que nelas trabalham possam fazê-lo em condições seguras, recebam remuneração justa e tenham meios para organizar-se a fim de melhorar suas condições de trabalho. Na Europa e América do Norte, as primeiras leis trabalhistas resultaram da ação de sindicatos que procuraram amenizar as condições medonhas — e frequentemente letais — em fábricas durante as revoluções industriais do século XIX e começo do século XX. Sindicatos britânicos estiveram no centro das lutas que levaram ao Factory Act de 1833, uma legislação que introduziu algumas condições básicas para as crianças que trabalhavam em fábricas. Hoje movimentos sindicais nos mais diversos países, de Bangladesh ao Gabão, continuam empenhados em abolir o trabalho infantil.[55]

Regras posteriores, também defendidas através da organização sindical, procuraram ir além de meramente dar aos trabalhadores um nível básico de proteção contra danos, e tentaram melhorar sua qualidade de vida de um modo mais geral. Embora hoje em muitos países tantos pensem que seja algo absolutamente natural, o fim de semana de dois dias, instituído por leis como o Fair Labor Standards Act [Lei de Padrões Justos de Trabalho] de 1938 nos Estados Unidos, na verdade foi conquistado por meio de intensas campanhas por empregados organizados. Em muitos países, um salário mínimo só foi introduzido depois de greves generalizadas. Em 1912, quase 1 milhão de mineiros uniu-se em uma greve nacional no Reino Unido destinada a assegurar o pagamento de um salário mínimo. A greve só terminou depois de 37 dias, com a aprovação do Coal Mines (Minimum Wage) Act [Lei das Minas de Carvão (Salário Mínimo)], que determinou um salário de seis xelins e seis pence por dia — equivalente a 25 libras e quarenta pence em moeda atual.

Especialmente em seus contratos com empresas, muitas vezes as consultorias atuam como habilitadoras e legitimadoras de decisões executivas que prejudicam as condições e a remuneração dos trabalhadores. Já vimos exemplos disso neste livro — é uma questão que afeta vários setores e está presente em toda a história da consultoria. Os processos de reestruturação corporativa para os quais as consultorias costumam ser contratadas não só esvaziam a capacidade como também acarretam perda de empregos em massa, mudanças nas condições de trabalho ou cortes salariais. Durante um downsizing, os trabalhadores podem sofrer "esgotamento emocional" em consequência de níveis mais elevados de incerteza quanto à manutenção do emprego e da falta de controle pessoal.[56] Após um downsizing, os trabalhadores que conseguiram permanecer na empresa citam mudanças adversas nas condições de trabalho, entre elas níveis mais altos de demandas, níveis inferiores de formação de amizades e agressão por parte de supervisores, e tudo isso está adversamente associado à incapacidade de relaxar depois do trabalho e à menor satisfação no emprego.[57]

Damon Silvers, assessor do Partido Trabalhista, ocupa altos cargos no movimento sindical norte-americano desde os anos 1990 e também atua como professor visitante de prática judiciária no Institute for Innovation and Public Purpose [Instituto para a Inovação e o Interesse Público] do University College London, onde pesquisa questões trabalhistas. Segundo ele, o uso de consultores de gestão para dar legitimidade externa e mitigar possíveis ações de trabalhadores contra demissões e mudanças nas condições de trabalho é muito mais generalizado do que se reconhece na literatura acadêmica e na mídia.[58] Silvers também ressaltou que em muitos casos o "corte de custos" é obtido por meio de redução das remunerações mensais ou horárias de empregados do escalão inferior da empresa, que têm o menor poder de barganha. Mesmo na ausência de acordos por negociações coletivas, isso mais uma vez pode ter consequências para os recursos que sustentam o governo — quando empregadores reduzem as remunerações, geralmente aumenta a demanda por serviços de bem-estar social fornecidos pelo poder público.

Em 2019, veículos de mídia nos Estados Unidos informaram que, uma década antes, o United States Postal Service [USPS, Serviço Postal dos Estados Unidos] contratara a assessoria financeira da McKinsey depois de registrar prejuízos por anos consecutivos. No calhamaço de propostas que os consultores apresentaram para cortar drasticamente os custos operacionais estava a de substituir funcionários efetivos sindicalizados por outros não sindicalizados e não efetivos. O relatório mencionava o "risco" dessa proposta para o USPS caso o governo introduzisse "legislação que requeresse conceder assistência médica total a funcionários não efetivos — porque, nos estreitos termos do custo-benefício, prover seguro-saúde para não efetivos elevaria o custo desses empregados".[59] O *Huffington Post* noticiou que "outra das propostas da McKinsey, cortar custos firmando parcerias público-privadas, levou à substituição de funcionários sindicalizados do Serviço Postal por empregados de lojas varejistas como a Staples".[60] O National Labor Relations Board [Conselho Nacional de Relações Trabalhistas] determinou posteriormente que isso era uma violação do acordo de negociação coletiva firmado entre o Sindicato dos Trabalhadores Postais Americanos e o USPS.[61]

Segundo um sindicato com 600 mil filiados na ativa e aposentados, embora as consultorias costumem propor mudanças em contratos e condições, pode ser difícil identificar seu envolvimento, e as suposições que baseiam suas propostas podem ser enganosas. Em um exemplo envolvendo membros desses sindicatos no começo dos anos 2010, uma indústria aeroespacial apresentou uma proposta desenvolvida por uma grande consultoria multinacional: congelar os benefícios de pensões definidos para os empregados que estivessem trabalhando na fábrica por menos de quinze anos.[62] Aos novos contratados seria oferecido, em vez disso, um plano de previdência privada conhecido como 401(k). Em décadas recentes, os benefícios de pensão definidos, para os quais os empregados contribuem e que garantem uma determinada renda anual na aposentadoria, vêm sendo cada vez mais substituídos por planos de previdência privada 401(k) no setor privado dos Estados Unidos, o que "transfere o ônus de poupar e investir para a aposentadoria — e o risco envolvido — para os empregados".[63]

Na mesa de negociações, a empresa aeroespacial apresentou as projeções da consultoria, sugerindo que o 401(k) resultaria no mesmo valor que o oferecido pelo esquema de pensão existente ao longo da carreira de seus funcionários. Mas quando o sindicato começou a questionar essas estimativas, descobriu-se que os modelos tinham bases frágeis. Para começar, a pressuposição era de que o empregado teria uma carreira de 31 anos na empresa, quando na realidade os novos contratos eram de apenas três. Também não haviam sido levadas em conta as altas taxas associadas ao 401(k). O sindicato se opôs à proposta, "mas não a descartamos por completo. A questão acabou em greve, que foi bem longa e dura, e no fim tivemos que aceitá-la".

Gestores de empresas também contratam consultores para assessorá-los diretamente em negociações de acordos coletivos com sindicatos. Estudos das últimas décadas do século XX "sugerem que consultores de gestão recomendam o uso de estratégias, inclusive ilegais, destinadas a prejudicar as escolhas dos empregados nas negociações coletivas [...] Relatos pessoais corroboram a afirmação de que esses profissionais externos recomendam implementações estratégicas mesmo quando elas são ilegais".[64] Há pouco tempo, uma acadêmica da área jurídica defendeu uma "regulamentação mais robusta para assegurar que os consultores de gestão sejam responsabilizados por suas ações quando o efeito delas venha a causar uma violação dos direitos dos empregados". Ela examina um caso no qual o governo da província de Saskatchewan, no Canadá, contratou uma consultoria butique especializada em saúde para desenvolver e implementar uma forma de gestão conhecida como Lean em toda a província, porque o setor público queria reduzir seus gastos após a crise financeira.

Embora os grupos sindicais a princípio apoiassem a reforma, logo surgiram tensões. Os consultores não estavam meramente provendo "liderança, alinhamento estratégico, treinamento e criando uma infraestrutura de apoio" — eles estavam quase sempre em campo, "envolvidos em operações do dia a dia".[65] O Novo Partido Democrático criticou a padronização dos processos por esses profissionais; por exemplo, era distribuído um guia com o passo a passo para fazer café, e os movimentos dos enfermeiros eram rastreados com o uso de um cronômetro. Tudo isso sugeria que "os consultores tiveram grande influência sobre o Ministério [da Saúde], que foram autorizados a usar sistemas e métodos como bem entendessem, e, além disso, que interagiam diretamente com os trabalhadores. Tudo isso poderia levar a infrações de normas de saúde e segurança e outras no local de trabalho".[66] Entretanto, a legislação trabalhista atual não reconhece essa relação, portanto os consultores de gestão não são legalmente responsáveis por infrações do mesmo modo que os gestores de linha internos seriam.

A morte da democracia no governo sombra

As comunidades não costumam ficar muito satisfeitas quando descobrem o papel que os consultores têm na política de seu país ou na reestruturação da empresa em que trabalham. Em Porto Rico, cidadãos empenharam-se contra "La junta" e a influência da McKinsey, que viram como "mais um abutre"[67] do bando de empresas multinacionais que rondava a presa. Na Inglaterra, o envolvimento escancarado de consultorias como a Deloitte na resposta do país à pandemia recebeu críticas de toda a sociedade civil, incluindo da British Medical Association [Associação Britânica de Medicina], que representa a classe.[68] O sindicato dos Trabalhadores Postais Norte-Americanos travou uma luta bem-sucedida contra as mudanças que a McKinsey propusera para o serviço postal dos Estados Unidos. Da Enron à Carillion e da Valeant

Pharma à Nya Karolinska Solna de Estocolmo, ex-empregados criticaram duramente o papel de empresas de consultoria na derrocada da organização em que trabalhavam. Embora sejam pouquíssimos os dados disponibilizados da opinião pública a respeito da indústria da consultoria, dados mais abrangentes de pesquisas de opinião sobre auditoria e grandes empresas sugerem que as percepções da população não são tão favoráveis.

Em 2002 uma pesquisa da Gallup revelou que apenas 3% dos cidadãos norte-americanos tinham plena certeza de que os relatórios fornecidos por uma empresa de contabilidade após uma auditoria representavam uma avaliação precisa da situação financeira da empresa. Para um país célebre por uma aversão histórica à intervenção do Estado na economia, em 2021 apenas um terço das pessoas estava satisfeito com a regulação governamental das empresas e indústrias. Em 2014 um levantamento constatou que apenas 5% dos norte-americanos acreditam que grandes empresas dos Estados Unidos estão fazendo um trabalho "muito bom" em equilibrar os interesses do país e de seus cidadãos com os da empresa.[69]

A indústria da consultoria é bastante usada de modos não condizentes com as regras democráticas que existem para proteger o povo. Mas é ainda mais simples a razão pela qual a onipresença de consultores na tomada de decisões e operações na economia global representa um desafio para a democracia: a maioria das pessoas não sabe que as consultorias estão lá. Hoje, dentre as grandes consultorias, a McKinsey talvez seja a que mais se aproxima de ser bem conhecida. Mesmo assim, muitos cujas vidas são afetadas pelas decisões e ações dessa empresa no governo e na iniciativa privada nunca ouviram falar dela.

A opacidade da indústria da consultoria não é recente. Em 1976, Daniel Guttman e Barry Willner publicaram um livro chamado *The Shadow Government* [O governo sombra], que procurou salientar não só a influência das consultorias de gestão e dos *think tanks* na tomada de decisão pelo governo federal, mas também o fato de que em grande medida isso vinha acontecendo sem o conhecimento do público. A magnitude e a abrangência da contratação de consultorias aumentaram, mas pelo visto a transparência não.

Embora sem dúvida tenha havido casos em que políticos contrataram consultorias com o objetivo de trazer o Estado de volta à ação, hoje é muito comum que políticos, funcionários públicos e até gestores da iniciativa privada nem sequer saibam das consequências de usar consultorias em funções essenciais. A "visibilidade dos efeitos"[70] para o público é anuviada não necessariamente porque políticos e funcionários públicos tentam ocultar esses efeitos, mas porque esses indivíduos, que supervisionam o contrato, também não são capazes de reconhecê-los. Em parte, como vimos no caso da perda gradual das competências em TI em decorrência de reformas na digitalização na Dinamarca, isso vem da natureza incremental dos "cortes sistêmicos" resultantes; quando consultorias são contratadas por muitos anos, ocorre pouco a pouco uma perda na capacidade estatal derivada da atrofia do aprendizado no setor público.[71]

Isso atesta as deficiências mais abrangentes da regulamentação das consultorias em nossa época. Nos casos que examinamos neste capítulo, foram necessários dispendiosos inquéritos governamentais ou investigações conduzidas por jornalistas para trazer à tona detalhes sobre como essas empresas estavam influenciando a economia e usando informações legais sensíveis. Não se vê esse mesmo nível de atenção minuciosa para a maioria dos contratos entre órgãos públicos e a indústria da consultoria. Isso exigiria um volume excepcional de recursos.

Por mais que sejam importantes para conscientizar o público e os políticos (foi o *New York Times* que trouxe à tona a magnitude dos investimentos da MIO Partners em Porto Rico, por exemplo), investigações post hoc não substituem as agências regulamentadoras. Investigações jornalísticas sempre serão necessárias, mas há um limite para o que os jornais podem e desejam examinar — sobretudo porque muito do que acontece no governo continua a ser visto pelo imaginário coletivo como o mero funcionamento normal da burocracia. O descrédito da Valeant Pharmaceuticals e as jogadas dúplices da McKinsey em Porto Rico geraram manchetes sensacionalistas povoadas de vilões trapaceiros e críticas de candidatos eleitorais. Mas é pouco provável que um contrato assinado discretamente com uma consultoria de TI — que aos poucos transfere a responsabilidade pela gestão das redes de TI de um órgão público para um punhado de consultores com diploma universitário — receba a mesma atenção, ainda que haja um grave conflito de interesses.

Poucas áreas são mais impactadas pelos contratos com a indústria da consultoria quanto a transição para economias verdes, cujas consequências são tão importantes para o nosso bem-estar coletivo e os propósitos democráticos.

9
Consultoria climática: Uma ameaça existencial?

NÃO EXISTEM BIOGRAFIAS NEM LIVROS DE HISTÓRIA sobre Godwin Olu Patrick Obasi. Tampouco há página na Wikipédia ou filmes baseados em sua vida. Apenas seis tuítes mencionam seu nome. Com exceção de um punhado de obituários e comentários sobre suas atividades profissionais, os arquivos de jornais não revelam muito sobre sua história. No entanto, em grande medida é graças a esse homem que pessoas e políticos no mundo todo têm certa noção sobre o atual colapso climático. Em 1933, ano em que ele nasceu em Ogori, no estado nigeriano de Kogi, as temperaturas globais estavam quase dois graus abaixo das atuais. Os estudos que o professor Obasi faria em universidades da América do Norte e do Quênia, bem como no Serviço de Meteorologia nigeriano, levariam a grandes avanços em nossa compreensão das causas do aquecimento global e do papel da atividade humana nesse processo.

Seus vinte anos de trabalho na Secretaria Geral da Organização Meteorológica Mundial (OMM) foram os de maior impacto. Sob sua liderança, trabalhando no Programa das Nações Unidas para o Meio Ambiente, na época chefiado pelo cientista egípcio Mostafa Tolba, a OMM estabeleceu em 1988 o Intergovernmental Panel on Climate Change

[IPCC, Painel Intergovernamental sobre Mudanças Climáticas]. O IPCC reuniu climatologistas do mundo todo para analisar imensas quantidades de dados e estudos e publicou seu primeiro relatório sobre os efeitos da mudança climática em 1990. Seus autores esperavam que, com esses resultados, "estratégias apropriadas em resposta ao problema da mudança climática agora possam ser firmemente baseadas no alicerce científico que o Relatório fornece". E esse alicerce científico era claro: as emissões resultantes de atividades humanas estavam elevando substancialmente a concentração atmosférica de gases do efeito estufa que "agravam o efeito, resultando em aquecimento adicional da superfície terrestre". Sem uma mudança drástica durante o século seguinte, o mundo enfrentaria uma taxa de aumento nas temperaturas globais que seria "maior do que o visto nos últimos 10 mil anos".[1]

O relatório não apresentou recomendações concretas de políticas a serem implementadas — o objetivo do IPCC não é aconselhar políticos sobre como responder à crise climática, mas sim fornecer a todos os níveis de governo as informações científicas necessárias para formular políticas para o clima.[2] No entanto, em várias conferências, entrevistas e artigos onde pediram ao professor Obasi que desse sua opinião de especialista e baseada em evidências sobre a crise do clima, ele foi categórico.[3] Sabia que seu papel não era determinar as medidas exatas que os governos deviam tomar, porém não se esquivou de enfatizar a magnitude dos esforços sistêmicos necessários.

Em uma edição especial dos *Proceedings of the Indian Academy of Sciences* [Anais da Academia Indiana de Ciências], publicada em 1993, três anos depois do relatório do IPCC, o professor Obasi escreveu:

> Passamos demais do ponto no qual é possível, sem consequências graves, continuar usando de forma sustentável a atmosfera como uma lixeira para os dejetos do homem [...]. Serão necessárias mudanças básicas se quisermos seguir em direção ao desenvolvimento sustentável em níveis nacionais e globais. Entre outras, nos países industrialmente desenvolvidos haverá a necessidade de desenvolver sistemas econômicos que usem recursos de modo mais eficiente e que minimizem a eliminação de dejetos. Nos países desenvolvidos, será necessário assegurar que o crescimento socioeconômico

atenda as expectativas cada vez mais elevadas das populações crescentes e que isso ocorra de modo a minimizar a dilapidação de recursos e o estresse ambiental.[4]

Esses comentários são ainda mais inquietantes por nos lembrarem de quanto tempo faz que sabemos dos riscos existenciais do colapso do clima.

Em 2018, trinta anos depois de sua fundação, o IPCC publicou seu Relatório Especial sobre Aquecimento Global de 1,5°. O ponto no qual o colapso do clima deixou de ser uma probabilidade futura descrita em números e se tornou uma realidade cotidiana para muitas comunidades do mundo já havia passado bastante quando o relatório foi publicado. Elevações no nível dos oceanos, morte de corais e tufões há décadas têm ameaçado a possibilidade de viver em muitas ilhas do Pacífico, por exemplo. Na segunda metade do século XX, áreas inteiras de terras cultiváveis desapareceram sob o mar, e a salinização da água impossibilita o cultivo de alguns gêneros básicos.[5] Em algumas regiões do mundo, a frequência e a intensidade de eventos climáticos extremos aumentaram com as crescentes emissões de carbono. É notável que, embora essas consequências sejam sentidas muito mais no Sul Global, as emissões são produzidas em maior escala por países do Norte Global. Um estudo recente usando números desde 1850 constatou que, a partir de 2015, os Estados Unidos foram responsáveis por 40% das emissões de CO_2 acima do limite de segurança planetário, de 350 partes por milhão de CO_2 atmosférico. Os países mais industrializados foram coletivamente responsáveis por 90% das emissões excedentes.[6]

Assim como o primeiro relatório da organização divulgado em 1990, a publicação de 2018 do IPCC foi explícita sobre o grau do colapso climático e o papel da atividade humana nesse processo. O relatório menciona estimativas apontando que causamos uma elevação de aproximadamente 1°C na temperatura global em relação aos níveis pré-industriais. O aquecimento global foi duas ou três vezes maior no Ártico do que a média anual global, e as consequências das emissões antropogênicas até o presente persistirão por séculos ou mesmo milênios. O relatório também descreveu quais seriam as consequências prováveis caso não fossem tomadas medidas para limitar o aquecimento global a 1,5°C e as temperaturas aumentassem para 2°C. No primeiro cenário, ondas de calor extremo seriam enfrentadas por 14% da população mundial no mínimo uma vez a cada cinco anos; no segundo, a porcentagem aumentaria para mais de um terço do planeta. Os níveis globais do mar subiriam ainda mais — e mais depressa. Com um aumento de 1,5°C na temperatura, muitas espécies seriam extintas, mas se o aquecimento fosse de 2°C provavelmente haveria a extinção do triplo de espécies de insetos (18%), do dobro de espécies de plantas (16%) e do dobro de espécies de vertebrados (8%). Os cientistas projetaram que os recifes de coral declinariam em 70% a 90% com 1,5°C, mas com 2°C desapareceriam quase que por completo. A realidade é que em muitas partes do planeta as gerações futuras enfrentarão condições muito desconfortáveis e até inviáveis para a vida se o aquecimento não for mantido abaixo de 1,5°C. No presente, explicaram os cientistas, ainda estamos muito longe até mesmo de conseguir limitar as elevações da temperatura a esse nível.

Mas o relatório também fez algo sem precedentes: estipulou um prazo para a ação. Com isso, responsabilizou os políticos e as empresas por deixarem de agir agora.

O ponto crítico

Pela primeira vez na história do IPCC, os autores do relatório alertaram que

> sem uma ambição maior e urgente pela mitigação nos próximos anos, sem um plano de ação que leve a um drástico declínio das emissões dos gases do efeito estufa até 2030, o aquecimento global ultrapassará 1,5°C nas décadas seguintes, acarretando a perda irreversível dos ecossistemas mais frágeis e crise após crise para as pessoas e sociedades mais vulneráveis.[7]

Em outras palavras, como repetiriam as manchetes e os cartazes em manifestações pelo mundo todo após a publicação do relatório, "temos doze anos para limitar a catástrofe da mudança climática".[8]

O prazo de doze anos deu força aos crescentes movimentos globais em defesa do clima, cada vez mais encabeçados por pessoas da geração Z, preocupadas não só com o futuro de uma "humanidade" abstrata, mas também com a possibilidade de eles próprios, seus filhos e netos não conseguirem viver confortavelmente no planeta. Campanhas lideradas por jovens, como o movimento Rise Up, fundado por Vanessa Nakate, e a Greve Escolar pelo Clima, de Greta Thunberg, de certo modo ajudaram a explicar que fazer pequenas mudanças periféricas pelo planeta não seria suficiente. Ensinaram à geração de seus pais que ações individuais como reciclar papel e optar pelo transporte público eram inúteis; para limitar os excessos dos maiores emissores do capitalismo contemporâneo na mineração, agricultura industrial e transporte, precisávamos de intervenção. Os relatórios seguintes do IPCC, publicados em 2021 e 2022, reforçaram as reivindicações, mostrando que a mudança climática agora era "generalizada, rápida e cada vez mais intensa".[9]

Se antes os problemas ambientais ficavam limitados às manifestações de partidos verdes, hoje estão na linha de frente de campanhas políticas em todo o espectro partidário. Pesquisas de opinião apontam que, mais do que nunca, a maioria das pessoas está cada vez mais preocupada com a mudança climática. Uma pesquisa do Pew Research Center em 2020 constatou que dois terços dos adultos norte-americanos acham que o governo federal deveria fazer mais pelo clima, e que 60% consideram a mudança climática "uma grande ameaça ao bem-estar dos Estados Unidos". Essa foi a maior porcentagem de pessoas com essa opinião dentre todas as encontradas por levantamentos do Pew Research Center desde 2009.[10] Uma pesquisa da YouGov encomendada em outubro de 2021 indicou que 60% dos adultos norte-americanos acreditam que as empresas de petróleo e gás são "total ou principalmente responsáveis" pelo cenário de crise.[11] Até a pandemia de covid-19 não desviou a atenção da crise climática. Também em 2021, acadêmicos da Universidade de Oxford e do Programa das Nações Unidas para o Desenvolvimento fizeram o maior levantamento mundial sobre o tema. Constataram que 64% das pessoas no mundo todo "acreditam que a mudança climática é uma emergência mundial, apesar da atual pandemia de covid-19". Revelaram também que os jovens de até dezoito anos tinham "maior probabilidade de dizer que a mudança climática é uma emergência do que pessoas mais velhas".[12]

Podemos dizer com certeza que vivemos um momento sem precedentes — no que diz respeito não só ao grau de colapso do clima, mas também à preocupação das pessoas em relação a isso. Nas várias populações do planeta é alta a exigência de uma transformação radical. Formou-se um consenso sobre a necessidade de reverter a nossa trajetória existencial: a missão está dada.[13] Líderes partidários e diretores executivos não podem mais alegar que a responsabilidade por evitar a crise é dos que vieram antes deles ou dos que virão depois. O relatório de 2018 do IPCC tornou visíveis não só os efeitos da mudança climática, mas também as ações dos que hoje estão no poder. E é pelo crescimento sem precedentes da preocupação com o clima representar uma ameaça ao statu quo em nossas economias que a indústria da consultoria se tornou um agente fundamental na batalha pelo futuro. Ela surfa uma nova onda: uma que passa por cima de recifes de coral moribundos e as praias de ilhas que estão desaparecendo.

O despertar da consultoria climática

Está previsto que globalmente o mercado da consultoria climática alcançará o valor de 8,5 bilhões de dólares perto do fim de 2028.[14] Consultorias como KPMG, PwC e McKinsey estabeleceram divisões de assessoria climática nos anos 1990, mas por muito tempo suas atividades foram mais ou menos marginais. Nos últimos anos, no entanto, todas as maiores consultorias do mundo criaram suas próprias divisões de sustentabilidade ou aumentaram de modo significativo seus gastos no setor. Novas áreas de serviços, como política de adaptação, estratégias corporativas de risco climático e desenvolvimento de padrões para medir o impacto ambiental, revelaram-se particularmente lucrativas: "Empresas de consultoria de diversas áreas — gestão, economia, engenharia e meio ambiente — não tardaram em adaptar ferramentas de cálculo e produtos já existentes para avaliar riscos climáticos e opções de adaptação".[15] No Reino Unido, desde 2011 mais de 10% das subvenções para projetos de desenvolvimento para o clima foram canalizadas por intermédio de consultorias.[16]

Em 2021 consultorias que procuravam obter uma fatia da alta do mercado de sustentabilidade fizeram investimentos inéditos. O BCG expandiu em março daquele ano seu Centro para Ação Climática, que se tornou Centro BCG para o Clima e Sustentabilidade, e enviou equipes de especialistas para filiais em várias partes do mundo. Essa iniciativa ocorreu quando a empresa foi anunciada como "consultoria partner" oficial da 26ª "Conferência das Partes" na Convenção-Quadro das Nações Unidas Sobre Mudança do Clima (UNFCCC), também conhecida como COP26, realizada em Glasgow e organizada pelo governo do Reino Unido em novembro.[17] Foi a primeira vez que um evento da UNFCCC teve uma parceria formal com uma empresa de consultoria, o que, em si, atesta o profundo envolvimento desses agentes na política climática de nosso tempo.

Em abril de 2021 houve o lançamento da McKinsey Sustainability, uma assessoria totalmente nova que almeja "ser o maior catalisador do setor privado para a descarbonização", segundo um partner de gestão global.[18] Um mês antes, a McKinsey também adquirira a consultoria butique Vivid Economics, especializada em política econômica para assuntos de sustentabilidade.[19] A PwC anunciou recentemente um investimento de 12 bilhões de dólares em "recrutamento, treinamento, tecnologia e acordos destinados a conquistar um crescente mercado de assessoria ambiental, social e de governança".[20] A Capgemini lançou um serviço de "TI Sustentável", oferecendo apoio a empresas interessadas em reduzir seu desperdício eletrônico — hardware ultrapassado e perda de energia por tecnologias digitais. (O uso de TI em empresas é responsável por 4% do total mundial das pegadas de carbono.)[21] No Canadá, a EY nomeou seu primeiro diretor de sustentabilidade, promovendo um profissional que antes fora partner de gestão de sua divisão de energia, assessorando empresas de petróleo e gás.[22] As grandes consultorias "possivelmente estão entre os primeiros 'vencedores' no domínio emergente e muito contestado da política climática".[23] Seu crescimento nessa área também ensejou um novo tipo de serviço; empresas que historicamente prestaram serviços de engenharia especializados, como Arup e AECOM, têm lucrado alto fornecendo assessoria para adaptação climática.[24]

É possível que esses números e ocorrências não reflitam o grau de participação de consultorias nas estratégias de governos e empresas para o clima. Além das razões usuais de recorrer ao *lowballing*, duas características essenciais da crise climática fazem desse ramo uma aposta ainda mais segura para as consultorias em busca de lucros futuros. Para começar, a crise climática não irá desaparecer tão cedo. Não é uma moda entre as empresas nem uma reforma governamental que será substituída na próxima rodada de reestruturação ou nas próximas eleições; trata-se de uma ameaça que as sociedades terão de enfrentar enquanto a humanidade existir. Tampouco é algo que se limita a uma geografia ou setor específico; a crise climática é sistêmica e afeta tudo em toda parte. Os desafios relacionados ao clima que os governos e empresas enfrentarão nas décadas vindouras serão imprevisivelmente enormes e complexos.[25] Como esses problemas em geral são partilhados por todos, organizações em setores ou geografias específicos tendem a desenvolver respostas coordenadas. Isso se aplica, por exemplo, aos bancos de desenvolvimento, que cada vez mais concedem empréstimos para investimentos em infraestrutura verde e procuram assegurar que os padrões para medir a eficácia desses empréstimos sejam comuns a todas as instituições. Para as consultorias, esses métodos criam mercados com compradores maiores e menos numerosos, portanto são uma fonte de competição acirrada; uma rede de bancos que adote um *framework* conjunto para medir o impacto ambiental de seus empréstimos é um cliente muito mais lucrativo do que um único banco, mas é essencial conseguir contratos com esses clientes antes que eles desenvolvam ou adotem esquemas alternativos.

Entre consultorias grandes e pequenas a batalha por clientes preocupados com o clima tornou-se feroz. Se antes as considerações ambientais ficavam sepultadas sob os serviços mais gerais de "responsabilidade social da empresa", hoje são a frente e o centro do material de marketing das consultorias. Seus sites estão lotados de relatórios gratuitos e muito bem elaborados sobre as mais variadas questões de sustentabilidade específicas para cada setor, como petróleo, gás, assistência médica, governo e bens de luxo. A linguagem que essas empresas usam para descrever a crise do clima não ficaria inadequada em um relatório do Greenpeace. Folhetos informativos têm títulos como "A hora é agora para agir pelo clima"[26] e "Finanças sustentáveis: é tempo de decisão".[27] "Estamos em meio a uma emergência climática", diz a PwC. "É necessário agir com urgência para reduzir a lacuna de emissões e acumular resiliência aos impactos atuais e acelerados da mudança climática".[28] Cada relatório, cada postagem em blog, cada folheto inclui um chamado à ação. Em um deles, o BCG exorta a "reverter a trajetória das emissões de gás para assegurar que o aquecimento global permaneça dentro de limites seguros".[29] Em outro, conclama as empresas a "adotar medidas incisivas em apoio à biodiversidade".[30] Dizem repetidas vezes que precisamos de "transformação radical"[31] e de "apostas radicais"[32] — seja para atingir o "Net Zero", seja para fazer a transição verde de modo mais geral. A implicação — e a oferta explícita — é que os serviços da empresa de consultoria são a ferramenta "radical" necessária. A Deloitte anuncia: "Com nossos serviços de consultoria para sustentabilidade e mudança você pode fazer parte de uma revolução financeira que põe o planeta em primeiro lugar".[33] Há também "revoluções" em sustentabilidade,[34] em ESG,[35] em finanças sustentáveis,[36] em transportes com emissão zero[37] e em atividades industriais.

Então é a indústria da consultoria quem está assumindo a vanguarda da missão coletiva de salvar o planeta? É o que sugere a narrativa do marketing. Um breve exame da história da gestão climática, porém, indica que não é bem assim.

Uma breve história da gestão climática (dirigida pelo mercado)

A publicação do primeiro relatório do IPCC, em 1990, foi seguida por uma torrente de outros textos científicos atestando que a industrialização intensiva em carbono, vigente nos países ricos desde o século XIX, foi catastrófica para o planeta. Mas os setores responsáveis pelas maiores emissões, assim como as empresas de combustíveis fósseis que possibilitavam seu funcionamento, não demonstravam qualquer intenção de desacelerar; em vez disso, estabeleciam novos mercados e parceiros de negócios no mundo todo, contando quase sempre com subsídios públicos e outras formas de apoio financeiro. Consultorias também estavam sempre presentes, auxiliando esses clientes em sua expansão. Foi durante esse período que elas começaram a promover a ideia de que adotar uma estratégia de sustentabilidade não só contribuiria para afastar a pressão crescente dos ambientalistas como também traria "uma vantagem" sobre os concorrentes. Por exemplo, após campanhas relacionadas ao descarte de sua plataforma de petróleo de Brent Spar, que incluíram um boicote por consumidores, em 1997 a Dutch Shell contratou a Arthur D. Little e uma consultoria butique ambiental para assessorar seu desenvolvimento sustentável. Nas palavras de um gestor da Shell, as duas empresas foram contratadas para "desenvolver ferramentas e indicadores de desempenho, a fim de 'identificar stakeholders e os riscos e oportunidades a eles associados. E também como apresentar os resultados e como aprender com eles'".[38] Contudo, ao mesmo tempo que começavam a adotar essas primeiras estratégias de sustentabilidade, empresas associadas à exploração, desenvolvimento e produção de petróleo e gás em países como os Estados Unidos tornaram-se opositores poderosos de medidas em níveis nacional e internacional para impor a redução das emissões de gases do efeito estufa.[39] Ao passo que suas próprias emissões não paravam de crescer.

Governos do Norte Global reconheciam cada vez mais a necessidade de adotar políticas para a mudança climática, porém o impacto das medidas parecia insuficiente. Suas políticas envolviam uma gestão climática que era fundamentalmente resistente à mudança sistêmica e à ação dos governos, o que definimos aqui como "gestão climática dirigida pelo mercado". Outros classificaram essa linha de ação como "neoliberal" porque "favorece a *menor intervenção no processo de tomada de decisão de stakeholders importantes*" e "promove o desenvolvimento de instituições que fornecem um *framework para uma tomada de decisão privada individualizada na resposta à mudança climática* [grifos do original]".[40]

Graças ao poder dos Estados Unidos na economia política global, a gestão climática dirigida pelo mercado manifestou-se na resposta de instituições multilaterais. O primeiro relatório do IPCC formou a base da UNFCCC em 1995 — o primeiro compromisso internacional de combater "interferências antropogênicas perigosas no sistema climático".[41] Desde o começo das negociações na UNFCCC, os Estados Unidos, sob o governo de Bush pai, contestaram com êxito a inclusão de metas e cronogramas que obrigassem legalmente os países a reduzir as emissões, e propuseram em vez disso que os países desenvolvessem internamente seus próprios objetivos e programas.[42] Nos anos seguintes, cada país ficou livre para adotar políticas climáticas que não prejudicassem os interesses lucrativos de setores de alta emissão, mesmo se isso significasse que, na prática, também não reduziria significativamente suas emissões — ou até que não faria redução alguma.

Nos anos 1990 e 2000 as reformas incluíram novas ferramentas financeiras visando incentivar o bom comportamento das empresas. O Protocolo de Kyoto de 1997 foi um tratado internacional que procurou ampliar a UNFCCC. Nas negociações, o governo Clinton defendeu e conseguiu a inclusão de "mecanismos de flexibilidade baseados no mercado, isto é, a permuta internacional de emissões". Por esse sistema, os países industrializados poderiam emitir além dos limites estipulados internacionalmente comprando "créditos" de outros países que emitissem carbono abaixo de suas metas.[43] O resultado foi o surgimento, em mercados primários e secundários, de um próspero mercado global de créditos de carbono e de instrumentos financeiros relacionados, estimado em 2021 em 277 bilhões de dólares globalmente[44] — o que na prática assegurou que os interesses industriais poderiam continuar emitindo de acordo com a vontade de seus acionistas. Em 2001, os Estados Unidos por fim se retiraram do Protocolo de Kyoto sob o mandato de Bush pai, alegando preocupação com o impacto sobre a economia. Em carta ao Congresso explicando a decisão, Bush salientou seu compromisso com uma linha de ação que limitava tanto a cooperação internacional quanto a intervenção do Estado na resposta dos Estados Unidos à crise climática: "Prevejo com grande otimismo que, com o enfoque apropriado e trabalhando com nossos amigos e aliados, seremos capazes de desenvolver tecnologias, incentivos de mercado e outros modos criativos de lidar com a mudança climática global".[45] Na década seguinte, as únicas metas de emissão adotadas pelos Estados Unidos foram formuladas em âmbito nacional e determinadas com base na atividade econômica, o que efetivamente assegurou que a intensidade dos gases do efeito estufa não diminuiria. Uma análise sugeriu que a meta de 18% de redução nas emissões em relação ao crescimento econômico, adotada durante a Iniciativa pela Mudança Climática de Bush, na verdade "provavelmente resultaria em um aumento de 32% nas emissões de gases do efeito estufa nos EUA em 2021 em comparação com os níveis de 1990". Os autores também ressaltaram que a Iniciativa pela Mudança Climática "está muito aquém dos esforços da União Europeia, Japão e Canadá sob o Protocolo de Kyoto".[46]

O desenvolvimento de tecnologias verdes que reduzam a demanda por combustíveis fósseis e capturem emissões será essencial para prevenir o colapso climático. Mas as medidas governamentais para fomentá-las durante esse período também foram insuficientes; o pressuposto dominante era que a demanda pela redução de emissões acabaria motivando os agentes privados a criar tecnologias não agressivas ao clima — portanto, que o lucro seria o motor principal da mudança tecnológica. Em vez disso, a gestão climática dirigida pelo mercado "confiou às empresas o desenvolvimento de novas tecnologias que por acaso trouxessem o benefício público de uma redução global das emissões de gases do efeito estufa".[47] Como essa perspectiva era dominante, durante os anos 1990 e 2000 os governos em grande medida não introduziram estratégias econômicas com o objetivo explícito de fomentar o desenvolvimento de tecnologias verdes no setor privado. A resistência dos governos a moldar mercados de tecnologia verde resultou em sistemas de inovação nos quais muitas vezes o governo é ao mesmo tempo a fonte de demanda — o consumidor — *e* aquele que provê os investimentos necessários para a fase inicial de desenvolvimento. Não reconhecer essa lógica cria enormes oportunidades financeiras para as empresas de tecnologia, que lucram comercializando conhecimento desenvolvido por meio de investimentos públicos em pesquisa; dados históricos dos últimos trinta anos indicam que avanços fundamentais na inovação tecnológica verde, desde energia renovável até transportes e a incipiente área de sequestro de carbono, foram impulsionados por investimentos e políticas públicas.[48] Tudo isso também significa que o progresso na criação de tecnologias redutoras de carbono tem sido muito mais lento do que a urgência da crise climática exige.

Em vez de intervir para restringir as emissões de indústrias intensivas em carbono, o governo dos Estados Unidos adotou — e passou a defender com grande empenho — iniciativas de autorregulação. Essa postura estava alinhadíssima com as ideologias que na época moldavam o comportamento governamental das economias industrializadas. Uma forma de autorregulação que surgiu na virada do milênio foi a divulgação de risco de mudança climática. Para incentivar as empresas a informar aos investidores os riscos que elas enfrentam com os impactos físicos da mudança climática e a transição para emissões menores, foram desenvolvidos *frameworks* de divulgação de risco de mudança climática. Seus proponentes argumentam que a medida é mais justa com os acionistas, existentes e potenciais, e que ao mesmo tempo poderia incentivar as empresas a agir de modo a reduzir sua exposição a esses riscos, por exemplo, mudando seus modelos de negócio para reduzir as emissões.[49]

Sociedades de capital aberto já são obrigadas por lei a informar sobre seus riscos materiais previstos. Essa forma de autorregulação surgiu "quase exclusivamente de dentro de coalizões não eleitas de multinacionais operando por intermédio de entidades privadas sem fins lucrativos".[50] O Climate Disclosure Standards Board [CDSB, Conselho dos Padrões de Divulgação Climática], por exemplo, foi um dos mais destacados defensores e formuladores da divulgação de risco. Criado em 2007, o CDSB era um consórcio de empresas e ONGs ambientalistas, incluindo algumas subvencionadas por fabricantes de combustíveis fósseis, que oferecia "a empresas um *framework* para divulgar informações ambientais com o mesmo rigor das informações financeiras".[51] Entre os membros desse consórcio estava uma associação chamada International Emissions Trading Association [Associação Internacional de Comércio de Emissões], que em 2021 era presidida por um executivo da gigante da mineração global Rio Tinto.[52] Um dos presidentes anteriores fora um consultor sênior de mudança climática para a Shell.[53]

Em última análise, a autorregulação, a promessa de tecnologias para salvar o planeta e a criação de novos incentivos financeiros "mantiveram à distância a necessidade de regulações compulsórias".[54] A gestão climática dirigida pelo mercado tem como premissa a crença de que o próprio mecanismo de autorregulação de mercado pode atuar como solução para o colapso do clima. Manter essa linha tem sido "uma parte importante da estratégia do setor privado",[55] pois assegura que as empresas não sejam forçadas a reconfigurar suas operações para reduzir as emissões de modos que possam afetar seus lucros no curto prazo caso nenhuma outra opção seja viável. Dessa maneira, os últimos trinta anos de política climática talvez tenham constituído o maior experimento em economia dirigida pelo mercado já visto no mundo.

Os relatórios do IPCC de 2018, 2021 e 2022 deixaram bastante claro que essa linha de ação não está funcionando: o impacto da atividade industrial humana sobre o planeta só se agravou. A batalha do clima só será vencida quando as emissões forem restritas de modo apropriado, por meio de intervenções sistêmicas que incluam regulação, investimento público e políticas para moldar o mercado. Apesar dos custos colossais para o planeta, muitas empresas cujos lucros se baseiam na extração de combustível fóssil recusam-se a cortar suas emissões. No entanto, desde 2018 elas vêm sendo cada vez observadas mais de perto por governos e pelo público. É aí que entra a indústria da consultoria.

Manipulando modelos

Considerando o que sabemos sobre a história da indústria da consultoria — como ela se beneficia de novos mercados de transformação de gestão em empresas e governos e nesse processo os molda — e considerando o que sabemos sobre a história da gestão climática — como certas indústrias e governos têm resistido à intervenção sistêmica desde o primeiro relatório do IPCC de 1990 —, seria ingenuidade achar que a demanda por recomendações climáticas genuinamente transformadoras ou a existência de assessoria de fato especializada são os principais propulsores do crescimento no mercado da consultoria climática. É certo que existem muitas empresas e governos que desejam reduzir seu impacto sobre o clima, e também consultorias dotadas de expertise potencialmente útil para a ação climática. Também há muitos consultores que gostariam de usar suas habilidades e conhecimento nessa luta em prol do planeta.

Contudo, governos e empresas também podem contratar consultorias não para reduzir sua pegada climática, e sim para convencer as pessoas e reguladores de que estão *comprometidos* com a questão, mesmo se isso não corresponder a nenhuma *ação*. Vários casos e desdobramentos recentes corroboram essa hipótese.

O contrato do governo australiano com a McKinsey para ajudar a formular seu plano de atingir emissões líquidas zero até 2050 é um exemplo importante. A Austrália é o décimo quarto maior emissor de CO_2 do mundo e tem uma das mais altas emissões de CO_2 per capita, à frente de Estados Unidos, China e Arábia Saudita; entre as principais fontes emissoras no país estão agricultura, transporte e eletricidade para os consumidores. Embora o consumo de energia renovável tenha aumentado em anos recentes, 30% das emissões no país provêm de carvão; um relatório do *think tank* britânico Ember divulgado na COP26 mostrou que, de fato, a Austrália tem as maiores emissões per capita do mundo de gases do efeito estufa provenientes da queima de carvão.[56] O país também é um dos maiores exportadores mundiais de carvão e gás natural; essas exportações são responsáveis por aproximadamente o triplo das emissões internas anuais da Austrália. Além disso, o país produz alumínio para exportação, um produto cuja produção tem importância significativa nas emissões de dióxido de carbono e não é incluído nas medições de emissões internas de CO_2. A resposta da Austrália à crise climática afetará a todos. Suas ações — ou inação — terão consequências importantes para nossa capacidade coletiva de salvar o planeta.

Infelizmente, nem a magnitude da pegada de carbono do país nem a urgência de reduzi-la traduziram-se em ação significativa. Partidos políticos e organizações empresariais há tempos resistem a iniciativas para conter a indústria de petróleo e gás, e as medidas para fazer a transição em outros setores, como a agricultura, também deixam muito a desejar. De fato, em 2021 estavam em andamento no país mais de cem projetos de exploração de petróleo e gás. Em novembro de 2021, a Austrália, sob mandato do primeiro-ministro Scott Morrison, ficou em último lugar entre sessenta países e a União Europeia no indicador Climate Change Performance Index [Índice de Desempenho em Mudanças Climáticas] por sua resposta à crise climática.[57] O governo tem enfrentado alguma pressão para introduzir políticas significativas de mitigação climática, tanto da sociedade civil quanto de grupos científicos nacionais, bem como de organizações multilaterais internacionais, e em 2021 contratou a McKinsey para ajudar a formular o Long-Term Emissions Reduction Plan [Plano de Longo Prazo de Redução de Emissões]. O relatório explicita uma estratégia para atingir emissões líquidas zero até 2050, usando um modelo econômico proposto pela McKinsey como parte de um contrato de 6 milhões de dólares australianos.

Ao ser divulgado, o relatório recebeu críticas generalizadas que transcendiam fronteiras e linhas partidárias. Analistas que examinaram o modelo descobriram que o plano do governo não levaria ao cumprimento da meta de emissões líquidas zero até 2050, uma meta com a qual o próprio governo havia concordado. O líder da oposição zombou do relatório com uma expressão — *a scamphlet on net zero* — que em uma tradução livre seria algo como "uma trapaça em formato de plano de emissões líquidas zero"—, e o líder do Partido Verde australiano falou em "receita para o colapso climático na Austrália".[58] Segundo o modelo econômico proposto, o plano "ficaria 215 toneladas métricas aquém de alcançar uma mera redução de 85% [nas emissões] até 2050".[59] Os 15% restantes da redução seriam obtidos por meio de "futuros avanços tecnológicos" que viriam de algum lugar do mundo não especificado, em algum ponto também inespecífico do tempo antes de 2050.[60]

Embora o setor carbonífero devesse sofrer uma redução de 51%, segundo o modelo, as emissões da indústria de gás em 2050 poderiam ser 13% *maiores* do que são hoje. Nada menos do que 10% a 20% da redução viria de "compensações" obtidas através de uma variedade de métodos questionáveis, entre eles deduções concedidas a proprietários de terra para incentivá-los a manejar seus solos e plantar árvores que armazenassem carbono temporariamente. No relatório, isso é visto como uma forma barata de compensação, pois os custos para os proprietários de terra são muito inferiores às perdas financeiras que os agentes poluidores sofreriam reduzindo diretamente suas emissões, mesmo que fazer isso seja mais eficaz no longo prazo.[61] Em outras palavras, o valor econômico que um agricultor perderia por não cortar árvores para fazer novos plantios é inferior ao que uma companhia de mineração perderia por não produzir alumínio. A primeira dessas formas de estratégia de compensação é a preferida pelo governo australiano, embora a segunda seja muito mais danosa ao meio ambiente. O modelo econômico proposto também não leva em conta as consequências físicas da mudança climática,[62] que provavelmente terão um custo altíssimo para indústrias essenciais e para a infraestrutura custeada pelo governo na Austrália. O país já sofreu algumas das maiores elevações de temperatura associadas à mudança climática no mundo.

Em janeiro de 2022 a McKinsey publicou um relatório com estimativas das "mudanças na demanda, gasto de capital, custos e emprego até 2050" para setores de alta emissão em 69 países.[63] Concluindo que a transição para as emissões líquidas zero até 2050 custaria 275 trilhões de dólares ao longo de trinta anos, o relatório foi pessimista e ressaltou as perdas que as indústrias e os governos dependentes da extração de combustíveis fósseis sofreriam. Porém, analistas logo identificaram problemas com os métodos usados pelos consultores. Para começar, o número mais assustador do relatório — custos de 9,2 trilhões de dólares anuais para os países — não tomava como base a trajetória corrente. "Se mantida a situação, o custo seria de 250 trilhões de dólares. Portanto, com base na análise da McKinsey, o verdadeiro custo incremental é inferior a 1 trilhão por ano em investimentos adicionais".[64] Os modelos que a McKinsey usou para chegar ao número mais alto do relatório também não pressupõem nenhum aumento no uso de energia limpa, subestimam tremendamente o crescimento do consumo de energia solar e eólica e superestimam os custos de sua instalação.

Então por que o governo australiano recrutou a McKinsey para ajudar a formular sua estratégia para as emissões líquidas zero? Ficou claro que empresa não foi eficaz nessa tarefa. Assim, talvez seja preciso considerar que essa nunca foi a intenção do governo e que, como outros sugeriram, a McKinsey foi contratada apenas para criar a "ilusão de uma ação climática ambiciosa",[65] entregando seus modelos com o objetivo de "emprestar credibilidade ao plano".[66] A Commonwealth Scientific and Industrial Research Organisation [CSIRO, Organização de Pesquisa Científica e Industrial da Commonwealth], órgão nacional de pesquisa científica da Austrália, também deu um lance na licitação para fazer análises e desenvolver modelos para a estratégia governamental de emissões líquidas zero. Talvez a CSIRO tenha perdido a licitação por se mostrar mais disposta a irritar estrategistas econômicos. Uma coisa é clara: nesse caso, a indústria da consultoria não teve o papel que os teóricos funcionais apontam como sua razão de ser — a menos que a função fosse proteger os lucros das indústrias intensivas em carbono e não reduzir as emissões.

Interesses conflitantes: Gerindo a democracia sob a fumaça

O escritor Ketan Joshi indicou outra razão pela qual poderíamos duvidar de que a McKinsey tenha feito recomendações de fato imparciais e, antes de tudo, destinadas antes a ajudar o governo a atingir emissões líquidas zero até 2050: muitos dos maiores clientes dessa consultoria são da indústria de combustíveis fósseis.[67] Uma investigação do *New York Times* revelou que em anos recentes a McKinsey assessorou pelo menos 43 da centena de grandes poluidores, "incluindo BP, Exxon Mobil, Gazprom e Saudi Aramco, contratos que geraram centenas de milhões de dólares em honorários para a empresa".[68]

Em outro caso que foi atentamente examinado por grupos ativistas e acadêmicos, descobriu-se que a McKinsey fez à própria UNFCCC recomendações climáticas que protegeram os interesses de grandes madeireiras e outros agentes industriais também por ela assessorados, ao mesmo tempo que promovia medidas que prejudicaram as práticas culturais de grupos indígenas. Globalmente, "o desmatamento e a degradação de florestas são responsáveis por aproximadamente 11% das emissões de carbono, mais do que todo o setor global de transportes e atrás apenas do setor de energia".[69] Em resposta, durante os anos 2000 a UNFCCC desenvolveu o mecanismo REDD, sigla em inglês para "reduzir emissões do desmatamento e degradação de florestas", cujo objetivo era criar um modo de oferecer incentivos financeiros a países em desenvolvimento para manter, conservar e fazer o manejo de florestas que, sem essa verba, poderiam ser derrubadas visando o lucro. Os países participantes teriam acesso a recursos financeiros para compensar grupos e empresas por perdas decorrentes de usos mais sustentáveis de florestas.

Em 2007 a UNFCCC contratou a McKinsey para desenvolver, por meio de uma extensão do REDD conhecida como REDD+, uma métrica para estimar o valor financeiro de manter, conservar e fazer o manejo de florestas como uma fonte de captura de carbono em comparação com outros usos da terra. A ferramenta que a McKinsey criou tomou por base uma curva de abatimento marginal (CAM), técnica usada há tempos por governos para avaliar custos e benefícios de diferentes estratégias climáticas.[70] O modelo procurava entender como governos poderiam reduzir o desmatamento ao menor custo. Usando sua ferramenta CAM, a McKinsey propôs que a redução do desmatamento fosse atingida por meio da eliminação da agricultura de queimada praticada por comunidades indígenas, pois considerou que essa tradição criava baixo valor financeiro, portanto as comunidades requereriam menor compensação pela perda de hábitats e modos de vida.[71] As grandes madeireiras, em contrapartida, requereriam maior compensação porque para elas os custos de não derrubar florestas eram considerados mais altos. Essas últimas, claro, desmatavam muito mais.

A estratégia que a McKinsey embutiu no esquema de medição desenvolvido para o REDD+ e a UNFCCC valorizava muito mais os lucros das madeireiras do que as práticas agrícolas culturais de comunidades indígenas, que nem de longe contribuíam para o desmatamento no mesmo grau que as madeireiras. Na época (como ressaltaram grupos ambientalistas), entre os clientes da McKinsey estavam empresas que operavam nas florestas dos países participantes do REDD+. As comunidades indígenas mais afetadas pelo mecanismo, no Brasil, Bangladesh e Papua-Nova Guiné, por exemplo, não eram clientes da McKinsey nem tinham acesso direto a consultores da empresa. Assim, a ferramenta quantitativa na qual a consultoria baseou suas recomendações mais uma vez emprestou credibilidade a uma linha de ação que protegia os interesses de clientes lucrativos. O modo mais eficaz de reduzir o desmatamento não foi recomendado. O que houve de imparcial na recomendação da McKinsey então?

A verdade é que a consultoria estava servindo a dois senhores. Havia um conflito de interesses direto: a McKinsey recebia dinheiro de empresas que seriam afetadas pelas políticas de redução do desmatamento que ela mesma ajudava a desenvolver. Em anos recentes, grandes e pequenas consultorias também ajudaram a criar uma forma de divulgação, *disclosure*, para indústrias poderosas que há tempos têm contribuído significativamente para as emissões de CO_2.

Resistência a prestar contas: o caso ESG

Empresas usam critérios de governança social, ambiental e corporativa (ESG, na sigla em inglês) para demonstrar que suas operações não prejudicam o meio ambiente, que elas apoiam relações positivas com seus empregados e outras comunidades e que possuem estruturas de governança eficazes. Os proponentes do ESG afirmam que incentivar empresas a divulgar essas informações impulsiona o bom comportamento corporativo, uma vez que ele é recompensado com maior valor:[72] "O conselho para que as empresas se concentrem em 'fazer o bem' é adotado com a promessa de que isso também fará bem para seus resultados líquidos e para os acionistas".[73] Dependendo do *framework* que usa, a empresa informará seus números segundo os três critérios; por exemplo, o número de mulheres em cargos de liderança, a quantidade de eletricidade usada em suas salas e quantos empregados vão para o trabalho de bicicleta. Fundos de investimento institucionais também têm usado cada vez mais critérios ESG para tomar decisões sobre onde investir.

A demanda de empresas por *frameworks* ESG e métricas de investimento financeiro ESG explodiu nos últimos anos. O número de companhias multinacionais que agora usam ESG para determinar a remuneração de executivos, por exemplo, duplicou entre 2018 e 2021.[74] O grupo de lobistas Business Roundtable, formado por diretores executivos de grandes companhias nos Estados Unidos, "turbinou o movimento ESG"[75] após seu encontro de 2019, quando endossou a postura de que as empresas existem para servir aos stakeholders, e não só aos acionistas.[76] Em fevereiro de 2021 a Bloomberg noticiou que os ativos ESG estão "a caminho de exceder 53 trilhões de dólares até 2025", representando mais de um terço dos ativos totais sob gestão projetados.[77] Investidores com 100 trilhões de dólares em ativos sob gestão aderiram aos Princípios das Nações Unidas para o Investimento Responsável (PRI), "desenvolvidos por investidores para investidores",[78] e defendem um maior uso de *frameworks* ESG nos investimentos.[79]

A indústria da consultoria tem sido uma fornecedora essencial de *frameworks* ESG e serviços relacionados, recomendando sua adoção em todo material de marketing. As Big Four, notavelmente a EY, têm sido particularmente estridentes em seus esforços para conseguir clientes ESG, de olho no potencial para a venda cruzada de serviços dessa linha, além da assessoria em demonstrativos financeiros, por exemplo, na remuneração de executivos.[80] Muitas consultorias menores focadas em sustentabilidade também entraram na briga, vendendo *frameworks* próprios ou fornecendo assessoria para melhorar outros *frameworks*.

Em 2018 já havia mais de seiscentas ratings ESG em uso na iniciativa privada.[81] Os *frameworks* "diferem não só no modo como medem os vários critérios ESG, mas também com respeito a quais critérios consideram que vale a pena medir em primeiro lugar".[82] Contudo, apesar da proliferação de critérios ESG, não existe uma única definição de ESG "boa", e os muitos *frameworks* em uso não são regulamentados por um único órgão público. Para alguns critérios existem diferentes padrões de relatórios de sustentabilidade no setor privado, entre eles o Conselho de Normas Contábeis Sustentáveis (SASB) e a Global Reporting Initiative. Em 2021 os países do G7 e os bancos centrais da União Europeia endossaram um *framework* desenvolvido pela Força-Tarefa para Divulgações Financeiras Relacionadas ao Clima (TCFD) para obrigar bancos e empresas a divulgar sua exposição a esses riscos.[83] Entre os membros da TCFD estão partners de Deloitte, EY, PwC e KPMG.[84] No mesmo ano, todas as Big Four, além de muitas consultorias menores, passaram a oferecer serviços de assessoria a empresas que serão forçadas a seguir o *framework* da TCFD.

Tem havido resistência na iniciativa privada às tentativas de padronizar as métricas ESG para as empresas. O repúdio ao *framework* ESG do Fórum Econômico Mundial por muitos de seus próprios membros talvez seja revelador. Em janeiro de 2020 o Fórum lançou as "Métricas de Capitalismo de Stakeholders", um *framework* que usa 21 métricas ESG com o objetivo de "promover o alinhamento entre os *frameworks* ESG existentes". Deloitte, EY, KPMG e PwC foram contratadas para ajudar a "identificar um conjunto de métricas ESG essenciais e universais e recomendou *disclosures* que poderiam se refletir nos principais relatórios anuais de empresas, de forma consistente entre os diversos setores da indústria e países".[85] Mas na época do encontro do grupo em setembro de 2021, menos de sessenta empresas haviam adotado as métricas.[86] Em maio de 2022, embora 150 empresas houvessem "mostrado seu apoio ao conjunto de métricas", apenas setenta as adotavam.[87] O Fórum Econômico Mundial tem 390 empresas como membros, e mais de mil empresas compareçem presencialmente aos eventos.

A teoria de que os critérios ESG podem incentivar as empresas a atuar de forma mais responsável com o meio ambiente e a sociedade depende fundamentalmente de ser possível fazer comparações precisas entre elas. O ESG, segundo seus proponentes, facilita a concorrência no mercado dando acesso a informações sobre estimativas de risco precisas, capazes de afetar o valor das ações e a lucratividade futuros. Se a demanda por ESG fosse direcionada por um compromisso generalizado das empresas, haveria muito mais apoio a um padrão universal. Sem isso, as informações que a métrica fornece são ininteligíveis, e todo o sistema é falho. Assim, a ausência de um padrão universal, apesar do aparente entusiasmo pelo ESG, sugere a existência de outras motivações.

As consequências dessa ausência lembram a prática de *opinion shopping* — contratar auditoria com o viés desejado — que as empresas clientes podiam adotar nos anos anteriores à padronização desses serviços. Quando existem muitos *frameworks* ESG para escolher, uma empresa pode contratar aquele que melhor apresente as práticas já existentes da empresa, ou que pelo menos não recomende a implementação de medidas que possam prejudicar outros objetivos, por exemplo, a lucratividade.

No entanto, mesmo se fossem adotados padrões universais para os relatórios de divulgação climática nas finanças e nas empresas, e ainda que investidores e governos pudessem comparar com precisão as informações divulgadas, ainda assim existiria um problema crucial no cerne das próprias informações — e com a capacidade de quantificá-las exatamente em termos de mercado. Os riscos climáticos são "sujeitos à incerteza radical ou 'knightiana' — uma situação na qual é impossível calcular as probabilidades de diferentes resultados. Isso significa que, possivelmente, nunca se poderá contar de antemão com uma 'capacidade intelectual' suficiente para implementar as medidas".[88]

Em outras palavras, a crise climática é tão complicada que, mesmo se os *frameworks* fossem padronizados e compulsórios para todas as empresas, os métodos para avaliar esses critérios provavelmente não seriam capazes de oferecer informações precisas sobre os riscos enfrentados em diferentes mercados. Portanto, as condições de mercado necessárias para o ESG não podem ser atendidas, mesmo segundo os seus próprios critérios, e consequentemente são mais sujeitas a manipulação pelos participantes. Aliás, se a TCFD fornece uma medida clara e objetiva do risco climático, por que tantas consultorias oferecem serviços relacionados? Decerto essas assessorias não deveriam oferecer valor adicional da perspectiva dos clientes.

Em agosto de 2021, o ex-diretor executivo de investimento sustentável da BlackRock, Tariq Fancy, apareceu nas manchetes por chamar os *frameworks* ESG de "distração perigosa" e declarar que eles não produzem "nenhum impacto sobre o ambiente e a sociedade no mundo real". A BlackRock é responsável por alguns dos maiores fundos ESG do mundo e tem sido influente no desenvolvimento da TCFD. A denúncia de Fancy foi, portanto, muito significativa. Ele também salientou as implicações políticas mais abrangentes desses critérios, dizendo que o ESG cria "um gigantesco placebo social que nos leva a pensar que estamos progredindo quando não estamos". No fim das contas, como ele declarou ao *Financial Times*, isso "vai retardar a ação do governo".[89] Da perspectiva das empresas e mercados financeiros, os *frameworks* ESG retardam a intervenção dos governos porque dão a impressão de que os padrões estão sendo seguidos. E as grandes e pequenas consultorias, fornecendo esses *frameworks* e assessorando as empresas para que obedeçam a seus critérios, têm um papel crucial nisso tudo, uma vez que adiam respostas significativas, impactantes e carregadas de responsabilidade. Desse modo, elas devem ser reconhecidas como uma fonte de oposição política ao nosso interesse coletivo em fazer a transição para uma economia verde. Como concluiu um estudo recente sobre *frameworks* ESG, "por fim, muito dinheiro terá sido gasto, uns poucos (consultores, especialistas em ESG, mensuradores de ESG) terão se beneficiado, mas as empresas não estarão mais socialmente responsáveis do que eram antes de o ESG ser inventado".[90]

Garantindo o futuro: Comprometimento com a ação

Desde a publicação do primeiro relatório IPCC em 1990, passou a ser de conhecimento público que a crise climática constitui o maior desafio existencial de nosso tempo. Mas por três décadas governos e empresas resistiram a um plano de ação coletivo e harmônico para confrontá-la, acreditando que a autorregulação dos mercados em prol do lucro e o valor para os acionistas forneceriam soluções. O Relatório Especial do IPCC sobre o Aquecimento Global de 1,5° provou que a gestão climática orientada pelo mercado não tinha funcionado. Diante das conclusões do relatório e do crescente conhecimento do público sobre elas, governos e agentes da iniciativa privada cujo crescimento depende da extração e consumo contínuos de combustíveis fósseis dobraram a aposta e prometeram aos cidadãos e aos observadores internacionais que fariam melhor: contratando os serviços de agentes de mercado tidos como especialistas conceituados — a indústria da consultoria. Com as consultorias favorecidas dessa maneira, as evidências científicas e as vozes dos verdadeiros especialistas, que nem de longe contam com o mesmo apoio de recursos e poder, são abafadas. Um professor Obasis em nossos dias seria desconsiderado. Isso prejudica ativamente o planeta — porque quanto mais demorarmos para desenvolver um sistema capaz de viver segundo os meios permitidos por ele, piores serão os impactos do colapso climático.

A consultoria climática é uma fonte crescente de rendas econômicas. Embora seja uma área relativamente nova para as consultorias, e com ainda poucos estudos sobre seus impactos e variedade, há muitos indícios de que, na era da crise climática, essa indústria está tendo o mesmo papel que teve ao longo de toda a história do capitalismo industrial. Na crise climática, as grandes do ramo estão aproveitando uma nova onda de governança e, com isso, fornecem um véu de *comprometimento* sem a obrigação de *agir*. No entanto, os governos e as empresas de hoje serão a diferença entre um mundo onde a humanidade poderá viver de forma confortável e com equidade ou um mundo onde muitos não conseguirão sobreviver. A próxima década decidirá as lutas que serão travadas pelas gerações futuras, diante de temperaturas extremas, eventos climáticos calamitosos, erosão do solo e muito mais. Muitas pessoas perderão os meios de cultivar a terra e prover o sustento. Nossa geração será a última a ter contato com a histórica biodiversidade terrestre e marinha do planeta.

A magnitude do desafio, agravada pelo papel ofuscante e ganancioso da indústria da consultoria nessa questão, tem gerado resistência até mesmo dentro de uma das maiores empresas de consultoria. Consultores não têm nenhuma fama de se organizar coletivamente para contradizer o alto escalão de gestores de sua empresa. Mas em outubro de 2021, o *New York Times* noticiou que, no segundo trimestre do ano, mais de 1100 profissionais da McKinsey tinham assinado uma carta aberta pedindo que a empresa revelasse a quantidade de carbono que seus clientes liberavam na atmosfera.[91]

"A crise climática é a questão decisiva da nossa geração", escreveram. "Nosso impacto positivo em outras esferas de nada servirá se não agirmos enquanto nossos clientes alteram irrevogavelmente as condições do planeta." Em resposta a essa carta, dois partners enviaram um comunicado interno afirmando: "Compartilhamos de sua opinião de que a questão climática é a decisiva para nosso planeta e todas as gerações", e disseram que no Dia da Terra realizariam um evento onde todos da empresa poderiam fazer quaisquer tipos de pergunta. Alguns dos signatários não ficaram satisfeitos com essa resposta e pediram demissão, reiterando suas preocupações com as emissões dos clientes.

Um dos autores da carta, um consultor que geria contratos relacionados à transição energética e serviços ESG, publicou internamente seu pedido de demissão. "Depois de examinar os honorários cobrados dos maiores poluidores do planeta", escreveu ele, "fica muito difícil dizer que hoje a McKinsey é 'a maior catalisadora do setor privado para a descarbonização'. É bem possível que seja o exato oposto."[92]

10
Conclusão: Um governo que rema para poder pilotar

NESTES ÚLTIMOS TRINTA ANOS, A ECONOMIA de mercado dominou sociedades do mundo todo. Seria tolice culpar as consultorias por todos os problemas que o capitalismo avançado criou, desde a financeirização das nossas economias e o esvaziamento das organizações públicas até a exacerbação da desigualdade e da crise climática. Ainda assim, a indústria da consultoria simultaneamente moldou essa economia e se beneficiou dela, surfando as ondas de tendências subjacentes. As rendas colossais auferidas não correspondem ao valor de sua contribuição geral nem à distribuição dos riscos.

O Big Con está impedindo governos e empresas de desenvolverem as competências necessárias para transformar nossas economias em vista do bem comum e da aceleração da transição verde. Esse é um problema crucial para a democracia e também para a inovação: a capacidade das organizações para responder às necessidades e desejos dos cidadãos. Como vimos durante a pandemia, e como veremos à medida que a crise climática continuar nos anos vindouros, precisamos que as organizações nos mais diversos setores da economia adotem medidas sem precedentes e ousadas para mitigar a ruptura dos nossos modos de vida.

O Big Con possibilita às empresas tomarem decisões que solapam a criação de valor, como, por exemplo, investir a longo prazo em competências produtivas, e facilitam a extração de valor. As organizações do setor público, em especial, encontram dificuldades para suplantar o Big Con. As pressões financeiras resultantes de cortes orçamentários e programas de austeridade limitam a capacidade do setor público. Uma autoridade do governo responsável por entregar uma nova iniciativa em curto prazo pode sentir-se forçada a contratar uma consultoria externa que prometa um bom custo-benefício e um retorno rápido. Terceirizar raramente é a única opção, mas nas esferas em que isso se tornou a resposta padrão para atender novas necessidades as alternativas quase sempre encontram resistência. Apelos visionários para que se invista internamente a fim de acumular capacidades internas ao longo do tempo são vistos como heréticos.

Governos eleitos democraticamente são os principais agentes dotados da magnitude de recursos e da legitimidade necessárias para moldar as economias de modo a resolver esses grandes problemas econômicos e sociais. Moldar não significa que eles têm de fazer tudo. Mas ainda assim é preciso que aprendam a investir internamente, que ajudem a coordenar outros agentes e que invistam em níveis competitivos com os da iniciativa privada, adotando medidas ousadas em níveis local, regional e nacional a fim de inovar sistemas e infraestruturas. Por fim, que concretizem programas democraticamente ordenados.

Inovando a partir de dentro

Embora nestas últimas décadas o NHS do Reino Unido tenha estado cada vez mais sujeito à terceirização, em seus primórdios ele foi um bom exemplo do tipo de ambição que precisa ser restabelecida nos governos. O NHS foi uma organização que evoluiu e aprendeu em resposta a mudanças nas necessidades políticas e sociais. Terminada a Segunda Guerra Mundial, milhões de jovens, tanto homens quanto mulheres, estavam voltando para casa após um conflito sangrento que destruíra muitas vidas. Eles queriam sentir-se seguros — ter uma rede de apoio — na nova sociedade que seria construída dos escombros, como lhes

CONCLUSÃO

fora prometido. Os políticos também perceberam que a recuperação econômica do pós-guerra requeria uma força de trabalho saudável. Até então, a assistência médica era prestada por uma colcha de retalhos de organizações religiosas, entidades beneficentes, médicos particulares e membros da família. Embora tivesse havido algumas melhorias nas condições e na expectativa de vida, esse progresso fora lento. A criação do NHS constituiu a base da nova rede de segurança oferecida pelo Estado de bem-estar social. Mas, além disso, possibilitou a inovação que levaria a importantes avanços na medicina e na saúde pública, reunindo uma enorme força de trabalho com uma missão comum. Com o fornecimento de um serviço de assistência médica universal, mais pessoas do que nunca puderam ter acesso a tratamentos de saúde.

Para cumprir essa missão foram necessários modos inovadores de fornecer assistência médica. Foi preciso treinar profissionais. Administrar hospitais. Estabelecer sistemas administrativos capazes de lidar com os prontuários médicos da população inteira. As transformações organizacionais radicais da saúde pública aproveitaram conhecimentos e experiência de agentes públicos e privados de toda a sociedade. Nas décadas seguintes, como a maioria dos médicos e enfermeiros passou a trabalhar para a mesma organização, tratamentos e técnicas puderam ser compartilhados mais facilmente. Antes do NHS haviam ocorrido avanços importantes na pesquisa médica no Reino Unido, mas o novo sistema de saúde criou modos melhores de monitorar os tratamentos e forneceu instalações para estudo dos pacientes em tratamento. Os serviços de investigação e diagnóstico melhoraram, ensejando importantes descobertas em várias áreas da medicina, como a artroplastia de quadril, a tecnologia da fertilização in vitro e o primeiro transplante combinado de coração, fígado e pulmão.[1]

Hoje o papel do NHS nas descobertas da medicina frequentemente é desconsiderado. O fato de que muitos avanços foram possibilitados pelo aprendizado conjunto dos profissionais e administradores da área de saúde, trabalhando para um objetivo comum, foi quase esquecido. Em vez disso, nos dizem que os Estados de bem-estar social do século XX eram lentos e burocráticos e que tolhiam em vez de impulsionar a inovação. Evidente que nem tudo era perfeito. A comunicação entre partes do NHS muitas vezes era morosa — e os servidores civis do NHS sem dúvida usavam muito papel (de que outro modo os administradores poderiam manter registros médicos antes dos computadores?). Porém, em comparação com os setores públicos do nosso tempo — onde, como recentemente observou um político conservador britânico, os "problemas desafiadores, gratificantes e engajados" são mandados para fora, para consultores que trabalham em seus grupinhos incomunicáveis,[2] e onde, como salientou um funcionário público dinamarquês, a expertise digital costuma estar "na mente de alguns fornecedores" e consultores —,[3] o pensamento organizacional que nos deu o NHS parece mais importante do que nunca.

Enfrentar os grandes desafios do nosso tempo requer que os governos também trabalhem em parceria com empresas, mas para fazerem isso de forma eficiente as organizações do setor público precisam ser capazes de compreender sua paisagem, decidir com quem é melhor colaborar e gerir os contratos necessários. Nada disso é possível sem capacidades e competências internas dinâmicas. Nos anos 1960, durante o programa Apollo, o diretor de *procurement* da NASA, Ernest Brackett, já avisara que a agência perderia sua inteligência se continuasse a terceirizar; viraria "presa dos criadores de belos folhetos de apresentação" até o ponto de não saber mais com quem trabalhar ou como redigir seus termos de referência. Organizações do setor público no mundo todo viraram presas do Big Con e perderam não só competências, mas também o senso de propósito público e direção, sucumbindo à convicção de que no máximo são capazes de regular mercados e firmar contratos de dimensões obscuras.

Concluímos este livro com quatro propostas para liberar as organizações dos setores público e privado da dependência excessiva da indústria da consultoria e promover interações criadoras de valor em toda a economia. As duas primeiras destinam-se aos governos; tratam da questão fundamental de como as organizações do setor público podem ser criadoras de valor na economia, em vez de apenas "consertadoras" de situações, e da razão pela qual isso requer a reconstrução de competências organizacionais internas. As outras duas destinam-se a direcionar as operações das empresas e organizações

CONCLUSÃO

governamentais, abordando como podem assegurar que as parcerias promovam o aprendizado e realmente criem valor, e analisando por que é crucial exigir das consultorias transparência sobre os interesses dos seus clientes.

1. UMA NOVA VISÃO, NARRATIVA E ENCAMINHAMENTO PARA O SERVIÇO PÚBLICO

O primeiro passo para reconstruir competências em organizações do setor público é reconhecer o governo como um criador de valor na economia — em vez de um extrator de valor perdulário e ineficiente, na pior das hipóteses, ou um consertador do mercado, na melhor. Para que isso aconteça, o governo precisa implementar processos e fazer investimentos que lhe permitam aprender e se adaptar. Isso é essencial para o desenvolvimento do "Estado empreendedor" que foi analisado e rotulado por uma de nós: uma rede de instituições públicas dinâmicas que investem conjuntamente em toda a cadeia de inovação, correndo juntas os riscos no processo de criação de valor.[4] Não teríamos a internet nem o GPS sem a instituição pública americana DARPA [Agência de Projetos de Pesquisa Avançada da Defesa], que assumia os riscos de suas operações. Para enfrentar os desafios sociais e ambientais do nosso tempo é necessário que o setor público tenha o mesmo nível de investimento, criatividade e orientação para uma missão.[5]

Evidências da pandemia de covid-19 mostram que investimentos prévios em organizações públicas em geral tornam-se importantes fontes de capacidade e conhecimento na resposta do setor de saúde pública. A covid-19 foi não só uma crise de saúde, mas também uma crise de gestão que pôs à prova a resiliência de sistemas de governo e a capacidade de instituições do setor público para se adaptar, funcionar e inovar na entrega de serviços públicos. Em um artigo recente sobre políticas públicas que uma de nós escreveu em coautoria com o Programa de Desenvolvimento das Nações Unidas, concluímos que a pandemia revelou "funções governamentais essenciais",[6] entre as quais:

- Adaptação e aprendizado na presença de informações incompletas e às vezes conflitantes e de incerteza radical;
- Alinhamento dos serviços públicos com as necessidades dos cidadãos;
- Gestão de sistemas de produção e competências resilientes para promover colaborações público-privadas simbióticas e acessar inovações criadas pelos próprios cidadãos;
- Capacidade de gerenciar dados e infraestruturas digitais, incluindo a "infodemia", equilibrando com a proteção dos direitos humanos;
- Aprendizado e coordenação intergovernamental e intragovernamental (incluindo entre diferentes níveis de governo, isto é, federal e local, interministerial e internacional).

Mesmo em regiões que operam com orçamentos públicos mais restritos, como Ruanda, Vietnã e Kerala, na Índia, respostas bem-sucedidas à pandemia em níveis nacional e local de governo muito frequentemente envolveram reposicionar e reconfigurar sistemas e conhecimentos que o setor público já havia desenvolvido investindo em respostas a catástrofes ambientais ou a emergências de saúde anteriores, como o ebola.[7] Desse modo, a capacidade que é desenvolvida quando os governos não terceirizam pode "transbordar" na forma de recursos para desafios futuros imprevisíveis.

No entanto, para que governos criem valor dessa maneira, também é crucial que organizações do setor público tenham autorização para correr riscos. Governos (e empresas) muitas vezes usam consultorias porque não querem levar a culpa caso ocorram falhas. A ironia, é óbvio, é que mesmo se o dano à reputação recair sobre a consultoria — o que pouco acontece —, os custos financeiros do fracasso continuam sob a responsabilidade do governo, como demonstram os casos da HealthCare.gov e do hospital sueco Nya Karolinska Solna. E o maior custo da terceirização é que, no fim das contas, é muito mais difícil aprender com fracassos quando eles foram causados por ações de terceiros — a culpa será terceirizada, sim, mas o aprendizado por tentativa e erro também. Analogamente, os custos mais gerais também são pagos pela sociedade; foram os cidadãos do Reino Unido que, em última análise, sofreram as consequências sobre a saúde e a economia da decisão governamental de terceirizar para consultorias grande parte da resposta inicial à covid-19.

Na prática, reconhecer o Estado como criador de valor — e capaz de assumir riscos — requer que as autoridades e a mídia desenvolvam as narrativas que usam quando descrevem o papel do governo na economia. Elas serão essenciais para criar um novo consenso social de que o setor público é de fato um agente fundamental em nossas economias. Governos também *são* produtores, e para serem inovadores precisam assumir riscos — como qualquer empreendedor bem-sucedido diria a respeito de empresas privadas inovadoras. Gestores e organizações do setor público devem criar ferramentas que lhes permitam experimentar e assumir riscos de modos que promovam o aprendizado. Um exemplo é o "sandbox", um ambiente no qual as organizações podem testar programas de medidas em um ambiente controlado e em escala menor.

Quando se reconhece o Estado como criador de valor e uma entidade capaz de assumir riscos, a reforma crucial resultante requer abandonar cem por cento a prática da contratação principal em grande escala. A contratação principal é paradoxal porque nos empreendimentos em que os custos do fracasso são grandes o risco é transferido para o órgão público contratante, a fim de incentivar terceiros a participar da licitação. Temos aqui uma contradição insuperável: se o risco do fracasso permanecesse com a contratada principal, nenhuma empresa daria lances pelo contrato. Portanto, a única resposta lógica é reduzir a magnitude dos contratos para reduzir os custos possíveis do fracasso, de modo que o risco também seja reduzido e possa ser partilhado apropriadamente entre o órgão público e a contratada. Também é essencial que, quando um órgão do governo firma um contrato, este seja gerido internamente. Só assim o setor público pode absorver as lições que surgirão da execução do trabalho.

Eliminar a intermediação de consultorias que a contratação principal cria também ajuda a assegurar que os governos sejam capazes de desenvolver relacionamentos objetivos e diretos com empresas, permitindo que possam reconhecer quando a parceria deixa de ser valiosa. As lições da missão Apollo são úteis aqui: foram elaborados contratos público-privados com cláusulas explícitas que proibiam "lucros excessivos" e usado um modelo de preço fixo com incentivos para melhorar a qualidade e inovar, a fim de impedir que o setor público pagasse pela mediocridade ou se tornasse dependente de uma única empresa (quanto mais elevados os padrões e as metas de inovação, mais oportunidades de inovação vindas de níveis inferiores).[8]

Criar visões ambiciosas e estratégicas e construir a capacidade para a gestão eficaz não é algo que se consiga da noite para o dia, e constitui um desafio ainda maior para países que não investiram em capacidades de longo prazo. Portanto, para auxiliar as organizações do setor público a retomar tarefas então terceirizadas, os governos devem promover uma reconstrução vigorosa de suas capacidades internas.

2. INVESTIR NA CRIAÇÃO DE CAPACIDADE E COMPETÊNCIAS INTERNAS

Assegurar que as carreiras no setor público atraiam indivíduos competentes, curiosos e empenhados é uma estratégia crucial. Em muitos países os funcionários públicos não têm acesso a bons treinamentos nem oportunidades de assumir novos desafios e, com isso, desenvolver habilidades e conhecimentos. Isso também traz muitas consequências. Se o papel do funcionário público for reduzido a apenas gerir contratos com consultores, aqueles que anseiam por criar valor no setor público talvez reflitam que seria mais viável fazer isso na indústria privada da consultoria, que remunera melhor. Os recém-formados mais inteligentes não são atraídos para as consultorias apenas por salários mais altos, mas também porque as empresas têm confiança em se apresentar como criadoras de valor, ao passo que as organizações do setor público passaram a ser vistas como o oposto disso. Portanto, transformar o papel do governo de modo que ele venha a moldar com êxito o mercado, em vez de apenas consertá-lo, de modo que assuma riscos, e não apenas os evite, e de modo que crie riqueza, em vez de apenas redistribuí-la, também são passos importantes para criar carreiras significativas no serviço público.[9] Proporcionar oportunidades de aprendizado ao assumir novos desafios também ajuda a manter os funcionários, seja porque eles percebem que estão desenvolvendo uma carreira dentro da organização, seja porque se sentem valorizados e capacitados para aplicar novos conhecimentos a novas situações nos cargos que ocupam. Porém, em última análise, tanto o desenvolvimento do conhecimento dos funcionários como a atratividade de permanecer na organização também são fundamentais para que ela evolua. O aprendizado é sustentado — e as competências do governo evoluem — porque os servidores possuem know-how e experiências de mais longo prazo que podem ser os elementos básicos da inovação.

A infraestrutura digital também pode ser uma dimensão valiosa da capacidade do setor público. Poder acessar dados prontamente e se comunicar de modo eficaz entre os departamentos, com a população e as empresas contribui para o aprendizado, uma vez que as autoridades se tornam capazes de responder mais facilmente a mudanças nas necessidades. Isso ficou claro durante a pandemia de covid-19. Para reduzir as taxas de infecção foi preciso acessar dados dos cidadãos e dispor de canais confiáveis de comunicação com a população. No mundo todo, a infraestrutura digital do setor público tem sido gradualmente privatizada, e sua gestão terceirizada por meio de sucessivas reformas no e-governo e na digitalização. Mais uma vez, algo que prejudica o potencial de criação de valor da infraestrutura digital como um recurso de aprendizado.

Para maximizar o papel da infraestrutura digital na evolução das competências do setor público, os governos podem empenhar-se em restabelecer a expertise interna em TI necessária para gerir contratos de infraestrutura digital e *procurement*. Em 2011 o governo do Reino Unido criou uma unidade especial de TI, o Government Digital Service [GDS, Serviço Digital do Governo], responsável por construir e manter produtos e serviços públicos e fornecer assessoria digital especializada a departamentos do governo central, dos governos da Escócia, País de Gales e Irlanda do Norte e de autoridades locais. O êxito do GDS em criar uma plataforma on-line pública e premiada — o Gov.uk — inspirou unidades similares no mundo todo, inclusive em países como Canadá, Estados Unidos e Alemanha.[10] Funcionários públicos que haviam participado do desenvolvimento da inovadora plataforma de streaming online iPlayer da BBC foram os responsáveis por reunir o conhecimento previamente adquirido dentro de organização pública e aplicá-lo para outras necessidades.

Seguindo a mesma linha, em anos recentes vários governos criaram laboratórios públicos, possibilitando lugares seguros para, seguindo a lógica do "sandbox", desenvolver novos instrumentos e políticas e ensejar um serviço público mais inovador — inovando *no* governo, e não apenas *por meio* do governo. Isso inclui o MindLab na Dinamarca, e o Laboratorio de Gobierno no Chile. Também desenvolveram unidades do setor público para exercer funções que antes eram desempenhadas por consultorias. Na Dinamarca, por exemplo, o governo eleito em 2019 reconheceu que o uso generalizado de consultorias arruinara competências do setor público. Em 2021 já havia cortado pela metade os gastos com consultoria de gestão externa e estabelecido um órgão público responsável por fornecer dados e análises a departamentos governamentais que haviam se tornado dependentes desses serviços. Embora as evidências empíricas sobre as vantagens e desafios de longo prazo das consultorias do setor público sejam limitadas no momento em que escrevemos o livro, há indícios de que elas podem ser uma ferramenta útil para proteger e reconstruir competências essenciais. A empresa pública de consultoria da Alemanha, estabelecida em 2016, por exemplo, foi citada como um fator importante no uso relativamente baixo da indústria da consultoria pelos governos federal, estaduais e municipais do país.

Em especial no âmbito das organizações do setor público que operam com orçamento restrito, interações e parcerias com outras organizações da economia como um todo podem ser um modo fundamental de desenvolver competências. Pode ser necessário contratar terceirizadas para serviços predefinidos, com o objetivo de atender demandas de capacidade. Em uma de suas funções mais abrangentes, a consultoria deve possibilitar a transferência de conhecimento de uma organização para outra como parte de um processo de aprendizado. No entanto, em nossas economias impera uma definição muito mais estreita desse serviço externo, uma que, em grande medida, vê essas organizações capazes de fornecer conhecimento valioso como entidades comerciais que vendem ideias como se fossem produtos.

CONCLUSÃO

É essencial recalibrarmos o papel que a indústria da consultoria desempenha em nossas economias, em especial as grandes consultorias, o que invariavelmente resultaria na diminuição dos lucros obtidos por elas. Os profissionais que trabalham nessas empresas podem ser um importante motor de mudança dentro delas. Embora grandes consultorias multinacionais possam criar valor, quando adotamos uma definição estreita de consultoria não só alicerçamos os processos de aprendizado na dinâmica de mercado como também não valorizamos ou não aproveitamos ao máximo o conhecimento que existe em outras partes da economia.

Parcerias com organizações de pesquisa com o objetivo explícito de compartilhar conhecimento podem ser importantes para construir competências no setor público. Há muitas organizações cujo propósito é desenvolver conhecimento fazendo pesquisa em áreas essenciais para o funcionamento da sociedade, como saúde, medicina, meio ambiente ou políticas públicas. Entre essas organizações estão os departamentos de universidades públicas e as divisões de pesquisa de entidades beneficentes, sindicatos e ministérios do setor público. Embora em alguns países as instituições de pesquisa públicas sejam fontes fundamentais de pesquisa, como a DARPA nos Estados Unidos, seus objetivos quase sempre se restringem ao desenvolvimento e à comercialização de tecnologia militar, com pouco ou nenhum investimento em inovação para usos sociais. Mesmo quando existem instituições públicas de pesquisa, elas não são amplamente utilizadas pelo governo como fontes de conhecimento. No entanto, em uma economia que valoriza o aprendizado e a democracia, os governos deveriam encontrar modos de promover a troca de conhecimento por todas as organizações e apoiar uma gama mais diversificada de instituições de pesquisa. Elas podem vir a ser uma importante fonte de conhecimento para empresas, entidades do setor público e outras organizações.

Nosso departamento acadêmico, o Institute for Innovation and Public Purpose do UCL, por exemplo, acolhe uma rede de organizações públicas "orientadas por uma missão",[11] como bancos públicos e agências de inovação, que trocam aprendizados, compartilhando os desafios e as oportunidades que surgem quando se afastam das formas de governança fixadas na orientação do mercado.[12] Também estamos elaborando um novo programa de mestrado para funcionários públicos, baseado no princípio da criação de valor coletivo e de burocracias criativas orientadas por propósito. As habilidades e ferramentas ensinadas nesse programa diferem daquelas baseadas na Teoria da Escolha Pública que por muito tempo assombraram os funcionários públicos.[13]

No nível de governo local e municipal, onde políticos e gestores públicos de muitos países têm enfrentado cortes cada vez mais acentuados no orçamento desde os anos 1980, foram desenvolvidas formas de "*procurement* progressivo", como em Preston, no norte da Inglaterra. Durante os anos 2010, a autoridade local criou uma série de regras para assegurar que o processo de *procurement* de bens e serviços fosse aberto, justo e transparente, a fim de que os cidadãos tivessem acesso a serviços de qualidade a preços competitivos.[14] Alicerçadas nas noções de Community Wealth Building [construção de riqueza comunitária], essas abordagens reconhecem que a capacidade de gastar do governo local pode ser um modo de fomentar ecossistemas dinâmicos formados por empresas responsáveis radicadas na comunidade. Segundo os proponentes dessa abordagem, ela assegura que a riqueza criada por meio do *procurement* permanece dentro da comunidade em vez de forrar os bolsos de acionistas em lugares distantes. Em consequência, é maior a probabilidade de que os contratos "sustentem o emprego local e de que a riqueza e o excedente voltem a circular na comunidade".[15] Nesse tipo de parceria, como a contratada não é uma consultoria multinacional que visa à renda, e sim uma empresa em dependência mútua da prosperidade da comunidade onde está sediada, a troca de conhecimento entre governo e contratada é incentivada, promovendo o aprendizado e a competência — uma definição muito mais abrangente de "riqueza da comunidade".

Fato é que em todos os tipos de parceria, seja na iniciativa privada, seja no governo, o aprendizado não pode ser pressuposto. Para assegurar que seja alcançado, é preciso inseri-lo explicitamente nos contratos e avaliações de projetos, inclusive naqueles executados em âmbito interno.

3. INSERIR O APRENDIZADO — E UM PONTO DE TÉRMINO — NAS AVALIAÇÕES DE CONTRATO

Em muitos dos processos de contratação existentes, o valor é visto em termos transacionais: uma oferta de mão de obra ou expertise em troca de dinheiro. Mas quando são incluídos acordos de troca de conhecimento nos termos de referência, o *procurement* e outras formas de parceria também podem ser uma fonte de aprendizado. O processo autorrealizável no qual organizações fracas têm que contratar consultores que, por sua vez, passam a depender dessas relações contratuais precisa acabar. E isso só será possível se o aprendizado visando autonomia for inserido nos contratos de construção de competências.

Dada a natureza incerta da inovação, nem sempre é possível afirmar logo de cara o que a contratante pode aprender com o *procurement*, ou quais novos conhecimentos surgirão de uma parceria. Ainda assim, o modo como um contrato é avaliado pode ajudar uma organização a identificar as lições aprendidas e incentivar processos de reflexão e "codificação" que assegurem que essas lições se tornem um recurso para o futuro. Em vez de avaliar projetos com base em análises de custo-benefício, também se pode avaliar seu êxito com base em como a organização e o ecossistema no qual ela existe se beneficiam *no decorrer do tempo*, em suas várias partes e na economia como um todo. A missão Apollo, por exemplo, resultou em uma enorme quantidade de "transbordamentos" para muitos setores tecnológicos — software, nutrição, telefones com câmera.

A avaliação de programas públicos deve ser entendida como um processo dinâmico que requer verificar de maneira contínua e ponderada se o sistema está seguindo na direção certa, por meio de marcos intermediários e envolvimento dos usuários. Um relatório que uma de nós escreveu em coautoria para a BBC propôs que o valor público de seus programas de televisão deveria ser medido não só por seu impacto direto — definido em termos de escala imediata, alcance da audiência e custo-benefício —, mas também pelo impacto indireto das contribuições não imediatamente visíveis para os indivíduos, empresas e sociedade.[16] Na prática, isso requeria que a BBC continuasse a refletir sobre o impacto e as lições aprendidas com vários projetos em diferentes momentos do tempo e em diversas áreas.

Governos e empresas poderiam adotar um método similar para avaliar contratos de parceria. Além de checar se um contrato entre um governo municipal e uma consultoria ambiental conseguiu desenvolver uma estratégia para investir em projetos locais de infraestrutura verde, a avaliação poderia analisar o que os servidores internos aprenderam com o processo de contratação. Esse conhecimento foi aplicado a atividades subsequentes relacionadas ao meio ambiente, quem sabe até na implementação de um fundo de infraestrutura verde? Os servidores sentiram-se mais confiantes ou capacitados em seus cargos graças ao processo de aprendizado?

Nesse ponto é crucial saber se a consultoria criou nova capacidade local e apoiou o agente público para que se liberte da necessidade futura de consultoria. Para que isso ocorra, o governo municipal precisaria, por exemplo, reconhecer lacunas em suas competências internas e, ao longo do tempo, trazer para seus quadros especialistas em infraestrutura verde. Inserindo o aprendizado nas avaliações, mesmo quando não estiver claro logo de início quais serão os "transbordamentos", envolvidos em ambas as partes do contrato serão forçados a considerar as lições aprendidas e, no processo, registrá-las de modo a torná-las parte das competências da organização contratante.

No entanto, as grandes consultorias, em particular, muitas vezes são influenciadas por interesses do cliente de modos que essencialmente inibem a troca de conhecimentos — ou mesmo a criação de valor. Assim, nossa última proposta reitera a questão fundamental do conflito de interesses que prejudica não só o aprendizado, mas também a democracia.

4. EXIGIR TRANSPARÊNCIA E DIVULGAÇÃO DE INTERESSES CONFLITANTES

Grandes consultorias em geral servem a dois senhores — por exemplo, assessorando os principais poluidores de combustíveis fósseis *e* o governo cujo eleitorado exige a redução das emissões nacionais, ou auditando

CONCLUSÃO

uma grande contratada principal enquanto dão lances para contratos similares, ou elaborando legislação tributária nacional ao mesmo tempo que assessoram clientes em prol de evasão fiscal. Em sociedades democráticas, é importante que as empresas e organizações de governo — e seus funcionários — estejam cientes de possíveis conflitos de interesses em cada contrato, para que possam ser enfrentados e, se possível, mitigados. O cliente também deve ser capaz de avaliar se o risco de um interesse conflitante tem um potencial tão desastroso que não vale a pena trabalhar com determinada organização ou grupo de organizações, mesmo se ela parecer capaz de fornecer o serviço demandado. Ao longo deste livro, vimos muitos casos nos quais empresas de consultoria fizeram recomendações que não foram benéficas ao cliente — mas acabaram beneficiando outras empresas para as quais a consultoria trabalha. Esse é um problema crucial dessa indústria, e quaisquer reformas para saná-lo precisarão confrontar interesses conflitantes usando ferramentas apropriadas à estrutura de governança específica ou mesmo ao tipo de contrato.

Hoje não existem regras que obriguem as consultorias a informar sobre os clientes que elas assessoram. Relatórios financeiros de algumas empresas mencionam o valor das receitas recebidas em determinada indústria, por exemplo, a farmacêutica, ou uma região geográfica, como a América do Norte. Mas é permitido manter sigilo sobre os detalhes dos clientes específicos, bem como sobre a natureza e o valor do trabalho que está em execução. Estar ciente de quaisquer interesses conflitantes é essencial para clientes que desejam tomar decisões bem fundamentadas na hora de contratar consultoria para um serviço.

Não é de hoje que cidadãos e empresas, preocupados com a possibilidade de políticos e servidores malversarem o dinheiro público em suas contratações, fazem pressão para que governos publiquem informações sobre seus contratos com terceiros, e muitos governos agora atendem a essa reivindicação. No Reino Unido, o acesso a informações sobre contratos durante a pandemia de covid-19 permitiu que grupos da sociedade civil e jornalistas investigassem possíveis relações entre políticos e a empresa que estava sendo contratada, a fim de identificar possíveis "fisiologismos". Para que seja plenamente compreendido como a clientela de uma empresa de consultoria pode afetar as recomendações dos consultores, deveria ser proibido que os contratos sejam protegidos por sigilo. Assim como empresas de capital aberto são obrigadas a informar sobre riscos importantes aos investidores em potencial por meio de relatórios financeiros, as empresas de consultoria deveriam ser obrigadas a dar informações claras sobre "interesses conflitantes" a clientes em potencial.

Vimos também que grandes consultorias frequentemente prestam serviços pro bono a governos ou cobram um valor muito abaixo dos preços de mercado, acreditando que isso lhes trará contratos lucrativos no futuro, oriundos seja do órgão público contratante, seja de clientes privados interessados no acesso que esse contato com o governo em tese proporcionaria. Consultorias menores quase nunca conseguem usar essa estratégia *lowball*, visto que ela requer, essencialmente, um enorme investimento inicial nos salários dos consultores que farão o trabalho pelo qual a empresa não será remunerada. Isso prejudica a prestação de contas democrática e também a competição, pois, quando contratos são subvalorizados — no grau em que tantas vezes têm sido em governos como o do Reino Unido na década passada —, é impossível aquilatar a influência das consultorias no setor público. O valor dos contratos torna-se totalmente desvinculado de mudanças em sua magnitude e abrangência.

Quando os governos buscam assessoria de outras organizações, é óbvio que o fazem tentando obter o melhor preço por um contrato. Porém, em vez de recorrer ao mercado para encontrar o lance mais baixo, os clientes do setor público deveriam calcular de antemão um valor econômico apropriado para o contrato, impossibilitando o *lowballing*. Em última análise, como não existe conselho grátis — no longo prazo, contratos pro bono costumam trazer custos nos campos da imparcialidade e da prestação de contas democrática —, os processos de contratação também precisam incentivar as entidades do setor público a rejeitar ofertas de almoço grátis.

Um governo que rema para poder pilotar

O livro de 1992 *Reinventing Government*, de David Osborne e Ted Gaebler, que influenciou as políticas de líderes da Terceira Via, entre eles

CONCLUSÃO

Bill Clinton e Tony Blair, deu sugestões sobre como políticos e setores públicos poderiam dirigir a economia de modo a atender às necessidades coletivas. A obra resumiu uma teoria que buscava se valer tanto dos mecanismos democráticos do Estado quanto da dinâmica maximizadora de eficiência dos mercados. Com isso, forneceu uma justificativa para a continuidade do crescimento de contratos de consultoria e, em última análise, para o esvaziamento de organizações do governo e da economia como um todo.

Contudo, ao recomendar um governo que "pilote mais e reme menos", a teoria fundamentalmente deixou de reconhecer a relação existente entre essas duas funções. Quanto menos um governo rema, menos aprende e menos produtivo se torna — ou seja, menos consegue pilotar. E quando governos deixam de dar conta de uma função que ainda precisa ser executada, encontram dificuldade para governar sua execução. Essa visão de governo também desconsiderou as mudanças de poder que surgem quando o governo para de remar e entrega os remos a outros agentes.

Nessa situação, no fim das contas não importa o quanto o governo grite instruções da cabine de comando: se aqueles que manejam os remos decidirem que não querem remar, o barco não irá a lugar algum. Se decidirem que querem remar em uma direção diferente, poderão fazê-lo. Há todo tipo de razões para que nossos remadores talvez decidam parar o barco ou mudar o rumo. Talvez estejamos em uma corrida e eles tenham apostado na vitória de outra equipe. Talvez desejem juntar-se a outra equipe, portanto lhe fazem um favor retardando nosso avanço. Talvez só estejam protestando contra os comandos do governo e usando seus poderes de remador como instrumento para mudar o curso das ordens. Portanto, para poder pilotar o barco enquanto ele navega em águas tempestuosas os governos precisam remar.

Governos, cidadãos e empresas em várias partes do mundo começaram a reconhecer as implicações de depender de consultorias. De Porto Rico à Suécia, do Reino Unido à Austrália, políticos e cidadãos também se organizam para contestar os usos de consultorias por seus governos quando essa relação é prejudicial. Funcionários da iniciativa privada e públicos ficam frustrados ao serem reduzidos a meros gestores de contratos de consultoria e propõem modelos alternativos para a entrega de serviços em suas organizações. Mesmo nas grandes, opacas e notoriamente hierárquicas empresas que há tanto tempo dominam a indústria da consultoria, consultores divergem, reconhecendo que as empresas que eles esperavam ser uma força do bem estão, na verdade, tolhendo o progresso.

Mas isso é só o começo, e apenas criticar a situação atual não levará a nada. Também precisamos criar alternativas ao statu quo, extrair lições de casos bem-sucedidos, como os hospitais de Kerala e a Câmara Municipal de Preston. Se quisermos uma economia capaz de criar valor coletivamente, com instituições capazes e orientadas por propósitos, é do nosso interesse aprender a ampliar o escopo dessas alternativas. Os desafios que enfrentamos hoje, desde a crise climática até a saúde da população, requerem respostas ambiciosas. Podemos ter êxito se governos, empresas e a sociedade civil promoverem a inteligência coletiva e a capacitação mútua. Só então nossas sociedades começarão a remar na direção desses objetivos.

NOTAS

1. INTRODUÇÃO: BIG CON — A GRANDE FALÁCIA [pp. 15-25]

1. IBIS World, "Global Management Consultants Industry — Market Research Report", 2021. Disponível em: <ibisworld.com/default.aspx>. Acesso em: 17 out. 2023; Research and Markets, "Management Consulting Services Global Market Report 2022", dez. 2021. Disponível em: <researchandmarkets.com/reports/5515095/management-consulting-services-global-market#src-pos-2>. Acesso em: 27 set. 2023.
2. I. MacDougall, "How McKinsey is Making $100 Million (and Counting) Advising on the Government's Bumbling Coronavirus Response". *ProPublica*, n. 15, jul. 2020. Disponível em: <propublica.org/article/how-mckinsey-is-making-100-million-and-counting-advising-on-the-governments-bumbling-coronavirus-response>. Acesso em: 27 set. 2023.
3. J. Armitage, "List of Companies Handed £30bn of Public Money to Join UK Pandemic Response", 4 mai. 2021. Disponível em: <standard.co.uk/business/government-covid-private-contracts-30-billion-pwc-deloitte-british-airways-b933081.html>. Acesso em: 6 nov. 2023.
4. J. Piggott, "Public Sector Consultancy Market: 2021 Retrospective". Londres: Tussell, 2022. Disponível em: <tussell.com/insights/public-sector-consultancy-market-2021-retrospective>. Acesso em: 27 set. 2023.
5. M. Johnson, "Italy's Destiny Hangs on €248bn Recovery Plan, Says Draghi". *Financial Times*, 26 abr. 2021. Disponível em: <https://www.ft.com/content/60dea5b2-74cb-47ea-b0d6-8e020eaba3d3>. Acesso em: 6 nov. 2023.

6. M. Mazzucato, J. Ryan-Collins e G. Gouzolis, "Theorizing and Mapping Modern Economic Rents", *UCL IIPP Paper Series* WP 2012-3, jun. 2020. Disponível em: <ucl.ac.uk/bartlett/public-purpose/publications/2020/jun/theorising-and-mapping-modern-economic-rents>. Acesso em: 27 set. 2023.
7. G. Dosi, R. R. Nelson e S. G. Winter, "Introduction". In: *The Nature and Dynamics of Organizational Capabilities*. Oxford: Oxford University Press, 2001. Disponível em: <https://doi.org/10.1093/0199248540.003.0001>. Acesso em: 27 set. 2023; Rainer Kattel e Mariana Mazzucato, "Mission-oriented Innovation Policy and Dynamic Capabilities in the Public Sector". *Industrial and Corporate Change*, v. 27, n. 5, 1 out. 2018. pp. 787-801. Disponível em: <https://doi.org/10.1093/icc/dty032>. Acesso em: 27 set. 2023; Sidney G. Winter, "Understanding Dynamic Capabilities", *Strategic Management Journal*, v. 24, n. 10, 2003, pp. 991-5.
8. L. Dunhill e R. Syal, "Whitehall 'infantilised' by Reliance on Consultants, Minister Claims". *Guardian*, 29 set. 2020. Disponível em: <theguardian.com/politics/2020/sep/29/whitehall-infantilised-by-reliance-on-consultants-minister-claims>. Acesso em: 27 set. 2023.
9. A. Innes, "The Limits of Institutional Convergence: Why Public Sector Outsourcing Is Less Efficient than Soviet Enterprise Planning". *Review of International Political Economy*, v. 28, n. 6, 2021, pp. 1705-28. Disponível em: <tandfonline.com/doi/full/10.1080/09692290.2020.1786434>. Acesso em: 6 set. 2023; B.-Å. Lundvall, Björn Johnson, "The Learning Economy". *Journal of Industry Studies*, v. 1, n. 2, 1 nov. 1994, pp. 23-42. Disponível em: <https://doi.org/10.1080/13662719400000002>. Acesso em: 27 set. 2023.
10. K. Joshi, "Scott Morrison's Net Zero Modelling Reveals a Slow, Lazy and Shockingly Irresponsible Approach to 'Climate Action'". *Guardian*, 12 nov. 2021. Disponível em: <theguardian.com/environment/2021/nov/13/scott-morrisons-net-zero-modelling-reveals-a-slow-lazy-and-shockingly-irresponsible-approach-to-climate-action>. Acesso em: 27 set. 2023.
11. M. Mazzucato, *Missão economia: Um guia inovador para mudar o capitalismo*. São Paulo: Portfolio-Penguin, 2022.

2. O QUE É A INDÚSTRIA DA CONSULTORIA? [pp. 27-45]

1. E. Braun e R. Momtaz, "Use of Consultancies for Vaccine Rollout Sparks Controversy in France". *POLITICO*, 6 jan. 2021. Disponível em: <politico.eu/article/french-government-defends-mckinsey-coronavirus-vaccine-rollout/>. Acesso em: 27 set. 2023.
2. E. Braun e P. De Villepin, "How Consultants like McKinsey Took over France". *POLITICO*, 8 fev. 2021. Disponível em: <politico.eu/article/how-consultants-like-mckinsey-accenture-deloitte-took-over-france-bureaucracy-emmanuel-macron-coronavirus-vaccines/>. Acesso em: 27 set. 2023.
3. L. Alderman, "France Hired McKinsey to Help in the Pandemic. Then Came the

NOTAS

Questions". *New York Times*, 22 fev. 2021. Disponível em: <nytimes.com/2021/02/22/business/france-mckinsey-consultants-covid-vaccine.html>. Acesso em: 27 set. 2023.
4. Braun e De Villepin, op. cit.
5. Alderman, op. cit.
6. Assassi, "Un Phénomène tentaculaire: l'influence croissante des cabinets de Conseil sur les Politiques Publiques". Paris: Sénat, 16 mar. 2022. Disponível em: <senat.fr/rap/r21-578-1/r21-578-11.pdf>. Acesso em: 27 set. 2023.
7. Abboud, "French Prosecutors Open Tax Fraud Probe After Scrutiny of Government Use of Consulting Firms". *Financial Times*, 6 abr. 2022. Disponível em: <https://www.ft.com/content/be1543f9-18e7-42e5-8a6b-e54384a7dc1f>. Acesso em: 6 nov. 2023.
8. Dunhill e Syal, 29 set. 2020, op. cit.
9. Braun e Momtaz, op. cit.
10. Saint-Martin, "The New Managerialism and the Policy Influence of Consultants in Government: An Historical-Institutionalist Analysis of Britain, Canada and France". *Governance*, v. 11, n. 3, 1998, p. 326. Disponível em: <doi.org/10.1111/0952-1895.00074>. Acesso em: 21 out. 2023.
11. P. Maurer, "McKinsey, Citwell, Accenture... Ce que l'on sair des commandes passées par le gouvernement à des cabinets privés", Public Sénat, 2 mar. 2021. Disponível em: <publicsenat.fr/article/politique/mckinsey-citwell-accenture-ce-que-l-on-sait-des-commandes-passees-par-le>. Acesso em: 27 set. 2023.
12. MacDougall, op. cit.
13. Dunhill e Syal, 29 set. 2020, op. cit.
14. Consultancy.uk, "UK Consulting Industry Grows 2,5% in Spite of Pandemic", 20 jan. 2021. Disponível em: <consultancy.uk/news/26649/uk-consulting-industry-grows-25-in-spite-of-pandemic>. Acesso em: 27 set. 2023.
15. Consultancy.uk, "UK Consulting Industry Revenues Hits £14 Billion after Double-Digit Growth", 19 jan. 2022. Disponível em: <consultancy.uk/news/30179/uk-consulting-industry-revenues-hit-14-billion-after-double-digit-growth>. Acesso em: 27 set. 2023.
16. Armitage, op. cit.
17. Ibid.
18. Gov.UK Contracts Finder, "Support to Health Research Authority: Research Review Programme — Contracts Finder", 2021. Disponível em: <contractsfinder.service.gov.uk/Notice/do8e4dfo-9670-4dab-866f-fdice541fe96>. Acesso em: 27 set. 2023.
19. House of Commons Committee of Public Accounts, "Test and Trace Update: Twenty--Third Report of Session 2021-22". Londres: House of Commons, 21 out. 2021, p. 5. Disponível em: <committees.parliament.uk/publications/7651/documents/79945/default/>. Acesso em: 27 set. 2023.
20. House of Commons Committee of Public Accounts, op. cit.
21. Data da entrevista: 13 out. 2021.
22. S. Keele, *Outsourcing Adaptation: Examining the Role and Influence of Consultants*

in Governing Climate Change Adaptation. Austrália: University of Melbourne, Faculdade de Geografia, 2017. Tese (ph.D em Ciências). Disponível em: <core.ac.uk/download/pdf/162229995.pdf >. Acesso em: 27 set. 2023.

23. G. Tett, "Why the US Federal Reserve turned again to BlackRock for help". *Financial Times*, 26 mar. 2021. Disponível em: <ft.com/content/f3ea07b0-6f5e-11ea-89df-41bea055720b>. Acesso em: 6 nov. 2023.
24. BlackRock, "About Financial Markets Advisory (FMA)", 2021. Disponível em: <blackrock.com/financial-markets-advisory/about-fma>. Acesso em: 27 set. 2023.
25. A. E. Weiss, *Management Consultancy and the British State: A Historical Analysis Since 1960*. Cham: Palgrave Macmillan, 2019, p. 233.
26. Capgemini Worldwide (blog), "Business Services", 18 jul. 2017. Disponível em: <capgemini.com/service/business-services/>. Acesso em: 27 set. 2023.
27. McKinsey & Company, "McKinsey & Company", 2021. Disponível em: <mckinsey.com>. Acesso em: 28 set. 2023.
28. D. Saint-Martin, "Management Consultancy and the Varieties of Capitalism". In: *Routledge Handbook of Comparative Policy Analysis*. Londres: Taylor & Francis, 2017; A. E. Weiss, op. cit.
29. Serco, "Sector Expertise: Our Key Markets", 2021. Disponível em: <serco.com/sector-expertise>. Acesso em: 28 set. 2023.
30. R. Murphy e S. Stausholm, "The Big Four: A Study of Opacity". Bruxelas: GUE/NGL — European United Left/Nordic Green Left, 2017. Disponível em: <https://openaccess.city.ac.uk/id/eprint/20066/>. Acesso em: 28 set. 2023.
31. A. C. Gross e J. Poor, "The Global Management Consulting Sector". *Business Economics*, out. 2008. Disponível em: <https://econpapers.repec.org/article/palbuseco/v_3a43_3ay_3a2008_3ai_3a4_3ap_3a59-68.htm>. Acesso em: 6 nov. 2023.
32. M. Kipping e T. Clark (Orgs.), "Researching Management Consulting: An Introduction to the Handbook", *The Oxford Handbook of Management Consulting*. Oxford: Oxford University Press, 2012.
33. IBIS World, "Global Management Consultants Industry — Market Research Report"; The Business Research Company, "Management Consulting Services Global Market Report 2020-30".
34. Forbes, "America's Largest Private Companies", 2021. Disponível em: <forbes.com/largest-private-companies/list/>. Acesso em: 28 set. 2023; IBIS World, op. cit.; The Business Research Company, "Management Consulting Services Global Market Report, 2020-30".
35. Statista, "Biggest Companies in the World by Market Cap 2020", 2021. Disponível em: <statista.com/statistics/263264/top-companies-in-the-world-by-market-capitalization/>. Acesso em: 28 set. 2023.
36. Consulting.com, "The Top 50 Consulting Firms in 2019 by Revenue, Prestige, Growth & Employee Satisfaction", 2021. Disponível em: <consulting.com/top-consulting-firms>. Acesso em: 28 set. 2023.
37. Saint-Martin, 2017, op. cit.

38. A. Sturdy e J. O'Mahoney, "Explaining National Variation in the Use of Management Consulting Knowledge: A Framework". *Management Learning*, v. 49, n. 5, 1 nov. 2018. pp. 537-58. Disponível em: <doi.org/10.1177/1350507618788993>. Acesso em: 30 set. 2023.
39. J. O'Mahoney e C. Markham, *Management Consultancy*. Oxford: Oxford University Press, 2013.
40. Sturdy e O'Mahoney, op. cit.
41. Ibid.
42. Anderlini, "China Clamps Down on us Consulting Groups". *Financial Times*, 25 mai. 2014. Disponível em: <ft.com/content/310d29ea-e263-11e3-89fd-00144feabdc0>. Acesso em: 3 nov. 2023.
43. Wright e Kwon, "Business Crisis and Management Fashion". *Asia Pacific Business Review*, v. 12, n. 3, 2006. Disponível em: <tandfonline.com/doi/abs/10.1080/13602380600597034>. Acesso em: 6 nov. 2023.
44. Sturdy e O'Mahoney, op. cit.
45. A. Bowman et al., *What a Waste: Outsourcing and How It Goes Wrong*. Manchester: Manchester University Press, 2015, p. 3.
46. J. Piggott, "2021 Analysis of uk Government Strategic Suppliers". Londres: Tussell, 2021. Disponível em: <tussell.com/insights/uk-government-strategic-suppliers-2021>. Acesso em: 30 set. 2023.
47. Sturdy e O'Mahoney, op. cit.
48. P. Curtis, "Whitehall Supplier Offers Year's Worth of Free Contracts While Times Are Tough". *Guardian*, 2 jan. 2011. Disponível em: <theguardian.com/politics/2011/jan/02/kpmg-government-supplier-contracts-consultancy>. Acesso em: 30 set. 2023.
49. S. Shrikanth, "Government Use of Consultants Soars in India". *Financial Times*, 26 jun. 2019. Disponível em: <ft.com/content/76f530ae-787e-11e9-b0ec-7dff-87b9a4a2>. Acesso em: 6 nov. 2023.
50. Ibid.
51. C. Baraka, "The Failed Promise of Kenya's Smart City". *Rest of World*, 1 jun. 2021. Disponível em: <restofworld.org/2021/the-failed-promise-of-kenyas-smart-city/>. Acesso em: 30 set. 2023.
52. C. Yeap, "Vision 2020: Mission Unrealised". *The Edge Markets*, jan. 2021. Disponível em: <theedgemarkets.com/article/vision-2020-mission-unrealised>. Acesso em: 30 set. 2023; "Vision Mumbai a Recipe for Disaster", *Times of India*, 18 dez. 2003. Disponível em: <timesofindia.indiatimes.com/city/mumbai/vision-mumbai-a-recipe-for-disaster/articleshow/365817.cms>. Acesso em: 30 set. 2023.
53. T. Sipahutar, "Indonesia Picks McKinsey to Revamp Firms with $172b Sales". *Jakarta Post*, 7 fev. 2020. Disponível em: <thejakartapost.com/news/2020/02/07/indonesia-picks-mckinsey-to-revamp-firms-with-172b-sales.html>. Acesso em: 30 set. 2023.
54. H. Wootton, "Senate Scrutinises bcg's $1,32m AusPost Work". *Australian Financial*

Review, 4 mai. 2021. Disponível em: <afr.com/companies/professional-services/senate/scrutinises/bcg-s-1-32m-aupost-work-202110504-p570nz>. Acesso em: 30 set. 2023.
55. Consultancy.uk, "Value for Money Questioned in Consulting Firm's Pandemic Charity Role", 27 ago. 2021. Disponível em: <consultancy.uk/news/28821/value-for-money-questioned-in-consulting-firms-pandemic-charity-role>. Acesso em: 30 set. 2023.
56. M. Marriage e J. Cotterill, "McKinsey to Repay Fees from Contract with south Africa Utility". *Financial Times*, 6 jul. 2018. Disponível em: <https://www.ft.com/content/e1e1902c-8137-11e8-8e67-1e1a0846c475>. Acesso em: 6 nov. 2023.
57. J. Cotterill. "Zuma presided over rampant corruption, says South Africa Inquiry". *Financial Times*, 5 jan. 2022. Disponível em: <ft.com/content/a8b04d55-e9df-425b-b461-bdccceff9dff>. Acesso em: 6 nov. 2023.
58. George Parker, Michael O'Dwyer e Joseph Cotterill, "Bain & Co. Takes Legal Action to Overturn UK State Contract Ban". *Financial Times*, 2 set. 2022. Disponível em: <ft.com/content/397e0833-253c-4db2-8850-dac470f1b918>. Acesso em: 6 nov. 2023.

3. DE ONDE VEIO A CONSULTORIA: UMA BREVE HISTÓRIA
[pp. 47-80]

1. E. Morozov, "The Planning Machine". *New Yorker*, 6 out. 2014. Disponível em: <newyorker.com/magazine/2014/10/13/planning-machine>. Acesso em: 30 set. 2023.
2. E. Medina, *Cybernetic Revolutionaries: Technology and Politics in Allende's Chile*. Londres: MIT Press, 2014.
3. Weiss, op. cit., p. 3.
4. C. Leys, "Intelectual Mercenaries and the Public Interest: Management Consultancies and the NHS". *Policy & Politics*, v. 27, n. 4, 1 set. 1999, pp. 447-65. Disponível em: <https://doi.org/10.1332/030557399782218353>. Acesso em: 30 set. 2023.
5. N. Bamforth e P. Leyland, *Accountability in the Contemporary Constitution*. Oxford: Oxford University Press, 2013; R. Tallis e J. Davis (Orgs.), *NHS SOS: How the NHS Was Betrayed — and How We Can Save It*. Londres: Oneworld Publications, 2013.
6. Royal College of General Practitioners, "Briefing Paper: The Health and Social Care Bill, House of Lords Report Stage Briefing". Londres, 6 fev. 2012.
7. J. Moulds, "NHS Body 'Wastes Millions on Flawed Financial Advice'". *Guardian*, 21 jul. 2018. Disponível em: <theguardian.com/society/2018/jul/21/nhs-trust-wastes-million-on-flawed-financial-advice-london-north-west>. Acesso em: 30 set. 2023.
8. A. E. Weiss, 2019, op. cit., p. 231.
9. C. D. McKenna, 2010, op. cit.; C. D. McKenna, "The Origins of Modern Management Consulting". *Business and Economic History*, v. 24, n. 1, 1995, pp. 51-8; M. Kipping, "Consultancies, Institutions and the Diffusion of Taylorism in Britain, Germany

and France, 1920s to 1950s". *Business History*, v. 39, n. 4, 1 out. 1997, pp. 67-83. Disponível em: <doi.org/10.1080/00076799700000146>. Acesso em: 30 set. 2023.
10. C. D. McKenna, 2010, op. cit., p. 29.
11. Arthur D. Little (site), "History", 31 mai. 2017. Disponível em: <adlittle.com/en/timeline>. Acesso em: 30 set. 2023.
12. C. Wright e M. Kipping, "The Engineering Origins of the Consulting Industry and Its Long Shadow". In: Tipping e Clark (Orgs.), 2012, op. cit.
13. R. F. Hoxie, *Scientific Management and Labor*. Nova York, Londres: D. Appleton and Company, 1915. Disponível em: <openlibrary.org/works/OL182502W/Scientific_management_and_labor>. Acesso em: 30 set. 2023.
14. A. M. Blake e J. L. Moseley, "One Hundred Years after The Principles of Scientific Management: Frederick Taylor's Life and Impact on the Field of Human Performance Technology". *Performance Improvement*, v. 49, n. 4, 2010, pp. 27-34. Disponível em: <doi.org/10.1002/pfi.20141>. Acesso em: 30 set. 2023.
15. F. W. Taylor, *The Principles of Scientific Management*. Mineola, NY: Dover Publications Inc., 2003 [1911].
16. Ibid.
17. Ibid.
18. V. I. Lenin, "A 'Scientific' System of Sweating". In: *Lenin Collected Works*, v. 18. Moscou: Progress Publishers, 1913, pp. 594-5. Disponível em: <marxists.org/archive/lenin/works/1913/mar/13.htm>. Acesso em: 30 set. 2023.; R. Traub, "Lenin and Taylor: The Fate of 'Scientific Management' in the (Early) Soviet Union". *Telos*, n. 37, 21 set. 1978, pp. 82-92. Disponível em: <doi.org/10.3817/0978037082>. Acesso em: 30 set. 2023.
19. McKenna, 2010, op. cit., p. 59; D. Kelly, *The Red Taylorist: The Life and Times of Walter Nicholas Polakov*. Bingley: Emerald Group Publishing, 2020, p. 93.
20. BCG, "What is the Growth Share Matrix?", 2021. Disponível em: <bcg.com/about/our-history/growth-share-matrix>. Acesso em: 30 set. 2023.
21. A. Morrison e R. Wensley, "Boxing up or Boxed in? A Short History of the Boston Consulting Group Share/Growth Matrix". *Journal of Marketing Management*, v. 7, n. 2, 1 jan. 1991, pp. 105-29. Disponível em: <tandfonline.com/doi/abs/10.1080/0267257X.1991.9964145>. Acesso em: 30 set. 2023.
22. McKenna, 2010, op. cit.
23. Ibid., pp. 16-7.
24. D. McDonald, *The Firm: The Story of McKinsey and Its Secret Influence on American Business*. Nova York: Simon & Schuster, 2014, p. 29.
25. Encyclopedia of Chicago, "Antiunionism", 2021. Disponível em: <encyclopedia.chicagohistory.org/pages/55.html>. Acesso em: 30 set. 2023.
26. McDonald, op. cit., p. 29.
27. Ibid.
28. R. J. David, "Institutional Change and the Growth of Strategy Consulting in the Unit-

ed States". In: Tipping e Clark (Orgs.), op. cit.; J. Bowman, *Booz, Allen & Hamilton: Seventy Years of Client Service, 1914-1984*. Nova York: Booz, Allen & Hamilton, 1984.
29. M. Kipping, "Consultants and Internationalization". In: T. da Silva Lopes, C. Lubinski e H. J. S. Tworek (Orgs.), *The Routledge Companion of the Makers of Global Business*. Abingdon: Routledge, 2019, p. 141.
30. R. J. David, op. cit.
31. McKenna, 2010, op. cit., p. 102.
32. M. Collins e A. Needell, NASM Oral History Project: Glennan #5, Tape Recording, 29 mai. 1987.
33. Ibid.
34. McKenna, 2010, op. cit., p. 102.
35. Ibid., pp. 81-2.
36. Levine, *Managing NASA in the Apollo Era*. Washington, D.C.: National Aeronautics and Space Administration, 1982; Mazzucato, *Mission Economy: A Moonshot Guide to Changing Capitalism* [*Missão economia: Um guia inovador para mudar o capitalismo*. São Paulo: Portfolio-Penguin, 2022]. Londres: Penguin, 2021, pp. 93-102.
37. David, "Institutional Chance and the Growth of Strategy Consulting in the United States"; C. D. McKenna, "Agents of Adhocracy: Management Consultants and the Reorganization of the Executive Branch, 1947-1949". *Business and Economic History*, v. 25, n. 1, 1996. pp. 101-11.
38. R. J. David, op. cit.; H. Higdon, *The Business Healers*. Nova York: Random House, 1970.
39. R. J. David, op. cit.
40. Saint-Martin, 2017, op. cit., p. 218.
41. C. Boyd, "The Structural Origins of Conflicts of Interest in the Accounting Profession". *Business Ethics Quarterly*, v. 14, n. 3, jul. 2004, p. 379. Disponível em: <cambridge.org/core/journals/business-ethics-quarterly/article/abs/structural-origins-of-conflicts-of-interest-in-the-accounting-profession/BE5D9A52A08D-7438BC65C5E1B688092F>. Acesso em: 30 set. 2023.
42. Ibid., pp. 379-80.
43. S. Strange (Org.), "The Big Six Accountants". In: *The Retreat of the State: The Diffusion of Power in the World Economy*. Cambridge: Cambridge University Press, 1996. pp. 135-46. Disponível em: <https://doi.org/10.1017/CBO9780511559143.011>. Acesso em: 30 set. 2023.
44. J. Agar, *The Government Machine: A Revolutionary History of the Computer*. Cambridge: MIT Press, 2003; P. Dunleavy et al., *Digital Era Governance: IT Corporations, the State, and E-Government*. Oxford: Oxford University Press, 2006. Disponível em: <https://academic.oup.com/book/6227>. Acesso em: 30 set. 2023.
45. M. Hicks, *Programmed Inequality: How Britain Discarded Women Technologists and Lost Its Edge in Computing*. Cambridge: MIT Press, 2017.
46. A. E. Weiss, 2019, op. cit.

NOTAS

47. McKenna, op. cit.
48. Ibid., p. 20.
49. Ibid., p. 237.
50. M. Kipping e L. Engwall (Orgs.), *Management Consulting: Emergence and Dynamics of a Knowledge Industry*. Oxford: Oxford University Press, 2002.
51. D. Harvey, *A Brief History of Neoliberalism*. Oxford: Oxford University Press, 2007.
52. C. Crouch, "9. The Paradoxes of Privatisation and Public Service Outsourcing". *The Political Quarterly, Rethinking Capitalism*, v. 86, n. S1, 2015. pp. 156-71. Disponível em: <https://doi.org/10.1111/1467-923X.12238>. Acesso em: 30 set. 2023.
53. K. Albertson e P. Stepney, "1979 and All That: A 40-Year Reassessment of Margaret Thatcher's Legacy on Her Own Terms". *Cambridge Journal of Economics*, v. 44, n. 2, 19 mar. 2020. p. 331. Disponível em: <https://doi.org/10.1093/cje/bez037>. Acesso em: 30 set. 2023.
54. A. Schleifer e R. W. Vishny, "The Takeover Wave of the 1980s". *Science*, v. 249, n. 4970, 1990. pp. 745-9; B. Holmstrom e S. N. Kaplan, "Corporate Governance and Merger Activity in the United States: Making Sense of the 1980s and 1990s". *The Journal of Economic Perspectives*, v. 15, n. 2, 2001. pp. 121-44.
55. McKenna, op. cit., 2010, p. 230.
56. G. Hodge e D. Bowman, "6. The 'Consultocracy': The Business of Reforming Government". In: G. Hodge (Org.), *Privatization and Market Development*. Cheltenham: Edward Elgar Publishing, 2006.
57. Saint-Martin, 2017, op. cit., p. 677.
58. Saint-Martin, "The New Managerialism and the Policy Influence of Consultants in Government", p. 333.
59. A. Perl e D. White, "The Changing Role of Consultants in Canadian Policy Analysis". *Policy and Society*, n. 21, 31 dez. 2002. p. 52. Disponível em: <https://doi.org/10.1016/S1449-4035(02)70003-9>. Acesso em: 30 set. 2023. In: C. van den Berg et al., *Policy Consultancy in Comparative Perspective: Patterns, Nuances and Implications of the Contractor State*. Cambridge: Cambridge University Press, 2019.
60. C. van den Berg et al., *Policy Consultancy in Comparative Perspective: Patterns, Nuances and Implications of the Contractor State*. Cambridge: Cambridge University Press, 2019.
61. Hodge e Bowman, "6. The 'Consultocracy': The Business of Reforming Government".
62. A. E. Weiss, 2019, op. cit.
63. R. Jupe e W. Funnell, "Neoliberalism, Consultants and the Privatisation of Public Policy Formulation: The Case of Britain's Rail Industry". *Critical Perspectives on Accounting*, n. 29, 1 jun. 2015. pp. 65-85. Disponível em: <https://doi.org/10.1016/j.cpa.2015.02.001>. Acesso em: 30 set. 2023.
64. M. L. Tingle, "Privatization and the Reagan Administration: Ideology and Application". *Yale Law & Policy Review*, v. 6, n. 229, 1988. Disponível em: <https://core.ac.uk/download/pdf/72836366.pdf>. Acesso em: 30 set. 2023.
65. United States General Accounting Office, "Government Contractors: Are Service

Contractors Performing Inherently Governmental Functions?", nov. 1991. Disponível em: <gao.gov/assets/ggd-92-11.pdf >. Acesso em: 30 set. 2023.

66. P. Dunleavy e C. Hood, "From Old Public Administration to New Public Management". *Public Money & Management*, v. 14, n. 3, 1 jul. 1994. pp. 9-16. Disponível em: <https://doi.org/10.1080/09540969409387823>. Acesso em: 30 set. 2023; V. Homburg, C. Pollitt e S. van Thiel, "Introduction". In: C. Pollitt, S. van Thiel e V. Homburg (Orgs.), *New Public Management in Europe: Adaptation and Alternatives*. Londes: Palgrave Macmillan UK, 2007, pp. 1-9. Disponível em: <https://doi.org/10.1057/9780230625365_1>. Acesso em: 30 set. 2023; K. McLaughlin, S. P. Osborne e E. Ferlie, *New Public Management: Current Trends and Future Prospects*. Londres: Routledge, 2005.
67. D. Saint-Martin, *Building the New Managerialist State: Consultants and the Politics of Public Sector Reform in Comparative Perspective*. Oxford: Oxford University Press, 2004.
68. C. Hood e M. Jackson, *Administrative Argument*. Hanover: Dartmouth Publishing Company, 1991, p. 19.
69. Hodge e Bowman, op. cit., p. 100.
70. I. Lapsey e R. Oldfield, "Transforming the Public Sector: Management Consultants as Agents of Change". *European Accounting Review*, v. 10, n. 3, 1 set. 2001, p. 530. Disponível em: <https://doi.org/10.1080/713764628>. Acesso em: 1 out. 2023.
71. Hodge e Bowman, op. cit.
72. Federal Deposit Insurance Corporation, *Volume I: An Examination of the Banking Crises of the 1980s and Early 1990s*, v. 1. Arlington: Federal Deposit Insurance Corporation, 1997. Disponível em: <fdic.gov/bank/historical/history/vol1.html>. Acesso em: 1 out. 2023.
73. H. Denton e M. F. Kail, "Nigeria and the World Bank: Learning from the Past, Looking to the Future". Washington, D.C.: The World Bank, 1995. Disponível em: <https://documents1.worldbank.org/curated/en/235001468775775060/pdf/37328.pdf>. Acesso em: 1 out. 2023.
74. B. Drum, "Privatization in Africa". *The Columbia Journal of World Business*, v. 28, n. 1, 1 mar. 1993, p. 148.
75. The World Bank, "Project Completion Report: Guinea-Bissau". Guinea-Bissau: The World Bank, 8 dez. 1995, p. 31.
76. D. MacLeod, "Privatization and the Limits of State Autonomy in Mexico: Rethinking the Orthodox Paradox". *Latin American Perspectives*, v. 32, n. 4, 2005, pp. 51-2.
77. A. B. L. Cheung, "Repositioning the State and the Public Sector Reform Agenda: The Case of Hong Kong". In: M. Ramesh, E. Araral e W. Xun (Orgs.), *Reasserting the Public in Public Services: New Public Management Reforms*. Nova York: Routledge, 2010; A. B. L. Cheung, "The Politics of New Public Management: Some Experience from Reforms in East Asia". In: Ramesh et al., *New Public Management*.
78. Shaxson, "Angola: Oil and Capital Flight". In: L. Ndikumana e J. K. Boyce (Orgs.), *On the Trail of Capital Flight from Africa: The Takers and the Enablers*. Oxford, Nova York: Oxford University Press, 2022, p. 46.

79. Francis Fukuyama, *The End of History and the Last Man*. Londres: Penguin, 2020 [1992].
80. A. Gross, J. Poor e M. T. Robertson, "Management Consulting in Central Europe". *Consulting to Management*, v. 15, n. 1, mar. 2004, pp. 33-8.
81. Ibid.
82. Wang, *Global Management Consultancy in China*. Sydney, Austrália. University of New South Wales, 2009. Disponível em: <unsworks.unsw.edu.au/fapi/datastream/unsworks:7734/source01?view=true>. Acesso em: 21 out. 2023.
83. J. Wong, "McKinsey and Chinese Client Spar Over Quality of Services". *Wall Street Journal*, 13 jun. 2001. Front section. Disponível em: <https://www.wsj.com/articles/SB992368049424176605>. Acesso em: 1 out. 2023.
84. Wang, op. cit.; J. Wong, "McKinsey and Chinese Client Spar Over Quality of Services". *The Wall Street Journal*, 13 jun. 2001. Disponível em: <https://www.wsj.com/articles/SB992368049424176605>. Acesso em: 13 nov. 2023.
85. Ibid.
86. K. Chong, *Best Practice: Management Consulting and the Ethics of Financialization in China*. Durham: Duke University Press, 2018.
87. Saint-Martin, 2017, op. cit.; Kipping, 1997, op. cit.
88. Sturdy e O'Mahoney, op. cit.
89. Saint-Martin, 2017, op. cit.
90. Wright e Kwon, op. cit.; Wang, op. cit.
91. Consultancy.asia, "Oliver Wyman Closes Its Office in Seoul, South Korea". 11 dez. 2020. Disponível em: <consultancy.asia/news/3775/oliver-wyman-closes-its-office-in-seoul-south-korea>. Aceso em: 1 out. 2023.
92. R. Jacob, "Can You Trust That Audit?". *Fortune Magazine*, 18 nov. 1991. In: Boyd, *The Structural Origins of Conflicts of Interest in the Accounting Profession*, p. 384.
93. Boyd, "The Structural Origins of Conflicts of Interest in the Accounting Profession", *Business Ethics Quarterly*, v. 14, n. 3, jul. 2004. Disponível em: <https://doi.org/10.5840/beq200414325>. Acesso em: 19 out. 2023, p. 383.
94. A. Levitt, *Take on the Street: How to Fight for Your Financial Future*. Nova York: Vintage, 2003, p. 116.
95. Boyd, op. cit., p. 385.
96. B. Ley Toffler e J. Reingold, *Final Accounting: Ambition, Greed, and the Fall of Arthur Andersen*. Nova York: Currency, 2004, p. 387. In: Boyd, op. cit.
97. D. C. Johnston, "Enron Avoided Income Taxes in 4 of 5 Years". *New York Times, Late Edition (East Coast)*, 17 jan. 2002.
98. C. D. McKenna, 2010, op. cit., p. 216.
99. Boyd, op. cit., p. 380.
100. *The Economist*, "Blowing the Whistle on Accountancy", *The Economist*, n. 22, dez. 1990; In: Boyd, "The Structural Origins of Conflicts of Interest in the Accounting Profession", p. 386.
101. C. D. McKenna, 2010, op. cit., p. 216.

102. C. A. Glassman, "SEC Speech: SEC Initiatives Under the Sarbanes-OxleyAct of 2002 (C. Glassman)". College of Business and Economics, Fullerton, 28 jan. 2003. Disponível em: <sec.gov/news/speech/spch012803cag.htm>. Acesso em: 1 out. 2023.
103. M. S. McDougald e R. Greenwood, "Cuckoo in the Nest? The Rise of Management Consulting in Large Accounting Firms". In: Kipping e Clark (Orgs.), op. cit.

4. A VEZ DA TERCEIRIZAÇÃO: GOVERNAR POR CONSULTORIA E A TERCEIRA VIA [pp. 81-113]

1. Steven Brill, "Code Red", *Time*, 10 mar. 2014, p. 36.
2. W. Andrews e A. Werner, "Healthcare.Gov Plagued by Crashes on 1st Day", *CBS News*, 1 out. 2013. Disponível em: <cbsnews.com/news/healthcaregov-plagued-by-crashes-on-1st-day/>. Acesso em: 1 out. 2023.
3. G. Lee e J. Brumer, "Managing Mission-Critical Government Software Projects: Lessons Learned from the HealthCare.Gov Project". *IBM Center for The Business of Government*, 2017. Disponível em: <businessofgovernment.org/sites/default/files/Viewpoints%20Dr%20Gwanhoo%20Lee.pdf>. Acesso em: 1 out. 2023.
4. Brill, op. cit.
5. Lee e Brumer, op. cit.
6. S. H. Jain, B. W. Powers e D. Sanghavi, "Big Plans, Poor Execution: The Importance of Governmental Managerial Innovation to Health Care Reform". *Journal of General Internal Medicine*, v. 30, n. 4, abr. 2015. pp. 395-7. Disponível em: <ncbi.nlm.nih.gov/pmc/articles/PMC4370982/>. Acesso em: 1 out. 2023.
7. D. R. Levinson, "An Overview of 60 Contracts That Contributed to the Development and Operation of the Federal Marketplace". Washington, D.C.: Department of Health and Human Services — Office of Inspector General, ago. 2014.
8. CGI, "Company Overview", 2021. Disponível em: <cgi.com/en/overview>. Acesso em: 1 out. 2023.
9. CGI, "2010 Annual Report", Montreal, 2010. Disponível em: <cgi.com/sites/default/files/ 2018-08/cgi-2010-annual-report.pdf>. Acesso em: 1 out. 2023.
10. L. DePillis, "Meet CGI Federal, the Company behind the Botched Launch of HealthCare.gov". *Washington Post*, 17 out. 2013. Disponível em: <https://www.washingtonpost.com/news/wonk/wp/2013/10/16/meet-cgi-federal-the-company-behind-the-botched-launch-of-healthcare-gov/>. Acesso em: 14 nov. 2023.
11. D. R. Levinson, "CMS Did Not Always Manage and Oversee Contractor Performance for the Federal Marketplace as Required by Federal Requirements and Contract Terms". Washington, D.C.: Department of Health and Human Services — Office of Inspector General, set. 2015.
12. D. R. Levinson, "HealthCare.gov: CMS Management of the Federal Marketplace — A Case Study". Washington, D.C.: Department of Health and Human Services — Office of Inspector General, 2016, p. 20.

13. Ibid., p. 22.
14. Ibid., p. ii.
15. Ibid., p. 10.
16. Ibid., p. ii.
17. W. Lazonick e M. Mazzucato, "The Risk-Reward Nexus in the Innovation-Inequality Relationship: Who Takes the Risks? Who Gets the Rewards?". *Industrial and Corporate Change*, v. 22, n. 4, 1 ago. 2013. pp. 103-28. Disponível em: <https://doi.org/10.1093/icc/dtt019>. Acesso em: 1 out. 2023.
18. Levinson, 2016, op. cit., p. 14.
19. Levinson, 2016, op. cit.
20. D. Saint-Martin, "How the Reinventing Government Movement in Public Administration Was Exported from the u.s. to Other Countries". *International Journal of Public Administration*, v. 24, n. 6, 1 mai. 2001, p. 318. Disponível em: <researchgate.net/publication/240242219_How_the_Reinventing_Government_Movement_in_Public_Administration_Was_Exported_from_the_US_to_Other_Countries>. Acesso em: 1 out. 2023.
21. A. Gore, "From Red Tape to Results: Creating a Government That Works Better and Costs Less — Report of the National Performance Review", 7 set. 1993. Disponível em: <eric.ed.gov/?id=ED384294>. Acesso em: 1 out. 2023.
22. Ibid., p. 17.
23. F. Thompson e N. Riccucci, "Reinventing Government". *Annual Review of Political Science*, n. 1, 28 nov. 2003, p. 237. Disponível em: <doi.org/10.1146/annurev.polisci.1.1.231>. Acesso em: 1 out. 2023.
24. A. Gore, op. cit.
25. Saint-Martin, 2001, op. cit., p. 577.
26. A. Giddens, *Beyond Left and Right: The Future of Radical Politics*. Stanford: Stanford University Press, 1994.
27. Saint-Martin, 2001, op. cit., p. 589.
28. Ibid.
29. Ibid.
30. J. Shaoul, A. Stafford e P. Stapleton, "Partnerships and the Role of Financial Advisors: Private Control over Public Policy?", *Policy & Politics*, v. 35, n. 3, 1 jul. 2007, p. 483. Disponível em: <https://doi.org/10.1332/030557307781571678>. Acesso em: 1 out. 2023.
31. T. Bovaird, "The Ins and Outs of Outsourcing and Insourcing: What Have We Learnt from the Past 30 Years?". *Public Money & Management*, v. 36, n. 1, 2 jan. 2016, pp. 67-74. Disponível em: <https://doi.org/10.1080/09540962.2015.1093298>. Acesso em: 1 out. 2023.
32. Thomson Reuters Practical Law, "Private Finance Initiative (PFI)", 2021. Disponível em: <https://uk.practicallaw.thomsonreuters.com/3-107-7049?transitionType=Default&contextData=(sc.Default)>. Acesso em: 1 out. 2023.
33. E. Shaw, "The British Labour Government and the Private Finance Initiative in the

National Health Service: A Case of Pragmatic Policy-Making?". *The Public Sector Innovation Journal*, v. 8, n. 3, 2003, p. 3.
34. B. Christophers, *Rentier Capitalism: Who Owns the Economy, and Who Pays for It?* Londres: Verso Books, 2020, p. 260.
35. Froud, "The Private Finance Initiative: Risk, Uncertainty and the State". *Accounting, Organizations and Society*, v. 28, n. 6, 1 ago. 2003, pp. 567-89. Disponível em: <sciencedirect.com/science/article/abs/pii/S0361368202000119>. Acesso em: 1 out. 2023.
36. Gore, op. cit., p. 12.
37. Ibid., p. 70.
38. National Audit Office, "The Choice of Finance for Capital Investment". Londres: National Audit Office, mar. 2015. Disponível em: <nao.org.uk/wp-content/uploads/2015/03/The-choice-of-finance-for-capital-investment.pdf>. Acesso em: 1 out. 2023.
39. Shaoul, Stafford e Stapleton, 2007, op. cit.
40. Ibid., p. 485; PricewaterhouseCoopers, "Richard Abadie", 2021. Disponível em: <pwc.co.uk/contacts/r/richard-abadie.html>. Acesso em: 1 out. 2023.
41. Shaul, Stafford e Stapleton, op. cit., p. 489.
42. Ibid., p. 490.
43. J. Morphet, *Outsourcing in the UK: Policies, Practices and Outcomes*. Bristol: Bristol University Press, 2021, p. 97.
44. Greater Manchester Health and Social Care Partnership, "About the Greater Manchester Health & Social Care Partnership". *GMHSC* [cxa] (blog), 2022. Disponível em: <gmintegratedcare.org.uk/about>. Acesso em: 1 out. 2023.
45. D. Finn, "Contracting out Welfare to Work in the USA: Delivery Lessons". Corporate Document Services. Portsmouth: Department for Work and Pensions, 2007, p. 15. Disponível em: <https://pure.port.ac.uk/ws/portalfiles/portal/121182/10.PDF>. Acesso em: 1 out. 2023.
46. Cabinet Office, "Prime Minister's Delivery Unit", 5 ago. 2005. Londres: The National Archives. Disponível em: <https://history.blog.gov.uk/2022/08/26/the-art-of-delivery-the-prime-ministers-delivery-unit-2001-2005/>. Acesso em: 1 out. 2023.
47. A. E. Weiss, 2019, op. cit., p. 13.
48. D. Whitfield, "A Typology of Privatisation and Marketisation". Adelaide, Austrália: European Services Strategy Unit, 2006.
49. Hodge e Bowman, 2006, op. cit.
50. Morphet, op. cit., p. 97.
51. Dunleavy et al., op. cit.
52. National Partnership for Reinventing Government, "Access America: Reengineering Through Information Technology". Washington, D.C.: National Partnership for Reinventing Government, 1997. Disponível em: <https://govinfo.library.unt.edu/npr/library/announc/access/acessrpt.html>. Acesso em: 1 out. 2023.
53. H. Margetts, *Information Technology in Government: Britain and America*. Londres, Nova York: Routledge, 1998, p. 136.

54. Dunleavy et al., op. cit., p. 48.
55. Ibid., p. 133.
56. Dunleavy et al., op. cit.
57. M. Mazzucato, *The Entrepreneurial State: Debunking Public vs. Private Sector Myths*. Londres: Penguin, 2018 [2013].
58. McKenna, 2010, op. cit.
59. P. Dunleavy e H. Z. Margetts, "The Second Wave of Digital Era Governance". SSRN Scholarly Paper. Rochester, NY: Social Science Research Network, 2010, pp. 56-7. Disponível em: <papers.ssrn.com/abstract=1643850>. Acesso em: 1 out. 2023.
60. I. Horrocks, "'Experts' and E-Government". *Information, Communication & Society*, v. 12, n. 1, 1 fev. 2009, pp. 110-27. Disponível em: <https://doi.org/10.1080/13691180802109030>. Acesso em: 1 out. 2023.; D. Craig e R. Brooks, *Plundering the Public Sector: How New Labour Are Letting Consultants Run off with £70 Billion of Our Money*. Londres: Constable, 2006.
61. Dunleavy et al., op. cit., p. 54.
62. A. E. Weiss, 2019, op. cit.
63. G. Greenwald, "NSA Collecting Phone Records of Millions of Verizon Customers Daily". *Guardian*, 6 jun. 2013. Disponível em: <theguardian.com/world/2013/jun/06/nsa-phone-records-verizon-court-order>. Acesso em: 1 out. 2023.
64. B. Gellman e L. Poitras, "US, British Intelligence Mining Data from Nine US Internet Companies in Broad Secret Program". *Washington Post*, 7 jun. 2013. Disponível em: <washingtonpost.com/investigations/us-intelligence-mining-data-from-nine-us-internet-companies-in-broad-secret-program/2013/06/06/3a0c0da8-cebf-11e2-8845-d970ccb04497_story.html>. Acesso em: 1 out. 2023.
65. Van Puyvelde, *Outsourcing US Intelligence: Private Contractors and Government Accountability*. Edimburgo: Edinburgh University Press, 2019.
66. T. Chase Meacham, "Edward Snowden's Employer: 6 Shocking Facts About Booz Allen Hamilton". *Mic*, 11 jun. 2013. Disponível em: <mic.com/articles/47783/edward-snowden-s-employer-6-shocking-facts-about-booz-allen-hamilton>. Acesso em: 14 nov. 2023.
67. PricewaterhouseCoopers, "Infrastructure: Generating Long Term Value from Infrastructure Investments", 2010. Disponível em: <pwc.co.uk/assets/pdf/infrastructure-funds-brochure-may2010.pdf>. Acesso em: 1 out. 2023.
68. N. Mathiason, "Auditors Face Being Called to Account for Their Role in the Global Financial Crisis". *Guardian*, 24 out. 2009. Disponível em: <theguardian.com/business/2009/oct/25/auditors-role-financial-crisis>. Acesso em: 1 out. 2023.
69. Consultancy.eu, "Europe's Management Consulting Industry Worth $45 Billion", 23 mar. 2020. Disponível em: <consultancy.eu/news/3988/europes-management-consulting-industry-worth-45-billion>. Acesso em: 1 out. 2023.
70. S. Trumbo Vila e M. Peters, "The Bail Out Business: Who Profits from Bank Rescues in the EU?". Amsterdam: Transnational Institute, 2017. Disponível em: <tni.org/files/publication-downloads/tni_bail_out_eng_online0317.pdf>. Acesso em: 1 out. 2023.

71. Ibid.
72. D. Hugh-Jones, "Why Do Crises Go to Waste? Fiscal Austerity and Public Service Reform". *Public Choice*, n. 158, 2014, p. 158. Disponível em: <doi.org/10.1007/s11127-012-0002-5>. Acesso em: 1 out. 2023.
73. Boston Consulting Group, "Adaptive Strategy in Government", maio 2012. Disponível em: <bcg.com/publications/2012/public-sector-adaptive-strategy-in-government>. Acesso em: 1 out. 2023.
74. McKinsey Global Institute, "Growth and Renewal in the Swedish Economy: Development, Current Situation and Priorities for the Future", 2012. Disponível em: <mckinsey.com/~/media/mckinsey/featured%20insights/Europe/Growth%20and%20renewal%20in%20the%20Swedish%20economy/MGI_Swedish_economy_Full_report.ashx>. Acesso em: 1 out. 2023.
75. McKinsey & Company, "Greece 10 Years Ahead: Defining Greece's New Growth Model and Strategy". Atenas: McKinsey & Company, jun. 2012. Disponível em: <mckinsey.com/featured-insights/europe/greece-10-years-ahead>. Acesso em: 1 out. 2023.
76. McKinsey Global Institute, "A Window of Opportunity for Europe", jun. 2015. Disponível em: <mckinsey.com/~/media/mckinsey/featured%20insights/europe/a%20window%20of%20opportunity%20for%20europe/a_window_of_opportunity_for_europe%20full_report.pdf>. Acesso em: 3 out. 2023.
77. R. Prince, "Tory Leader David Cameron Attacks Labour's Policy by Power-Point". *Daily Telegraph*, n. 12, mai. 2008. Disponível em: <telegraph.co.uk/news/politics/labour/1950578/Labour-Tory-leader-David-Cameron-attacks-Labours-policy-by-PowerPoint.html>. Acesso em: 3 out. 2023.
78. Guardian Staff, "Conservative Conference: David Cameron's Speech in Full". *Guardian*, 1 out. 2008. Disponível em: <theguardian.com/politics/2008/oct/01/david-cameron.toryconference1>. Acesso em: 3 out. 2023.
79. J. Mason, "Obama Budget Official Withdraws over Tax Flap". *Reuters*, 3 fev. 2009. Disponível em: <reuters.com/article/uk-obama-killefer-sb-idUKTRE-5125BC20090203>. Acesso em: 14 nov. 2023.
80. SBS News, "Rudd Spends Big on Consultants", 24 fev. 2015.
81. P. Curtis, "Whitehall Supplier Offers Year's Worth of Free Contracts While Times Are Tough". *Guardian*, 2 jan. 2011. Disponível em: <theguardian.com/politics/2011/jan/02/kpmg-government-supplier-contracts-consultancy>. Acesso em: 3 out. 2023.
82. J. Moulds, "NHS Body 'Wastes Millions on Flawed Financial Advice'". *Guardian*, 21. jul. 2018. Disponível em: <theguardian.com/society/2018/jul/21/nhs-trust-wastes-million-on-flawed-financial-advice-london-north-west>. Acesso em: 3 out. 2023.
83. G. Plimmer, "UK Outsourcing Spend Doubles to £88bn under Coalition". *Financial Times*, 6 jul. 2014. In: A. E. Weiss, 2019, op. cit.
84. A. E. Weiss, 2019, op. cit.
85. R. Booth e N. Hopkins, "London 2012 Olympics: G4s Failures Prompt Further Mil-

itary Deployment". *Guardian*, 24 jul. 2012. Disponível em: <theguardian.com/uk/2012/jul/24/london-2012-olympics-g4s-military>. Acesso em: 3 out. 2023.
86. BBC News UK, "Deaths of People on Benefits Prompt Inquiry Call", 10 mai. 2021. Disponível em: <bbc.com/news/uk-56819727>. Acesso em: 3 out. 2023.
87. B. Doherty, "Detention Centre Operator's Contract Extended Despite New Owner's Objection". *Guardian*, 8 ago. 2016. Disponível em: <theguardian.com/australia-news/2016/aug/08/detention-centre-operators-contract-extended-despite-owners-objection>. Acesso em: 3 out. 2023; C. Alexander, "Meet the Companies That Run Our Immigration Detention Camps". *Crikey*, 25 fev. 2014. Disponível em: <crikey.com.au/2014/02/25/meet-the-companies-that-run-our-immigration-detention-camps/>. Acesso em: 3 out. 2023.
88. N. Perpitch, "Serco Stripped of Control for Sterilising Hospital's Medical Equipment". *ABC News*, 24 fev. 2015. Disponível em: <abc.net.au/news/2015-02-24/serco-loses-responsibility-to-sterilise-perth-hospital-equipment/6256756>. Acesso em: 14 nov. 2023; The Sydney Morning Herald, "Serco Fined $1m for WA Hospital Failings", 10 jun. 2015. Disponível em: <smh.com.au/national/western-australia/serco-fined-1m-for-wa-hospital-failings-20150610-ghl3ep.html>. Acesso em: 3 out. 2023.
89. J. Kollewe, "Serco to Continue Running Australian Immigration Detention Centres". *Guardian*, 10 dez. 2014. Disponível em: <theguardian.com/business/2014/dec/10/serco-australian-immigration-detention-centres-contract-christmas-island>. Acesso em: 3 out. 2023.
90. A. Travis, "Offender Tagging: Serco to Repay More than £68m in Overcharging". *Guardian*, 19 dez. 2013. Disponível em: <theguardian.com/business/2013/dec/19/offender-electronic-tagging-serco-repay-68m-overcharging>. Acesso em: 3 out. 2023; Press Association, "Serco fined £22.9m over electronic tagging scandal". *Guardian*, 3 jul. 2019. Disponível em: <theguardian.com/business/2019/jul/03/serco-fined-229m-over-electronic-tagging-scandal>. Acesso em: 3 out. 2023.
91. S. Farrell, "Serco to Lose Out-of-Hours GP Services and Hospital Management Contracts". *Guardian*, 13 dez. 2013. Disponível em: <theguardian.com/business/2013/dec/13/serco-lose-contract-gp-services-nhs-outsourcing>. Acesso em: 3 out. 2023.
92. C. Murray e K. Holton, "Shares in Scandal-Hit Serco Dive after Profit Warning". *Reuters*, 14 nov. 2013. Disponível em: <reuters.com/article/uk-serco-profit-idUK-BRE9AD0GW20131114>. Acesso em: 3 out. 2023.
93. Guardian, "FTSE 100's Use of Tax Havens — Get the Full List". *Guardian*, 12 mai. 2013. Disponível em: <theguardian.com/news/datablog/2013/may/12/ftse-100-use-tax-havens-full-list>. Acesso em: 3 out. 2023.
94. C. Knaus, "Serco a High-Risk Client with History of Failures, Offshore Law Firm Found". *Guardian*, 6 nov. 2017. Disponível em: <theguardian.com/business/2017/nov/06/serco-a-high-risk-client-with-history-of-failures-offshore-law-firm-found>. Acesso em: 3 out. 2023.
95. D. Oliver, "Exclusive: Government Spending on Management Consultants Trebles in Three Years". *BMJ*, n. 366, 5 set. 2019, p. l5404. Disponível em: <https://doi.org/10.1136/bmj.l5404>. Acesso em: 3 out. 2023.

96. G. Plimmer e D. Oakley, "Falling Serco Share Price Unsettles Investors". *Financial Times*, 30 nov. 2014.
97. A. Mori, "The impact of public services outsourcing on work and employment conditions in different national regimes". *European Journal of Industrial Relations*, v. 23, n. 4, 1 dez. 2017, pp. 347-64. Disponível em: <doi.org/10.1177/0959680117694272>. Acesso em: 3 out. 2023.
98. Davies e Sabbagh, "Carillion Crisis Deepens amid Scramble to Save Jobs after Firm Collapses". *Guardian*, 15 jan. 2018. Disponível em: <theguardian.com/business/2018/jan/15/carillion-fallout-deepens-as-workers-face-pay-being-stopped-in-48-hours>. Acesso em: 3 out. 2023.
99. R. Wearmouth, "Just 2 of 1,200 Carillion Apprentices Offered Placements by Government". *HuffPost UK*, 3 abr. 2018. Disponível em: <huffingtonpost.co.uk/entry/carillion-government-department_uk_5ac3451be4b09712fec3fc06>. Acesso em: 14 nov. 2023.
100. A. Leaver, "Outsourcing Firms and the Paradox of Time Travel". SPERI Blog, 12 fev. 2018. Disponível em: <speri.dept.shef.ac.uk/2018/02/12/outsourcing-firms-and-the-paradox-of-time-travel/>. Acesso em: 3 out. 2023.
101. M. Vincent, "Why Carillion Has Gone into Liquidation Rather than Administration". *Financial Times*, 15 jan. 2018. Disponível em: <ft.com/content/a4dd80be-f9f1-11e7-a492-2c9be7f3120a>. Acesso em: 3 out. 2023.
102. Leaver, op. cit.
103. M. O'Dwyer e G. Plimmer, "KPMG sued for £1,3bn over Carillion audit". *Financial Times*, 3 fev. 2022.
104. Ibid.
105. Financial Reporting Council, "Sanctions against KPMG and others in connection with Regenersis & Carillion audits", 25 jul. 2022. Disponível em: <frc.org.uk/news/july-2022/sanctions-against-kpmg-and-others-in-connection-wi>. Acesso em: 3 out. 2023.
106. T. Howard e L. Clarence-Smith, "KPMG Facing £1.3bn Claim for Carillion 'Failures'". *The Times*, 4 fev. 2022. Disponível em: <thetimes.co.uk/article/kpmg-facing-1-3bn-claim-for-carillion-failures-xfm7g5pfj>. Acesso em: 3 out. 2023.
107. M. O'Dwyer e G. Plimmer, "KPMG Sued for £1.3 bn over Carillion Audit", *Financial Times*, 3 fev. 2022.
108. Ibid.
109. Davies e Sabbagh, op. cit.
110. G. Smith, J. Creery e E. Goldberg, "FirstFT: EY boss targets $10bn boost from Silicon Valley tie-ups". *Financial Times*, 20 jul. 2022.
111. J. Kollewe, "EY Plans to Spin off Audit Business in Shake-up for Industry". *Guardian*, 27 mai. 2022. Disponível em: <theguardian.com/business/2022/may/27/ey-plans-to-spin-off-audit-business-in-shake-up-for-industry>. Acesso em: 3 out. 2023.
112. M. O'Dwyer, "PwC set for record revenues as it rejects audit and consulting split". *Financial Times*, 17 jul. 2022.

113. M. O'Dwyer, "KPMG hit with half of UK accounting fines as penalties reach new record". *Financial Times*, 28 jul. 2022.
114. G. Plimmer e M. O'Dwyer, "KPMG Wins UK Government Contracts despite Withdrawing from Bidding after Scandals". *Financial Times*, 24 abr. 2022.

5. A GRANDE JOGADA: CONSULTOLOGIA E RENDAS ECONÔMICAS [pp. 115-41]

1. Nome alterado para assegurar o anonimato. Data da entrevista: 16 out. 2021.
2. K. Sahlin-Andersson e L. Engwall, *The Expansion of Management Knowledge: Carriers, Flows, and Sources*. Stanford: Stanford University Press, 2002.
3. N. Nikolova e T. Devinney, "The Nature of Client-Consultant Interaction: A Critical Review". In: Kipping e Clark (Orgs.), op. cit.
4. P. Tisdall, *Agents of Change: Development and Practice of Management Consultancy*. Londres: Trafalgar Square Publishing, 1982; A. Sturdy, "The Consultancy Process — An Insecure Business?". *Journal of Management Studies*, v. 34, n. 3, 1997, pp. 389-413. Disponível em: <doi.org/10.1111/1467-6486.00056>. Acesso em: 3 out. 2023.
5. A. B. Hargadon "Firms as Knowledge Brokers: Lessons in Pursuing Continuous Innovation". California Management Review 40, n. 3 (1 abr. 1998), pp. 209-27, https://doi.org/10.2307/41165951; P. F. Drucker, "Why Management Consultants". In: M. Zimet e R.G. Greenwood (Orgs.). The Evolving Science of Management. Nova York: American Management Associations, 1979, pp. 475-8.
6. McKenna, 2010, op. cit.
7. Nikolova e Devinney, op. cit.
8. Ibid.
9. T. Clark e G. Salaman, "Telling Tales: Management Gurus' Narratives and the Construction of Managerial Identity". *Journal of Management Studies*, v. 35, n. 2, 1998, pp. 137-61. Disponível em: <doi.org/10.1111/1467-6486.00088>. Acesso em: 3 out. 2023.
10. L. Rothman, "How American Inequality in the Gilded Age Compares to Today". *Time*, 5 fev. 2018, Disponível em: <time.com/5122375/american-inequality-gilded-age/>. Acesso em: 3 out. 2023.
11. New York Herald, "Arrest of the Confidence Man", 1849. Disponível em: <lostmuseum.cuny.edu/archive/arrest-of-the-confidence-man-newyork-herald>. Acesso em: 3 out. 2023.
12. R. Fincham, "The Client in the Client-Consultant Relationship". In: Kipping e Clark (Orgs.), op. cit.
13. A. Sturdy et al., *Management Consultancy: Boundaries and Knowledge in Action*. Oxford: Oxford University Press, 2009. Disponível em: <doi.org/10.1093/acprof:oso/9780199212644.001.0001>. Acesso em: 3 out. 2023.

14. J. Micklethwait e A. Wooldridge, *The Witch Doctors: Making Sense Management Gurus*. Nova York: Three Rivers Press, 1998, p. 58.
15. M. Mazzucato, 2018 [2013].
16. M. Mazzucato, J. Ryan-Collins e G. Gouzoulis, "Theorising and Mapping Modern Economic Rents". *UCL IIPP Working Paper Series* wp 2020-13, jun. 2020. Disponível em: <ucl.ac.uk/bartlett/public-purpose/publications/2020/jun/theorising-and-mapping-modern-economic-rents>. Acesso em: 3 out. 2023.
17. McKenna, 2010, op. cit., p. 3.
18. Ibid., pp. 157-8.
19. Management Consultant Association, "MCA Member Survey 2021". Londres: MCA, 2021. Disponível em: <mca.org.uk/report/mca-membership-survey-2021>. Acesso em: 3 out. 2023.
20. McKenna, 2010, op. cit.
21. The Sutton Trust, "Elitist Britain". Londres: The Sutton Trust, 2019. Disponível em: <suttontrust.com/wp-content/uploads/2019/12/Elitist-Britain-2019.pdf>. Acesso em: 14 nov. 2023.
22. M. Alvesson, "Managing Consultants: Control and Identity". In: Kipping e Clark (Orgs.), op. cit., p. 311.
23. A. Sturdy e C. Wright, "A Consulting Diaspora? Enterprising Selves as Agents of Enterprise". *Organization*, v. 15, n. 3, 1 mai. 2008, pp. 427-44. Disponível em: <doi.org/10.1177/1350508408088538>. Acesso em: 3 out. 2023.
24. McDonald, 2014, op. cit.
25. McKinsey & Company, "McKinsey Alumni Center", 2021. Disponível em: <mckinsey.com/alumni/>. Acesso em: 3 out. 2023.
26. McKenna, 2010, op. cit.
27. PricewaterhouseCoopers, "Millennials at Work: Reshaping the Workplace". Londres: PricewaterhouseCoopers, 2011. Disponível em: <pwc.com/co/es/publicaciones/assets/millennials-at-work.pdf>. Acesso em: 3 out. 2023.
28. PricewaterhouseCoopers, "Graduate Jobs". Disponível em: <pwc.co.uk/careers/student-careers/undergraduate-graduate-careers/our-programmes/graduate-opportunities.html>. Acesso em: 3 out. 2023.
29. A. Gross, "Millennial Management Consultants Yearn for Meaning at Work". *Financial Times*, 29 jan. 2020. Disponível em: <ft.com/content/e12e305c-2363-11ea-b8a1-584213ee7b2b>. Acesso em: 3 out. 2023.
30. D. Sull, C. Sull e B. Zweig, "Toxic Culture Is Driving the Great Resignation". *MIT Sloan Management Review*, 11 jan. 2022. Disponível em: <sloanreview.mit.edu/article/toxic-culture-is-driving-the-great-resignation/>. Acesso em: 3 out. 2023.
31. BCG, "Students & Graduates", 2021. Disponível em: <careers.bcg.com/students>. Acesso em: 3 out. 2023.
32. McKinsey, "Students", 2021. Disponível em: <mckinsey.com/careers/students>. Acesso em: 3 out. 2023.
33. KPMG, "Graduate", 2021. Disponível em: <kpmgcareers.co.uk/graduate/>. Acesso em: 3 out. 2023.

34. Data da entrevista: 13 out. 2021.
35. Fincham, op. cit.
36. B. Momani, "Professional Management Consultants in Transnational Governance". In: L. Seabrooke e L. Folke Henriksen (Orgs.), *Professional Networks in Transnational Governance*. Cambridge: Cambridge University Press, 2017, p. 249. Disponível em: <doi.org/10.1017/9781316855508.016>. Acesso em: 3 out. 2023.
37. Alvesson, op. cit., p. 319.
38. Fincham, op. cit.; A Werr, "Knowledge Management and Management Consulting". In: Kipping e Clark (Orgs.), op. cit.
39. Data da entrevista: 13 out. 2021.
40. V. Cheng, *Case Interview Secrets: A Former McKinsey Interviewer Reveals How to Get Multiple Job Offers in Consulting*. Seattle: Innovation Press, 2012.
41. Nikolova e Devinney, op. cit.
42. Micklethwait e Wooldridge, op. cit., p. 54.
43. Deloitte United States, "Deloitte University: The Leadership Center", 2021. Disponível em: <deloitte.com/us/en/pages/about-deloitte/articles/deloitteuniversity-leadership-center.html>. Acesso em: 3 out. 2023.
44. *Capgemini US* (blog), "Capgemini University", 24 jul. 2017. Disponível em: <capgemini.com/careers/why-join-capgemini/learning-and-development/>. Acesso em: 3 out. 2023.
45. McKinsey Global Institute, "About MGI", 2021. Disponível em: <mckinsey.com/mgi/overview/about-us>. Acesso em: 3 out. 2023.
46. Deloitte United States, "Center for the Edge", 2021. Disponível em: <deloitte.com/us/en/pages/center-for-the-edge/topics/center-for-the-edge.html>. Acesso em: 3 out. 2023.
47. Micklethwait e Wooldridge, op. cit., p. 55.
48. P. Aucoin, "Administrative Reform in Public Management: Paradigms, Principles, Paradoxes and Pendulums". *Governance*, v. 3, n. 2, 1990, pp. 115-37. Disponível em: <doi.org/10.1111/j.1468-0491.1990.tb00111.x>. Acesso em: 3 out. 2023; Saint-Martin, 2017, op. cit.
49. A. E. Weiss, 2019, op. cit.
50. K. E. Aupperle, W. Acar e D. E. Booth, "An Empirical Critique of In Search of Excellence: How Excellent Are the Excellent Companies?". *Journal of Management*, v. 12, n. 4, 1 dez. 1986, pp. 499-512. Disponível em: <doi.org/10.1177/014920638601200405>. Acesso em: 3 out. 2023.
51. A. H. Van de Ven, resenha de Thomas J. Peters e Robert H. Waterman, "In Search of Excellence: Lessons from America's Best-Run Companies". *Administrative Science Quarterly*, v. 28, n. 4, 1983, pp. 621-4. Disponível em: <doi.org/10.2307/2393015>. Acesso em: 3 out. 2023.
52. Micklethwait e Wooldridge, op. cit.
53. Saint-Martin, 2017, op. cit.
54. G. Morgan, A. Sturdy e M. Frenkel, "The Role of Large Management Consultancy

Firms in Global Public Policy". In: D. Stone e K. Moloney (Orgs.), *The Oxford Handbook of Global Policy and Transnational Administration*. Oxford: Oxford University Press, 2019. Disponível em: <doi.org/10.1093/oxfordhb/9780198758648.013.39>. Acesso em: 3 out. 2023.
55. Nikolova e Devinney, op. cit.
56. Data da entrevista: 13 out. 2021.
57. Id.
58. McKenna, 2010 [2006], pp. 230-1.

6. ESCAPAR DOS RISCOS, COLHER AS RECOMPENSAS: O MODELO DE NEGÓCIO [pp. 143-57]

1. Data da entrevista: 13 out. 21.
2. BBC News, "David Cameron promises in/out referendum on EU", 23 jan. 2013. Disponível em: <bbc.com/news/uk-politics-21148282>. Acesso em: 3 out. 2023.
3. McKinsey & Company, "Rethinking Supply Chain Strategies after Brexit", 7 mai. 2019. Disponível em: <mckinsey.com/featured-insights/europe/brexit-the-bigger-picture-rethinking-supply-chains-in-a-time-of-uncertainty>. Acesso em: 3 out. 2023; McKinsey & Company, "Brexit: The Bigger Picture — Revitalising UK Exports in the New World of Trade". Londres: McKinsey & Company, mar. 2019. Disponível em: <mckinsey.com/featured-insights/europe/brexit-the-bigger-picture-revitalizing-uk-exports-in-the-new-world-of-trade>. Acesso em: 3 out. 2023; McKinsey & Company, "Brexit: The Bigger Picture — Rethinking Talent for the Long Term". Londres: McKinsey & Company, nov. 2019. Disponível em: <mckinsey.com/featured-insights/europe/brexit-the-bigger-picture-rethinking-talent-for-the-long-term>. Acesso em: 3 out. 2023.
4. "Brexit and Beyond — What's Ahead for Aerospace & Defense", BCG Global, 2021. Disponível em: <bcg.com/industries/Aerospace-defense/brexit-and-beyond>. Acesso em: 3 out. 2023; "Biopharma's Countdown to Brexit", BCG Global, 8 jan. 2021. Disponível em: <bcg.com/publications/2018/biopharma-countdown-to-brexit>. Acesso em: 3 out. 2023; "What Brexit Means for Financial Institutions", BCG Global, 19 ago. 2020. Disponível em: <bcg.com/publications/2016/strategy-what-brexit-means-for-financial-institutions>. Acesso em: 3 out. 2023.
5. "Brexit Global Contacts | Deloitte | Insights, Perspectives", Deloitte Bangladesh, acesso em 10 nov. 2021. Disponível em: <www2.deloitte.com/bd/en/pages/about-deloitte/articles/gx-brexit-global-contacts.html>. Acesso em: 4 out. 2023.
6. PwC Suite, "Brexit Impact Assessment Tool", 2021. Disponível em: <thesuite.pwc.com/resources/brexit-impact-assessment-tool>. Acesso em: 14 nov. 2023.
7. PricewaterhouseCoopers, "Beyond Brexit", 2021. Disponível em: <pwc.co.uk/the-eu-referendum.html>. Acesso em: 4 out. 2023.

8. C. Cornish, "Management Consultants Make Hay out of Brexit Uncertainty". *Financial Times*, 13 mar. 2017.
9. Ibid.
10. A. Gross, "Management Consulting Sector Boosted by Brexit Planning", *Financial Times*, 16 jul. 2019.
11. R. Syal, "Brexit Drives Government Consultancy Fees to £450m in Three Years". *Guardian*, 6 out. 2020. Disponível em: <theguardian.com/politics/2020/oct/06/brexit-drives-government-consultancy-fees-to-450m-in-three-years>. Acesso em: 4 out. 2023.
12. National Audit Office, "Departments' Use of Consultants to Support Preparations for EU Exit". Londres: National Audit Office, 7 jun. 2019. Disponível em: <nao.org.uk/reports/departments-use-of-consultants-to-support-preparations-for-eu-exit/>. Acesso em: 4 out. 2023.
13. Ibid., p. 22.
14. Private Finance Panel, "Public Opportunity, Private Benefit: Progressing the Private Finance Initiative". Londres: HM Treasury, 1995, p. 12. In: Froud, op. cit.
15. P. S. Eyres, "The Top Seven Legal Risks for Consultants", *Consulting to Management*, v. 17, n. 1, mar. 2006, pp. 9-10, 20; C. Homburg e P. Stebel, "Determinants of Contract Terms for Professional Services", *Management Accounting Research*, v. 20, n. 2, 1 jun. 2009, pp. 129-45. Disponível em: <doi.org/10.1016/j.mar.2008.10.001>. Acesso em: 4 out. 2023.
16. Froud, op. cit., pp. 580-1.
17. Froud, op. cit.
18. Homburg e Stebel, op. cit.
19. J. F. Padgett e P. D. McLean, "Organizational Invention and Elite Transformation: The Birth of Partnership Systems in Renaissance Florence". *American Journal of Sociology*, v. 111, n. 5, mar. 2006, pp. 463-568. Disponível em: <doi.org/10.1086/498470>. Acesso em: 4 out. 2023.
20. R. Greenwood e L. Empson, "The Professional Partnership: Relic or Exemplary Form of Governance?". *Organization Studies*, v. 24, n. 6, 1 jul. 2003, pp. 909-33. Disponível em: <doi.org/10.1177/0170840603024006005>. Acesso em: 4 out. 2023.
21. Com dados de: Consulting.com, "The Top 50 Consulting Firms in 2019 By Revenue, Prestige, Growth & Employee Satisfaction", 2021. Disponível em: <consulting.com/top-consulting-firms>. Acesso em: 28 set. 2023.
22. B. Braun, "From performativity to political economy: index investing, ETFS and asset manager capitalism", *New Political Economy*, v. 3, n. 21, 29 out. 2015, pp. 257-73. Disponível em: <doi.org/10.1080/13563467.2016.1094045>. Acesso em: 4 out. 2023.
23. M. C. Jensen, "Agency Costs of Free Cash Flow, Corporate Finance, and Takeovers". *The American Economic Review*, v. 76, n. 2, 1986. pp. 323-9; M. Friedman, "The Social Responsibility of Business Is to Increase Its Profits". In: W. Ch Zimmerli, M. Holzinger e K. Richter (Orgs.), *Corporate Ethics and Corporate Governance*. Ber-

lim, Heidelberg: Springer Berlin Heidelberg, 2007, pp. 173-8. Disponível em: <doi.org/10.1007/978-3-540-70818-6_14>. Acesso em: 4 out. 2023.
24. W. Lazonick, "Innovative Enterprise or Sweatshop Economics? In Search of Foundations of Economic Analysis". *Challenge*, v. 59, n. 2, 3 mar. 2016, pp. 65-114. Disponível em: <doi.org/10.1080/05775132.2016.1147297>. Acesso em: 4 out. 2023.
25. Lazonick e Mazzucato, 2013, op. cit., p. 1098; W. Lazonick e M. O'Sullivan, "Maximizing Shareholder Value: A New Ideology for Corporate Governance". *Economy and Society*, v. 29, n. 1, 1 jan. 2000, pp. 13-35. Disponível em: <doi.org/10.1080/030851400360541>. Acesso em: 4 out. 2023.
26. Jensen, op. cit., p. 323.
27. Lazonick e Mazzucato, 2013, op. cit.
28. R. Steiner, C. Kaiser e L. Reichmuth, "Consulting for the Public Sector in Europe". In: E. Ongaro e S. van Thiel (Orgs.), *The Palgrave Handbook of Public Administration and Management in Europe*. Londres: Palgrave Macmillan UK, 2018, pp. 475-95. Disponível em: <doi.org/10.1057/978-1-137-55269-3_25>. Acesso em: 4 out. 2023.
29. "BCG Platinion | AllofUs" (Home Page), acesso em 11 nov. 2021. Disponível em: <allofus.com/>; "Bain & Company and QVARTZ Have Joined Forces to Provide Unparalleled Consulting Services in the Nordics" (Press Release). Disponível em: <bain.com/about/media-center/press-releases/2020/bain-company-and-qvartz-have-joined-forces-to-provide-unparalleled-consulting-services-in-the-nordics/>. Acesso em: 11 nov. 2021; K. Kivestu, "Acquisitions by Consulting Companies", 2021. Disponível em: <rocketblocks.me/blog/mckinsey-analytics-overview.php>. Acesso em: 4 out. 2023.

7. A INFANTILIZAÇÃO DAS ORGANIZAÇÕES: DANOS PARA O APRENDIZADO EM GOVERNOS E EMPRESAS [pp. 159-87]

1. Government Offices of Sweden, "Future Challenges for Sweden: Final Report of the Commission on the Future of Sweden". Estocolmo, 2013. Disponível em: <regeringen.se/contentassets/389793d478de411fbc83d8f512cb5013/future-challenges-for-sweden-final-report-of-the-commission-on-the-future-of-sweden>. Acesso em: 4 out. 2023.
2. K. Christensen et al., "Ageing Populations: The Challenges Ahead". *Lancet*, v. 374, n. 9696, 3 out. 2009, pp. 1196-208. Disponível em: <doi.org/10.1016/S0140-6736(09)61460-4>. Acesso em: 4 out. 2023.
3. K. van Kersbergen e B. Vis, *Comparative Welfare State Politics*. Cambridge: Cambridge University Press, 2014.
4. Government Offices of Sweden, op. cit.
5. T. Madell, "The First Public Private Partnership in Health and Medical Care in Sweden". *European Public Partnership Law Review*, v. 5, n. 4, 2010, pp. 235-6.
6. Öhrlings PricewaterhouseCoopers, "Supplement to the 'Evaluation of Alternative Solutions for Financing and Maintenance of New Karolinska Hospital'". Estocol-

mo: Öhrlings PricewaterhouseCoopers, 2007. In: A. Waluszewski, H. Hakansson e I. Snehota, "The Public-Private Partnership (PPP) Disaster of a New Hospital — Expected Political and Existing Business Interaction Patterns". *Journal of Business & Industrial Marketing*, v. 34, n. 5, 1 jan. 2019. pp. 1119-30. Disponível em: <doi.org/10.1108/jbim-12-2018-0377>. Acesso em: 4 out. 2023.

7. Eurodad, "History RePPPeated: How Public Private Partnerships Are Failing". Bruxelas: Eurodad, set. 2018. Disponível em: < d3n8a8pro7vhmx.cloudfront.net/eurodad/pages/508/attachments/original/1590679608/How_Public_Private_Partnerships_are_failing.pdf?1590679608>. Acesso em: 4 out. 2023.

8. R. A. Atun e M. McKee, "Is the Private Finance Initiative Dead?". *BMJ*, v. 331, n. 7520, 6 out. 2005. pp. 792-3. Disponível em: <doi.org/10.1136/bmj.331.7520.792>. Acesso em: 8 nov. 2023.

9. J. Shaoul, A. Stafford e P. Stapleton, "The Cost of Using Private Finance to Build, Finance and Operate Hospitals". *Public Money & Management*, v. 28, n. 2, 1 abr. 2008, p. 101. Disponível em: <doi.org/10.1111/j.1467-9302.2008.00628.x>. Acesso em: 4 out. 2023.

10. S. Bergman e J. Dyfvermark, "Controversial Swedish Hospital Partnership Has Luxembourg Links". *International Consortium of Investigative Journalists* (Blog), 30 nov. 2014. Disponível em: <icij.org/investigations/luxembourg-leaks/controversial-swedish-hospital-partnership-has-luxembourg-links/>. Acesso em: 4 out. 2023.

11. M. Paterlini, "Troubled Rebuild of Stockholm's Landmark Hospital Has Cost Twice as Much as Planned". *BMJ*, n. 361, 25 abr. 2018, k1816. Disponível em: <doi.org/10.1136/bmj.k1816>. Acesso em: 4 out. 2023.

12. Waluszewski, Hakansson e Snehota, op. cit.

13. L. K. Mervyn, *Rethinking Public Private Partnerships*. Cheltenham: Edward Elgar Publishing, 2021; Eurodad, op. cit.

14. Eurodad, op. cit., p. 17.

15. M. Mazzucato e V. Roy, "Rethinking Value in Health Innovation: From Mystifications towards Prescriptions". *Journal of Economic Policy Reform*, v. 22, n. 2, 3 abr. 2019, pp. 101–19. Disponível em: <doi.org/10.1080/17487870.2018.1509712>. Acesso em: 4 out. 2023.

16. Paterlini, abr. 2018, op. cit.

17. J. Meijling, *Nya Karolinska — Ett Pilotprojekt För Marknadsstyrd Vård?* Estocolmo: Arena Idé, 2018. Disponível em: <arenaide.se/wp-content/uploads/sites/2/2018/03/rapport-nks-meijling-1.pdf>. Acesso em: 4 out. 2023.

18. Paterlini, abr. 2018, op. cit.

19. Ibid.

20. M. Paterlini, "Director of Troubled Karolinska Hospital Resigns", *BMJ*, n. 363, 9 out. 2018, k4249. Disponível em: <doi.org/10.1136/bmj.k4249>. Acesso em: 4 out. 2023.

21. Eurodad, op. cit., p. 18.

22. Ramboll Group, "New Karolinska Solna — A World-Class Hospital", 2021. Disponí-

vel em: <ramboll.com/projects/healthcare/new-karolinska-solna-hospital>. Acesso em: 4 out. 2023.
23. M. Paterlini, "Jobs Come under Threat at Troubled Karolinska Hospital in Sweden". *BMJ*, n. 367, 12 nov. 2019, p. l6479. Disponível em: < doi.org/10.1136/bmj.l6479>. Acesso em: 4 out. 2023.
24. Waluszewski, Hakansson e Snehota, op. cit.
25. M. Mazzucato et al., "COVID-19 and the Need for Dynamic State Capabilities: An International Comparison", Development Futures Series Working Papers. UNDP Global Policy Network, abr. 2021.
26. X. Wu, M. Ramesh e M. Howlett, "Policy Capacity: A Conceptual Framework for Understanding Policy Competences and Capabilities". *Policy and Society*, v. 34, n. 3-4, 1 set. 2015, pp. 165-71. Disponível em: <doi.org/10.1016/j.polsoc.2015.09.001>. Acesso em: 4 out. 2023.
27. M. Zollo e S. Winter, "From Organizational Routines to Dynamic Capabilities". *Working Paper in the INSEAD Series*, 1 jan. 1999; R. R. Nelson e S. G. Winter, *An Evolutionary Theory of Economic Change*. Cambridge: The Belknap Press of Harvard University Press, 1996.
28. V. Takala e R. Kattel, "Dynamic Capabilities in the Public Sector: The Case of the UK's Government Digital Service". *UCL IIPP Working Paper Series*, 2021. Disponível em: <apo.org.au/node/310366>. Acesso em: 4 out. 2023; D. J. Teece, G. Pisano e A. Shuen, "Dynamic Capabilities and Strategic Management". *Strategic Management Journal*, v. 18, n. 7, 1997, pp. 509-33. Disponível em: <doi.org/10.1002/(sici)1097-0266(199708)18:7<509::AID-SMJ882>3.0.CO;2-Z>. Acesso em: 4 out. 2023.
29. L. Roper e J. Pettit, "Development and the Learning Organisation". Development in Practice Numbers, n. 12, 1 set. 2002. Disponível em: <doi.org/10.1080/0961 450220149654>. Acesso em: 4 out. 2023.
30. Mazzucato et al., abr. 2021, op. cit., p. 3.
31. Ibid., p. 11.
32. Ibid., p. 12.
33. Ibid., p. 15.
34. Steiner, Kaiser e Reichmuth, op. cit.
35. W. M. Cohen e D. A. Levinthal, "Absorptive Capacity: A New Perspective on Learning and Innovation". *Administrative Science Quarterly*, v. 35, n. 1, 1990, pp. 128-52. Disponível em: <doi.org/10.2307/2393553>. Acesso em: 4 out. 2023; H. W. Volberda, N. J. Foss e M. A.Lyles, "Absorbing the Concept of Absorptive Capacity: How to Realize Its Potential in the Organization Field". *Organization Science*, v. 21, n. 4, 1 ago. 2010, pp. 931-51. Disponível em: <doi.org/10.1287/orsc.1090.0503>. Acesso em: 4 out. 2023.
36. Cohen e Levinthal, op. cit, p. 128.
37. R. Kattel et al., *Public Sector Innovation Indicators: Towards a New Evaluative Framework*, 2015. Disponível em: <doi.org/10.13140/RG.2.1.5150.3120>. Acesso em: 4 out. 2023; M. J. R. Butlerand e E. Ferlie, "Developing Absorptive Capacity Theory

for Public Service Organizations: Emerging UK Empirical Evidence". *British Journal of Management*, v. 31, n. 2, 2020, pp. 344-64. Disponível em: <doi.org/10.1111/1467-8551.12342>. Acesso em: 4 out. 2023; G. Harvey et al., "Absorptive Capacity: How Organisations Assimilate and Apply Knowledge to Improve Performance". In: G. Harvey, K. Walshe e P. Jas (Orgs.), *Connecting Knowledge and Performance in Public Services: From Knowing to Doing*. Cambridge: Cambridge University Press, 2010, pp. 226-50. Disponível em: <doi.org/10.1017/CBO9780511762000.012>. Acesso em: 4 out. 2023; Kattel e Mazzucato, 2018, op. cit.
38. S. A. Zahra e G. George, "Absorptive Capacity: A Review, Reconceptualization, and Extension". *The Academy of Management Review*, v. 27, n. 2, 2002, pp. 185-203. Disponível em: <doi.org/10.2307/4134351>. Acesso em: 4 out. 2023.
39. M. C. Becker e F. Zirpoli, "Outsourcing and Competence Hollowing-out: Systems Integrator vs. Knowledge Integrator?". *DRUID Working Papers, Copenhagen Business School* 03-05 (2003). Disponível em: <ideas.repec.org/p/aal/abbswp/03-05.html>. Acesso em: 4 out. 2023.
40. C. van den Berg et al., "Policy Consultancy in Comparative Perspective". In: *Policy Consultancy in Comparative Perspective*. Cambridge: Cambridge University Press, 2019, pp. 1-19; L. Seabrooke e O. J. Sending, "Contracting Development: Managerialism and Consultants in Intergovernmental Organizations". *Review of International Political Economy*, v. 27, n. 4, 2 jul. 2020, pp. 802-27. Disponível em: <doi.org/10.1080/09692290.2019.1616601>. Acesso em: 4 out. 2023.
41. R. Collington, "Digital Public Assets: Rethinking Value, Access, Control and Ownership of Public Sector Data". *Common Wealth*, 1 nov. 2019. Disponível em: <common-wealth.co.uk/reports/digital-public-assets-rethinking-value-access-and-control-of-public-sector-data-in-the-platform-age>. Acesso em: 7 out. 2023.
42. B. Jæger e K. Löfgren, "The History of the Future: Changes in Danish e-Government Strategies 1994-2010". *Information Polity*, v. 15, n. 4, 1 jan. 2010, p. 253. Disponível em: <doi.org/10.3233/IP-2010-0217>. Acesso em: 7 out. 2023.
43. Agency for Digitisation, "The Digital Path to Future Welfare: EGovernment Strategy 2011-2015". Copenhagen: Agency for Digitisation, 2011; Agency for Digitisation, "A Stronger and More Secure Digital Denmark: Digital Strategy 2016-2020". Copenhague: Agency for Digitisation, maio 2016; Den Digitale Taskforce, "Strategi for Digitalisering Af Den Offentlige Sektor 2007-2010". Copenhague: Den Digitale Taskforce, jun. 2007; Den Digitale Taskforce, "Strategi for Digital Forvaltning 2004--2006". Copenhague: Den Digitale Taskforce, 2004; Den Digitale Taskforce, "På Vej Mod Digital Forvalting: Vision Og Strategi for Den Offentlige Sektor". Copenhague: Regeringen, jan. 2002.
44. N. Ejersbo e C. Greve, "Digital Era Governance Reform and Accountability: The Case of Denmark". In: T. Christensen e P. Lægreid (Orgs.), *The Routledge Handbook to Accountability and Welfare State Reforms*. Londres: Routledge, 2016.
45. Den Digitale Taskforce, "Strategi for Digitalisering Af Den Offentlige Sektor 2007--2010".

46. Agency for Digitisation, 2011, op. cit.
47. R. Collington, "Disrupting the Welfare State? Digitalisation and the Retrenchment of Public Sector Capacity". *New Political Economy*, v. 27, n. 2. 2022, pp. 312-28. Disponível em: <doi.org/10.1080/13563467.2021.1952559>. Acesso em: 7 out. 2023.
48. Finansministeriet, "Et Solidt It-Fundament: Strategi for It-Styring i Staten". Copenhague: Finansministeriet, 2017, p. 5. Disponível em: <digst.dk/media/21080/et-solidt-itfundament-strategi-for-itstyring-i-staten-9-12-19.pdf>. Acesso em: 7 out. 2023.
49. Collington, 2022, op. cit.
50. Ibid.
51. C. Cordelli, *The Privatized State*. Princeton: Princeton University Press, 2020, p. 10.
52. A. E. Weiss, 2019, p. 201.
53. S. Villadsen, "Tidligere topembedsmand langer ud efter IBM efter kollapset samarbejde med Region H: 'Det blev meget kraftigt oversolgt, hvad Watsonkunne'". *Computerworld*, 19 nov. 2018. Disponível em: <computerworld.dk/art/245441/tidligere-topembedsmand-langer-ud-efter-ibm-efter-kollapset-samarbejde-med-region-h-det-blev-meget-kraftigt-oversolgt-hvad-watson-kunne>. Acesso em: 7 out. 2023.
54. R. Collington e R. Møller Stahl, "Ligner en naturlov, er det ikke: Medmindre vi ændrer kurs, vil kontrollen over teknologien ligge hos nogle få tech-oligarker", *Politiken*, 3 out. 2021. Disponível em: <politiken.dk/debat/debatindlaeg/art8399475/Medmindre-vi-%C3%A6ndrer-kurs-vil-kontrollen-over-teknologien-ligge-hos-nogle-f%C3%A5-tech-oligarker>. Acesso em: 7 out. 2023.
55. D. Foray, D. C. Mowery e R. R. Nelson, "Public R&D and Social Challenges: What Lessons from Mission R&D Programs?". *Research Policy*, v. 41, n. 10, 1 dez. 2012, p. 1699. Disponível em: <doi.org/10.1016/j.respol.2012.07.011>. Acesso em: 3 nov. 2023.
56. Levine, 2021, op. cit.; Mazzucato, 2021, op. cit.
57. J. Bradley, S. Gebrekidan e A. McCann, "Inside the U.K.'s Pandemic Spending: Waste, Negligence and Cronyism". *New York Times*, 17 dez. 2020. Disponível em: <nytimes.com/interactive/2020/12/17/world/europe/britain-covid-contracts.html>. Acesso em: 7 out. 2023.
58. "Timeline: Covid Contracts and Accusations of 'Chumocracy'". *BBC News*, 20 abr. 2021. Disponível em: <bbc.com/news/uk-56319927>. Acesso em: 9 set. 2023.
59. G. Iacobucci, "Covid-19: One in Five Government Contracts Had Signs of Possible Corruption, Report Finds". *BMJ* 373, 23 abr. 2021. n. 1072. Disponível em: <doi.org/10.1136/bmj.n1072>. Acesso em: 7 out. 2023.
60. "UK Government's 'VIP Lane' for PPE Suppliers Was Unlawful, High Court Rules". *Financial Times*, 12 jan. 2022.
61. R. Neate et al., "Healthcare Firm Advised by Owen Paterson Won £133m Coronavirus Testing Contract Unopposed". *Guardian*, 11 mai. 2020. Disponível em: <theguardian.com/world/2020/may/11/healthcare-firm-advised-by-owen-paterson-won-133m-coronavirus-testing-contract-unopposed>. Acesso em: 7 out. 2023.

62. A. McGuinness, "Owen Paterson: Tories Accused of Bringing 'Shame on Democracy' as Former Minister Avoids Suspension in Commons Vote". *Sky News*, 3 nov. 2019. Disponível em: <news.sky.com/story/owen-paterson-former-minister-saved-from-suspension-as-tory-mps-back-standards-process-overhaul-12458870>. Acesso em: 7 out. 2023.
63. "Boris Johnson Follows Labour Call to Ban MP Paid Adviser Jobs", *BBC News*, 16 nov. 2021. Disponível em: <bbc.com/news/uk-politics-59311003>. Acesso em: 7 out. 2023.
64. F. Lawrence, "Hancock's Former Neighbour Won Covid Test Kit Work after WhatsApp Message". *Guardian*, 26 nov. 2020. Disponível em: <theguardian.com/world/2020/nov/26/matt-hancock-former-neighbour-won-covid-test-kit-contract-after-whatsapp-message>. Acesso em: 7 out. 2023; "Coronavirus: Medical Regulator Investigates £30m Covid Contract Firm". *BBC News*, 21 fev. 2021. Disponível em: <bbc.com/news/uk-politics-56145492>. Acesso em: 7 out. 2023.
65. H. Siddique, "Businessman Was Paid £21m of Taxpayer Cash for Securing NHS PPE". *Guardian*, 17 nov. 2020. Disponível em: <theguardian.com/world/2020/nov/17/businessman-gabriel-gonzalez-andersson-paid-taxpayer-cash-for-securing-nhs-ppe>. Acesso em: 7 out. 2023.
66. "Procurement Case". *Good Law Project* (Blog). Disponível em: <goodlawproject.org/case/procurement-case/>. Acesso em: 2 jul. 2021.
67. L. Weiss e E. Thurbon, "Explaining Divergent National Responses to Covid-19: An Enhanced State Capacity Framework". *New Political Economy*, v. 0, n. 0, 30 out. 2021. pp. 1-16. Disponível em: <doi.org/10.1080/13563467.2021.1994545>. Acesso em: 7 out. 2023.
68. W. Lazonick, "Is the Most Unproductive Firm the Foundation of the Most Efficiency Economy? How Penrosian Learning Confronts the Neo-classical Fallacy". *International Review of Applied Economics*, 15 mar. 2022. Disponível em: <tandfonline.com/doi/abs/10.1080/02692171.2021.2022296>. Acesso em: 7 out. 2023.
69. D. Lei e M. A. Hitt, "Strategic Restructuring and Outsourcing: The Effect of Mergers and Acquisitions and LBOs on Building Firm Skills and Capabilities". *Journal of Management*, v. 21, n. 5, 1 out. 1995, pp. 835-59. Disponível em: <doi.org/10.1177/014920639502100502>. Acesso em: 7 out. 2023.
70. S. Heusinkveld e J. Benders, "Consultants and Organization Concepts". In: M. Kipping e T. Clark (Orgs.), 2012, op. cit.
71. Micklethwait e Wooldridge, 1998, op. cit., p. 59.
72. C. J. Lammers, "Transience and Persistence of Ideal Types in Organizational Theory". In: M. Lousbury, S. B. Bacharach e N. Ditomaso (Orgs.), *Research in the Sociology of Organizations*. Greenwich: JAI Press, 1988, pp. 203-24.
73. S. Heusinkveld, *The Management Idea Factory: Innovation and Commodification in Management Consulting*. Nova York: Routledge, 2013; Heusinkveld e Benders, "Consultants and Organization Concepts"; N. Brunsson e J. Olsen, *The Reforming Organization*. Bergen: Fagbokforlaget, 1997.

74. M. C. Nippa e K. Petzold, "Economic Functions of Management Consulting Firms — an Integrative Theoretical Framework". *Academy of Management Proceedings*, v. 2002, n. 1, 1 ago. 2002, pp. 1-6. Disponível em: <doi.org/10.5465/apbpp.2002.7516887>. Acesso em: 7 out. 2023.
75. J.-S. Shin e H.-J. Chang, *Restructuring Korea Inc*. Londres: Routledge-Curzon, 2003, p. 56.
76. Wright e Kwon, op. cit.
77. Ibid.; C. Rowley e J. Bae, "Globalisation and Transformation of Human Resource Management in South Korea". *International Journal of Human Resource Management*, n. 13, 1 mai. 2002. pp. 522-49. Disponível em: <doi.org/10.1080/09585190110111512>. Acesso em: 7 out. 2023.
78. S. Reynolds Fisher e M. A. White, "Downsizing in a Learning Organization: Are There Hidden Costs?". *The Academy of Management Review*, v. 25, n. 1, 2000, p. 249. Disponível em: <doi.org/10.2307/259273>. Acesso em: 7 out. 2023.
79. C. R. Littler e P. Innes, "Downsizing and Deknowledging the Firm". *Work, Employment and Society*, v. 17, n. 1, 1 mar. 2003, pp. 73-100. Disponível em: <doi.org/10.1177/0950017003017001263>. Acesso em: 7 out. 2023.
80. J. T. Brookman, S. Chang e C. G. Rennie, "CEO Cash and Stock-Based Compensation Changes, Layoff Decisions, and Shareholder Value". *Financial Review*, v. 42, n. 1, 2007, pp. 99-119. Disponível em: <doi.org/10.1111/j.1540-6288.2007.00163.x>. Acesso em: 7 out. 2023.
81. Lazonick e O'Sullivan, 2000, op. cit.
82. W. Lazonick e J.-S. Shin, *Predatory Value Extraction: How the Looting of the Business Enterprise Became the US Norm and How Sustainable Prosperity Can Be Restored*. Oxford: Oxford University Press, 2020; M. Mazzucato, *The Value of Everything: Making and Taking in the Global Economy*. Londres: Penguin, 2019 [2017].
83. W. Lazonick e E. Sakinç, "Do Financial Markets Support Innovation or Inequity in the Biotech Drug Development Process?", Workshop on Innovation and Inequality: Pharma and Beyond, Scuola Superiore Sant'Anna, Pisa, Itália, 2010; Ö. Tulum, "Innovation and Financialization in the U.S. Biopharmaceutical Industry", Universidade de Liubliana, 2018; Ö. Tulum e W. Lazonick, "Financialized Corporations in a National Innovation System: The U.S. Pharmaceutical Industry", *International Journal of Political Economy*, v. 47, n. 3-4, 2 out. 2018, pp. 281-316. Disponível em: <doi.org/10.1080/08911916.2018.1549842>. Acesso em: 7 out. 2023; W. Lazonick et al., "Financialization of the U.S. Pharmaceutical Industry". Institute for New Economic Thinking, 2019. Disponível em: <ineteconomics.org/perspectives/blog/financialization-us-pharma-industry>. Acesso em: 7 out. 2023.
84. Citron Research, "Valeant: Could This Be the Pharmaceutical Enron?". Citron Research, 31 out. 2015. Disponível em: <citronresearch.com/wp-content/uploads/2015/10/Valeant-Philador-and-RandO-final-a.pdf>. Acesso em: 7 out. 2023.
85. John Gapper, "McKinsey's Fingerprints Are All over Valeant". *Financial Times*, 23 mar. 2016. Disponível em: <ft.com/content/0bb37fd2-ef63-11e5-aff5-19b4e253664a>. Acesso em: 7 out. 2023.

86. McLean, "The Valeant Meltdown and Wall Street's Major Drug Problem". *Vanity Fair*, 5 jun. 2016. Disponível em: <vanityfair.com/news/2016/06/the-valeant-meltdown-and-wall-streets-majors-drug-problem>. Acesso em: 7 out. 2023.
87. Congressional Budget Office, "Research and Development in the Pharmaceutical Industry". Washington: Congressional Budget Office, abr. 2021. Disponível em: <cbo.gov/publication/57126>. Acesso em: 7 out. 2023.
88. The Economist, "Shop 'til You Drop; Valeant". *The Economist*, v. 407, n. 8838, 1 jun. 2013, p. 67.
89. J. Surowiecki, "Inside the Valeant Scandal". *New Yorker*, 28 mar. 2016. Disponível em: <newyorker.com/magazine/2016/04/04/inside-the-valeant-scandal>. Acesso em: 7 out. 2023.
90. McLean, op. cit.
91. Valeant Pharmaceuticals International, Inc., "Valeant's Perspectives on R&D". Disponível em: <sec.gov/Archives/edgar/data/850693/000119312514232351/d740992d425.htm>. Acesso em: 7 out. 2023.
92. D. Lutz, "The Process by Which Drugs Are Discovered and Developed Will Be Fundamentally Different in the Future". *The Source*, 25 set. 2014. Disponível em: <source.wustl.edu/2014/09/the-process-by-which-drugs-are-discovered-and-developed-will-be-fundamentally-different-in-the-future/>. Acesso em: 7 out. 2023.
93. Surowiecki, 2016, op. cit.
94. McLean, op. cit.
95. M. Forsythe, W. Bogdanich e B. Hickey, "As McKinsey Sells Advice, Its Hedge Fund May Have a Stake in the Outcome". *New York Times*, 19 fev. 2019. Disponível em: <nytimes.com/2019/02/19/business/mckinsey-hedge-fund.html>. Acesso em: 7 out. 2023.
96. Gapper, op. cit.
97. V. Hunt, N. Manson e P. Morgan, "A Wake-up Call for Big Pharma". McKinsey, 1 dez. 2011. Disponível em: <mckinsey.com/industries/pharmaceuticals-and-medical-products/our-insights/a-wake-up-call-for-big-pharma>. Acesso em: 7 out. 2023.
98. McLean, op. cit.
99. Ibid.
100. A. Pollack, "Once a Neglected Treatment, Now an Expensive Specialty Drug: [Business/Financial Desk]". *New York Times*, *Late Edition (East Coast)*, 21 set. 2015.
101. House Committee on Oversight and Reform, "Cummings and Sanders Ramp Up Investigation of Staggering Drug Price Increases". House Committee on Oversight and Reform, 14 ago. 2015. Disponível em: <oversight.house.gov/news/press-releases/cummings-and-sanders-ramp-up-investigation-of-staggering-drug-price-increases>. Acesso em: 7 out. 2023.
102. McLean, op. cit.
103. K. Pistor, *The Code of Capital: How the Law Creates Wealth and Inequality*. Princeton, New Jersey: Princeton University Press, 2019.

8. CONFLITO DE INTERESSES: CONSULTORIAS E DEMOCRACIA [pp. 189-215]

1. A. Holpuch, "Hurricane Maria: Puerto Rico Raises Official Death Toll from 64to 2,975". *Guardian*, 28 ago. 2018. Disponível em: <theguardian.com/world/2018/aug/28/hurricane-maria-new-death-toll-estimate-is-close-to-3000>. Acesso em: 7 out. 2023.
2. J. D. Sutter, "'The Maria Generation': Puerto Rican Kids Face Harsh Realities". cnn, 17 set. 2018. Disponível em: <cnn.com/2018/09/17/health/sutter-maria-generation-children-puerto-rico/index.html>. Acesso em: 7 out. 2023.
3. M. Taylor, "Climate Change in the Caribbean — Learning Lessons from Irma and Maria". *Guardian*, 6 out. 2017. Disponível em: <theguardian.com/environment/2017/oct/06/climate-change-in-the-caribbean-learning-lessons-from-irma-and-maria>. Acesso em: 7 out. 2023.
4. A. Holpuch, "Hurricane Maria Pushes Puerto Rico's Struggling Hospitals to Crisis Point". *Guardian*, 27 set. 2017. Disponível em: <theguardian.com/world/2017/sep/27/puerto-rico-faces-a-health-crisis-made-worse-as-majority-of-hospitals-are-inadequate>. Acesso em: 7 out. 2023.
5. K. Aronoff e A. Brown, "Sanders and Ocasio-Cortez Call for Reversal of Puerto Rico Austerity Measures", *The Intercept* (Blog), 24 set. 2019. Disponível em: <theintercept.com/2019/09/24/puerto-rico-austerity-congress/>. Acesso em: 7 out. 2023.
6. A. Rice e L. Valentin Ortiz, "The McKinsey Way to Save an Island: Why Is Bankrupt Puerto Rico Spending More than a Billion Dollars on Expert Advice?". *Intelligencer*, 17 abr. 2019. Disponível em: <nymag.com/intelligencer/2019/04/mckinsey-in-puerto-rico.html>. Acesso em: 7 out. 2023.
7. Ibid.
8. Ibid.
9. Ibid.
10. Steiner, Kaiser e Reichmuth, 2018, op. cit.
11. M. Williams Walsh, "House Seeks Clarity on Puerto Rico's Bankruptcy". *New York Times, Late Edition (East Coast)*, 20 dez. 2018.
12. M. Williams Walsh, "Debt Adviser to Puerto Rico Stands to Profit". *New York Times, Late Edition (East Coast)*, 28 set. 2018.
13. M. Celarier, "The Story McKinsey Didn't Want Written". *Institutional Investor*, 8 jul. 2019. Disponível em: <institutionalinvestor.com/article/b1g5zjdcr97k2y/The-Story-McKinsey-Didn-t-Want-Written>. Acesso em: 7 out. 2023.
14. A. Edgecliffe-Johnson, "McKinsey Investment Fund Fined $18m by sec for Compliance Lapses", *Financial Times*, 19 nov. 2021.
15. Ibid.
16. Securities and Exchange Commission, "Investment Advisers Act of 1940". Release n. 5912, Administrative Proceeding File n. 3-20656, In the Matter of mio Partners, Inc.", 2021.

17. Edgecliffe-Johnson, 19 nov. 2021, op. cit.
18. Rice e Valentin Ortiz, op. cit.
19. European Commission, "Recovery and Resilience Facility", 2021. Disponível em: <ec.europa.eu/info/business-economy-euro/recovery-coronavirus/recovery-and-resilience-facility_en>. Acesso em: 7 out. 2023.
20. Johnson, 2021, op. cit.; G. Barbacetto e C. Di Foggia, "Draghi Chiama McKinsey e Soci per Il RecoveryPlan", *Il Fatto Quotidiano*, 6 mar. 2021. Disponível em: <ilfattoquotidiano.it/in-edicola/articoli/2021/03/06/draghi-chiama-mckinsey-e-soci-per-il-recovery-plan/6124061/>. Acesso em: 7 out. 2023.
21. Barbacetto e Di Foggia, op. cit.
22 "Draghi's Hiring of McKinsey Is 'an Affront to the Italian People'". *DiEM25* (Blog), 24 mar. 2021. Disponível em: <diem25.org/draghis-hiring-mckinsey-an-affront-the-italian-people/>. Acesso em: 7 out. 2023.
23. M. Buissonniere, "D3: Management Consulting Firms in Global Health". In: *Global Health Watch: An Alternative World Health Report*. Londres: Zed Books, 2019. Disponível em: <phmovement.org/wp-content/uploads/2018/07/D3.pdf>. Acesso em: 7 out. 2023.
24. M. Dufour e Ö. Orhangazi, "Growth and Distribution after the 2007-2008 US Financial Crisis: Who Shouldered the Burden of the Crisis?". *Review of Keynesian Economics*, v. 4, n. 2, 1 abr. 2016, pp. 151-74. Disponível em: <doi.org/10.4337/roke.2016.02.02>. Acesso em: 7 out. 2023.
25. M. Johnson, op. cit.
26. Buissonniere, op. cit.
27. Ibid., p. 284.
28. Tax Justice Network, "What Is Transfer Pricing?", 2021. Disponível em: <taxjustice.net/faq/what-is-transfer-pricing/>. Acesso em: 7 out. 2023.
29. R. Syal, S. Bowers e P. Wintour, "'Big Four' Accountants 'Use Knowledge of Treasury to Help Rich Avoid Tax'". *Guardian*, 26 abr. 2013. Disponível em: <theguardian.com/business/2013/apr/26/accountancy-firms-knowledge-treasury-avoid-tax>. Acesso em: 7 out. 2023.
30. Ibid.
31. Geys e Mause, "Moonlighting Politicians: A Survey and Research Agenda". *The Journal of Legislative Studies*, v. 19, n. 1, 1 mar. 2013, pp. 76-97. Disponível em: <doi.org/10.1080/13572334.2013.737158>. Acesso em: 7 out. 2023.
32. Hodge e Bowman, op. cit., p. 119.
33. S. Weschle, "Politicians' Private Sector Jobs and Parliamentary Behaviour". *American Journal of Political Science*, 4 set. 2022. Disponível em: <doi-org/10.1111/>. Acesso em: 7 out. 2023.
34. Geys e Mause, 2013, op. cit., p. 85.
35. T. Clark, *Critical Consulting: New Perspectives on the Management Advice Industry*. Malden: John Wiley & Sons, 2001; Sahlin-Andersson e Engwall, 2002, op. cit.
36. Gapper, op. cit.

37. M. Alvesson e S. Sveningsson, "Identity Work in Consultancy Projects: Ambiguity and Distribution of Credit and Blame". In: C. N. Candlin e J. Crichton (Orgs.) *Discourses of Deficit*. Londres: Palgrave Macmillan UK, 2011, pp. 159-74. Disponível em: <doi.org/10.1057/9780230299023_9>. Acesso em: 7 out. 2023; Alvesson, 2012, op. cit.
38. M. Alvesson e S. Sveningsson, 2011, op. cit.
39. B. Momani, "Management Consultants and the United States' Public Sector". *Business and Politics*, v. 15, n. 3, out. 2013, pp. 381-99. Disponível em: <doi.org/10.1515/bap-2013-0001>. Acesso em: 7 out. 2023.
40. Alvesson e Sveningsson, 2011, op. cit.
41. J. Costas e P. Fleming, "Beyond Dis-Identification: Towards a Theory of Self-Alienation in Contemporary Organizations", *Human Relations*, v. 62, n. 3, 2009, pp. 353-78.
42. S. Meriläinen et al., "Management Consultant Talk: A Cross-Cultural Comparison of Normalizing Discourse and Resistance". *Organization*, v. 11, n. 4, 2004, pp. 539-64.
43. Syal, Bowers e Wintour, op. cit.
44. K. Polanyi, *The Great Transformation: The Political and Economic Origins of Our time*. Boston: Beacon Press, 2001 [1944].
45. Deloitte, "Tax Havens and Legitimate Planning". Deloitte South Africa, 2021. Disponível em: <deloitte.com/za/en/pages/tax/articles/tax-havens-and-legitimate-planning.html>.
46. Tax Justice Network, "How Much Money Is in Tax Havens?", 2021. Disponível em: <taxjustice.net/faq/how-much-money-is-in-tax-havens/>. Acesso em: 7 out. 2023.
47. S. N. Stausholm, "Maximum Capital, Minimum Tax: Enablers and Facilitators of Corporate Tax Minimization". Copenhagen Business School, Dinamarca, 2022.
48. R. Murphy e S. Stausholm, "The Big Four: A Study of Opacity". Bruxelas: GUE/NGL–European United Left/Nordic Green Left, 2017. Disponível em: <openaccess.city.ac.uk/id/eprint/20066/>. Acesso em: 7 set. 2023.
49. Ndikumana e Boyce (Orgs.), op. cit.
50. Shaxson, op. cit.
51. Ndikumana e Boyce (Orgs.), op. cit.
52. Shaxson, op. cit.
53. M. Forsythe et al., "How US Firms Helped Africa's Richest Woman Exploit Her Country's Wealth". *New York Times*, 19 jan. 2020. Disponível em: <nytimes.com/2020/01/19/world/africa/isabel-dos-santos-angola.html>. Acesso em: 10 out. 2023.
54. R. Soares de Oliveira, *Magnificent and Beggar Land: Angola Since the Civil War*. Londres: C. Hurst & Co Publishers Ltd, 2015, p. 76.
55. International Labour Office, "The Effective Abolition of Child Labour". Genebra: ILO, 2022. Disponível em: <ilo.org/public/english/standards/relm/gb/docs/gb280/pdf/ gb-3-2-abol.pdf>. Acesso em: 6 out. 2023.
56. N. Paulsen et al., "Job Uncertainty and Personal Control during Downsizing: A

Comparison of Survivors and Victims". *Human Relations*, v. 58, n. 4, 1 abr. 2005, pp. 463-96. Disponível em: <doi.org/10.1177/0018726705055033>. Acesso em: 10 out. 2023.

57. M. R. Frone e A.-R. Blais, "Organizational Downsizing, Work Conditions, and Employee Outcomes: Identifying Targets for Workplace Intervention among Survivors". *International Journal of Environmental Research and Public Health*, v. 17, n. 3, jan. 2020, p. 719. Disponível em: <doi.org/10.3390/ijerph17030719>. Acesso em: 10 out. 2023.
58. Datas das entrevistas: 23 jun. 2021 e 16 set. 2021.
59. McKinsey & Company, "USPS Future Business Model". McKinsey & Company, 2 mar. 2010. Disponível em: <about.usps.com/future-postal-service/mckinsey-usps-future-bus-model2.pdf>. Acesso em: 10 out. 2023.
60. T. Golshan, "Pete Buttigieg Was Part of McKinsey Team That Pushed Postal Service Privatization". *HuffPost*, 13 dez. 2019. Disponível em: <huffpost.com/entry/pete-buttigieg-mckinsey-postal-service_n_5df3dca0e4b0ae01a1e00863>. Acesso em: 10 out. 2023.
61. American Postal Workers Union, "NLRB Judge Orders Staples to Stop Handling U.S. Mail". *American Postal Workers Union* (Blog), 28 mai. 2019. Disponível em: <apwu.org/news/nlrb-judge-orders-staples-stop-handling-us-mail>. Acesso em: 10 out. 2023.
62. Data da entrevista: 3 ago. 2022.
63. Investopedia, "401(k) vs. Pension Plan: What's the Difference?". *Investopedia*, 4 jul. 2022. Disponível em: <investopedia.com/ask/answers/100314/whats-difference-between-401k-and-pension-plan.asp>. Acesso em: 10 out. 2023.
64. E. Dannin e G. Singh, "Collective Bargaining: Theory, Data and a Plan for Future Research". SSRN Scholarly Paper. Rochester: Social Science Research Network, 15 set. 2005, p. 14. Disponível em: <doi.org/10.2139/ssrn.805144>. Acesso em: 10 out. 2023.
65. P. Alon-Shenker, "Management Consultants and the Employees of Their Client Organizations: Towards a Model of Employee Protection". *Canadian Labour & Employment Law Journal*, v. 21, n. 1, 4 set. 2018, p. 160.
66. Ibid.
67. Rice and Valentin Ortiz, op. cit.
68. British Medical Association, "The Role of Private Outsourcing in the COVID-19 Response". Londres: British Medical Association, jul. 2020. Disponível em: <bma.org.uk/media/2885/the-role-of-private-outsourcing-in-the-covid-19-response.pdf>. Acesso em: 10 out. 2023; We Own It, "How Deloitte Is Failing the NHS", *We Own It* (Blog), 2020. Disponível em: <weownit.org.uk/company/deloitte>. Acesso em: 10 out. 2023.
69. Gallup, "Big Business". Washington: Gallup Inc., 2021. Disponível em: <news.gallup.com/poll/5248/Big-Business.aspx>. Acesso em: 10 out. 2023.
70. P. Pierson, *Dismantling the Welfare State?: Reagan, Thatcher and the Politics of*

Retrenchment, 1994, p. 21. Disponível em: <doi.org/10.1017/CBO9780511805288>. Acesso em: 10 out. 2023.
71. Ibid.; Collington, 2022, op. cit.

9. CONSULTORIA CLIMÁTICA: UMA AMEAÇA EXISTENCIAL? [pp. 217-42]

1. J. T. Houghton, G. J. Jenkins e J. J. Ephraums (Orgs.), *Climate Change: The IPCC Scientific Assessment*. Cambridge: Cambridge University Press, 1990, p. xi.
2. Intergovernmental Panel on Climate Change, "About — IPCC", 2021. Disponível em: <ipcc.ch/about/>. Acesso em: 10 out. 2023.
3. "World Chronicle 487: G.O.P. Obasi, WMO", United Nations UN Audiovisual Library, 15 set. 2021. Disponível em: <unmultimedia.org/avlibrary/asset/2116/2116949>. Acesso em: 10 out. 2023.
4. G. O. P. Obasi, "Climate and Global Change in Relation to Sustainable Development: The Challenge to Science". *Proceedings of the Indian Academy of Sciences (Earth and Planetary Sciences)*, v. 102, n. 1, mar. 1993, pp. 27-34.
5. S. Gallagher e E. de Jong, "'One Day We'll Disappear': Tuvalu's Sinking Islands". *Guardian*, 16 mai. 2019. Disponível em: <theguardian.com/global-development/2019/may/16/one-day-disappear-tuvalu-sinking-islands-rising-seas-climate-change>. Acesso em: 8 out. 2023.
6. J. Hickel, "Quantifying National Responsibility for Climate Breakdown: An Equality-Based Attribution Approach for Carbon Dioxide Emissions in Excess of the Planetary Boundary". *The Lancet Planetary Health*, v. 4, n. 9, 1 set. 2020, e399-404. Disponível em: <doi.org/10.1016/S2542-5196(20)30196-0>. Acesso em: 10 out. 2023.
7. IPCC, "Global Warming of 1.5° C. An IPCC Special Report on the Impacts of Global Warming of 1.5° C above Pre-Industrial Levels and Related Global Greenhouse Gas Emission Pathways, in the Context of Strengthening the Global Response to the Threat of Climate Change, Sustainable Development, and Efforts to Eradicate Poverty'. Intergovernmental Panel on Climate Change, 2018. Disponível em: <ipcc.ch/site/assets/uploads/sites/2/2019/06/SR15_Full_Report_High_Res.pdf>. Acesso em: 10 out. 2023.
8. J. Watts, "We Have 12 Years to Limit Climate Change Catastrophe, Warns UN". *Guardian*, 8 out. 2018. Disponível em: <theguardian.com/environment/2018/oct/08/global-warming-must-not-exceed-15c-warns-landmark-un-report>. Acesso em: 10 out. 2023.
9. IPCC, "Climate Change Widespread, Rapid, and Intensifying", Genebra: IPCC, 9 ago. 2021. Disponível em: <ipcc.ch/2021/08/09/ar6-wg1-20210809-pr/>. Acesso em: 16 nov. 2023; IPCC, "AR6 Climate Change 2022: Impacts, Adaptation and Vulnerability". Genebra: IPCC, 4 abr. 2022. Disponível em: <ipcc.ch/report/sixth-assessment-report-working-group-ii/>. Acesso em: 10 out. 2023.

10. A. Tyson e B. Kennedy, "Two-Thirds of Americans Think Government Should Do More on Climate". *Pew Research Center Science & Society* (Blog), 23 jun. 2020. Disponível em: <pewresearch.org/science/2020/06/23/two-thirds-of-americans-think-government-should-do-more-on-climate/>. Acesso em: 10 out. 2023.
11. C. McGreal, "Revealed: 60% of Americans Say Oil Firms Are to Blame for the Climate Crisis". *Guardian*, 26 out. 2021. Disponível em: <theguardian.com/environment/2021/oct/26/climate-change-poll-oil-gas-companies-environment>. Acesso em: 10 out. 2023.
12. UNDP, "World's Largest Survey of Public Opinion on Climate Change: A Majority of People Call for Wide-Ranging Action". UNDP, 27 jan. 2021. Disponível em: <undp.org/press-releases/worlds-largest-survey-public-opinion-climate-change-majority-people-call-wide>. Acesso em: 10 out. 2023.
13. Mazzucato, 2021, op. cit.
14. Coherent Market Insights, "Global Climate Change Consulting Market Is Estimated to Account for US$8,653.7 Mn by End of 2028, Says Coherent Marke tInsights (CMI)". GlobeNewswire News Room, 4 dez. 2021. Disponível em: <globenewswire.com/news-release/2021/04/12/2208423/0/en/Global-Climate-Change-Consulting-Market-is-estimated-to-account-for-US-8-653-7-Mn-by-end-of-2028-Says-Coherent-Market-Insights-cmi.html>. Acesso em: 10 out. 2023.
15. S. Keele, "Taming Uncertainty: Climate Policymaking and the Spatial Politics of Privatized Advice". In: C. Hurl e A. Vogelpohl (Orgs.), *Professional Service Firms and Politics in a Global Era: Public Policy, Private Expertise*. Cham: Springer International Publishing, 2021, pp. 53-75. Disponível em: <doi.org/10.1007/978-3-030-72128-2_3>. Acesso em: 10 out. 2023.
16. S. Apparicio, "One Tenth of UK Climate Aid Spent through Western Consultants". Climate Home News, 1 ago. 2018. Disponível em: <climatechangenews.com/2018/08/01/one-tenth-uk-climate-aid-spent-western-consultants/>. Acesso em: 10 out. 2023.
17. Boston Consulting Group, "Boston Consulting Group Announces Expansion of Global Climate and Sustainability Center and COP26 Partnership". *PR Newswire*, 25 mar. 2021. Disponível em: <prnewswire.com/news-releases/boston-consulting-group-announces-expansion-of-global-climate-and-sustainability-center-and-cop26-partnership-301255504.html>. Acesso em: 11 out. 2023.
18. McKinsey & Company, "Launching McKinsey Sustainability: Our New Platform for Helping Clients Innovate to Net Zero", 2021. Disponível em: <mckinsey.com/about-us/new-at-mckinsey-blog/announcing-the-launch-of-mckinsey-sustainability>. Acesso em: 11 out. 2023.
19. Consultancy.uk, "McKinsey Acquires Sustainability Consultancy Vivid Economics". *Consultancy.uk*, 8 mar. 2021. Disponível em: <consultancy.uk/news/27193/mckinsey-acquires-sustainability-consultancy-vivid-economics>. Acesso em: 11 out. 2023.
20. A. Edgecliffe-Johnson e M. O'Dwyer, "PwC to Boost Headcount by 100,000 over

Five Years". *Financial Times*, 15 jun. 2021. Disponível em: <ft.com/content/b79e4cd4-e288-4083-a976-47f3e89a0209>. Acesso em: 11 out. 2023.
21. Consultancy.uk, "Capgemini Launches Sustainable IT Offering for Clients". Consultancy.uk, 24 jun. 2021. Disponível em: <consultancy.uk/news/28278/capgemini-launches-sustainable-it-offering-for-clients>. Acesso em: 11 out. 2023.
22. Consulting.ca, "EY Canada Appoints Kent Kaufield as First Chief Sustainability Officer", Consulting.ca, 4 jun, 2021. Disponível em: <consulting.ca/news/2308/ey-canada-appoints-kent-kaufield-as-first-chief-sustainability-officer>. Acesso em: 11 out. 2023.
23. Keele, 2021, op. cit.
24. Keele, 2017, op. cit.
25. H. Chenet, J. Ryan-Collins e F. van Lerven, "Finance, Climate-Change and Radical Uncertainty: Towards a Precautionary Approach to Financial Policy". *Ecological Economics*, n. 183, 1 mai. 2021, p. 106957. Disponível em: <doi.org/10.1016/j.ecolecon.2021.106957>. Acesso em: 11 out. 2023.
26. BCG, "The Time for Climate Action Is Now". Boston Consulting Group, abr. 2021. Disponível em: <media-publications.bcg.com/BCG-Executive-Perspectives-Time-for-Climate-Action.pdf>. Acesso em: 11 out. 2023.
27. KPMG, "Sustainable Finance: It's Decision Time". Luxemburgo: KPMG Luxembourg, 2020. Disponível em: <assets.kpmg/content/dam/kpmg/lu/pdf/sustainable-finance-it-is-decision-time.pdf>. Acesso em: 11 out. 2023.
28. PricewaterhouseCoopers, "Moving to a Low-Carbon and Climate Resilient Future", 2021. Disponível em: <pwc.co.uk/services/sustainability-climate-change/climate-change.html>. Acesso em: 11 out. 2023.
29. Boston Consulting Group e World Economic Forum, "The Net-Zero Challenge: Fast-Forward to Decisive Climate Action", jan. 2020. Disponível em: <weforum.org/reports/the-net-zero-challenge-fast-forward-to-decisive-climate-action>. Acesso em: 11 out. 2023.
30. Boston Consulting Group, "The Biodiversity Crisis Is a Business Crisis". Reino Unido-Inglaterra, 23 fev. 2021. Disponível em: <bcg.com/en-gb/publications/2021/biodiversity-loss-business-implications-responses>. Acesso em: 6 nov. 2023.
31. Boston Consulting Group, "Making ESG Your DNA: How Wealth Managers Can Grow Through Sustainability". BCG, set. 2020. Disponível em: <web-assets.bcg.com/10/57/8e4b93cd4be79cb3f200f53c0344/making-esg-your-dna-september2020.pdf>. Acesso em: 11 out. 2023.
32. Bain & Company, "Sustainability Is the Next Digital". Bain & Company, 8 set. 2020. Disponível em: <bain.com/insights/sustainability-is-the-next-digital/>. Acesso em: 11 out. 2023.
33. Deloitte, "Climate Change & Sustainability Consulting Services". Deloitte United Kingdom, 2021. Disponível em: <deloitte.com/uk/en/pages/risk/solutions/sustainability-services.html>. Acesso em: 11 out. 2023.
34. Bain & Company, op. cit.

35. Consultancy.com.au, "PwC Beefs up Sustainability Services with New ESG Advisory Group". *Consultancy.com.au* (Blog), 1 set. 2021. Disponível em: <consultancy.com.au/news/3884/pwc-beefs-up-sustainability-services-with-new-esg-advisory-group>. Acesso em: 11 out. 2023.
36. Deloitte, "Climate Change & Sustainability Consulting Services".
37. Deloitte, "Climate-Forward Government: Seven Lessons for Effective Climate Action". Deloitte Insights, 2021. Disponível em: <deloitte.com/us/en/insights/industry/public-sector/government-policy-climate-change-innovation.html>. Acesso em: 4 set. 2023.
38. K. Richter, "'Sustainable Development' Has Been Slow to Take Off". *Wall Street Journal*, 14 dez. 1999. Disponível em: <wsj.com/articles/SB945121700533496759>. Acesso em: 11 out. 2023.
39. T. Skodvin e S. Andresen, "An Agenda for Change in U.S. Climate Policies? Presidential Ambitions and Congressional Powers". *International Environmental Agreements*, n. 9, 1 ago. 2009, pp. 263-80. Disponível em: <doi.org/10.1007/s10784-009-9097-7>. Acesso em: 11 out. 2023; J. McGee, "The Influence of US Neoliberalism on International Climate Change Policy". In: N. E. Harrison e J. Mikler (Orgs.), *Climate Innovation: Liberal Capitalism and Climate Change*. Londres: Palgrave Macmillan UK, 2014, pp. 193-214. Disponível em: <doi.org/10.1057/9781137319890_8>. Acesso em: 11 out. 2023.
40. McGee, op. cit.
41. Organização das Nações Unidas, "United Nations Framework Convention on Climate Change". Genebra: United Nations, 1992. Disponível em: <unfccc.int/files/essential_background/background_publications_htmlpdf/application/pdf/conveng.pdf>. Acesso em: 11 out. 2023.
42. D. Bodansky, "The History of the Global Climate Change Regime". International Relations and Global Climate Change, 1 jan. 2001; McGee, op. cit.
43. McGee, op. cit.
44. "Global Carbon Markets Value Surged to Record $277 Billion Last Year-Refinitiv". Reuters, 27 jan. 2021. Disponível em: <reuters.com/article/us-europe-carbon-idUSKBN29W1HR>. Acesso em: 11 out. 2023.
45. G. W. Bush, "Text of a Letter From The President to Senators Hagel, Helms, Craig, and Roberts", 13 mar. 2001. Disponível em: <georgewbush-whitehouse.archives.gov/news/releases/2001/03/20010314.html>. Acesso em: 11 out. 2023; McGee, op. cit.
46. McGee, op. cit.; D. van Vuuren et al., "An Evaluation of the Level of Ambition and Implications of the Bush Climate Change Initiative". *Climate Policy*, v. 2, n. 4, 1 dez. 2002, pp. 293-301. Disponível em: <doi.org/10.1016/S1469-3062(02)00067-0>. Acesso em: 12 out. 2023.
47. McGee, op. cit.
48. M. Mazzucato e C. C. R. Penna, "Beyond Market Failures: The Market Creating and Shaping Roles of State Investment Banks". *Journal of Economic Policy Reform*, v. 19, n. 4, 1 out. 2016, pp. 305-26. Disponível em: <doi.org/10.1080/17487870.2016.1216

416>. Acesso em: 12 out. 2023; A. Voldsgaard e M. Rüdiger, "Innovative Enterprise, Industrial Ecosystems and Sustainable Transition: The Case of Transforming DONG Energy to Ørsted". In: M. Lackner, B. Sajjadi e W.-Y.Chin (Orgs.), *Handbook of Climate Change Mitigation and Adaptation*. Nova York: Springer, 2020, pp. 1-52. Disponível em: <doi.org/10.1007/978-1-4614-6431-0_160-1>. Acesso em: 12 out. 2023; Mazzucato, 2018 [2013], op. cit.

49. Grantham Research Institute on Climate Change and the Environment (Blog), "What Is Climate Change Risk Disclosure?", 26 fev. 2018. Disponível em: <lse.ac.uk/granthaminstitute/explainers/climate-change-risk-disclosure/>. Acesso em: 12 out. 2023.
50. J. Andrew e C. Cortese, "Free Market Environmentalism and the Neoliberal Project: The Case of the Climate Disclosure Standards Board". *Critical Perspectives on Accounting*, Thematic issue: Accounting for the Environment, v. 24, n. 6, 1 set. 2013, pp. 397-409. Disponível em: <doi.org/10.1016/j.cpa.2013.05.010>. Acesso em: 12 out. 2023.
51. "About the Climate Disclosure Standards Board | Climate Disclosure Standards Board", 22 set. 2021. Disponível em: <cdsb.net/our-story>. Acesso em: 12 out. 2023.
52. IETA, "Governance", 2021. Disponível em: <ieta.org/Governance>. Acesso em: 12 out. 2023.
53. Andrew e Cortese, 2013, op. cit.
54. Ibid.
55. Ibid.
56. A. Morton, "Australia Shown to Have Highest Greenhouse Gas Emissions from Coal in World on per Capita Basis". *Guardian*, 11 nov. 2021. Disponível em: <theguardian.com/environment/2021/nov/12/australia-shown-to-have-highest-greenhouse-gas-emissions-from-coal-in-world-on-per-capita-basis>. Acesso em: 12 out. 2023.
57. G. Readfearn, "Australia Ranked Last of 60 Countries for Policy Response to Climate Crisis". *Guardian*, 9 nov. 2021. Disponível em: <theguardian.com/environment/2021/nov/09/australia-ranked-last-of-60-countries-for-policy-response-to-climate-crisis>. Acesso em: 12 out. 2023.
58. G. Readfearn, "'Pure Spin': Experts Pan Coalition Net-Zero Modelling That Allows Gas Sector to Grow". *Guardian*, 12 nov. 2021. Disponível em: <theguardian.com/australia-news/2021/nov/12/pure-spin-experts-pan-coalition-net-zero-modelling-that-allows-gas-sector-to-grow>. Acesso em: 12 out. 2023.
59. Ibid.
60. Australian Government, "Australia's Long-Term Emissions Reduction Plan: Modelling and Analysis". Canberra: Australian Government, jun. 2022. Disponível em: <unfccc.int/sites/default/files/resource/Australias_LTS_WEB.pdf>. Acesso em: 12 out. 2023.
61. Ibid., p. 79.
62. Joshi, 2021, op. cit.
63. McKinsey Sustainability, "The Net-Zero Transition: What It Would Cost, What It Could Bring". McKinsey Sustainability, jan. 2022. Disponível em: <mckinsey.com/

business-functions/sustainability/our-insights/the-net-zero-transition-what-it-would-cost-what-it-could-bring>. Acesso em: 12 out. 2023.
64. K. Burkart, "No McKinsey, It Will Not Cost $9 Trillion per Year to Solve Climate Change". Climate and Capital Media (Blog), 17 fev. 2022. Disponível em: <climate-andcapitalmedia.com/no-mckinsey-it-will-not-cost-9-trillion-per-year-to-solve-climate-change/>. Acesso em: 12 out. 2023.
65. Joshi, op. cit.
66. Readfearn, op. cit.
67. Joshi, op. cit.
68. M. Forsythe e W. Bogdanich, "At McKinsey, Widespread Furor Over Work With Planet's Biggest Polluters". *New York Times*, 27 out. 2021. Disponível em: <nytimes.com/2021/10/27/business/mckinsey-climate-change.html>. Acesso em: 12 out. 2023.
69. UN-REDD Programme Collaborative Workspace, "What Is REDD+? — UN-REDD Programme Collaborative Online Workspace". UN-REDD Programme Collaborative Workspace, 12 abr. 2021. Disponível em: <un-redd.org/sites/default/files/2021-10/Fact%20Sheet%201-%20About%20REDD3.pdf>. Acesso em: 12 out. 2023.
70. F. Kesicki, "Marginal Abatement Cost Curves for Policy Making — Expert-Based vs. Model-Derived Curves". In: *33rd IAEE International Conference, 6-9 June 2010*. Rio de Janeiro: UCL Energy Institute, 2011. Disponível em: <homepages.ucl.ac.uk/~ucft347/Kesicki_MACC.pdf>. Acesso em: 12 out. 2023.
71. Morgan, Sturdy e Frenkel, op. cit.
72. A. Buller, "'Doing Well by Doing Good'? Examining the Rise of ESG Investing". *Common Wealth*, n. 20, dez. 2020. Disponível em: <common-wealth.org/publications/doing-well-by-doing-good>. Acesso em: 12 out. 2023.
73. B. Cornell e A. Damodaran, "Valuing esg: Doing Good or Sounding Good?". NYU Stern School of Business, 20 mar. 2020. Disponível em: <doi.org/10.2139/ssrn.3557432>. Acesso em: 12 out. 2023.
74. M. O'Dwyer e A. Edgecliffe-Johnson, "Big Four Accounting Firms Rush to Join the esg Bandwagon". *Financial Times*, 30 ago. 2021. Disponível em: <ft.com/content/4a47fb4a-4a10-4c05-8c5d-02d83052bee7>. Acesso em: 12 out. 2023.
75. N. Kossovsky, "Fulfilling the Promise of The Business Roundtable's Statement on Corporate Purpose". IR Magazine, 25 ago. 2021. Disponível em: <irmagazine.com/esg/fulfilling-promise-business-roundtables-statement-corporate-purpose>. Acesso em: 12 out. 2023.
76. Updated Statement Moves Away from Shareholder Business Roundtable, "Business Roundtable Redefines the Purpose of a Corporation to Promote 'an Economy That Serves All Americans'", *Business Roundtable* (Blog), 19 ago. 2019. Disponível em: <businessroundtable.org/business-roundtable-redefines-the-purpose-of-a-corporation-to-promote-an-economy-that-serves-all-americans>. Acesso em: 16 nov. 2023.
77. Bloomberg Intelligence, "ESG Assets May Hit $53 Trillion by 2025, a Third of Global AUM". *Bloomberg Professional Services*, 23 fev. 2021. Disponível em: <bloomberg.com/professional/blog/esg-assets-may-hit-53-trillion-by-2025-a-third-of-global-aum/>. Acesso em: 12 out. 2023.

78. Principles for Responsible Investment, "What Are the Principles for Responsible Investment?". PRI, 2021. Disponível em: <unpri.org/pri/what-are-the-principles-for-responsible-investment>. Acesso em: 7 nov. 2023.
79. M. O'Leary e W. Valdmanis, "An ESG Reckoning Is Coming". *Harvard Business Review*, 4 mar. 2021. Disponível em: <hbr.org/2021/03/an-esg-reckoning-is-coming>. Acesso em: 12 out. 2023.
80. O'Dwyer e Edgecliffe-Johnson, op. cit.
81. A. J. M. Fish, D. H. Kim e S. Venkatraman, "The ESG Sacrifice". Working Paper. Ithaca: Cornell University, 17 nov. 2019. Disponível em: <doi.org/10.2139/ssrn.3488475>. Acesso em: 12 out. 2023.
82. Cornell e Damodaran, op. cit.
83. Reuters, "G7 Backs Making Climate Risk Disclosure Mandatory". *Reuters*, 5 jun. 2021. Disponível em: <reuters.com/business/environment/g7-backs-making-climate-risk-disclosure-mandatory-2021-06-05/>. Acesso em: 12 out. 2023.
84. TCFD (Blog), "Members". Task Force on Climate-Related Financial Disclosures, 2021. Disponível em: <fsb-tcfd.org/members/>. Acesso em: 12 out. 2023.
85. World Economic Forum, "Measuring Stakeholder Capitalism: Towards Common Metrics and Consistent Reporting of Sustainable Value Creation", 2020. Disponível em: <weforum.org/reports/measuring-stakeholder-capitalism-towards-common-metrics-and-consistent-reporting-of-sustainable-value-creation/>. Acesso em: 12 out. 2023
86. World Economic Forum, "Over 50 Global Companies Adopt New ESG Reporting Metrics", 2021. Disponível em: <weforum.org/our-impact/stakeholder-capitalism-50-companies-adopt-esg-reporting-metrics/>. Acesso em: 12 out. 2023.
87. World Economic Forum, "Stakeholder Capitalism: Over 70 Companies Implement the ESG Reporting Metrics", maio 2022. Disponível em: <weforum.org/impact/stakeholder-capitalism-esg-reporting-metrics/>. Acesso em: 12 out. 2023.
88. Chenet, Ryan-Collins e van Lerven, op. cit.
89. P. Temple-West e K. Talman, "The Whistleblower Who Calls ESG a Deadly Distraction". *Financial Times*, 13 ago. 2021. Disponível em: <ft.com/content/4fdc6cdf-7bd6-41bc-b376-2137521e3017>. Acesso em: 12 out. 2023.
90. Cornell and Damodaran, op. cit.
91. Forsythe e Bogdanich, op. cit.
92. Ibid.

10. CONCLUSÃO: UM GOVERNO QUE REMA PARA PODER PILOTAR [pp. 243-60]

1. G. Rivett, "1948-1957: Establishing the National Health Service", *The Nuffield Trust*, 13 nov. 2019. Disponível em: <nuffieldtrust.org.uk/chapter/1948-1957-establishing-the-national-health-service>. Acesso em: 12 out. 2023.

2. L. Dunhill e R. Syal, 29 set. 2020, op. cit.
3. Collington, "Disrupting the Welfare State?"
4. Mazzucato, 2018 [2013], op. cit.
5. Mazzucato, 2021, op. cit.
6. Mazzucato et al., abr. 2021, op. cit.
7. Ibid.
8. Mazzucato, 2021, op. cit.
9. Ibid.
10. Takala e Kattel, op. cit.
11. Mazzucato, 2021, op. cit.
12. UCL Institute for Innovation and Public Purpose, "Mission-Oriented Innovation Network (MOIN)". UCL Institute for Innovation and Public Purpose, 31 mai. 2019. Disponível em: <ucl.ac.uk/bartlett/public-purpose/partnerships/mission-oriented-innovation-network-moin>. Acesso em: 12 out. 2023.
13. UCL Institute for Innovation and Public Purpose, "Master of Public Administration (MPA) in Innovation, Public Policy and Public Value". UCL Institute for Innovation and Public Purpose, 10 out. 2018. Disponível em: <ucl.ac.uk/bartlett/public-purpose/study/master-public-administration-mpa-innovation-public-policy-and-public-value>. Acesso em: 12 out. 2023.
14. Preston City Council, "The Definitive Guide to 'the Preston Model'". Preston City Council, 2022. Disponível em: <preston.gov.uk/article/1791/The-definitive-guide-to-the-Preston-model>. Acesso em: 12 out. 2023.
15. "How to Build Community Wealth | CLES", 14 mar. 2022. Disponível em: <cles.org.uk/community-wealth-building/how-to-build-community-wealth/>. Acesso em: 12 out. 2023.
16. M. Mazzucato, R. Conway, E. M. Mazzoli e S. Albala, "Creating and Measuring Dynamic Public Value at the BBC: A Scoping Report". Londres: UCL Institute for Innovation and Public Purpose, 8 dez. 2020. Disponível em: <ucl.ac.uk/bartlett/public-purpose/publications/2020/dec/creating-and-measuring-dynamic-public-value-bbc>. Acesso em: 12 out. 2023.

REFERÊNCIAS

Aqui o leitor encontra uma lista de periódicos acadêmicos, livros, investigações jornalísticas, relatórios governamentais, documentos sobre diretrizes organizacionais, editoriais de periódicos e pronunciamentos mencionados no livro. Para relatórios de consultoria, reportagens e links em geral, consultar a seção de notas.

AGAR, J. *The Government Machine: A Revolutionary History of the Computer*. Cambridge: MIT Press, 2003.

AGENCY FOR DIGITISATION. "A Stronger and More Secure Digital Denmark: Digital Strategy 2016-2020". Copenhague: Agency for Digitisation, mai. 2016.

_____. "The Digital Path to Future Welfare: EGovernment Strategy 2011-2015". Copenhague: Agency for Digitisation, 2011.

ALBERTSON, K.; STEPNEY. "1979 and All That: A 40-Year Reassessment of Margaret Thatcher's Legacy On Her Own Terms". *Cambridge Journal of Economics*, v. 44, n. 2, 19 mar. 2020, pp. 319-42. Disponível em: <doi.org/10.1093/cje/bez037>. Acesso em: 18 out. 2023.

ALDERMAN, L. "France Hired McKinsey to Help in the Pandemic. Then Came the Questions". *New York Times*, 22 fev. 2021. Disponível em: <nytimes.com/2021/02/22/business/france-mckinsey-consultants-covid-vaccine.html>. Acesso em: 18 out. 2023.

ALON-SHENKER, P. "Management Consultants and the Employees of Their Client Organizations: Towards a Model of Employee Protection". *Canadian Labour & Employment Law Journal*, v. 21, n. 1, 4 set. 2018, pp. 117-72.

ALVESSON, M. "Managing Consultants: Control and Identity". In: CLARK, T.; KIPPING, M. (Orgs.), *The Oxford Handbook of Management Consulting*. Oxford: Oxford University Press, 2012.

ALVESSON, M.; SVENINGSSON, S. "Identity Work in Consultancy Projects: Ambiguity and Distribution of Credit and Blame". In: CANDLIN, C. N., CRICHTON, J. (Orgs.), *Discourses of Deficit*. Londres: Palgrave Macmillan UK, 2011, pp. 159-74.

ANDREW, J.; CORTESE, C. "Free Market Environmentalism and the Neoliberal Project: The Case of the Climate Disclosure Standards Board". *Critical Perspectives on Accounting*. Thematic Issue: Accounting for the Environment, v. 24, n. 6, 1 set. 2013, pp. 397-409. Disponível em: <https://doi.org/10.1016/j.cpa.2013.05.010>. Acesso em: 18 out. 2023.

ASSASSI, É. "Un Phénomène tentaculaire: L'influence croissante des cabinets de Conseil Sur Les Politiques Publiques". Paris: Sénat, 16 mar. 2022. Disponível em: <senat.fr/rap/r21-578-1/r21-578-1.html>. Acesso em: 18 out. 2023.

ATUN, R. A.; MCKEE, M. "Is the Private Finance Initiative Dead?". *BMJ*, v. 331, n. 7520, 6 out. 2005, pp. 792-3. Disponível em: <doi.org/10.1136/bmj.331.7520.792>. Acesso em: 18 out. 2023.

AUCOIN, P. "Administrative Reform in Public Management: Paradigms, Principles, Paradoxes and Pendulums". *Governance*, v. 3, n. 2, 1990, pp. 115-37. Disponível em: <doi.org/10.1111/j.1468-0491.1990.tb00111.x>. Acesso em: 18 out. 2023.

AUPPERLE, K. E.; ACAR, W.; BOOTH, D. E. "An Empirical Critique of *In Search of Excellence*: How Excellent Are the Excellent Companies?". *Journal of Management*, v. 12, n. 4, 1 dez. 1986, pp. 499-512. Disponível em: <psycnet.apa.org/record/1987-20512-001>. Acesso em: 18 out. 2023.

AUSTRALIAN GOVERNMENT, "Australia's Long-/Term Emissions Reduction Plan: Modelling and Analysis". Canberra: Australian Government, nov. 2011. Disponível em: <industry.gov.au/sites/default/files/November%202021/document/australias-long-term-emissions-reduction-plan-modelling-pdf>. Acesso em: 18 out. 2023

BAMFORTH, N.; LEYLAND, P. *Accountability in the Contemporary Constitution*. Oxford: Oxford University Press, 2013.

BARAKA, C. "The Failed Promise of Kenya's Smart City". *Rest of the World*, 1 jun. 2021. Disponível em: <restofworld.org/2021/the-failed-promise-of-kenyas-smart-city>. Acesso em: 18 out. 2023.

BECKER, M. C.; ZIRPOLI, F. "Outsourcing and Competence Hollowing-Out: Systems Integrator vs. Knowledge Integrator?". *DRUID Working Papers, Copenhagen Business-School* 03-05, 2003. Disponível em: <ideas.repec.org/p/aal/abbswp/03-05.html>. Acesso em: 19 out. 2023.

BERGMAN, S.; DYFVFERMARK, J. "Controversial Swedish Hospital Partnership Has Luxemburg Links". *International Consortium of Investigative Journalists* (Blog), 30 nov. 2014. Disponível em: <icij.org/investigations/luxembourg-leaks/controversial-swedish-hospital-partnership-has-luxembourg-links/>. Acesso em: 19 out. 2023.

REFERÊNCIAS

BLAKE, A. M.; MOSELEY, J. L. "One Hundred Years After the Principles of Scientific Management: Frederick Taylor's Life and the Impact on the Field of Human Performance Technology". *Performance Improvement*, v. 49, n. 4, 2010. pp. 27-34. Disponível em: <doi.org/10.1002/pfi.20141>. Acesso em: 19 out. 2023.

BLACK, E. *IBM and the Holocaust: The Strategic Alliance Between Nazi Germany and America's Most Powerful Corporation*. Washington, D.C.: Dialog Press, 2012 [2001].

BODANSKY, D. "The History of the Global Climate Change Regime". *International Relations and Global Climate Change*, 1 jan. 2001.

BOUSSEBAA, M.; MORGAN, G.; STURDY, A. "Constructing Global Firms? National, Transnational and Neocolonial Effects in International Management Consultancies". *Organization Studies*, v. 33, n. 4, 1 abr. 1912, pp. 465-86. Disponível em: <doi.org/10.1177/0170840612443454>. Acesso em: 19 out. 2023.

BOVAIRD, T. "The Ins and Outs of Outsourcing and Insourcing: What Have We Learnt from the Past 30 Years?". *Public Money & Management*, v. 36, n. 1, 2 jan. 2016, pp. 67-74. Disponível em: <doi.org/10.1080/09540962.2015.1093298>. Acesso em: 19 out. 2023.

BOWMAN, A.; ETÜRK, I.; FOLKMAN, P.; FROUD, J. HASLAM, C.; JOHAL, S.; LEAVER, A.; MORAN, M.; TSITSIANIS, N.; WILLIAMS, K. *What a Waste: Outsourcing and How It Goes Wrong*. Manchester: Manchester University Press, 2015.

BOWMAN, J. *Booz, Allen & Hamilton: Seventy Years of Client Service, 1914-1984*. Nova York: Booz, Allen & Hamilton, 1984.

BOYD, C. "The Structural Origins of Conflicts of Interest in the Accounting Profession". *Business Ethics Quarterly*, v. 14, n. 3, jul. 2004, pp. 377-98. Disponível em: <doi.org/10.5840/beq200414325>. Acesso em: 19 out. 2023.

BRADLEY, J.; GEBREKIDAN, S.; MCCANN, A. "Inside the U.K.'s Pandemic Spending: Waste, Negligence and Cronyism". *New York Times*, 17 dez. 2020. Disponível em: <nytimes.com/interactive/2020/12/17/world/europe/britain-covid-contracts.html>. Acesso em: 19 out. 2023.

BRAUN, B. "From Performativity to Political Economy: Index Investing, ETFs and Asset Manager Capitalism". *New Political Economy*, v. 3, n. 21, 29 out. 2015, pp. 257-73. Disponível em: <doi.org/10.1080/13563467.2016.1094045>. Acesso em: 19 out. 2023.

BRAUN, E.; DE VILLEPIN, P. "How Consultants like McKinsey Took Over France", *POLITICO*, 8 fev. 2021. Disponível em: <politico.eu/article/how-consultants-like-mckinsey-accenture-deloitte-took-over-france-bureaucracy-emmanuel-macron-coronavirus-vaccines/>. Acesso em: 19 out. 2023.

BRILL, S. "Code Red". *Time*, 10 mar. 2014. Disponível em: <content.time.com/time/subscriber/article/0,33009,2166770,00.html>. Acesso em: 8 nov. 2023.

BRITISH MEDICAL ASSOCIATION, "The Role of Private Outsourcing in the COVID-19 Response". Londres: British Medical Association, jul. 2020. Disponível em: <bma.org.uk/media/2885/the-role-of-private-outsourcing-in-the-covid-19-response.pdf>. Acesso em: 19 out. 2023.

BROOKMAN, J. T.; CHANG, S.; RENNIE, C. G. "CEO Cash and Stock-Based Compensation Changes, Layoff Decisions, and Shareholder Value". *Financial Review*, v. 42, n. 1, 2007, pp. 99-119. Disponível em: <doi.org/10.1111/j.1540-6288.2007.00163.x>. Acesso em: 19 out. 2023.

BRUNSSON, N.; OLSEN, J. *The Reforming Organization*. Bergen: Fagbokforlaget, 1997.

BUISSONNIERE, M. "D3: Management Consulting Firms in Global Health". In: *Global Health Watch: An Alternative World Health Report*, pp. 278-97. Londres: Zed Books, 2019.

BULLER, A. "'Doing Well by Doing Good'? Examining the Rise of ESG Investing". *Common Wealth*, 20 dez. 2020. Disponível em: <common-wealth.org/publications/doing-well-by-doing-good>. Acesso em: 19 out. 2023.

BURKART, R. "No McKinsey, It Will Not Cost $9 Trillion per Year to Solve Climate Change". *Climate and Capital Media* (Blog), 17 fev. 2022. Disponível em: <climateandcapitalmedia.com/no-mckinsey-it-will-not-cost-9-trillion-per-year-to-solve-climate-change/>. Acesso em: 19 out. 2023.

BURKEMAN, O. "IBM 'dealt directly with Holocaust organizers'". *Guardian*, 29 mar. 2002. Disponível em: <theguardian.com/world/2002/mar/29/humanities.highereducation>. Acesso em: 19 out. 2023.

BUSH, G. W. "Text of a Letter From The President to Senators Hagel, Helms, Craig, and Roberts", 13 mar. 2001. Disponível em: <georgewbush-whitehouse.archives.gov/news/releases/2001/03/20010314.html>. Acesso em: 19 out. 2023.

BUTLER, M. J. R.; FERLIE, E. "Developint Absorptive Capacity Theory for Public Service Organizations: Emerging UK Empirical Evidence". *British Journal of Management*, v. 31, n. 2, 2020, pp. 344-64. Disponível em: <doi.org/10.1111/1467-8551.12342>. Acesso em: 19 out. 2023.

CHENET, H.; RYAN-COLLINS, J.; VAN LERVEN, F. "Finance, Climate-Change and Radical Uncertainty: Towards a Precautionary Approach to Financial Policy". *Ecological Economics*, n. 183, 1 mai. 2001. Disponível em: <doi.org/10.1016/j.ecolecon.2021.106957>. Acesso em: 19 out. 2023.

CHENG, V. *Case Interview Secrets: A Former McKinsey Interviewer Reveals How to Get Multiple Job Offers in Consulting*. Seattle: Innovation Press, 2021.

CHEUNG, A. B. L. "Repositioning the State and the Public Sector Reform Agenda: The Case of Hong Kong". In: RAMESH, M.; ARARAL, E.; XUN, W. (Orgs.), *Reasserting the Public in Public Services: New Public Management Reforms*. Nova York: Routledge, 2010.

_____. "The Politics of New Public Management: Some Experience from Reforms in East Asia". In: MCLAUGHLIN, K.; OSBORNE, S. P.; FERLIE, E. *New Public Management: Current Trends and Forecasts*. Londres: Routledge, 2001.

CHONG, K. *Best Practice Management Consulting and the Ethics of Financialization in China*. Durham: Duke University Press, 2018.

CHRISTENSEN, K.; DOBLHAMMER, G.; RAU, R.; VAUPEL, J. W. "Ageing Populations: The Challenges Ahead". *Lancet*, v. 374, n. 9696, 3 out. 2009, pp. 196-208. Disponível em: <doi.org/10.1016/S0140-6736(09)61460-4>. Acesso em: 19 out. 2023.

REFERÊNCIAS

CHRISTOPHERS, B. *Rentier Capitalism: Who Owns the Economy, and Who Pays for It?* Londres: Verso Book, 2020.

CLARK, T. *Critical Consulting: New Perspectives on the Management Advice Industry.* Malden, Massachusetts: John Wiley & Sons, 2001.

CLARK, T.; SALAMAN, G. "Telling Tales: Management Gurus' Narratives and the Construction of Managerial Identity". *Journal of Management Studies*, v. 35, n. 2, 1998, pp. 137-61. Disponível em: <doi.org/10.1111/1467-6486.00088>. Acesso em: 19 out. 2023.

COHEN, W. M.; LEVINTHAL, D. A. "Absorptive Capacity: A New Perspective on Learning and Innovation". *Administrative Science Quarterly*, v. 35, n. 1, 1990, pp. 128-52. Disponível em: <doi.org/10.2307/2393553>. Acesso em: 19 out. 2023.

COLLINGTON, R. "Disrupting the Welfare State? Digitalisation and the Retrenchment of Public Sector Capacity". *New Political Economy*, v. 27, n. 2, 2022, pp. 312-28. Disponível em: <doi.org/10.1080/13563467.2021.1952559>. Acesso em: 19 out. 2023.

_____. "Digital Public Assets: Rethinking Value, Access, Control and Ownership of Public Sector Data". *Common Wealth*, 1 nov. 2019. Disponível em: <common-wealth.co.uk/reports/digital-public-assets-rethinking-value-access-and-control-of-public-sector-data-in-the-platform-age>. Acesso em: 19 out. 2023.

COLLINS, M.; NEEDELL, A., NASM, "Oral History Project: Glennan #5". Gravação em fita, 29 mai. 1987.

CONGRESSIONAL BUDGET OFFICE, "Research and Development in the Pharmaceutical Industry". Washington, D.C.: Congressional Budget Office, abr. 2021. Disponível em: <cbo.gov/publication/57126>. Acesso em: 19 out. 2023.

CONTRACTS FINDER, "Support to Health Research Authority: Research Review Programme — Contracts Finder", Gov.UK, 2021. Disponível em: <gov.uk/contracts-finder>. Acesso em: 9 set. 2023.

CORDELLI, C. *The Privatized State*. Princeton: Princeton University Press, 2020.

CORNELL, B.; DAMODARAN, A. "Valuing ESG: Doing Good or Sounding Good?". Nova York: NYU Stern School of Business, 20 mar. 2020. Disponível em: <doi.org/10.2139/ssrn.3557432>. Acesso em: 19 out. 2023.

COSTAS, J.; FLEMING, P. "Beyond Dis-Identification: Towards a Theory of Self-Alienation in Contemporary Organizations". *Human Relations*, v. 62, n. 3, 2009, pp. 353-78.

CRAIG, D.; BROOKS, R. *Plundering the Public Sector: How New Labour Are Letting Consultants Run off with £70 Billion of Our Money*. Londres: Constable, 2006.

CROUCH, C. "9. The Paradoxes of Privatization and Public Service Outsourcing". *The Political Quarterly*, Rethinking Capitalism, v. 86, n. S1 (2015), pp. 156-71. Disponível em: <doi.org/10.1111/1467-923X.12238>. Acesso em: 19 out. 2023

DANNIN, E.; SINGH, G. "Collective Bargaining: Theory, Data and a Plan for Future Research". SSRN Scholarly Paper. Rochester: Social Science Research Network, 15 set. 2005. Disponível em: <doi.org/10.2139/ssrn.805144>. Acesso em: 19 out. 2023.

DAVID, R. J. "Institutional Change and the Growth of Strategy Consulting in the United States". In: KIPPING, M.; CLARK, T. (Orgs.), *The Oxford Handbook of Management Con-*

sulting. Oxford: Oxford University Press, 2012. Disponível em: <doi.org/10.1093/oxfordhb/9780199235049.013.0004>. Acesso em: 19 out. 2023.

DEN DIGITALE TASKFORCE, "På Vej Mod Digital Forvalting: Vision Og Strategi for Den Offentlige Sektor". Copenhague: Regeringen, jan. 2002.

_____. "Strategi for Digitalisering Af Den Offentlige Sektor 2007-2010". Copenhague: Den Digitale Taskforce, jun. 2007

_____. "Strategi for Digital Forvalting 2004-06". Copenhagen: Den Digitale Taskforce, 2004.

DENTON, H.; KAIL, M. F. "Nigeria and the World Bank: Learning From the Past, Looking to the Future". Washington: Banco Mundial, 1995. Disponível em: <documents1.worldbank.org/curated/en/235001468775775060/pdf/37328.pdf>. Acesso em: 19 out. 2023.

DOSI, G.; NELSON, R. R.; WINTER, S. G. "Introduction". In: *The Nature and Dynamics of Organizational Capabilities*. Oxford: Oxford University Press, 2001. Disponível em: <academic.oup.com/book/25643>. Acesso em: 19 out. 2023.

DRUCKER, P. F. "Why Management Consultants". In: ZIMET, M.; GREENWOOD, R. G. (Orgs.). *The Evolving Science of Management*. Nova York: American Management Associations, 1979, pp. 475-8.

DRUM, B. "Privatization in Africa". *The Columbia Journal of World Business*, v. 28, n. 1, 1 mar. 1993, pp. 144-9. Disponível em: <doi.org/10.1016/0022-5428(93)90060-3>. Acesso em: 19 out. 2023.

DUFOUR, M.; ORHANGAZI, Ö. "Growth and Distribution after the 2007-2008 US financial Crisis: Who Shouldered the Burden of the Crisis?". *Review of Keynesian Economics*, v. 4, n. 2, abr. 2016, pp. 151-74. Disponível em: <doi.org/10.4337/roke.2016.02.02>. Acesso em: 19 out. 2023.

DUNLEAVY, P.; HOOD, C. "From Old Public Administration to New Public Management". *Public Money & Management*, v. 14, n. 3, 1 jul. 1994, pp. 9-16. Disponível em: <doi.org/10.1080/09540969409387823>. Acesso em: 19 out. 2023.

DUNLEAVY, P.; MARGETTS, H.; BASTOW, S.; TINKLER, J. *Digital Era Governance: IT Corporations, the State, and E-Government*. Oxford: Oxford University Press, 2006. Disponível em: <https://doi.org/10.1093/acprof:oso/9780199296194.001.0001>. Acesso em: 19 out. 2023

DUNLEAVY, P.; MARGETTS, H. Z. "The Second Wave of Digital Era Governance". SSRN Scholarly Paper. Rochester: Social Science Research Network, 2010. Disponível em: <papers.ssrn.com/abstract=1643850>. Acesso em: 19 out. 2023.

EJERSBO, N.; GREEVE, C. "Digital Era Governance Reform and Accountability: The Case of Denmark". In: CHRISTENSEN, T.; LAEGREID, P. (Orgs.). *The Routledge Handbook to Accountability and Welfare State Reforms*. Londres: Routledge, 2016.

EURODAD. "History RePPPeated: How Public Private Partnerships Are Failing". Bruxelas: Eurodad, set. 2018. Disponível em: <eurodad.org/historyrepppeated>. Acesso em: 19 out. 2023.

FINANSMINISTERIET. "Et Solidit It-Fundament: Strategi for IT-Styring i Staten". Copenhague: Finansministeriet, 2017. Disponível em: <digst.dk/media/21080/et-solidt-it-fundament-strategi-for-itstyring-i-staten-9-12-19.pdf>. Acesso em: 19 out. 2023.

FINCHAM, R. "The Client in the Client-Consultant Relation". In: KIPPING, M.; CLARK, T. (Orgs.). *The Oxford Handbook of Management Consulting*. Oxford: Oxford University Press, 2012. Disponível em: <doi.org/10.1093/oxfordhb/9780199235049.013.0004>. Acesso em: 19 out. 2023.

FINN, D. "Contracting out Welfare to Work in the USA: Delivery Lessons". Portsmouth: Department for Work and Pensions, 2007. Disponível em: <pure.port.ac.uk/ws/portalfiles/portal/121182/10.pdf>. Acesso em: 19 out. 2023.

FISH, A. J. M.; KIM, D. H.; VENKATRAMAN, S. "The ESG Sacrifice". *Cornell University, Working Paper*, 17 nov. 2019. Disponível em: <doi.org/10.2139/ssrn.3488475>. Acesso em: 19 out. 2023.

FISHER, S. Reynolds; WHITE, M. A. "Downsizing in a Learning Organization: Are There Hidden Costs?". *The Academy of Management Review*, v. 25, n. 1, 2000, pp. 244-51. Disponível em: <doi.org/10.2307/259273>. Acesso em: 19 out. 2023.

FORAY, D., MOWERY, D. C.; NELSON, R. R., "Public R&D and Social Challenges: What Lessons from Mission R&D Programs?". *Research Policy, The need for a new generation of policy instruments to respond to the Grand Challenges*, v. 41, n. 10, 1 dez. 2012, pp. 697-702. Disponível em: <doi.org/10.1016/j.respol.2012.07.011>. Acesso em: 19 out. 2023.

FORSYTHE, M.; BOGDANICH, W. "At McKinsey, Widespread Furor Over work With Planet's Big Polluters". *New York Times*, 27 out. 2021.

FORSYTHE, M.; BOGDANICH, W.; HICKEY, B. "As McKinsey Sells Advice, Its Hedge Fund May Have a Stake in the Outcome". *New York Times*, 19 fev. 2019. Disponível em: <nytimes.com/2019/02/19/business/mckinsey-hedge-fund.html>. Acesso em: 20 out. 2023.

FORSYTHE, M.; GURNEY, K.; ALECCI, S.; HALLMAN, B. "How US Firms Helped Africa's Richest Woman Exploit Her Country's Wealth". *New York Times*, 19 jan. 2020. Disponível em: <nytimes.com/2020/01/19/world/africa/isabel-dos-santos-angola.html>. Acesso em: 20 out. 2023.

FRIEDMAN, M. "The Social Responsibility of Business is to Increase Its Profits". In: ZIMMERLI, W. Ch; HOLZINGER, M; RICHTER, K. (Orgs.). *Corporate Ethics and Corporate Governance*. Berlim, Heildelberg: Springer Berlin Heildelberg, 2007, pp. 173-8. Disponível em: <doi.org/10.1007/978-3-540-70818-6_14>. Acesso em: 20 out. 2023.

FRONE, M. R.; BLAIS, A.-R. "Organizational Downsizing, Work Conditions, and Employee Outcomes: Identifying Targets for Workplace Inventions among Survivors". *International Journal of Environmental Research and Public Health*, v. 17, n. 3, 22 jan. 2020. Disponível em: <doi.org/10.3390/ijerph17030719>. Acesso em: 20 out. 2023.

FROUD, J. "The Private Finance Initiative: Risk, Uncertainty and the State". *Accounting, Organizations and Society*, v. 28, n. 6, 1 ago. 2003, pp. 567-89. Disponível em: <doi.org/10.1016/S0361-3682(02)00011-9>. Acesso em: 20 out. 2023.

FUKUYAMA, F. *The End of History and the Last Man*. Londres: Penguin, 2020 [1992].

GAPPER, J. "McKinsey's Fingerprints Are All Over Valeant". *Financial Times*, 23 mar. 2016. Disponível em: <ft.com/content/0bb37fd2-ef63-11e5-aff5-19b4e253664a>. Acesso em: 20 out. 2023.

GELLMAN, B.; POITRAS, L. "US, British Intelligence Mining Data from Nine U.S. Internet Companies in Broad Secret Program". *Washington Post*, 7 jun. 2013. Disponível em: <washingtonpost.com/investigations/us-intelligence-mining-data-from-nine-us-internet-companies-in-broad-secret-program/2013/06/06/3a0c0da8-cebf-11e2-8845-d970ccb04497_story.html>. Acesso em: 20 out. 2023.

GEYS, B.; MAUSE, K. "Moonlighting Politicians: A Survey and Research Agenda". *The Journal of Legislative Studies*, v. 19, n. 1, 1 mar. 2013, pp. 76-97. Disponível em: <doi.org/10.1080/13572334.2013.737158>. Acesso em: 20 out. 2023.

GIDDENS, A. *Beyond Left and Right: The Future of Radical Politics*. Stanford: Stanford University Press, 1994.

GLASSMAN, C. A. "SEC Speech: SEC Initiatives Under the Sarbanes-Oxley Act of 2002 (C. Glassman)". Apresentado no College of Business and Economics, California, em 28 jan. 2003. Disponível em: <sec.gov/news/speech/spch012803cag.htm>. Acesso em: 20 out. 2023.

GOLSHAN, T. "Pete Buttigieg Was Part of McKinsey Team That Pushed Postal Service Privatization". *HuffPost*, 13 dez. 2019. Disponível em: <huffpost.com/entry/pete-buttigieg-postal-service_n_5df3dca0e4b0ae01a1e00863>. Acesso em: 20 out. 2023.

GORE, A. "From Red Tape to Results: Creating a Government That Works Better and Costs Less — Report on the National Performance Review", 7 set. 1993. Disponível em: <files.eric.ed.gov/fulltext/ED384294.pdf>. Acesso em: 20 out. 2023.

GOVERNMENT OFFICES OF SWEDEN, "Future Challenges for Sweden: Final Report of the Commission on the Future of Sweden". Estocolmo, 2013. Disponível em: <regeringen.se/contentassets/389793d478de411fbc83d8f512cb5013/future-challenges-for-sweden-final-report-of-the-commission-on-the-future-of-sweden>. Acesso em: 20 out. 2023.

GRANTHAM RESEARCH INSTITUTE ON CLIMATE CHANGE AND ENVIRONMENT. "What Is Climate Change Risk Disclosure?". *Grantham Research Institute on Climate Change and the Environment* (Blog), 26 fev. 2018. Disponível em: <lse.ac.uk/granthaminstitute/explainers/climate-change-risk-disclosure/>. Acesso em: 20 out. 2023.

GREENWALD, G. "NSA Collecting Phone Records of Millions of Verizon Customers Daily". *Guardian*, 6 jun. 2013. Disponível em: <theguardian.com/world/2013/jun/06/nsa-phone-records-verizon-court-order>. Acesso em: 20 out. 2023.

GREENWOOD, R.; EMPSON, L. "The Professional Partnership: Relic or Exemplary Form of Governance?". *Organization Studies*, v. 24, n. 6, 1 jul. 2003, pp. 909-33. Disponível em: <doi.org/10.1177/017084060302400600>. Acesso em: 20 out. 2023.

GROSS, A.; POOR, J.; ROBERSON, M. T. "Management Consulting in Central Europe". *Consulting on Management*, v. 15, n. 1, mar. 2004, pp. 33-8.

HARGADON, A. B. "Firms as Knowledge Brokers: Lessons in Pursuing Continuous Innovation", *California Management Review*, v. 40, n. 3, 1 abr. 1998, pp. 209-27. Disponível em: <doi.org/10.2307/41165951>. Acesso em: 20 out. 2023.

REFERÊNCIAS

HARVEY, D. *A Brief History of Neoliberalism*. Oxford: Oxford University Press, 2007.

HARVEY, G.; WALSHE, K.; JAS, P. "Absorptive Capacity: How Organisations Assimilate and Apply Knowledge to Improve Performance". In: HARVEY, G.; WALSHE, K.; JAS, P. (Orgs.). *Connecting Knowledge and Performance in Public Services: From Knowing to Doing*, Cambridge: Cambridge University Press, 2010, pp. 226-50. Disponível em: <doi.org/10.1017/CBO9780511762000.012>. Acesso em: 20 out. 2023.

HEUSINKVELD, S. *The Management Idea Factory: Innovation and Commodification in Management Consulting*. Nova York: Routledge, 2013.

HEUSINKVELD, S.; BENDERS, J. "Consultants and Organization Concepts". In: KIPPING, M.; CLARK, T. (Orgs.). *The Oxford Handbook of Management Consulting*. Oxford: Oxford University Press, 2012. Disponível em: <research.rug.nl/en/publications/consultants-and-organization-concepts-tracing-routes-of-reception>. Acesso em: 20 out. 2023.

HICKEL, J. "Quantifying National Responsibility for Climate Breakdown: An Equality-Based Attribution Approach for Carbon Dioxide Emissions in Excess of the Planetary Boundary". *The Lancet Planetary Health*, v. 4, n. 9, 1 set. 2020, e399-404. Disponível em: <doi.org/10.1016/S2542-5196(20)30196-0>. Acesso em: 20 out. 2023.

HICKS, M., *Programmed Inequality: How Britain Discarded Women Technologists and Lost Its Edge in Computing*. Cambridge: MIT Press, 2017.

HIGDON, H. *The Business Healers*. Nova York: Random House, 1970.

HODGE, G.; BOWMAN, D. "6. The 'Consultancy': The Business of Reforming Government". In: HODGE, G. (Org.). *Privatization and Market Development*. Cheltenham: Edward Elgar Publishing, 2006.

HOLMSTROM, B.; KAPLAN, S. N. "Corporate Governance and Merger Activity in the United States: Making Sense of the 1980s and 1990s". *The Journal of Economic Perspectives*, v. 15, n. 2, 2001, pp. 121-44.

HOMBURG, C.; STEBEL, P. "Determinants of Contract Terms for Professional Services". *Management Accounting Research*, v. 20, n. 2, 1 jun. 2009, pp. 129-45. Disponível em: <doi.org/10.1016/j.mar.2008.10.001>. Acesso em: 20 out. 2023.

HOMBURG, V.; POLLITT, C.; VAN THIEL, S. "Introduction". In: POLLITT, C.; VAN THIEL, S.; HOMBURG, V. *New Public Management in Europe: Adaptation and Alternatives*. Londres: Palgrave Macmillan UK, 2007, pp. 1-9. Disponível em: <doi.org/10.1057/9780230625365_1>. Acesso em: 20 out. 2023.

HOOD, C.; JACKSON, M. *Administrative Argument*. Dartmouth: Dartmouth Publishing Company, 1991.

HORROCKS, I. "'Experts' and E-Government". *Information, Communication & Society*, v. 12, n. 1, 1 fev. 2009, pp. 110-27. Disponível em: <doi.org/10.1080/13691180802109030>. Acesso em: 20 out. 2023.

HOUGHTON, J. T.; JENKINS, G. J.; EPHRAUMS, J. J. (Orgs.). *Climate Change: The IPCC Scientific Assessments*. Cambridge: Cambridge University Press, 1990.

HOUSE OF COMMONS COMMITTEE OF PUBLIC ACCOUNTS, "Test and Trace Update: Twenty-Third Report of Session 2021-22". Londres: House of Commons, 21 out. 2021, 12 jun. 2022.

Disponível em: <publications.parliament.uk/pa/cm5802/cmselect/cmpubacc/182/report.html>. Acesso em: 20 out. 2023.

HOXIE, R. F. *Scientific Management and Labor*. Nova York, Londres: D. Appleton and Company, 1915. Disponível em: <archive.org/details/scientificmanage00hoxi>. Acesso em: 20 out. 2023.

HUGH-JONES, D. "Why Do Crises Go to Waste? Fiscal Austerity and Public Service Reform". *Public Choice*, n. 158, 2014, pp. 209-20. Disponível em: <doi.org/10.1007/s11127-012-0002-5>. Acesso em: 20 out. 2023.

IACOBUCCI, G. "Covid-19: One in Five Government Contracts Had Signs of Possible Corruption, Report Finds". *BMJ*, 373, 23 abr. 2021, n. 1072. Disponível em: <doi.org/10.1136/bmj.n1072>. Acesso em: 20 out. 2023.

INNES, A. "The Limits of Institutional Convergence: Why Public Sector Outsourcing Is Less Efficient than Soviet Enterprise Planning". *Review of International Political Economy*, v. 28, n. 6, 2021. pp. 1705-28. Disponível em: <doi.org/10.1080/09692290.2020.1786434>. Acesso em: 20 out. 2023.

INSTITUTE FOR GOVERNMENT. "Government Procurement: The Scale and Nature of Contracting in the UK". Londres: Institute for Government, 2018.

INTERNATIONAL LABOUR OFFICE. "The Effective Abolition of Child Labour". Genebra: ILO 2022. Disponível em: <ilo.org/declaration/principles/abolitionofchildlabour/>. Acesso em: 20 out. 2023.

IPCC. "AR6 Climate Change 2022: Impacts, Adaptation and Vulnerability". Genebra: IPCC, 4 abr. 2022. Disponível em: <ipcc.ch/report/sixth-assessment-report-working-group-ii/>. Acesso em: 20 out. 2023.

_____. "Climate Change Widespread, Rapid, and Intensifying". The Intergovernmental Panel on Climate Change, 9 ago. 2021. Disponível em: <ipcc.ch/2021/08/09/ar6-wg1-20210809-pr/>. Acesso em: 20 out. 2023.

_____. "Global Warming of 1.5°C. An IPCC Special Report on the Impacts of Global Warming of 1.5°C above Pre-Industrial Levels and Related Global Greenhouse Gas Emission Pathways, in the Context of Strengthening the Global Response to the Threat of Climate Change, Sustainable Development, and Efforts to Eradicate Poverty". Intergovernmental Panel on Climate Change, 2018: Disponível em: <ipcc.ch/site/assets/uploads/sites/2/2019/06/SR15_Full_Report_High_Res.pdf>. Acesso em: 20 out. 2023.

JÆGER, B.; LÖFGREN, K. "The History of the Future: Changes in Danish e-Government Strategies 1994-2010". *Information Polity*, v. 15, n. 4, 1 jan. 2010, pp. 253-69. Disponível em: <doi.org/10.3233/IP-2010-0217>. Acesso em: 20 out. 2023.

JAIN, S. H.; POWERS, B.; SANGHAVI, D. "Big Plans, Poor Execution: The Importance of Governmental Managerial Innovation to Health Care Reform". *Journal of General Internal Medicine*, v. 30, n. 4, abr. 2015, pp. 395-7. Disponível em: <doi.org/10.1007/s11606-014-3083-7. Acesso em: 20 out. 2023.

JENSEN, M. C. "Agency Costs of Free Cash Flow, Corporate Finance, and Takeovers". *The American Economic Review*, v. 76, n. 2, 1986, pp. 323-9.

REFERÊNCIAS

JOHNSTON, D. Cay. "Enron Avoided Income Taxes in 4 of 5 Years". *New York Times, Late Edition (East Coast)*, 17 jan. 2002.

JOSHI, K. "Scott Morrison's Net Zero Modelling Reveals a Slow, Lazy and Shockingly Irresponsible Approach to 'Climate Action'". *Guardian*, 12 nov. 2021. Disponível em: <theguardian.com/environment/2021/nov/13/scott-morrisons-net-zero-modelling-reveals-a-slow-lazy-and-shockingly-irresponsible-approach-to-climate-action>. Acesso em: 20 out. 2023.

JUPE, R.; FUNNELL, W. "Neoliberalism, Consultants and the Privatisation of Public Policy Formulation: The Case of Britain's Rail Industry", *Critical Perspectives on Accounting*, n. 29, 1 jun. 2015, pp. 65-85. Disponível em: <doi.org/10.1016/j.cpa.2015.02.001>. Acesso em: 20 out. 2023.

KATTEL, R.; CEPILOVS, A.; KALVET, T.; LEMBER, V. *Public Sector Innovation Indicators: Towards a New Evaluative Framework*, 2015. Disponível em: <doi.org/10.13140/RG.2.1.5150.3120 >. Acesso em: 20 out. 2023.

KATTEL, R.; MAZZUCATO, M. "Mission-Oriented Innovation Policy and Dynamic Capabilities in the Public Sector". *Industrial and Corporate Change*, v. 27, n. 5, 1 out. 2018, pp. 787-801. Disponível em: <doi.org/10.1093/icc/dty032>. Acesso em: 20 out. 2023.

KEELE, S. "Outsourcing Adaptation: Examining the Role and Influence of Consultants in Governing Climate Change Adaptation". University of Melbourne, 2017. Disponível em: <minerva-access.unimelb.edu.au/handle/11343/194276>. Acesso em: 20 out. 2023.

_____. "Taming Uncertainty: Climate Policymaking and the Spatial Politics of Privatized Advice". In: HURL, C.; VOGELPOHL, A. (Orgs.). *Professional Service Firms and Politics in a Global Era: Public Policy, Private Expertise*. Cham: Springer International Publishing, 2021, pp. 53-75.

KELLY, D. *The Red Taylorist: The Life and Times of Walter Nicholas Polakov*. Bingley: Emerald Group Publishing, 2020.

KERSBERGEN, K van; VIS, B. *Comparative Welfare State Politics*. Cambridge: Cambridge University Press, 2014.

KESICKI, F. "Marginal Abatement Cost Curves for Policy Making — Expert-Based vs. Model-Derived Curves". In: *33rd IAEE International Conference, 6-9 June 2010*. Rio de Janeiro: UCL Energy Institute, 2011. Disponível em: <homepages.ucl.ac.uk/~ucft347/Kesicki_MACC.pdf>. Acesso em: 20 out. 2023.

KIPPING, M. "Consultancies, Institutions and the Diffusion of Taylorism in Britain, Germany and France, 1920s to 1950s". *Business History*, v. 39, n. 4, 1 out. 1997, pp. 67-83. Disponível em: <doi.org/10.1080/00076799700000146>. Acesso em: 20 out. 2023.

_____. "Consultants and Internationalization". In: LOPES, T. da Silva; LUBINSKI, C.; TWOREK, H. J. S. (Orgs.). *The Routledge Companion to the Makers of Global Business*. Abingdon: Routledge, 2019, pp. 138-55.

KIPPING, M.; CLARK, T. "Research Management Consulting: An Introduction to the Handbook". In: _____. *The Oxford Handbook of Management Consulting*. Oxford: Oxford University Press, 2021.

KIPPING, M.; ENGWALL, L. (Orgs.) *Management Consulting: Emergence and Dynamics of a Knowledge Industry*. Oxford: Oxford University Press, 2002.

LAMMERS, C. J. "Transience and Persistence of Ideal Types in Organizational Theory". In: LOUSBURY, M.; BACHARACH, S. B.; DITOMASO, N. (Orgs.). *Research in the Sociology of Organizations*. Greenwich: JAI Press, 1988, pp. 203-24.

LAPSLEY, I.; OLDFIELD, R. "Transforming the Public Sector: Management Consultants as Agents of Change". *European Accounting Review*, v. 10, n. 3, 1 set. 2001, pp. 523-43. Disponível em: <doi.org/10.1080/713764628>. Acesso em: 20 out. 2023.

LAZONICK, W. "Innovative Enterprise or Sweatshop Economics?: In Search of Foundations of Economic Analysis". *Challenge*, v. 59, n. 2, 3 mar. 2016, pp. 65-114. Disponível em: <doi.org/10.1080/05775132.2016.1147297>. Acesso em: 20 out. 2023.

_____. "Is the Most Unproductive Firm the Foundation of the Most Efficient Economy? How Penrosian Learning Confronts the Neoclassical Absurdity". *Institute for New Economic Thinking Working Paper Series n. 111*, 2020. Disponível em: <ineteconomics.org/research/research-papers/is-the-most-unproductive-firm-the-foundation-of-the-most-efficient-economy-penrosian-learning-confronts-the-neoclassical-fallacy>. Acesso em: 20 out. 2023.

LAZONICK, W.; MAZZUCATO, M. "The Risk-Reward Nexus in the Innovation-Inequality Relationship: Who Takes the Risks? Who Gets the Rewards?". *Industrial and Corporate Change*, v. 22, n. 4, 1 ago. 2013, pp. 103-128. Disponível em: <doi.org/10.1093/icc/dtt019>. Acesso em: 20 out. 2023.

LAZONICK, W.; O'SULLIVAN, M. "Maximizing Shareholder Value: A New Ideology for Corporate Governance". *Economy and Society*, v. 29, n. 1, 1 jan. 2000, pp. 13-35. Disponível em: <doi.org/10.1080/030851400360541>. Acesso em: 20 out. 2023.

LAZONICK, W.; SAKINÇ, E. "Do Financial Markets Support Innovation or Inequity in the Biotech Drug Development Process?". Workshop on Innovation and Inequality: Pharma and Beyond. Pisa: Scuola Superiore Sant'Anna, 2010.

LAZONICK, W.; SHIN, J-S. *Predatory Value Extraction: How the Looting of the Business Enterprise Became the US Norm and How Sustainable Prosperity Can Be Restored*. Oxford: Oxford University Press, 2020.

LAZONICK, W.; TULUM, Ö; HOPKINS, M.; SAKINÇ, M.E.; JACOBSEN, K. "Financialization of the U.S. Pharmaceutical Industry". Institute for New Economic Thinjing, 2019. Disponível em: <ineteconomics.org/perspectives/blog/financialization-us-pharma-industry>. Acesso em: 19 set. 2023.

LEAVER, A. "Outsourcing Firms and the Paradox of Time Travel". *SPERI* (Blog), 12 fev. 2018. Disponível em: <speri.dept.shef.ac.uk/2018/02/12/outsourcing-firms-and-the-paradox-of-time-travel/>. Acesso em: 20 out. 2023.

LEE, G.; BRUMER, J. "Managing Mission-Critical Government Software Projects: Lessons Learned from the HealthCare.Gov Project". *IBM Center for The Business of Government*, 2017. Disponível em: <businessofgovernment.org/sites/default/files/Viewpoints%20Dr%20Gwanhoo%20Lee.pdf>. Acesso em: 20 out. 2023.

LEI, D.; HITT, M. A. "Strategic Restructuring and Outsourcing: The Effect of Mergers and Acquisitions and LBOs on Building Firm Skills and Capabilities". *Journal of Management*, v. 21, n. 5, 1 out. 1995, pp. 835-59. Disponível em: <doi.org/10.1177/014920639502100502>. Acesso em: 20 out. 2023.

LENIN, V. I. "A 'Scientific' System of Sweating". In: *Lenin Collected Works*, v. 18, pp. 594-5. Moscou: Progress Publishers, 1913. Disponível em: <marxists.org/archive/lenin/works/1913/mar/13.htm>. Acesso em: 20 out. 2023.

LEVINE, A. S. *Managing NASA in the Apollo Era*. Washington, D.C.: National Aeronautics and Space Administration, 1982.

LEVINSON, D. R. "An Overview of 60 Contracts That Contributed to the Development and Operation of the Federal Marketplace". Washington, D.C.: Department of Health and Human Services — Office of Inspector General, ago. 2014.

_____. "CMS Did Not Always Manage and Oversee Contractor Performance for the Federal Marketplace as Required by Federal Requirements and Contract Terms". Washington, D.C.: Department of Health and Human Services — Office of Inspector General, set. 2015.

_____. "HealthCare.Gov: CMS Management of the Federal Marketplace — A Case Study". Washington, D.C.: Department of Health and Human Services — Office of the Inspector General, fev. 2016.

LEVITT, A. *Take on the Street: How to Fight for Your Financial Future*. Nova York: Vintage, 2003.

LEYS, C. "Intellectual Mercenaries and the Public Interest: Management Consultancies and the NHS". *Policy & Politics*, v. 27, n. 4, 1 set. 1999, pp. 447-65. Disponível em: <doi.org/10.1332/030557399782218353>. Acesso em: 20 out. 2023.

LITTLER, C. R.; INNES, P. "Downsizing and Deknowledging the Firm". *Work, Employment and Society*, v. 17, n. 1, 1 mar. 2003, pp. 73-100. Disponível em: <doi.org/10.1177/0950017003017001263>. Acesso em: 20 out. 2023.

LUNDVALL, B-Å.; JOHNSON, B. "The Learning Economy". *Journal of Industry Studies*, v. 1, n. 2, 1 nov. 1994, pp. 23-42. Disponível em: <doi.org/10.1080/13662719400000002>. Acesso em: 20 out. 2023.

MACDOUGALL, I., "How McKinsey Is Making $100 Million (and Counting) Advising on the Government's Bumbling Coronavirus Response". *ProPublica*, 15 jul. 2020. Disponível em: <propublica.org/article/how-mckinsey-is-making-100-million-and-counting-advising-on-the-governments-bumbling-coronavirus-response?token=SstV5uby4K1aF_9o7uU0NxUx4Lmau-1g>. Acesso em: 20 out. 2023.

MACLEOD, D. "Privatization and the Limits of State Autonomy in Mexico: Rethinking the Orthodox Paradox". *Latin American Perspectives*, v. 32, n. 4, 2005, pp. 36-64.

MADELL, T. "The First Public Private Partnership in Health and Medical Care in Sweden". *European Public Private Partnership Law Review*, v. 5, n. 4, 2010, pp. 235-6.

MARGETTS, H. *Information Technology in Government: Britain and America*. Londres, Nova York: Routledge, 1998.

MAZZUCATO, M. *Mission Economy: A Moonshot Guide to Changing Capitalism*. Londres: Penguin, 2021.

MAZZUCATO, M. *The Entrepreneurial State: Debunking Public vs. Private Sector Myths*. Londres: Penguin, 2018 [2013].

_____. *The Value of Everything: Making and Taking in the Global Economy*. Londres: Penguin, 2019 [2017].

MAZZUCATO, M.; KATTEL, K. QUAGGIOTTO, G.; BEGOVIC, M. "Covid-10 and the Need for Dynamic State Capabilities: An International Comparison". Development Future Series Working Papers, UNDP Global Policy Network, abr. 2021.

MAZZUCATO, M.; PENNA, C. C. R. "Beyond Market Failures: The Market Creating and Shaping Roles of State Investment Banks". *Journal of Economic Policy Reform*, v. 19, n. 4, 1 out. 2016, pp. 305-26. Disponível em: <doi.org/10.1080/17487870.2016.1216416>. Acesso em: 20 out. 2023.

MAZZUCATO, M.; ROY, V. "Rethinking Value in Health Innovation: From Mystifications towards Prescriptions". *Journal of Economic Policy Reform*, v. 22, n. 2, 3 abr. 2019, pp. 101-19. Disponível em: <doi.org/10.1080/17487870.2018.1509712>. Acesso em: 20 out. 2023.

MAZZUCATO, M.; RYAN-COLLINS, J.; GOUZOULIS, G. "Theorizing and Mapping Modern Economic Rents". *UCL IIPP Working Paper Series* WP 2020-13, jun. 2020. Disponível em: <ucl.ac.uk/bartlett/public-purpose/sites/public-purpose/files/final_iipp-wp2020-13-theorising-and-mapping-modern-economic-rents_8_oct.pdf>. Acesso em: 20 out. 2023.

MAZZUCATO, M.; CONWAY, R.; MAZZOLI, E. M.; ALBALA, S. "Creating and Measuring Dynamic Public Value at the BBC: A Scoping Report". Londres: UCL Institute for Innovation and Public Purpose, 8 dez. 2020. Disponível em: <ucl.ac.uk/bartlett/public-purpose/publications/2020/dec/creating-and-measuring-dynamic-public-value-bb>. Acesso em: 20 out. 2023.

MCDONALD, D. *The Firm: The Story of McKinsey and Its Secret Influence on American Business*. Nova York: Simon & Schuster, 2014.

MCDOUGALD, M. S.; GREENWOOD, R. "Cuckoo in the Nest? The Rise of Management Consulting in Large Accounting Firms". In: KIPPING, M.; CLARK, T. (Orgs.). *The Oxford Handbook of Management Consulting*. Oxford: Oxford University Press, 2012. Disponível em: <doi.org/10.1093/oxfordhb/9780199235049.013.0005>. Acesso em: 20 out. 2023.

MCGEE, J. "The Influence of US Neoliberalism on International Climate Change Policy". In: HARRISON, N. E.; MIKLER, J. (Orgs.). *Climate Innovation: Liberal Capitalism and Climate Change*, pp. 193-214. Londres: Palgrave MacMillan UK, 2014. Disponível em: <https://doi.org/10.1057/9781137319890_8>. Acesso em: 20 out. 2023.

MCGREAL, C. "Revealed: 60% of Americans Say Oil Firms Are to Blame for the Climate Crisis". *Guardian*, 26 out. 2021. Disponível em: <theguardian.com/environment/2021/oct/26/climate-change-poll-oil-gas-companies-environment>. Acesso em: 20 out. 2023.

MCKENNA, C. D. "Agents of Adhocracy: Management Consultants and the Reorganization of the Executive Branch, 1947-1949". *Business and Economic History*, v. 25, n. 1, 1996, pp. 101-11.

REFERÊNCIAS

MCKENNA, C. D. "The Origins of Modern Management Consulting", *Business and Economic History*, v. 24, n. 1, 1995, pp. 51-8.

_____. *The World's Newest Profession: Management Consulting in the Twentieth Century*. Cambridge: Cambridge University Press, 2010 [2006].

MCLAUGHLIN K.; OSBORNE, S. P.; FERLIE, E. *New Public Management: Current Trends and Future Prospects*. Londres: Routledge, 2005.

MCLEAN, B. "The Valeant Meltdown and Wall Street's Major Drug Problem". *Vanity Fair*, 5 jun. 2016. Disponível em: <vanityfair.com/news/2016/06/the-valeant-meltdown-and-wall-streets-major-drug-problem>. Acesso em: 20 out. 2023.

MEDINA, E. *Cybernetic Revolutionaries: Technology and Politics in Allende's Chile*. Londres: MIT Press, 2014 [2011].

MEIJLING, J. *Nya Karolinska — Ett Pilotprojekt För Marknadsstyrd Vård?*. Estocolomo: Arena Idé, 2018. Disponível em: <arenaide.se/wp-content/uploads/sites/2/2018/03/rapport-nks-meijling-1.pdf>. Acesso em: 20 out. 2023.

MERILÄINEN, S.; TIENARI, J.; THOMAS, R.; DAVIES, R. "Management Consultant Talk: A Cross-Cultural Comparison of Normalizing Discourse and Resistance". *Organization*, v. 11, n. 4, 2004, pp. 539-64.

MERVYN, L. K. *Rethinking Public Private Partnerships*. Cheltenham: Edward Elgar Publishing, 2021.

MIKLETHWAIT, J.; WOOLDRIDGE. A. *The Witch Doctors: Making Sense of the Management Gurus*. Nova York: Three Rivers Press, 1998.

MOMANI, B. "Management Consultants and the United States' Public Sector". *Business and Politics*, v. 15, n. 3, out. 2013, pp. 381-99. Disponível em: <doi.org/10.1515/bap-2013-0001>. Acesso em: 20 out. 2023.

_____. "Professional Management Consultants in Transnational Governance". In: SEABROOKE, L.; HENRIKSEN, L. Folke (Orgs.). *Professional Networks in Transnational Governance*. Cambridge: Cambridge University Press, 2017, pp. 245-65. Disponível em: <doi.org/10.1017/9781316855508.016>. Acesso em: 20 out. 2023.

MORGAN, G.; STURDY, A.; FRENKEL, M. "The Role of Large Management Consultancy Firms in Global Public Policy". In: STONE, D.; MOLONEY, K. (Orgs.). *The Oxford Handbook of Global Policy and Transnational Administration*. Oxford: Oxford University Press, 2019. Disponível em: <doi.org/10.1093/oxfordhb/9780198758648.013.39>. Acesso em: 20 out. 2023.

MOROZOV, E. "The Planning Machine". *New Yorker*, 6 out. 2014. Disponível em: <newyorker.com/magazine/2014/10/13/planning-machine>. Acesso em: 20 out. 2023.

MORPHET, J. *Outsourcing in the UK: Policies, Practices and Outcomes*. Bristol: Bristol University Press, 2021.

MORI, A. "The impact of public services outsourcing on work and employment conditions in different national regimes". *European Journal of Industrial Relations*, v. 23, n. 4, 1 dez. 2017, pp. 347-64. Disponível em: <doi.org/10.1177/0959680117694272>. Acesso em: 20 out. 2023.

MORRISON, A.; WENSLEY, R. "Boxing up or Boxed in?: A Short History of Boston Consulting Group Share/Growth Matrix". *Journal of Marketing Management*, v. 7, n. 2, 1 jan. 1991, pp. 105-29. Disponível em: <doi.org/10.1080/0267257X.1991.9964145>. Acesso em: 20 out. 2023.

MURPHY, R.; STAUSHOLM, S. "The Big Four: A Study of Opacity". Bruxelas: GUE/NGL — European United Left/Nordic Green Left, 2017. Disponível em: <openaccess.city. ac.uk/id/eprint/20066>. Acesso em: 20 out. 2023.

NATIONAL AUDIT OFFICE. "Departments' Use of Consultants to Support Preparations for EU Exit". Londres: National Audit Office, 7 jun. 2019. Disponível em: <nao.org.uk/reports/departments-use-of-consultants-to-support-preparations-for-eu-exit/>. Acesso em: 20 out. 2023.

_____. "The Choice of Finance Capital Investment". Londres: National Audit Office, mar. 2015. Disponível em: <nao.org.uk/wp-content/uploads/2015/03/The-choice-of-finance-for-capital-investment.pdf>. Acesso em: 20 out. 2023.

NDIKUMANA, L; BOYCE, J. K. (Orgs.). *On the Trail of Capital Flight from Africa: The Takers and the Enablers*. Oxford: Oxford University Press, 2022.

NELSON, R. R.; WINTER, S. G. *An Evolutionary Theory of Economic Change*. Cambridge: The Belknap Press of Harvard University Press, 1996.

NIKOLOVA, N.; DEVINNEY, T. "The Nature of Client-Consultant Interaction: A Critical Review". In: KIPPING, M.; CLARK, T. (Orgs.). *The Oxford Handbook of Management Consulting*. Oxford: Oxford University Press, 2012.

NIPPA, M. C.; PETZOLD, K. "Economic Functions of Management Consulting Firms — an Integrative Theoretical Framework". *Academy of Management Proceedings*, 2002, n. 1, 1 ago. 2002, b 1-6. Disponível em: <doi.org/10.5465/apbpp.2002.7516887>. Acesso em: 20 out. 2023.

OBASI, G. O. P. "Climate and Global Change in Relation to Sustainable Development: The Challenges to Science". *Proceedings of the Indian Academy of Sciences (Earth and Planet Sciences)*, v. 102, n. 1, mar. 1993, pp. 27-34.

O'LEARY, M; VALDMANIS, W. "An ESG Reckoning is Coming". *Harvard Business Review*, 4 mar. 2021. Disponível em: <hbr.org/2021/03/an-esg-reckoning-is-coming>. Acesso em: 20 out. 2023.

OLIVER, D. "Exclusive: Government Spending on Management Consultants Trebles in Three Years". *BMJ 366*, 5 set. 2019, i 5404. Disponível em: <doi.org/10.1136/bmj.l5404>. Acesso em: 20 out. 2023.

O'MAHONEY, J.; MARKHAM, C. *Management Consultancy*. Oxford: Oxford University Press, 2013.

PADGETT, J. F.; MCLEAN, P. D. "Organizational Invention and Elite Transformation: The Birth of Partnership Systems in Renaissance Florence". *American Journal of Sociology*, v. 111, n. 5, mar. 2006, pp. 1463-568. Disponível em: <doi.org/10.1086/498470>. Acesso em: 20 out. 2023.

PATERLINI, M. "Director of Troubled Karolinska Hospital Resigns". *BMJ*, n. 363, 9 out. 2018, k 4249. Disponível em: <doi.org/10.1136/bmj.k4249>. Acesso em: 20 out. 2023.

REFERÊNCIAS

PATERLINI, M. "Jobs Come Under Threat at Troubled Karolisnka Hospital in Sweden". *BMJ*, n. 367, 12 nov. 2019, i 6479. Disponível em: <bmj.com/content/367/bmj.l6479>. Acesso em: 20 out. 2023.

_____. "Troubled Rebuild of Stockholm's Landmark Hospital Cost Twice as Much as Planned". *BMJ*, n. 361, 25 abr. 2018, k 1816. Disponível em: <doi.org/10.1136/bmj.k1816>. Acesso em: 20 out. 2023.

PAULSEN, N.; CALLAN, V. J.; GRICE, t. A.; ROONEY, D.; GALLOIS, C.; JONES, E.; JIMMIESON, N. L.; BORDIA, P. "Job Uncertainty and Personal Control During Downsizing: A Comparison of Survivors and Victms". *Human Relations*, v. 58, n. 4, 1 abr. 2005, pp. 463-96. Disponível em: <doi.org/10.1177/0018726705055033>. Acesso em: 20 out. 2023.

PENROSE, E. *The Theory of Growth of the Firm*. Oxford: Oxford University Press, 2009 [1959].

PERL, A.; WHITE, D. "The Changing Role of Consultants in Canadian Policy Analysis". *Policy and Society*, n. 21, 31 dez. 2002, pp. 49-73. Disponível em: <doi.org/10.1016/S1449-4035(02)70003-9>. Acesso em: 20 out. 2023.

PIERSON, P. *Dismantling the Welfare State? — Reagan, Thatcher and the Politics of Retrenchment*. Cambridge: Cambridge University Press, 1994.

PIGGOTT, J. "2021 Analysis of UK Government Strategic Suppliers". Londres: Tussell, 2021. Disponível em: <tussell.com/insights/uk-government-strategic-suppliers-2021>. Acesso em: 21 out. 2023.

_____. "Public Sector Consultancy Market: 2021 Retrospective". Londres: Tussell, 2022. Disponível em: <tussell.com/insights/public-sector-consultancy-market-2021-retrospective>. Acesso em: 21 out. 2023.

PISTOR, K. *The Code of Capital: How the Law Creates Wealth and Inequality*. Princeton, New Jersey: Princeton University Press, 2019.

POLANYI, K. *The Great Transformation: The Political and Economic Origin of Our Time*. Boston: Beacon Press, 2001 [1944].

PRIVATE FINANCE PANEL, "Public Opportunity, Private Benefit: Progressing the Private Finance Initiative". Londres: HM Treasury, 1995.

RICE, A.; VALENTIN ORTIZ, L. "The McKinsey Way to Save an Island: Why Is Bankrupt Puerto Rico Spending More than a Billion Dollars on Expert Advice?". *Intelligencer*, 17 abr. 2019. Disponível em: <nymag.com/intelligencer/2019/04/mckinsey-in-puerto-rico.html>. Acesso em: 21 out. 2023.

RIVETT, G. "1948-1957: Establishing the National Health Service". *The Nuffield Trust*, 13 nov. 2019. Disponível em: <nuffieldtrust.org.uk/chapter/1948-1957-establishing-the-national-health-service>. Acesso em: 21 out. 2023.

ROPER, L.; PETITT, J. "Development and the Learning Organisation". *Development in Practice Numbers*, n. 12, 1 set. 2002. Disponível em: <doi.org/10.1080/0961450220149654>. Acesso em: 21 out. 2023.

ROTHMAN, L. "How American Inequality in the Gilded Age Compares to Today". *Time*, 5 fev. 2018. Disponível em: <time.com/5122375/american-inequality-gilded-age>. Acesso em: 21 out. 2023.

ROWLEY, C.; BAE, J. "Globalisation and Transformation of Human Resource Management in South Korea". *International Journal of Human Resource Management*, n. 13, 1 mai. 2022, pp. 522-49. Disponível em: <doi.org/10.1080/09585190110111512>. Acesso em: 21 out. 2023.

ROYAL COLLEGE OF GENERAL PRACTITIONERS. "Briefing Paper: The Health and Social Care Bill, House of Lords Report Stage Briefing". Londres, 6 fev. 2012. Disponível em: <rcgp.org.uk/getmedia/a0a423a7-0cb3-4246-a5b3-5261d899f967/12-02-06-RCGP-HoL-Report-Stage-Briefing.pdf>. Acesso em: 21 out. 2023.

SAHLIN-ANDERSSON, K.; ENGWALL, K. *The Expansion of Management Knowledge: Carriers, Flows, and Sources*. Stanford: Stanford University Press, 2002.

SAINT-MARTIN, D. *Building the New Managerialist State: Consultants and the Politics of Public Sector Reform in Comparative Perspective*. Oxford: Oxford University Press, 2004.

_____. "How the Reinventing Government Movement in Public Administration Was Exported from the U.S. to Other Countries". *International Journal of Public Administration*, v. 24, n. 6, 1 mai. 2001, pp. 573-604. Disponível em: <doi.org/10.1081/PAD-100104397>. Acesso em: 21 out. 2023.

_____. "Management Consultancy and the Varieties of Capitalism". In: GEVA-MAY, I.; HOWLETT, M. (Orgs.). *Routledge Handbook of Comparative Policy Analysis*. Londres: Taylor & Francis, 2017.

_____. "The New Managerialism and the Policy Influence of Consultants in Government: An Historical-Institutionalist Analysis of Britain, Canada and France". *Governance*, v. 11, n. 3, 1998, pp. 319-56. Disponível em: <doi.org/10.1111/0952-1895.00074>. Acesso em: 21 out. 2023.

SEABROKE, L.; SENDING, O. J. "Contracting Development: Managerialism and Consultants in Intergovernmental Organizations". *Review of International Political Economy*, v. 27, n. 4, 2 jul. 2020, pp. 802-27. Disponível em: <tandfonline.com/doi/full/10.1080/09692290.2019.1616601>. Acesso em: 21 out. 2023.

SECURITIES AND EXCHANGE COMMISSION. Investment Advisers Act of 1940, Release n. 5912, Administrative Proceeding File n. 3-20656, In the Matter of MIO Partners, Inc., 2021.

SHAOUL, J.; STAFFORD, A.; STAPLETON, P. "The Cost of Using Private Finance to Build, Finance and Operate Hospitals". *Public Money & Management*, v. 28, n. 2, 1 abr. 2008, pp. 101-8. Disponível em: <zbw.eu/econis-archiv/bitstream/11159/29821/1/EBP071699414_0.pdf>. Acesso em: 21 out. 2023.

_____. "Partnerships and the Role of Financial Advisors: Private Control over Public Policy?". *Policy & Politics*, v. 35, n. 3, 1 jul. 2007, pp. 479-95. Disponível em: <doi.org/10.1332/030557307781571678>. Acesso em: 21 out. 2023.

SHAW, E. "The British Labour Government and the Private Finance Initiative in the National Health Service: A Case of Pragmatic Policy-Making?". *The Public Sector Innovation Journal*, v. 8, n. 3, 2003.

SHAXSON, N. "Angola: Oil and Capital Flight". In: NDIKUMANA, L.; BOYCE, J. K. *On the Trail of Capital Flight from Africa: The Takers and the Enablers*. Oxford: Oxford University Press, 2022.

REFERÊNCIAS

SHIN, J-S.; CHANG, H-J. *Restructuring Korea Inc*. Londres: RoutledgeCurzon, 2003.

SHLEIFER, A.; VISHNY, R. W. "The Takeover Wave of the 1980s". *Science*, v. 249, n. 4970, 1990, pp. 745-9.

SKODVIN, T.; ANDRESEN. S. "An Agenda for Change in U.S. Climate Policies? Presidential Ambitions and Congressional Powers". *International Environmental Agreements*, n. 9, 1 ago. 2009, pp. 263-80. Disponível em: <doi.org/10.1007/s10784-009-9097-7>. Acesso em: 21 out. 2023.

SOARES DE OLIVEIRA, R. *Magnificent and Beggar Land: Angola Since the Civil War*. Londres: C. Hurst & Co Publishers Ltd, 2015.

STEINER, R.; KAISER, C.; REICHMUTH, L. "Consulting for the Public Sector in Europe". In: ONGARO, E.; VAN THIEL, S. (Orgs.). *The Palgrave Handbook of Public Administration and Management in Europe*, pp. 475-95. Londres: Palgrave Macmillan UK, 2018. Disponível em: <doi.org/10.1057/978-1-137-55269-3_25>. Acesso em: 21 out. 2023.

STRANGE, S. (Orgs.). "The Big Six Accountants". In: *The Retreat of the State: The Diffusion of Power in the World Economy*. Cambridge: Cambridge University Press, 1996. Disponível em: <doi.org/10.1017/CBO9780511559143.011>. Acesso em: 21 out. 2023.

STURDY, A. "The Consultancy Process — An Insecure Business?". *Journal of Management Studies*, v. 34, n. 3, 1997, pp. 389-413. Disponível em: <doi.org/10.1111/1467-6486.00056>. Acesso em: 21 out. 2023.

STURDY, A.; HANDLEY, K.; CLARK, T.; FINCHAM, R. *Management Consultancy: Boundaries and Knowledge in Action*. Oxford: Oxford University Press, 2009. Disponível em: <doi.org/10.1093/acprof:oso/9780199212644.001.0001>. Acesso em: 21 out. 2023.

STURDY, A.; O'MAHONEY, J. "Explaining National Variation in the Use of Management Consulting Knowledge: A Framework". *Management Learning*, v. 49, n. 5, 1 nov. 2018, pp. 537-58. Disponível em: <doi.org/10.1177/1350507618788993>. Acesso em: 21 out. 2023.

STURDY, A.; WRIGHT, C. "A Consulting Diaspora? Enterprising Selves as Agents of Enterprise". *Organization*, v. 15, n. 3, 1 mai. 2008, pp. 427-44. Disponível em: <doi.org/10.1177/1350508408088538>. Acesso em: 21 out. 2023.

SULL, D.; SULL, C.; ZWEIG, B. "Toxic Culture Is Driving the Great Resignation". *MIT Sloan Management Review*, 11 jan. 2022. Disponível em: <sloanreview.mit.edu/article/toxic-culture-is-driving-the-great-resignation/>. Acesso em: 21 out. 2023.

SUROWIECKI, J. "Inside the Valeant Scandal". *New Yorker*, 28 mar. 2016. Disponível em: <newyorker.com/magazine/2016/04/04/inside-the-valeant-scandal>. Acesso em: 21 out. 2023.

SYAL, R. "Brexit Drives Government Consultancy Fees to £450m in Three Years". *Guardian*, 6 out. 2020. Disponível em: <theguardian.com/politics/2020/oct/06/brexit-drives-government-consultancy-fees-to-450m-in-three-years>. Acesso em: 21 out. 2023.

SYAL, R.; BOWERS, S.; WINTOUR, P. "'Big Four' Accountants 'Use Knowledge of Treasury to Help Rich Avoid Tax'". *Guardian*, 26 abr. 2013. Disponível em: <theguardian.com/business/2013/apr/26/accountancy-firms-knowledge-treasury-avoid-tax>. Acesso em: 21 out. 2023.

TAKALA, V.; KATTEL, R. "Dynamic Capabilities in the Public Sector: The Case of the UK's Government Digital Service". *UCL IIPP Working Paper Series*, 2021. Disponível em: <ucl.ac.uk/bartlett/public-purpose/publications/2021/jan/dynamic-capabilities-public-sector-case-uks-government-digital-service>. Acesso em: 21 out. 2023.

TALLIS, R.; DAVIS, J. (Orgs.). *NHS SOS: How the NHS Was Betrayed — And How We Can Save It*. Londres: Oneworld Publications, 2013.

TAYLOR, F. W. *The Principles of Scientific Management*. Mineola, NY: Dover Publications Inc., 2003 [1911].

TAYLOR, M. "Climate Change in the Caribbean — Learning Lessons from Irma and Maria". *Guardian*, 6 out. 2017. Disponível em: <theguardian.com/environment/2017/oct/06/climate-change-in-the-caribbean-learning-lessons-from-irma-and-maria>. Acesso em: 21 out. 2023.

TEECE, D. J.; PISANO, G.; SHUEN, A. "Dynamic Capabilities and Strategic Management". *Strategic Management Journal*, v. 18, n. 7, 1997, pp. 509-33. Disponível em: <jstor.org/stable/3088148>. Acesso em: 21 out. 2023.

THE SUTTON TRUST. "Elitist Britain". Londres: The Sutton Trust, 2019. Disponível em: <suttontrust.com/wp-content/uploads/2019/12/Elitist-Britain-2019.pdf>. Acesso em: 17 nov. 2023.

THE WORLD BANK. "Project Completion Report: Guinea-Bissau". Guiné-Bissau: Banco Mundial, 8 dez. 1995. Disponível em: <documents1.worldbank.org/curated/en/423171468250281737/pdf/multi0page.pdf>. Acesso em: 21 out. 2023.

THOMPSON, F.; RICCUCCI, N. "Reinventing Government". *Annual Review of Political Science*, n. 1, 28 nov. 2003, pp. 231-57. Disponível em: <doi.org/10.1146/annurev.polisci.1.1.231>. Acesso em: 21 out. 2023.

TINGLE, M. L. "Privatization and the Reagan Administration: Ideology and Application". *Yale Law & Policy Review*, v. 6, n. 229, 1988. Disponível em: <jstor.org/stable/40239280>. Acesso em: 21 out. 2023.

TISDALL, P. *Agents of Change: Development and Practice of Management Consultancy*. Londres: Trafalgar Square Publishing, 1982.

TOFFLER, B. Ley; REINGOLD, J. *Final Accounting: Ambition, Greed, and the Fall of Arthur Andersen*. Nova York: Currency, 2004.

TRAUB, R. "Lenin and Taylor: The Fate of 'Scientific Management' in the (Early) Soviet Union". *Telos*, n. 37, 21 set. 1978, pp. 82-92. Disponível em: <doi.org/10.3817/0978037082>. Acesso em: 21 out. 2023.

TRUMBO VILA, S.; PETERS, M. "The Bail Out Business: Who Profits from Bank Rescues in the EU?". Amsterdam: Transnational Institute, 2017. Disponível em: <tni.org/files/publication-downloads/tni_bail_out_eng_online0317.pdf>. Acesso em: 21 out. 2023.

TULUM, Ö. *"Innovation and Financialization in the U.S Biopharmaceutical Industry"*. Universidade de Liubliana, 2018.

TULUM, Ö.; LAZONICK, W. "Financialized Corporations in a National Innovation System: The U.S. Pharmaceutical Industry". *International Journal of Political Economy*,

v. 47, n. 3-4, 2 out. 2018, pp. 281-316. Disponível em: <doi.org/10.1080/08911916.
2018.1549842>. Acesso em: 21 out. 2023.

TYSON, A.; KENNEDY, B. "Two-Thirds of Americans Think Government Should Do More on Climate". *Pew Research Center Science & Society* (Blog), 23 jun. 2020. Disponível em: <pewresearch.org/science/2020/06/23/two-thirds-of-americans-think-government-should-do-more-on-climate/>. Acesso em: 21 out. 2023.

UNDP. "World's Largest Survey of Public Opinion on Climate Change: A Majority of People Call for Wide-Ranging Action". UNDP, 27 jan. 2021. Disponível em: <undp.org/press-releases/worlds-largest-survey-public-opinion-climate-change-majority-people-call-wide>. Acesso em: 8 out. 2023.

UNITED NATIONS. "United Nations Framework Convention on Climate Change". Genebra: United Nations, 1992. Disponível em: <unfccc.int/files/essential_background/background_publications_htmlpdf/application/pdf/conveng.pdf>. Acesso em: 21 out. 2023.

UNITED NATIONS UN AUDIOVISUAL LIBRARY. "World Chronicle 487: G.O.P. Obasi, WMO". Disponível em: <unmultimedia.org/avlibrary/asset/2116/2116949>. Acesso em 15 set. 2021.

UNITED STATES GENERAL ACCOUNTING OFFICE. "Government Contractors: Are Service Contractors Performing Inherently Governmental Functions?", nov. 1991. Disponível em: <gao.gov/assets/ggd-92-11.pdf>. Acesso em: 21 out. 2023.

VAN DE VEN, A. H. Resenha de *In Search of Excellence: Lessons from America's Best-Run Companies*, de Thomas J. Peters e Robert H. Waterman. *Administrative Science Quarterly*, v. 28, n. 4, 1983, pp. 621-4. Disponível em: <doi.org/10.2307/2393015>. Acesso em: 21 out. 2023.

VAN DEN BERG, C.; HOWLETT, M.; MIGONE, A.; HOWARD, M.; PEMER, F.; GUNTER, H. M. *Policy Consultancy in Comparative Perspective: Patterns, Nuances and Implications of the Contractor State*. Cambridge: Cambridge University Press, 2019.

VAN PUYVELDE, D. *Outsourcing US Intelligence: Private Contractors and Government Accountability*. Edimburgo: Edinburgh University Press, 2019.

VAN VUUREN, D.; DEN ELZEN, M.; BERK, M.; DE MOOR, A. "An Evaluation of the Level of Ambition and Implications of the Bush Climate Change Initiative". *Climate Policy*, v. 2, n. 4, 1 dez. 2002, pp. 293-301. Disponível em: <doi.org/10.1016/S1469-3062(02)00067-0>. Acesso em: 21 out. 2023.

VOLBERDA, H. W.; FOSS, N. J.; LYLES, M. A. "Absorbing the Concept of Absorptive Capacity: How to Realize Its Potential in the Organization Field". *Organization Science*, v. 21, n. 4, 1 ago. 2010, pp. 931-51. Disponível em: <doi.org/10.1287/orsc.1090.0503>. Acesso em: 21 out. 2023.

VOLDSGAARD, A.; RÜDIGER, M. "Innovative Enterprise, Industrial Ecosystems and Sustainable Transition: The Case of Transforming DONG Energy to Ørsted". In: LACKNER, M.; SAJJADI, B.; CHIN, W.-Y. (Orgs.). *Handbook of Climate Change Mitigation and Adaptation*. Nova York: Springer, 2020, pp. 1-52. Disponível em: <doi.org/10.1007/978-1-4614-6431-0_160-1>. Acesso em: 21 out. 2023.

WALUSZEWSKI, A.; HAKANSSON, H.; SNEHOTA, I. "The Public-Private Partnership (PPP) Disaster of a New Hospital — Expected Political and Existing Business Interaction Patterns". *Journal of Business & Industrial Marketing*, v. 34, n. 5, 1 jan. 2019, pp. 1119-30. Disponível em: <doi.org/10.1108/jbim-12-2018-0377>. Acesso em: 21 out. 2023.

WANG, Y. *Global Management Consultancy in China*. Sydney. Sydney: University of New South Wales, Austrália, Tese de Doutorado, 2009.

WEISS, A. E. *Management Consultancy and the British State: A Historical Analysis Since 1960*. Cham: Palgrave Macmillan, 2019.

WEISS, L.; THURBON, E. "Explaining Divergent National Responses to Covid-19: An Enhanced State Capacity Framework". *New Political Economy*, v. 0, n. 0, 30 out. 2021, pp. 1-16. Disponível em: <doi.org/10.1080/13563467.2021.1994545>. Acesso em: 21 out. 2023.

WERR, A. "Knowledge Management and Management Consulting". In: KIPPING, M.; CLARK, T. (Orgs.). *The Oxford Handbook of Management Consulting*. Oxford: Oxford University Press, 2012.

WESCHLE, S. "Politicians' Private Sector Jobs and Parliamentary Behaviour". *American Journal of Political Science*, 4 set. 2022. Disponível em: <doi.org/10.1111/ajps.12721>. Acesso em: 21 out. 2023.

WHITFIELD, D. "A Typology of Privatisation and Marketisation". Adelaide: University of Adelaide, European Services Strategy Unit, 2006.

WINTER, S. G. "Understanding Dynamic Capabilitites". *Strategic Management Journal*, v. 24, n. 10, 2003, pp. 991-5.

WRIGHT, C.; KIPPING, M. "The Engineering Origins of the Consulting Industry and Its Long Shadow". In: KIPPING, M.; CLARK, T. (Orgs.). *The Oxford Handbook of Management Consulting*. Oxford, Nova York: Oxfod University Press, 2012.

WRIGHT, C.; KWON, S. H. "Business Crisis and Management Fashion: Korean Companies, Restructuring and Consulting Advice". *Asia Pacific Business Review*, v. 12, n. 3, 1 jul. 2006, pp. 355-73. Disponível em: <doi.org/10.1080/13602380600597034>. Acesso em: 21 out. 2023.

WU, X.; RAMESH, M.; HOWLETT, M. "Policy Capacity: A Conceptual Framework for Understanding Policy Competences and Capabilities". *Policy and Society*, v. 34, n. 3-4, 1 set. 2015, pp. 165-71. Disponível em: <doi.org/10.1016/j.polsoc.2015.09.001>. Acesso em: 21 out. 2023.

ZAHRA, S. A.; GEORGE, G. "Absorptive Capacity: A Review, Reconceptualization, and Extension". *The Academy of Management Review*, v. 27, n. 2, 2002, pp. 185-203. Disponível em: <doi.org/10.2307/4134351>. Acesso em: 21 out. 2023.

ZOLLO, M.; WINTER, S. "From Organizational Routines to Dynamic Capabilities". *Working Paper in the INSEAD Series*, 1 jan. 1999.

ÍNDICE REMISSIVO

Abadie, Richard, 92
AECOM, 224
África, 42-4, 70-2, 168, 170
África, fuga de capitais da, 207-8
África do Sul, 44, 92, 206
agências de classificação de risco, 191
Agnew, Theodore, 22
AIG, 101
Alemanha, 29, 75, 200, 251
Alemanha nazista, 60
Allende, Salvador, 47, 48
AllofUs (agência de "design centrado no ser humano"), 156
Angola, 72, 206-8
Apollo, missão espacial, 175, 246, 249
Appleby (firma de advocacia em paraísos fiscais), 108
aprendizado em organizações: "memória institucional", 167, 169-73, 176-7, 179, 214; como organizações aprendem, 167-9; downsizing associado à perda de habilidades de, 180; downsizing associado a perda de habilidades de, 180-1; competências/conhecimento no setor público, 22-4, 61, 108, 168, 170-8, 213, 244-58;
conceito de "capacidade absortiva", 169; consequências danosas da terceirização do, 22-4, 31-3, 61, 108, 166, 169-82, 214, 246, 248; desenvolvimento na iniciativa privada, 179, 181-7; e consultorias, 21-2, 24, 61, 166, 169-76, 178, 180-1, 183-7, 213, 246, 252; mentalidade transacional das consultorias, 167, 254; necessidade de inserir em avaliações de contratos, 255-7
Aquilent, 83
Arthur Andersen, 59, 79; Accenture (ex-Andersen Consulting), 28, 39, 62, 74, 77-8, 80, 94, 140; e o escândalo da Enron, 77-9, 100
Arthur D. Little (consultoria), 51, 72, 149, 226
Arup, 224
Atos (empresa de TI), 41, 99, 106
Austrália, 23, 43, 65-6, 89-90, 103-4, 106, 161, 177, 181-2, 231-4

Bain & Company, 16, 44, 124, 146, 156
Banco Mundial, 40, 70-1, 80
bancos de desenvolvimento, 224
Barber, Michael, 94
BBC iPlayer, 252

Bear Stearns, 101
Beer, Stafford, 47-8
Bell, Relatório (NASA, 1962), 58
Berlusconi, Silvio, 101
"Big Four", empresas de contabilidade, 16-7, 33, 36, 38-9, 66, 76, 108, 111-3, 124-5; Clientes ESG, 236, 238; como baseadas em *partnerships*, 149-50; como consultoras no Brexit, 143-5, 149; e conhecimento privilegiado de legislação, 199-204; e crise financeira, 101; e paraísos fiscais, 206; sistemas de "gestão de conhecimento", 131-4, 136
"Big Three", empresas de estratégia, 16-7, 33, 37-8, 143-4
biotecnologia, empresas de, 157, 184
BlackRock, 33, 101, 151, 239
Blair, Tony, 34, 89, 91, 94, 103, 105, 259
Booz Allen Hamilton (consultoria), 57, 59, 72, 83, 98
Boston Consulting Group (BCG), 29, 39, 102, 124, 156, 207, 223; "Matriz de Crescimento e Participação", 53-4; Brexit lucrativo para, 144-5; como principal beneficiário do NKS na Suécia, 164-5; como parte das "Big Three", 16; em inquérito do Senado australiano, 44
Bracket, Ernest, 175-6, 246
Brexit, 143-5, 149, 178
British Medical Association, 212
Broadspectrum (ex-Transfield Services), 106
Brumer, Justin, 82
Bush, George H. W. (filho), 87, 227
Bush, George W. (pai), 103, 227

Cameron, David, 103
Canadá, 60, 65, 87, 211, 223
Capgemini, 35, 62, 97, 137, 223
Capita, 41, 105, 144
capitalismo: males do, na era moderna, 15, 19-20, 23-4, 45, 243; e conhecimento governamental, 173-9; e mudança climática, 221, 225-30, 236-8, 240; e relação risco/recompensa, 20, 86-7, 146-50, 152-3, 155, 243, 248-9; subversão de padrões na busca de lucro, 204-5;

taylorismo/"administração científica", 50-3; *ver também* setor empresarial: criação de valor; economias/economia
Carillion, 108-10, 112, 147
CGI Group, 33, 84-7
Chicago, 56
Chile, 47-8, 63, 252
China, 40, 73
Christmas, ilha, 107
Citwell (consultoria francesa), 28
Clinton, Bill, 87, 89, 227, 259
coleta de lixo, 88, 99, 105-6, 171
"competição baseada em valor", teoria da, 164-6, 192-3
Computer Sciences Corporation (CSC), 62
confidence tricks, 17, 119-21
Conselho de Normas Contábeis Sustentáveis (SASB), 237
construção de riqueza na comunidade, princípios da, 255
consultocracia (termo criado por Hood e Jackson), 68-9
consultologia, 121-31,
"consultorias butique", 34, 38, 155-6
Conte, Giuseppe, 196
"contratação principal", 91, 95, 97, 147, 249
Coopers & Lybrand, 60, 66, 90
Coreia do Sul, 40, 75, 180
Cornualha, horas-extras por médicos na, 107
cortes de pagamento de benefícios, 105-6
Costa do Marfim, 206
covid-19, pandemia de, 16, 27-33, 44, 153, 168-70, 176, 178, 196, 212, 247-9, 251, 257-58
Cresap, Mark, 57
crise do petróleo (1973), 63, 70
crise financeira (2008), 99-105, 197
Cummings, Elijah E., 186
Cuomo, Andrew, 30

DARPA (Agência de Projetos de Pesquisa Avançada da Defesa), 247, 253
Delivery Unit (força-tarefa de Blair), 94
Deloitte, 39, 44, 50, 60, 66, 84, 102, 111, 136, 199, 205; como uma das "Big Four", 16; contratos na pandemia de covid-19, 16,

ÍNDICE REMISSIVO

31-3, 212; Haskins & Sells, 66; lucratividade do Brexit para, 144-6; mercado de consultoria para mudança climática, 225, 237
democracia: consultorias e Brexit, 143-4, 146; no Chile de Allende, 47-8; papel do setor público na proteção/manutenção da; 168, 170-4, 178-9, 244, 246-52, 254-60; prejudicada por consultorias, 23-4, 49-50, 145, 173-8, 192-5, 197-211, 213-4, 230-8, 240-1, 256-60
Dinamarca, 96, 171-3, 214, 252
direito tributário, 200, 203-6, 257; paraísos fiscais, 76-7, 107-8, 200, 205, 208
Dombrovskis, Valdis, 101
Dorrell, Stephen, 201
Draghi, Mario, 196, 198

ebola, 168, 170, 248
economias/economia: austeridade pós-crise, 21, 101, 104-5, 108; crise da dívida na zona do euro, 17, 101-2; crise da dívida soberana no Sul Global, 69-72; crise econômica na Ásia (1997), 75, 180; difusão das ideias americanas no pós-guerra, 59, 80; em países de renda baixa e média, 42-3; era Reagan-Thatcher, 49, 62-4; "estagflação", 63; governo como criador de valor, 247-9, 251-2, 254, 259-60; Grande Depressão, 54-6; Grande Recessão, 100-4; keynesianismo, 63-4; Nixon encerra conversibilidade dólar-ouro (1971), 62; organizações de gestão internacional, 40, 69-71, 80, 101, 180; predomínio da abordagem dirigida pelo mercado, 16, 40, 62-3, 65-7, 69-74, 87-90, 226-30, 243; recessão das pontocom, 100; revolução neoliberal, 49, 62-3, 87-8; salvamentos/ajuda financeira durante crise de 2008, 101, 197; Segunda Revolução Industrial, 51; tumulto dos anos 1970, 63, 69
Eddie Stobart (empresa de logística), 113
Ember (*think tank* britânico), 231
empresas de contabilidade, 36, 60, 62, 92, 111-3, 146, 150; auditando como "loss--leader"/atividade pouco lucrativa para grandes empresas, 62, 76, 78-9, e mudança regulatória no começo dos anos 1930, 54-5; *opinion shopping* por clientes de auditoria, 78, 238; Lei Sarbanes--Oxley Act, 79-80; venda cruzada por auditores, 76-80, 154; *ver também* "Big Four", empresas de contabilidade
"engenheiros consultores", 50-1, 119
Enron, escândalo da, 75-9, 100
Environmental Protection Agency (EPA), 67
Ernst & Young (EY), 76, 162, 199
Eskom, 44
Espanha, 102
"Estado empreendedor", conceito do, 247
Estados Unidos: Affordable Care Act (2013), 81-7, 107; Competition in Contracting Act (1984), 67; consultorias no período pós-guerra, 58-59; contratos da covid-19, 16-7, 30; e "gestão climática dirigida pelo mercado", 227, 229-30; Era de Ouro, 17, 119-21; gastos militares/defesa, 56-7, 63-4, 98; governos neoliberais, 49, 61-2, 64-6, 69-70, 87-8; Guerra ao Terror, 98; leis antitruste, 61-2; mercado de desregulamentação de energia de Reagan, 76-7; modelo de assistência médica privatizada, 164; mudança regulatória no começo dos anos 1930, 54-5; National Performance Review (NPR) de Clinton, 88-9, 95; Nixon encerra conversibilidade dólar-ouro (1971), 62-3; Obama promete cortes em consultoria, 104; Private Securities Reform Act (1995), 65, 164; respostas à crise de 2008, 101, 197; Lei Sarbanes-Oxley (2002), 79-80, 112; taylorismo nos, 50-3
EY (consultoria), 16, 29, 39, 108, 111-2, 146, 223, 237

Factory Act (Reino Unido, 1833), 208
faculdades de administração de empresas, 37, 53, 131, 134
Fair Labor Standards Act (EUA, 1938), 209
Fancy, Tariq, 21, 239
Fauci, dr. Anthony, 138

329

Financial Reporting Council (FRC), 111-2
Financiamento pela Iniciativa Privada (FIP), 91-2, 94-5, 97, 112, 146-7, 160, 162-6, 201
Florença renascentista, 149
Flores, Fernando, 47
Fortune 500 Empresas, 53, 60, 126
Fórum Econômico Mundial, 238
França, 27-30, 65
Fukuyama, Francis, 72
funcionários públicos, 18, 22, 29, 42, 61, 68, 83, 88, 167, 178, 249-52
funções regulatórias, 39, 54-5, 64, 77, 147, 174, 211, 213-4
Fundo Monetário Internacional (FMI), 40, 70, 180
"fundos abutres", 193
fundos de gestão de ativos, 72, 102, 108, 151
furacão Maria, 17, 189

G4S, 41, 106
Gaebler, Ted, 88-91, 258
Gates, Bill e Melinda, 198
"gerencialismo", 66, 68
Giddens, Anthony, 89
Glassman, Cynthia A., 79
Glennan, Keith, 58
Global Reporting Initiative, 237
Godin, Serge, 85
Good Law Project, 177
Gore, Albert Arnold (Al Gore), 95
governança corporativa: compensação em ações para executivos, 151, 153-4, 181; e problemas com prestação de contas democrática, 203, 205; e Valeant Pharmaceuticals, 183-7, 202-3, 214; empresas abertas, 151-2; empresas privadas, 150; formas de *partnership* na, 149-50; maximização de valor para acionistas (MVA), 18, 20-1, 115-7, 140-1, 151-5, 181-6, 204; 227, 229, 236-7, 240, 254; responsabilidade limitada, 20, 65, 150
governos/governança: como não inerentemente corruptos, 178, 201; conflitos de interesses sistêmicos em consultorias, 23, 66, 77-80, 102, 197-203, 259-60; conhecimento de mercados/setor privado, 169, 173-9; consultorias e conhecimento privilegiado, 199-200, 203, 200-6; empregos de políticos do Reino Unido no setor privado, 201-3; enfoque no curto prazo, 15, 18, 80, 105, 122; Estado capaz de assumir riscos, 248-50; funções essenciais/cruciais entregues a consultorias, 16-7, 27-33, 41-3, 81-7, 93-9, 105-8, 164-6, 171-6, 195, 213; história da "gestão climática dirigida pelo mercado", 225-8, 230, 240; modelos/programa da Terceira Via, 18, 89, 91-2, 94-6, 105, 161-6, 172, 258, 260; propostas de reforma pelas autoras deste livro, 246-55, 257-60; *ver também* democracia; setor público
Grant Thornton, 149
Grécia, 102, 196
Guerra do Vietnã, 62
Guerra Fria, 57, 72-3, 80
Guiné-Bissau, 71
Gupta, irmãos, 44

Hadžialić, Aida, 166
Hancock, Matt, 177
Hawke, Bob, 89
Health Research Authority (Reino Unido), 31
Hewitt, Patricia, 90
Hicks, Mar, 61
HIV/aids, 168, 198
Hodge, Margaret, 200
Holanda, 96
Hollande, François, 30
Hollerith, máquina (IBM), 60
Holocausto, 60
Hong Kong, 72
House of Lies (série de TV), 127
Howard, John, 103
HP Enterprise Services, 83-4

IBM, 33, 60-1, 82, 92, 97, 136-7, 175
igualdade/justiça social: e respostas à crise de 2008, 197; elites no poder, 124-5; Era de Ouro nos EUA, 119; fuga de capital da África, 206-7; questões de, 47, 89, 204, 243
In Search of Excellence: Lessons from Amer-

ÍNDICE REMISSIVO

ica's Best-Run Companies (Peters e Waterman Jr.), 138, 195
Índia, 42-3, 168, 248, 260
Indonésia, 43
indústria da consultoria: alegações/impressões de adição de valor, 17-8, 22, 57-60, 62-3, 65-6, 68-9, 71-80, 117-8, 122, 124, 130-8, 140-1, 149, 152, 155-6, 244; composição da, por gênero, 61; conflitos de interesses, 17, 19, 23, 66-7, 77-80, 102, 108-12, 193-206, 208, 234-6, 241, 257-60; divergências nacionais/regionais no uso da, 39, 74-5; e contratos agregados, 91-9, 108, 148, 250; e estratégia multinacional, 65, 74; e extração de renda/valor, 17-20, 22, 24, 87, 121-2, 141, 149, 154, 181-7, 231-42; e fuga de capitais da África, 207-8; e NKS na Suécia, 161-2, 164-7; e paraísos fiscais, 205, 208; e semiacadêmicas, 136-9; função legitimadora da, 23, 56-8, 65, 68, 80, 140-1, 180-1, 189-90, 193, 207-8, 210; história da, 19-20, 47-8, 49-54, 56, 115-8; ignorância do povo sobre a, 20, 212-4; investigação da, 27-31; *lowballing*, 22, 41, 73, 80, 104, 196, 199, 224, 258, 259; lucratividade do Brexit para, 143-5, 149; males estruturais trazidos pela, 20, 23-4, 45, 75, 77-80, 86-7, 101-113; membros do Parlamento do Reino Unido trabalhando para, 201-2; modelo custo mais honorários fixos, 86-7; opacidade/falta de transparência, 17, 38, 42, 212-4, 257-60; por pessoas e políticos, 19, 27-31, 42-4, 103, 105-12, 211-2; propostas de reforma pelas autoras deste livro, 246-7, 249-51, 253, 255-60; recrutamento e composição dos quadros na, 37, 61, 123-31, 134-6, 138, 200-3; "redes de alumni", 126-7, 202-3; sistemas de gestão de conhecimento, 131-2, 134-5; tamanho/magnitude da, 38-41; 103-4, taxonomia da, 33-7; teoria funcional da, 117-9, 121-2, 153-6; três períodos críticos no nascimento da, 50-7; venda cruzada pela, 76-80, 154; tamanho/magnitude da, 16; *ver também verbetes individuais de empresas*

indústria farmacêutica, 182-7, 199, 202-3, 214
informatização/tecnologia digital, 20, 95-9, 171-3, 205-6, 214, 223; consultorias de TI, 33, 35, 37-8, 60-1, 83-6, 96-7, 149, 154, 171, 175-6; "e-governo", reformas de TI na, 95-9, 171-3, 175, 214, 251; e leis antitruste nos EUA, 61-2; Government Digital Service (GDS, Reino Unido), 251; HealthCare.gov, 81-7, 107, 147, 248; "masculinização" nos anos 1960, 61; necessidade de restabelecer expertise no setor público, 249-50; papel essencial do setor público na inovação, 60, 96, 246; Projeto Cybersyn no Chile, 47-8; terceirização da, 29, 61, 95-9, 172-3, 175-6, 214, 251; Vale do Silício, 96-9
Innisfree, 163
Insolvency Service (Reino Unido), 110
Institute for Innovation and Public Purpose (IIPP, University College London), 253
inteligência, agências de, 98
International Computers Limited (ICL), 62
ISS, 41
Isuprel (medicamento), 185-6
Itália, 17, 101, 196, 198

Japão, 40, 96, 115
Jogos Olímpicos de Londres (2012), 106-7
Johnson, Boris, 176
Joly, Hubert, 127
Joshi, Ketan, 234

Kearney, 73, 149
Keating, Paul, 89
Killefer, Nancy, 104
KPMG, 41, 44, 59, 66, 90, 104, 112, 129, 147; auditorias da Carillion, 110-1; como uma das "Big Four", 16; e conhecimento privilegiado de legislação, 199-203; mercado de consultoria em mudança climática, 222, 237

Laboratorio de Gobierno (Chile), 252
Lamar, David, 119
Lansley, Andrew, 50

Lazonick, William, 151, 182
Leaver, Adam, 110
Lee, Gwanhoo, 82
Lehman Brothers, colapso do, 100
Letônia, 101
lobistas, organizações, 140
Lockheed Martin, 83
LogicaCMG, 97
Louwagie, Véronique, 27
Lustig, Victor, 120
LuxLeaks, 205

Macron, Emmanuel, 29-30
madeireiras, 234-5
Madrid, Miguel de la, 71
Major, John, 90
Management Consultancies Association (MCA, Reino Unido), 31, 123-4
Marsh McLennan, 151
Marshall Field & Company, 56
Master of Business Administration (MBA), cursos, 37, 123-4, 129, 139
Matriz de Crescimento e Participação, 53-4
McKenna, Christopher D., 51, 123
McKinsey: análise de contratos da Serco, 108; aquisições/consolidação, 156; como a consultoria mais conhecida, 212; como uma das "Big Three", 16; contratos da covid-19, 16, 27-30; e Grande Recessão, 102, 104; e Delivery Unit de Blair, 94; e fuga de capitais da África, 207-8; e presidência de Zuma na África do Sul, 44; e reestruturação macroeconômica, 190, 192-8, 202, 212-4; e semiacademia, 127, 137-9; e Valeant Pharmaceuticals, 183, 185-7, 202, 214; em países de renda baixa/média, 42-3; fracassos do projeto Vision, 42-3; história da, 50, 55, 57-8, 66, 72, 74; impacto sobre força de trabalho de clientes, 56, 210, 212; lucratividade do Brexit para, 144; mercado de consultoria em mudança climática, 23, 222-3, 231-3, 235-6, 241; MIO Partners, 193-5, 197, 213-4; ofertas de serviços/"funções", 36; recrutamento e contratação de pessoal, 124-5, 127, 129; resistência de consultores na questão da mudança climática, 241; tamanho da, 39
McKinsey Global Institute (MGI), 137, 140, 181
Mercer, 72
México, 71-2
Micklethwait, John, 122, 139
A elite do poder (Wright), 125
MindLab (Dinamarca), 252
Morrison, Scott, 232
mudança climática, 24, 189, 217-20, 243; conflitos de interesses com, 23, 234-5, 241, 256; COP26 (Glasgow, 2021), 223, 231; critérios ESG, 21, 222, 236, 238-40, 242; empresas de combustíveis fosseis, 23, 226-7, 229-30, 232-34, 240, 256; mercado de consultoria, 20-3, 222-5, 230-41; papel ofuscante e ganancioso da indústria da consultoria na, 21, 226-30, 241; IPCC determina prazo para ação (2018), 218-21, 230, 240; opinião pública sobre, 223, 227, 231, 234-6; políticas de redução do desmatamento, 234-5; Protocolo de Kyoto (1997), 227; resposta à, dirigida pelo mercado, 21, 225-7, 229-30, 240; tecnologias verdes/infraestrutura, 224-5, 228, 231, 240, 243, 256; UNFCCC, 223, 227, 234-5
mudança demográfica, 159-61
Mulroney, Brian, 87

Nakate, Vanessa, 221
NASA, 57-8, 176, 246
National Health Service (NHS), 31-2, 34, 48, 69, 108, história inicial de ambição/inovação, 244-6; contratos de FIP, 92, 162-3; Health and Social Care Act (Reino Unido, 2012), 49-50; reformas de Blair, 91, 94, 103, 162-3
neoliberalismo, 18, 49, 61-9, 87-9, 177, 226; "financeirização", 63-4, 187, 243; exportação global do, 69-72; "Programas de Ajuste Estrutural" (PAE), 70-1, 80
Nigéria, 70-1, 217
Nitropress, 185-6
Nixon, Richard, 62

ÍNDICE REMISSIVO

Nordic Interim AB, 165
Nordic Investment Bank, 163
Nova York, 30, 59, 93

O'Sullivan, Mary, 182
Obama, Barack, 81-7, 103-4, 191
Obasi, Godwin Olu Patrick, 217-8, 240
Oliver Wyman, consultoria, 75, 102, 144, 150
On the Trail of Capital Flight from Africa (Ndikumana e Boyce), 206
Organização Meteorológica Mundial (OMM), 217
Organização Mundial de Saúde, 169
organizações não governamentais (ONGs), 42, 128, 137, 202, 229
organizações sem fins lucrativos, 34, 94, 156, 229
Osborne, David, 88-90, 258

PA Consulting, 97, 146
Paget, Richard, 57
Painel Intergovernamental de Mudança Climática (IPCC), 218-22, 225, 227, 230, 240
países em desenvolvimento/mercados emergentes, 39-40, 42-3, 69-73, 80, 104, 207-9
Panama Papers, 205
"parcerias público-privadas" (PPP), 91-4, 99, 160-7, 199
Pardise Papers, 107
Partido Conservador (Reino Unido), 48-9, 63-4, 90, 101, 103, 177, 201-2, 246
Partido Democrata (EUA), 88-90, 259
Partido Democrático do Congo, 168
Partido Republicano (EUA), 27, 48-9, 64, 82, 87-8, 90
Partido Trabalhista (Reino Unido), 34, 50, 63, 89-91, 94, 103, 105, 201, 259
Partnerships UK, 92
Paterson, Owen, 176
Pearson, Michael, 183-6, 202
penitenciárias, 105-6
pesquisa, instituições/organizações de, 181-7, 205-6, 247, 253
Peters, Tom, 138, 195
Pinochet, Augusto, 48, 63
Plano Marshall (1948), 59

Polakov, Walter, 53
"populismo", ascensão do, 178
Porter, Michael, 116, 164
Porto Rico, 17, 189-91, 197, 203, 212-4; PROMESA, lei (2016), 191-4
precificação de transferência, 199
Preston, 254, 260
Price Waterhouse, 60, 72, 90, 200
privatização, 17, 20, 62, 66-7, 174, 189-90; em países da ex-União Soviética, 73; em países em desenvolvimento, 70-2; em Porto Rico, 189-90
Public Accounts Committee [Comissão de Contas Públicas] (Reino Unido), 31, 44, 199
PwC (PricewaterhouseCoopers), 39, 50, 82, 90, 99, 111-2, 128, 137, 207-8; como uma das "Big Four", 15; e conhecimento privilegiado da legislação, 200; e contratos de FIP, 92, 97; lucratividade do Brexit para, 144-6; mercado de consultoria em mudança climática, 222-3, 225, 238; Öhrlings (filial suíça), 161-2

Quênia, 43
Qvartz, 156

Ramboll, 165
razão de dependência, 160
Reagan, Ronald, 49, 62, 64, 66, 77, 87, 122
refugiados em busca de asilo/centros de detenção de migrantes, 105-7
Regenersis, 111
Reino Unido: Compulsory Competitive Tendering, 67; contratos da covid-19, 16, 30-3, 44, 176-8, 257-8; economia de mercado liberal, 75; governo de coalizão (2010-5), 41, 102-5, 174; governos da Terceira Via no, 89-91, 94, 97, 105, 161-3, 259; governos neoliberais, 48-9, 61-5, 68-9, 87-8; lucratividade do Brexit para consultorias, 143-6, 149; mercado de consultoria em mudança climática, 223; privatização da malha ferroviária, 66; terceirização no, 30-3, 41, 49-50, 61, 91-2, 94-5, 97, 105-8, 110, 112-3, 146

333

Reinventando o governo (Osborne e Gaebler), 88-91, 258
Rio Tinto, 229
risco: "contratação principal", 91-7, 108, 148, 249-50; desconsideração pelo "risco moral", 148, 153, 155; desequilíbrio na relação risco/recompensa na indústria da consultoria, 20, 86-7, 146, 148-9, 152-4, 243, 248-50; e aquisições/consolidação, 156; e FIP, 200-7; e modelos de *partnership*, 160, 162-6; e modelos de terceirização, 108-10, 112, 146, 148, 150; e "teoria da agência", 151-3; Estado capaz de assumir riscos, 248-50; incerteza knightiana sobre riscos climáticos, 238-9; responsabilidade limitada, 20, 65, 150
"risco moral", 149, 153-4
Risk Dynamics, 156
Rockefeller, John (pai), 119
Rogers, George, 120
Rolls-Royce, 113
Rosdahl, Torbjörn, 162
Royal Liverpool University Hospital, 109
Ruanda, 168, 170, 248
Rudd, Kevin, 103-4

Salinas, Carlos, 71
Samson, Melvin, 165
Santos, Isabel dos, 207
Santos, José Eduardo dos, 207
Sarkozy, Nicolas, 30
SARS, epidemia, 168
Securities and Exchange Commission (SEC), 54, 194-5
Segunda Guerra Mundial, 57-8
Serco, 33, 35-6, 41, 87, 99, 106-8, 153
serviços do Estado de bem-estar social, 16, 48, 58, 63; e envelhecimento das populações, 159-60; em Porto Rico, 189-90; cortes orçamentários, 159, 161, 163, 165-7; narrativas negativas sobre, 245-6; no período pós-crise de 2008, 104-5, 172; *ver também* National Health Service (NHS)
setor empresarial: desenvolvimento de conhecimento e recursos, 179-87; e criação de valor, 115-9, 121, 123, 130, 140-1, 151-6, 243-4; empresas "roll-up", 184-7; e mudança climática, 220, 241; "estratégias tributárias", 204-5; esvaziamento pelas consultorias, 18-9, 22-4, 29-33, 49, 170, 172-6, 178-9, 213, 244, 259-60; firmas intensivamente dedicadas à pesquisa, 181-7, 205-6; métodos da contabilidade de custos, 20, 50, 56, 68; onda de fusões nos anos 1980, 65, 74; propostas de reforma pelas autoras deste livro, 247, 255, 257-60; recompras de ações, 15, 182; reestruturação/downsizing/redução de camadas hierárquicas, 53, 56-7, 117, 180, 182-4, 210; *ver também* governança corporativa
setor público: e fuga de capitais da África, 207-9; e inovação tecnológica verde, 228; e inovações fundamentais em informatização, 60, 96-7, 247; e risco, 15, 17, 19-20, 22, 86-7, 91, 146-9, 152-3, 248-50; era Thatcher-Reagan, 48-9, 62-4; esvaziamento pelas consultorias, 11, 18-9, 22-4, 29-33, 49, 170, 172-6, 178-9, 213, 244, 259-60; HealthCare.gov, 82-7, 107, 147, 248; impactos dos cortes orçamentários/austeridade, 22, 57, 64, 101, 104-5, 122-3, 244, 254; importância de dados para o, 95-6, 171, 251-2; licitações relacionadas ao Brexit, 145; McKinsey em Porto Rico, 190, 192-5, 203, 212-4; modelos de terceirização da Terceira Via, 91-4, 105, 160, 162-6, 259-60; narrativas sobre superioridade do setor privado, 88, 96-7, 122, 245-6; National Performance Review (NPR) de Clinton, 88-9, 95; necessidade de publicação dos contratos, 257-8; necessidade de reconstruir capacidades/competências, 24, 178, 244-52, 254-60; necessidade de reformas na contratação/avaliação, 249, 254-5, 257-60; New Public Management (NPM), credo, 18, 68, 96, 138, 167-8, 171-2; papel na prevenção da corrupção, 177-8; parcerias com organizações de pesquisa, 253-4; perda de competências em TI internas, 61, 95, 97, 99, 170-1, 173, 175, 213, 251;

ÍNDICE REMISSIVO

processo de *"procurement* progressivo", 253, 255; propostas de reforma pelas autoras deste livro, 246-58; Reinventing Government Network, 90, 96, 246; unidades internas de consultoria, 251, 253; *ver também* terceirização
Shaxson, Nicholas, 207
Shell, 226, 229
Shkreli, Martin, 186
Silvers, Damon, 209
sistemas de saúde, 59, 64, 105, 192-3; agências globais de saúde pública, 198; Nya Karolinska Solna (NKS) na Suécia, 160-7, 248; Obamacare, 81-7, 107, 249; "saúde baseada em valor", 164-6, 192-3
Skanska, 163
Snowden, Edward, 98
Social Mobility Commission (Reino Unido), 125
"sociedades fantasmas", 205, 207
Sodexo, 33, 41, 87, 99
Somerset County Council, 92
Stagecoach (transportadora), 112
Start Computer Group (China), 73
Sturdy, Andrew, 126
Suécia, 102, 159-60; Nya Karolinska Solna (NKS), 160-1, 163-6, 248
Sutton Trust, 125

Tata Consultancy Services, 39, 42
Taylor, Frederick, 50-3
teoria da agência, 151-3
teoria da escolha pública, 254
terceirização, 20, 28-30, 36, 40, 66, 69, 147, 149, 207; colapso da Carillion, 109-10, 112, 147; consultorias especializadas, 34-5, 37, 41, 87, 99-100, 105-6, 108-13, 123-4, 152-3; custos de reverter a, 108, 173; de funções reguladoras, 174; de sistemas digitais/TI, 28, 61, 95-9, 171-3, 175-6, 214, 251; e downsizing/cortes orçamentários, 22, 49, 104-5, 108, 122, 181-2; e funcionários públicos, 18, 22, 29, 61, 177-8; e HealthCare.gov, 82-7, 107; impacto sobre competências/base de conhecimento, 22-4, 31-3, 108, 166, 169-82, 214, 246, 249; modelos de terceirização da Terceira Via, 85-94, 105, 161-6, 258, 260; no Reino Unido, 30-3, 41, 49-50, 61, 91-2, 94, 97, 105-10, 112-3, 146
Thatcher, Margaret, 49, 62-3, 66, 87-8, 90
The Shadow government (Guttman e Wilner, 1976), 213
Thomas Cook (empresa de viagens), 112
Thompson, William, 120
Thunberg, Greta, 221
Thurbon, Elizabeth, 177
Toffler, Barbara Ley, 76
Tolba, Mostafa, 217
Toyota, 115
trabalho: e taylorismo, 50-3; flexibilidade do mercado, 180; impacto da crise de 2008, 197; impacto da indústria da consultoria sobre, 109-10, 152, 180, 192, 209-12; leis/acordos, 23, 107, 180, 192, 208-10, 212; sindicalismo, 51-2, 56, 63, 180, 208-12
trabalho infantil, 208
Transparência Internacional (Reino Unido), 177
Trump, Donald, 178
Turing Pharmaceuticals, 186

União Europeia, instituições da, 34, 102, 163, 196-9
União Soviética, 53, 72
United States Postal Service (USPS), 210, 212

Valeant Pharmaceuticals, 183-6
Vanguard, 151
Veblen, Thornstein, 119
Vietnã, 168, 248

Warren, Matt, 82
Weiss, Antonio, 61
Weiss, Linda, 177
Wooldridge, Adrian, 122, 139
WorldCom, colapso da, 79
Wright, Christopher, 126

Zuma, Jacob, 44

TIPOLOGIA Miller e Akzidenz
DIAGRAMAÇÃO acomte
PAPEL Pólen Natural, Suzano S.A.
IMPRESSÃO Gráfica Santa Marta, fevereiro de 2024

A marca FSC® é a garantia de que a madeira utilizada na fabricação do papel deste livro provém de florestas que foram gerenciadas de maneira ambientalmente correta, socialmente justa e economicamente viável, além de outras fontes de origem controlada.